mit diesem Zeichen in der Randspalte sind zusätzliche **Informationen** gekennzeichnet, blaue Textteile markieren Registerbegriffe

ALLGEMEINES	1
STOFF UMSETZENDE SYSTEME	2
ENERGIE UMSETZENDE SYSTEME	3
DATEN UMSETZENDE SYSTEME	4
ANHANG	A

mit diesem Zeichen gekennzeichnete Texte stellen **Tipps** dar

Kleiner Leitfaden Technik

Herausgegeben von

Elke Hartmann
und
Christian Hein

PAETEC
Gesellschaft für Bildung und Technik mbH

Herausgeber: Prof. Dr. Elke Hartmann
Prof. Dr. Christian Hein

Autoren: Prof. Dr. Elke Hartmann, Halle, Saale
Prof. Dr. Christian Hein, Münster
Elisabeth Klaus, Münster
Rolf Münchow, Halle, Saale
Dr. Martina Schramm, Münster
Dr. Wolfgang Stenzel, Halle, Saale
Volker Torgau, Halle, Saale
Bernd Wöhlbrandt, Schwerin

Die Deutsche Bibliothek – CIP-Einheitsaufnahme

Kleiner Leitfaden Technik / hrsg. von Elke Hartmann und Christian Hein. [Autoren: Elke Hartmann ...]. –
1. Aufl., - Berlin : Paetec Verlag für Bildungsmedien, 2000
ISBN 3-89517-618-4

Gedruckt auf chlorfrei gebleichtem Papier

1. Auflage

1 [5 4 3 2 1] | 2004 2003 2002 2001 2000

Die letzte Zahl bezeichnet das Jahr dieses Druckes.

Redaktion: Katrin Bahro, Dr. Lutz Engelmann
Gestaltungskonzept: Britta Scharffenberg
Layout: Katrin Bahro, Dr. Lutz Engelmann
Zeichnungen und Grafiken: Katrin Bahro, Wolfgang Beyer, Gabriele Lattke, Erika Netzmann
Umschlaggestaltung: Dr. Lutz Engelmann
Druck: Druckhaus Schöneweide GmbH, Berlin
ISBN 3-89517-618-4

Inhaltsverzeichnis

Bildquellenverzeichnis

AEG Hausgeräte GmbH, Nürnberg: 82/1; Architekturbüro Treppner, Berlin: 77/1; Bahro, K., Berlin: 13/1, 55/1, 61/1, 65/2,5, 70/1, 73/2,3; BASF AG, Ludwigshafen: 85/2; Berliner Stadtreinigungsbetriebe: 20/1; BMW-Rolls-Royce GmbH, Oberursel: 14/1; Boigk, O., Berlin: 11/1, 52/1, 65/4, 71/1, 72/1,2, 156/1, 158/1, 160/2; Conrad Elektronic, Hirschau: 194/1,2,3,4, 195/1, 196/1,2, 197/1, 198/1, 199/1, 200/1, 201/1,2, 202/1, 203/1, 204/1, 207/2,3,4,5,6,7,8, 209/1, 210/1; Corel Photos: 8/1,2,4,5,7, 9/1, 16/1,2,3,4,5,6,7,8,9,10,11, 22/1,2,3, 26/1,2,3, 64/1,2, 96/2, 100/1, 105/1,2, 110/1, 111/1,2, 114/1, 131/1,2, 217/1; Deutsche Bahn AG, Berlin: 65/3, 99/1,2,3,4,5,6,7,8 ; Duales System Deutschland: 39/1; Folienserie des Fonds der chemischen Industrie, Frankfurt/M.: 47/1; GHH Borsig, Oberhausen: 116/1; Gronau, M., Berlin: 80/1; Hartmann, E., Halle: 71/2, 73/1; Hein, Ch., Münster: 110/2; Holzabsatzfonds, Bonn: 71/3; IBM Deutschland GmbH: 24/1; IVECO Lkw-Zentrum Sachsen GmbH, Dresden: 95/1, 96/1; Mannesmannröhren Werke AG, Mühlheim: 51/2; Max Bahr GmbH, Berlin: 79/1,2; Meyer, L., Potsdam: 196/3; Mobil Oil AG, Hamburg: 130/1; paetec Archiv: 13/2, 15/2, 17/1, 19/1,2, 20/2, 29/1, 50/1,2,5, 51/4, 81/1, 85/1, 87/1,2, 134/1, 157/1, 160/1; PhotoDisc Inc.: 8/6,8,9,10, 9/2, 14/1, 50/3,4, 137/1, 163/1, 214/1,3, 246/1; Preußischer Kulturbesitz, Bildarchiv, Berlin: 56/1; Raum, B., Neuenhagen: 51/3, 104/2; Raum, J., Strausberg: 65/1; Robert Bosch Hausgeräte GmbH, München: 15/1, 51/1; RWE Energie AG, Essen: 118/1; Schwippl, U., Berlin: 216/1,2,3,4, 217/2,3,4,5, 114/2 ; Siemens AG, Erlangen: 33/1, 143/1; Technische Universität Aachen: 11/2; Volkswagen AG, Wolfsburg: 64/3, 214/2

Trotz großer Sorgfalt konnten die Urheber bzw. die Rechtsinhaber des Bildmaterials nicht in allen Fällen ermittelt werden. Wir bitten gegebenenfalls höflichst um Mitteilung an den Verlag.

ALLGEMEINES 1

Bauen und Wohnen

Transport und Verkehr

Versorgen und Entsorgen

Arbeit und Produktion

Forschen und Entwickeln

Information und Kommunikation

1.1 Was ist Technik?

Zu unserer Welt gehören Natur, Gesellschaft und Technik. Die Technik ist ein wichtiger Lebensbereich.

Die Natur ist die Existenzgrundlage der Menschen. Ohne sie ist das Leben unmöglich, deshalb muss sie schonend genutzt werden. In der Gesellschaft leben die Menschen zusammen. Sie kommunizieren, arbeiten, lernen und gehen wirtschaftliche und soziale Beziehungen ein.

Die Technik haben sich die Menschen selbst geschaffen, um ihr Leben zu gestalten. Sie beeinflusst ihre Lebensweise sehr stark. Ohne Technik ist das Leben in der Natur und in der Gesellschaft nicht vorstellbar. Technik ist sehr vielfältig.

Zwischen Natur, Gesellschaft und Technik gibt es enge Wechselwirkungen.

Städte und Gewerbegebiete bedecken weite Landstriche. Hier leben und arbeiten die Menschen in Häusern, die sie aus Stein, Holz, Beton, Glas und Metall gebaut haben.

Straßen, Schienen und Kanäle durchziehen die Landschaften. Sie bilden Netze und verbinden Städte und Dörfer. Auf ihnen werden Personen und Güter transportiert.

Telefon, Rundfunk, Fernsehen und Internet ermöglichen sofort weltweite Kommunikation.

Durch Klimatisierung und Beleuchtung von Gebäuden wird das Leben von der Witterung und der Tageszeit unabhängig. Kleidung schützt vor Witterungseinflüssen und schmückt die Menschen.

Lebensmittel werden mit moderner Landwirtschaft und in großen Fabriken produziert.	
Mit der Medizintechnik wird die Lebensqualität kranker Menschen verbessert. Nach Unfällen oder bei schweren Erkrankungen ist es mit ihr oft möglich, Leben zu retten.	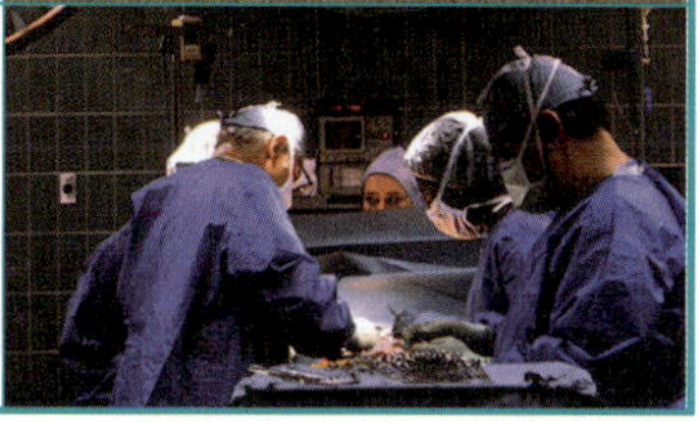

Bevor man technische Produkte benutzen kann, müssen sie erdacht und hergestellt werden. Hierfür gibt es Forschungs- und Entwicklungslabors sowie Fabriken, Werkstätten, Berg- und Kraftwerke, Transporteinrichtungen, Lagerhallen und Verkaufseinrichtungen.

Technik hat eine lange Geschichte.

Die Technik ist so alt wie die Menschen. Sie begann, als unsere Vorfahren die ersten *Werkzeuge* herstellten und Hütten bauten. Aber erst vor ca. 200 Jahren hatten die Menschen die Technik so weit entwickelt, dass das Industriezeitalter begann. Heute beeinflussen *Automaten* viele Lebensbereiche.

Technik wird immer schneller entwickelt.

Die Verbesserung der vorhandenen und die Erfindung neuer Technik erfolgt in immer kürzerer Zeit. Zum Beispiel folgt jedem Autotypen in kurzer Zeit ein neuer, der dann sehr oft Energie und Material sparender, sicherer und eleganter sein wird.

Technik verursacht Kosten und hat einen Preis.

Alle technischen Produkte werden zum Verkauf hergestellt. Ihr Preis ergibt sich aus wirtschaftlichen Zielen, technischen Möglichkeiten und ökologischen Forderungen.

Technik ist, wenn Produkte von Menschen gemacht und für bestimmte Zwecke verwendet werden. Dazu gehören:

- technische Produkte, die einen Zweck erfüllen sollen,
- menschliche Handlungen mit Werkzeugen, Maschinen und Anlagen, mit denen diese Produkte hergestellt werden und
- die Nutzung der technischen Produkte in der Arbeit, zur Lebenserhaltung und in der Freizeit.

1.2 Fachsprachen, Modelle und Systeme in den technischen Wissenschaften

Jede Wissenschaft verfügt über eine eigene **Fachsprache**. Diese Sprache dient der Verständigung zwischen den Fachleuten und kann von Fach zu Fach sehr unterschiedlich sein.

In die Fachsprache der Techniker fließen viele Begriffe und Zusammenhänge anderer Wissenschaften ein.

A ist z.B. das Symbol der Fläche.

Die Fachsprache der Mathematik besteht aus Symbolen. Symbole stehen für abstrakte Größen und für Beziehungen zwischen diesen Größen. Das können *Konstanten* wie π oder *Variablen* wie x sein und Rechenvorschriften. Miteinander kombiniert drücken sie Beziehungen aus.

Satz des PYTHAGORAS: $c^2 = a^2 + b^2$

Der **Satz des PYTHAGORAS** besagt: Das Quadrat über der Hypotenuse besitzt eine ebenso große Fläche wie die Summe der Quadrate über den Katheten.

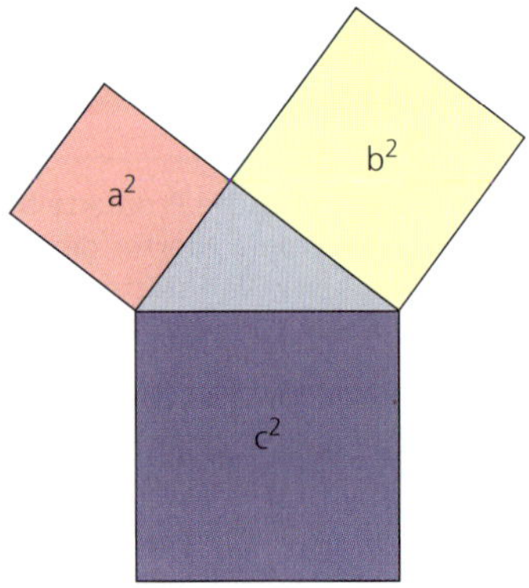

ohmsches Gesetz:
$U \sim I$

$\frac{U}{I}$ = konstant

Das **ohmsche Gesetz** drückt den Zusammenhang zwischen Spannung und Stromstärke aus.

1. Wenn an einen Widerstand eine Spannung angelegt wird, dann fließt ein Strom. Spannung und Stromstärke sind zueinander *proportional*. Ihr Quotient entspricht dem Wert des Widerstandes.
2. Wird ein Widerstand von einer Stromstärke durchflossen, dann fällt über ihm eine Spannung ab.

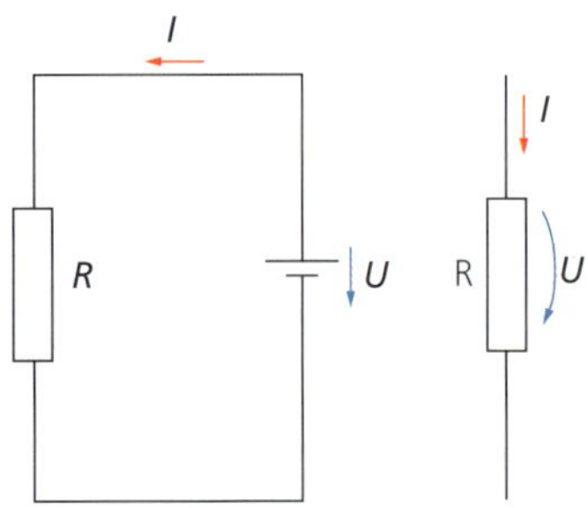

Aufbau eines Moleküls

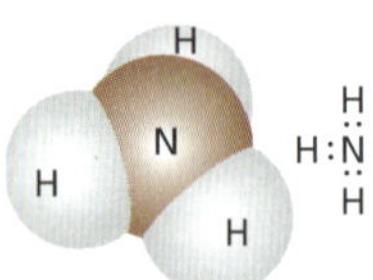

In der Chemie werden Stoffen Symbole zugeordnet. Stoffe bestehen aus Elementen, wie Fe (Eisen), und Verbindungen, wie H_2O (Wasser). Das Symbol für Ammoniak ist die chemische Formel NH_3. Sie besagt, dass ein Ammoniakmolekül aus einem Stickstoff- und drei Wasserstoffatomen besteht. Die Struktur des Ammoniakmoleküls wird mit einer anderen Symbolik dargestellt..

Die Fachsprache der Technik enthält unterschiedliche Ausdrucksformen, mathematische Formeln und grafische Darstellungen, z.B. Schaltpläne, Baupläne, Diagramme, Blockschemata.

Die **technischen Wissenschaften** bestehen aus verschiedenen *Fachrichtungen* mit ihren eigenen *Fachsprachen*.

Am Bau eines Hauses sind Fachleute verschiedener technischer Fachrichtungen beteiligt. Bautechniker konstruieren und errichten es. Elektro- und Installationstechniker installieren die Anlagen zur Versorgung mit Elektroenergie, Wärme, Wasser und Gas. Maschinentechniker sind beteiligt, wenn ein Fahrstuhl eingebaut wird. Kommunikationstechniker installieren die Anlagen für Telefon, Fax, Radio, Fernseher.

Es ist unmöglich, alle Fachsprachen zu erlernen. Aber es gibt bestimmte **Modelle**, die in allen technischen Wissenschaften verwendet werden können.

Jedes **Modell** bildet ein Original ab, das existiert hat oder bereits existiert oder erst noch hergestellt werden soll.

1. Modelle bilden die *Struktur*, die *Funktion* und/oder das *Verhalten* eines Originals ab.
2. Modelle besitzen immer nur *einige* für den Modellnutzer wichtige Eigenschaften des Originals.

Struktur; lat. Aufbau, Funktion; lat. die Aufgabe

Strukturmodelle bilden den Aufbau eines Originals ab. Das Modell kann größer oder kleiner als das Original sein und aus anderen Materialien bestehen. Strukturmodelle können gegenständlich sein. Dazu gehören die Modelle von Fahrzeugen, Gebäuden, Landschaften, Maschinen. Strukturmodelle können auch grafische Darstellungen sein, z.B. Schaltpläne, Bauzeichnungen, Stadtpläne, Explosivdarstellungen u.a.

Funktions- und Verhaltensmodelle sollen zeigen, wie ein Original seine Aufgabe erfüllt und wie es auf Einflüsse reagiert. Sie bilden ihr Original gegenständlich verkleinert oder vergrößert ab. Dazu gehören funktionsfähige Modelle von Fahrzeugen, Maschinen oder Geräten. Sie können auch grafische Darstellungen sein, z.B. Steuer- und Belastungsdiagramme, Kennlinien, Computersimulationen.

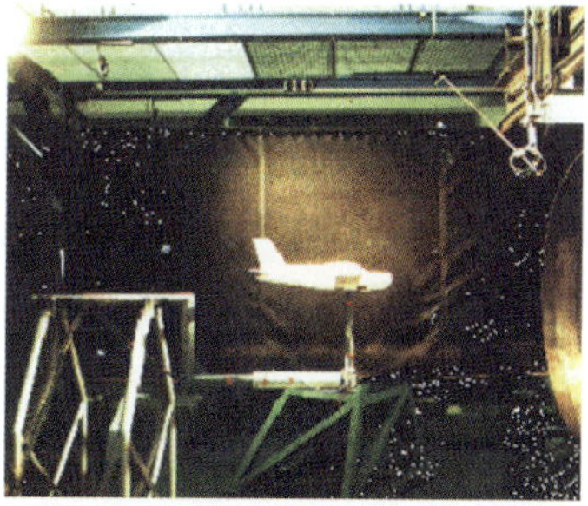

System; griech./lat. = Ordnung, Gefüge, geordnetes Ganzes

Ein wichtiges Modell ist die Beschreibung technischer Sachverhalte als **System**. Der Begriff „System“ wird in vielen Wissenschaften verwendet: Wirtschaftssystem, Bildungssystem, Periodensystem der Elemente, Sonnensystem.

Ein **technisches System** ist eine sehr abstrakte Modellvorstellung. Sie kann auf jeden technischen Sachverhalt angewendet werden.

Hierarchie; griech. Rangordnung, Über- und Unterordnungsverhältnisse

Ein **technisches System** ist eine abgeschlossene technische Einheit, die mit ihrer Umwelt in Verbindung steht. Es besitzt eine Struktur, erfüllt technische Funktionen, zeigt ein bestimmtes Verhalten und ist in eine Hierarchie eingeordnet.

Technische Funktionen sind Veränderungen von *Stoff-*, *Energie-* und *Datenflüssen.*

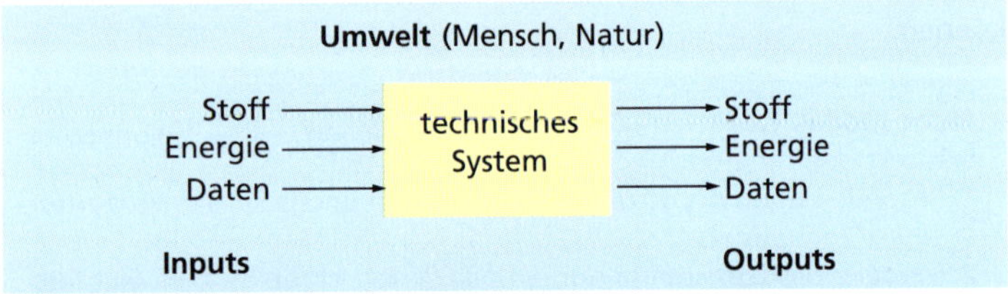

Die **Struktur** eines technischen Systems wird durch die Anordnung seiner Elemente gebildet.

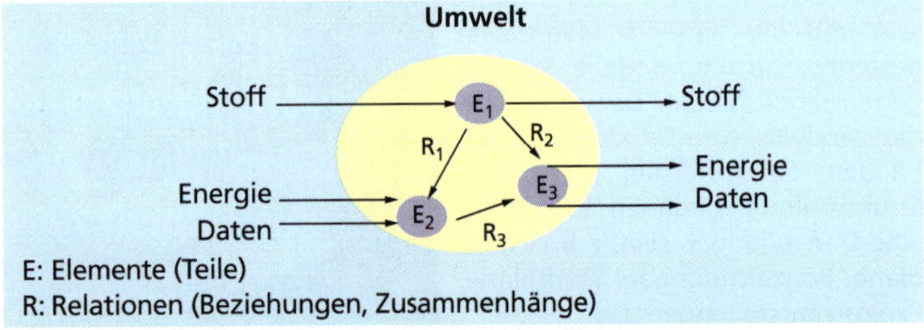

Die **Hierarchiestufe** eines technischen Systems ergibt sich aus der Einordnung in seine Umwelt.

Super; lat. über, hinaus
Sub; lat. unter

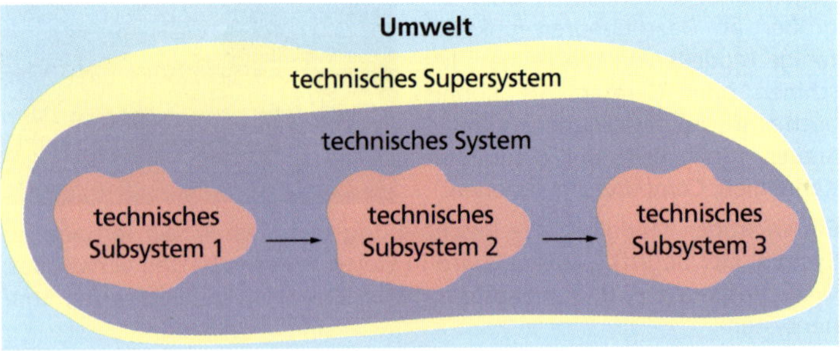

1.3 Denk- und Arbeitsweisen in der Technik

Die Entwicklung der Technik erfolgt auf der Grundlage vieler Wissenschaften. Den Kernbereich bilden die **technischen Wissenschaften**. Auf die Entwicklung und Herstellung technischer Produkte nehmen auch Natur-, Wirtschafts-, Sozial- und Humanwissenschaften Einfluss. Das Zusammenwirken vieler Wissenschaften kennzeichnet die Arbeitsweisen in der Technik.

Zu den **technischen Arbeitsweisen** gehören: Formulieren von Aufgabenstellungen, Entwickeln von Lösungen, Herstellen von Mustern, Testen und Verbessern der Muster, Herstellen, Nutzen und Entsorgen der Produkte.

Formulieren technischer Aufgabenstellungen

Einer technischen Aufgabenstellung geht immer ein *Bedürfnis* voraus. Dazu wird ein technisches Produkt oder Verfahren erfunden. Dieses muss unter den vorgegebenen Bedingungen seine Funktion erfüllen.

Viele Menschen haben das Bedürfnis, ihr Wohn- oder Arbeitsumfeld mit Pflanzen und Tieren zu bereichern. So muss in einem Aquarium mit einer Wasserschildkröte die Wassertemperatur den Bedürfnissen des Tieres angepasst werden. Die vorgegebenen Bedingungen müssen Tag und Nacht, Sommer und Winter und ohne Aufsicht durch einen Menschen erfüllt werden. Die Aufgabenstellung ist die Entwicklung einer automatischen Heizung.

Entwickeln technischer Lösungen

Jede technische Lösung wird, bevor sie als Gerät, Maschine oder Anlage genutzt werden kann, von *Konstrukteuren* erdacht. Dazu entwickeln sie verschiedene Lösungsmöglichkeiten. Ihre Ideen, Überlegungen und Berechnungen halten sie in *Zeichnungen*, *Tabellen* und *Diagrammen* oder *gegenständlichen Modellen* fest. Am Ende ihrer Arbeit entsteht eine **Produktdokumentation** mit allen wichtigen Daten. Nach ihr wird ein erstes Muster hergestellt. Die meisten Konstrukteure arbeiten an der Verbesserung vorhandener Produkte.

Eine aktuelle Entwicklungsaufgabe ist die Senkung des Kraftstoffverbrauchs von Verbrennungsmotoren von etwa 7 auf 3 Liter pro 100 Kilometer.

Im täglichen Leben wird man ständig mit Technik konfrontiert. Zum einen benutzt man die Technik, z.B. bei Bahnfahrten oder beim Fernsehen bzw. beim Schreiben mit einem Kugelschreiber oder beim Bohren mit einer Handbohrmaschine. Zum anderen gibt es viele Berufe, in denen sich Techniker mit der Verbesserung, der Herstellung, der Wartung, der Pflege und mit der Erfindung technischer Gegenstände befassen.

Die Verschmutzung der Umwelt durch Kohle-, Öl- und Gaskraftwerke und der Ausstieg aus der Kernenergietechnik erzwingen zur Sicherung der Energieversorgung neue technische Lösungen. Im Vordergrund steht die Nutzung erneuerbarer Energiequellen. **Fotovoltaik**, **Solarkollektoren** und **Windgeneratoren** können bei Weiterentwicklung den Energiebedarf in bestimmtem Maße abdecken (↗ S. 134 ff.).

Dazu müssen z.B. das Mischungsverhältnis Luft/Kraftstoff durch die Kraftstoffeinspritzung, der Zündzeitpunkt und der Verbrennungsablauf optimal aufeinander abgestimmt werden.

Herstellen von Mustern

Auf der Grundlage der Produktdokumentation werden erste Versuchsmuster, man nennt diese auch **Prototypen**, hergestellt. Die Herstellung des Prototyps erfolgt in Entwicklungswerkstätten. Hochspezialisierte Techniker fertigen mit universell einsetzbaren *Maschinen*, *Werkzeugen*, *Mess-* und *Prüfgeräten* die technischen Neulinge an.

FCKW haben sich als *Kältemittel* in Kühlschränken bewährt. Seit einigen Jahren ist jedoch bekannt, dass FCKW, falls sie in die Atmosphäre entweichen, das Ozonloch vergrößern. Die Gefahr zwingt zur Verwendung FCKW-freier Kühlschränke. Zur Erprobung neuer technischer Lösungen werden in Entwicklungswerkstätten einige Mustergeräte angefertigt.

Für die Rückführung besonderer Abfälle werden auch Gütesiegel vergeben. Das **Deutsche Institut für Gütesicherung und Kennzeichnung** (RAL) vergibt so ein Siegel.

Testen und Verbessern von Mustern

Jeder Prototyp erfüllt nur einen Zweck, die Überprüfung seiner Gebrauchsfähigkeit. Mithilfe von **Tests** erfahren die Entwickler, wie der technische Neuling seine Funktion erfüllt und ob er das geplante technische Verhalten aufweist. Es sind verschiedenartige Tests erforderlich. Dazu gehören Tests zum Energieverbrauch, zur Lebensdauer, zur Sicherheit, zur Überbelastbarkeit, zur Wiederverwertbarkeit und zu anderen wichtigen Eigenschaften. Die Tests setzen spezielle Labore, Teststrecken, Klimaklammern usw. voraus.

Wenn die Testergebnisse die Erwartungen der Konstrukteure erfüllen, wird mit der Produktion begonnen. Im anderen Fall wird die Entwicklungsarbeit fortgesetzt und ein neuer Prototyp getestet. Diese Arbeiten können mehrere Jahre dauern.

Der Straßenverkehr ist ein sehr gefährlicher Lebensbereich. Deshalb werden an Kraftfahrzeuge extrem hohe Sicherheitsanforderungen gestellt. **Sicherheitssysteme** sind Airbag, Gurtstraffer, Knautschzone und Seitenaufprallschutz. In Crashtests wird die Wirkung dieser Systeme überprüft. Wenn die Sicherheitsanforderungen im Test nicht erfüllt werden, dann wird an den Systemen weiter gearbeitet. In anderen Tests werden Fahrverhalten, Kraftstoffverbrauch und Umweltfreundlichkeit untersucht.

Herstellen des Produkts

Die Herstellung der Produkte muss vorbereitet werden. Zuerst erfolgt die Festlegung der **technologischen Schrittfolge**, in der das Produkt entsteht. Dazu werden die erforderlichen *Maschinen*, *Werkzeuge*, *Materialien*, *Steuerprogramme* und *Nutzenergien* von den Technikern aufeinander abgestimmt. In einem äußerst komplizierten und aufwendigen Prozess arbeiten Techniker, Ökonomen und Manager eng zusammen. Die Herstellung der Produkte erfolgt häufig in vielen Schritten und zunehmend automatisiert. Die Arbeitskräfte übernehmen *Kontrolle* und *Überwachung* des Herstellungsprozesses.

Die Produktion von Fernsehgeräten erfolgt weitgehend automatisiert. Rund 500 Einzelteile, wie Integrierte Schaltkreise, Widerstände, Kondensatoren, Spulen, Gehäuseteile, Transformatoren, Bildröhren, Bedienelemente, Lautsprecher u.a. werden zusammengefügt. Automaten übernehmen das Anordnen und Verlöten der elektronischen Bauelemente auf den Leiterplatten.

Nutzen des Produkts

Manche Produkte sind zum einmaligen Verbrauch bestimmt, wie Nahrungsmittel, Kraftstoffe, Medikamente oder Kosmetika. Andere Produkte dagegen sollen lange Zeit genutzt werden. Das sind Häuser, Möbel, Handys, Flugzeuge, Schiffe, Schienenfahrzeuge, Maschinen und Werkzeuge. Für alle Produkte gibt es Vorschriften zu ihrer Verwendung. Wenn diese nicht beachtet werden, können für Menschen Gefahren und für Geräte Schäden entstehen. Durch Wartung, Pflege und Reparatur kann man die **Lebensdauer** verlängern.

Waschmaschinen haben viele Programme. Mit ihnen kann man jedes Kleidungsstück fasergerecht reinigen. Ein falsches Waschprogramm kann ein Kleidungsstück beschädigen. Durch regelmäßige Wartung, wie Entkalkung und Reinigung des Flusensiebes, erhöht sich die Lebensdauer der Waschmaschine.

Verschleiß ist Materialabnutzung bei technischen Geräten infolge des Gebrauchs und der Alterung. Er kann zur Funktionsuntüchtigkeit führen.

Entsorgen des Produkts

Wenn Produkte kaputt oder veraltet sind, müssen sie entsorgt werden. Dennoch sind sie nicht wertlos. Sie bestehen aus Materialien, die weiterhin nutzbare Eigenschaften besitzen. Somit können die natürlichen Rohstoffe geschont werden und die wieder genutzten Materialien kostengünstig in neue Produkte eingehen. Stoffe, die nicht mehr verwertbar sind, werden auf einer Deponie gelagert oder in Müllverbrennungsanlagen verbrannt.

Aus Textilabfällen können Filze zur Lärm- und Wärmeisolation hergestellt werden.

1.4 Geschichte der Technik

Im Laufe seiner Entwicklung schaffte sich der Mensch immer bessere Technik. Ihre Vielfalt und Komplexität nahm in immer kürzeren Zeitabständen zu.

Das Zeitraffermodell veranschaulicht diese Aussage. Es wurden wichtige technische Entwicklungen eines Zeitraumes von 800000 Jahren auf einen 24-Stunden-Tag umgerechnet.

00:00:00	Beginn der Steinzeit
22:44:24	Nutzung des Feuers
23:38:24	Erfindung der Tierfalle
23:43:48	Bau von Unterkünften aus Lehmziegeln
23:50:06	Einsatz von Pfeil und Bogen
23:51:54	Verwendung der Spindel zur Garnherstellung
23:52:48	Beginn der Bronzezeit
23:53:42	Beginn der Eisenzeit
23:55:30	Erfindung des Speichenrades
23:57:28	Bau erster Bewässerungsanlagen
23:58:50	Erfindung des Buchdrucks
23:59:07	Roheisengewinnung durch Erfindung des Hochofens
23:59:29	Bau des ersten Mikroskops
23:59:35	Bau der Dampfmaschine
23:59:37	Spinnmaschine „Spinning Jenny" revolutioniert die Manufaktur.
23:59:47	Glühlampen schaffen künstliches Licht in ausreichender Menge.
23:59:47	Erstes Wärmekraftwerk zur Elektroenergiegewinnung geht an das Netz.
23:59:50	Erstes Motor-Flugzeug fliegt 225 Meter weit.
23:59:51	Erste Radiosendung der Welt wird ausgestrahlt.
23:59:54	Transistor – wichtigstes Grundelement der Halbleitertechnik – wird erfunden.
23:59:58	Erster Personalcomputer
23:59:59	World Wide Web – die größte Informationsquelle
24:00:00	heute

> Die Entwicklung der Technik wird vorrangig von *Persönlichkeiten*, vom *Stand der Naturwissenschaften* und von den *gesellschaftlichen Verhältnissen* bestimmt.

Rolle der Persönlichkeit bei der Entwicklung der Technik

Die Bedeutung der Technik kann man nur begreifen, wenn man die Geschichte des Kampfes kennt, den die Menschen gegen die Naturkräfte führen mussten. Es gab viele Rückschläge, Opfer, Entbehrungen und es war viel Forscher- und Entdeckerdrang nötig, um heute mit Selbstverständlichkeit über den Ozean zu fliegen oder ein Fernsehgerät einzuschalten.

Stellvertretend für die vielen bekannten und unbekannten Erfinderschicksale soll nachfolgend die Geschichte des französischen Technikers und Physikers DENIS PAPIN (1647–1712/14) skizziert werden.

Seine Leistungen:

- Erfindung des Dampfkessels (Druckkochtopf – heute Schnellkochtopf),
- Erfindung des Sicherheitsventils,
- Erfindung der atmosphärischen Dampfmaschine (erste Wärmekraftmaschine).

Nach der Erfindung einer verbesserten Luftpumpe widmete sich PAPIN der Konstruktion und dem Bau eines **Dampfkessels**. Dieser erhielt unter anderem dickere Wände und ein Sicherheitsventil gegen entstehende Überdrücke. Als Beschäftigter seines Landesherrn KARL VON HESSEN versuchte PAPIN 1690 seinen Dampfkessel so weiterzuentwickeln, dass das Gerät mechanische Arbeit verrichten konnte. Sein Kolbendampfversuchsgerät bestand aus einem Zylinder, einem Kolben und einem Seil mit 2 Rollen. Die Dampferzeugung erfolgte durch Wärmezufuhr. Mithilfe dieser Maschine gelang ihm, infolge der Kondensation des Dampfes im Zylinder und des auf den Kolben wirkenden Luftdrucks, das Anheben eines schweren Eisenstückes.

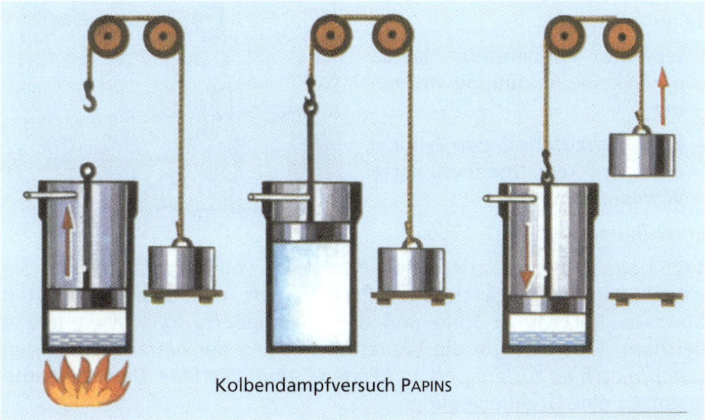

Kolbendampfversuch PAPINS

Erstmalig war die Umwandlung von Wärmeenergie in Hubarbeit gelungen. Dies war ein bedeutender wissenschaftlicher und technischer Fortschritt.

PAPIN stellte Berechnungen zum Anheben großer Lasten an und stieß dabei an Grenzen, die er nicht bedacht hatte: Keine Werkstatt und kein Handwerker konnte zur damaligen Zeit in Hessen einen großen Eisenzylinder ausbohren und einen plangeschliffenen Kolben dazu anfertigen. Die Aufforderung zur Errichtung einer Mechanikerausbildungsstätte lehnte KARL VON HESSEN ab.

PAPIN beschloss nach England auszuwandern, weil er dort bessere Bedingungen erwartete. Seine ganze Habe und sein Schiff verlor er während der Überfahrt. So kam er 1708 mittellos in England an – leider zu spät, denn andere Techniker hatten inzwischen ähnliche Erfindungen gemacht. Verarmt und vergessen starb DENIS PAPIN an unbekanntem Ort und zu unbekannter Stunde zwischen 1712 und 1714.

Andere Erfinder griffen die Ideen PAPINS auf und verbesserten die Maschine. Es entstand eine ortsunabhängige, leistungsstarke, raumsparende und zuverlässige Antriebsmaschine, die ihrerseits erstmals Massenproduktion und -transport von Gütern ermöglichte.

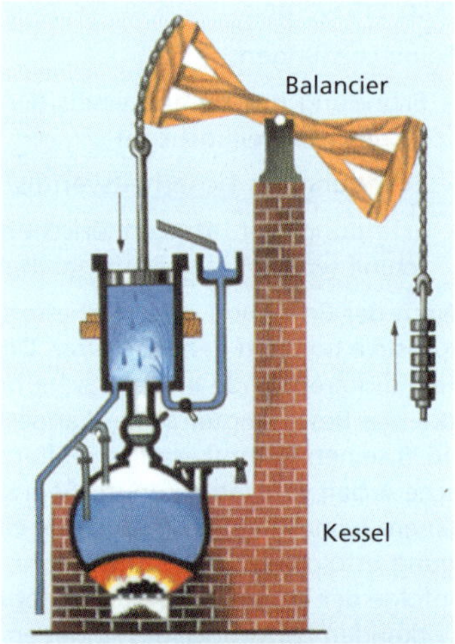

Balance (lat.): Gleichgewicht

THOMAS NEWCOMEN (1663–1729)

Seine Leistungen:

- Dampferzeugung im separaten *Kessel*
- Dampfzuleitungen
- *Balancier* anstatt Seil- und -Rollen-System.

Entwicklungszeit: 1705–1712

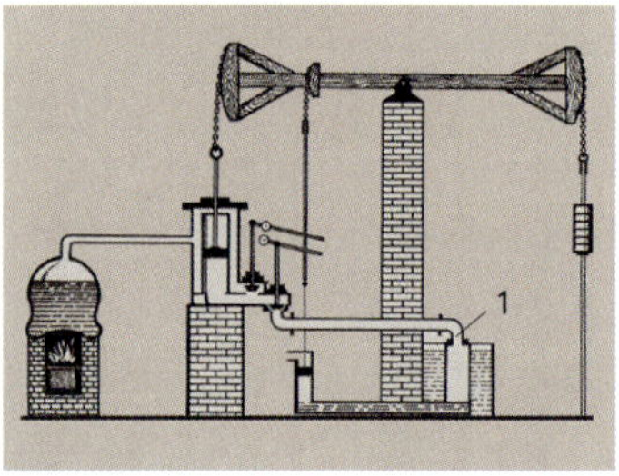

JAMES WATT (1736–1819)

Seine Leistungen:

- separater Kondensator (1), dadurch keine Abkühlung im Zylinder
- keine Luftzufuhr in den Zylinder, dadurch kein nennenswerter Wärmeaustritt

Entwicklungszeit: 1759–1769

1775 begann die industriemäßige Produktion von *Dampfmaschinen. Sie wurde* begünstigt durch eine Partnerschaft mit dem Fabrikanten MATTHEW BOULTON in Soho und der Eisengießerei JOHN WILKINSON in Bersham. 1782 erfolgte die Weiterentwicklung der *einfach wirkenden Dampfmaschine* zur *doppelt wirkenden Dampfmaschine*. Diese erzeugte erstmalig eine Drehbewegung.

- Kondensator (1)
- Pleuel (2)
- Planetengetriebe (3)
- Schwungmasse (4)
- Fliehkraftregler (5)

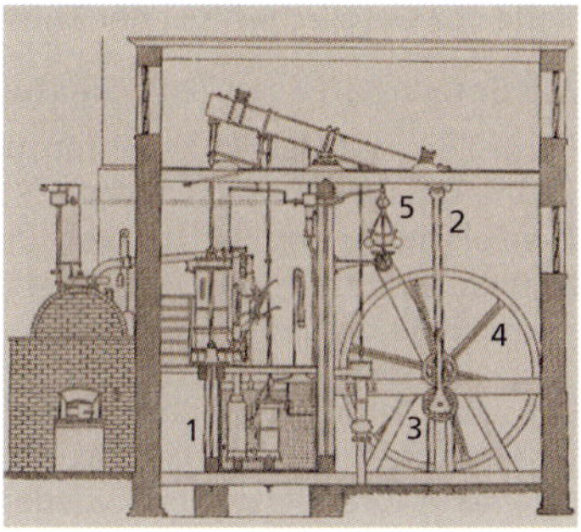

Aus dieser Weiterentwicklung entstand ein Universalantrieb für Maschinen, Dampfschiffe, Dampflokomotiven und Dampfdreschmaschinen. Die **Dampfmaschine** wurde auch das konstruktive Vorbild für **Verbrennungsmotoren**.

Planetengetriebe; lat. plano = glatt
Getriebe, bei denen rotierende Zahnräder auf einer Kreisbahn umlaufen.

Rolle der Naturwissenschaften bei der Entwicklung der Technik

Am Lebenswerk OTTO LILIENTHALS (1848–1896) wurde die Bedeutung von Grundlagenforschung für die Entwicklung neuer Technik deutlich. Die Nachteile des Ballonfluges, kleiner Aktionsradius, schlechte Lenkbarkeit, geringe Geschwindigkeit, und die Fähigkeit der Vögel zum Dauerflug veranlassten LILIENTHAL, sich 18 Jahre lang theoretisch und versuchspraktisch mit den naturwissenschaftlichen Grundlagen des Vogelfluges und der Kernfrage „Fliegen schwerer als Luft" zu befassen. Viele Fragen der *Mechanik*, der Werkstoffauswahl und der *Aerodynamik* mussten gelöst werden. 1889 kam es zur Veröffentlichung seines Buches „Der Vogelflug als Grundlage der Fliegekunst". Zwei Jahre danach begannen erste Gleitversuche, die er selbst durchführte, um den Flugapparat gezielt verbessern zu können. Der längste Gleitflug reichte 350 Meter weit.

Am 10.8.1896 starb OTTO LILIENTHAL an den Folgen eines Flugabsturzes aus 20 Metern Höhe.

Aerodynamik (griech.): Lehre von der Bewegung gasförmiger Stoffe, besonders der Luft.

Die Brüder ORVILLE und WILBUR WRIGHT entwickelten in den Jahren 1900–1902 LILIENTHALS Erbe weiter. Nach dem Studium seiner Werke und mehr als 1000 Gleitflügen bauten sie einen selbst konstruierten Motor. Ihr erster Motorflug am 17.12.1903 mit einem Doppeldecker dauerte 12 Sekunden und war 225 Meter weit. 1905 flogen sie schon 45 Kilometer in 38 Minuten.

Heute wird nach dem Vorbild der Fischhaut nach technischen Lösungen zur Herabsetzung der Luftreibung an der Flugzeugaußenhaut gesucht. Neue Materialien und Konstruktionen sollen die starre Tragfläche des Flugzeuges beweglich machen.

Oft war und ist bei der Entwicklung neuer technischer Lösungen die Natur Vorbild.

Rolle der Gesellschaft bei der Entwicklung der Technik

Die Gesellschaft kann Technikentwicklungen begünstigen.

Besonders seit den 70er Jahren des 20. Jahrhunderts wird wieder erkannt, dass mithilfe der Technik Raubbau an der Natur betrieben wird. Die Forschung und der Bau von Umweltschutztechnik werden vorangetrieben. Kennzeichen dieser Zeit sind hohes Wirtschaftswachstum und steigender Konsum.

Der Mensch entnimmt der Natur Stoffe und Energie und gibt sie in veränderter Form wieder an die Natur ab. Die Beseitigung des Abfalls, aber auch seine Verwertung zur Gewinnung neuer Rohstoffe gehören heute zum Hauptproblem der „Wegwerfgesellschaft". Hausmüll muss getrennt werden. Kompostierbare Abfälle gehören in den Biomüll. Kunststoffe und Verbundstoffe können aufbereitet und wieder verwertet werden. Metalle lassen sich wieder einschmelzen. Restmüll wird in speziellen Müllverbrennungsanlagen zur Energieerzeugung genutzt oder auf Deponien gelagert.

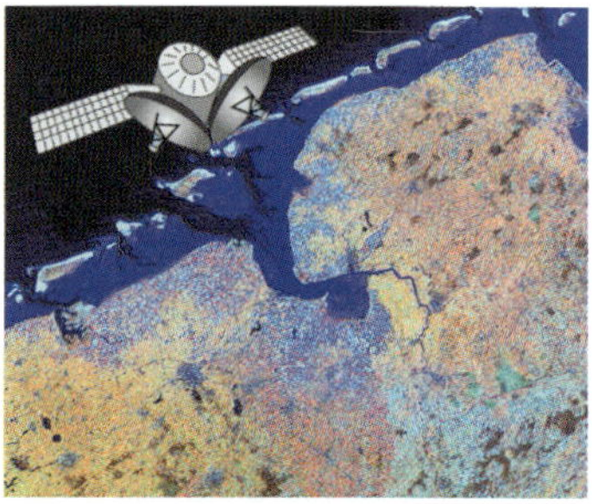

Spezielle Aufnahmen durch einen Satelliten machen den Grad der Umweltbelastung deutlich. Umweltschutzmaßnahmen können gezielt eingeleitet werden. Dazu gehören das Aufforsten abgeholzter Flächen und der Bau von Kläranlagen. Umweltsünder werden schneller ermittelt und zur Verantwortung gezogen.

Umweltkatastrophen entziehen dem Menschen die Lebensgrundlagen. Deshalb muss umweltverträgliche Technik geschaffen werden.

Die Entwicklung umweltverträglicher Technik wurde durch bestimmte gesellschaftliche Gruppen gefordert. Beispiele sind der **Katalysator** zur Verringerung des Ausstoßes giftiger Gase (Kohlenmonoxid) beim Kraftfahrzeug, **Windkraftanlagen** zur emissionslosen Stromerzeugung und die **biologische Reinigung** von Abwässern.

Gegenwärtig ist die weltweite Minderung von Umweltschäden, wie Waldsterben, Ozonloch, Meeresverschmutzung usw., eine große Herausforderung für die Technikwissenschaften, die nur noch international zu bewältigen ist.

Die Gesellschaft kann Technikentwicklungen verzögern.

Umfang und Tempo der von Technikentwicklung werden stark durch ökonomische Faktoren bestimmt. Technische Entwicklungen werden ökonomisch nur dann gefördert, wenn ein deutlicher Nutzen der Ergebnisse zu erwarten ist. Ist dies nicht der Fall, so bleibt eine Erfindung bis zum Wandel der ökonomischen Bedingungen ohne Anwendung.

ALEXANDER VON HERON (1. Jahrhundert) erfand einen metallenen **Dampfkreisel**. In einem Kessel mit Deckel wird Wasser erhitzt. Der Dampf gelangt über ein Rohr in die Hohlkugel. Aus beiden Rohrenden (Düsen) strömt er so aus, dass die Kugel rotiert. Die Weiterentwicklung zu einer Antriebsmaschine kam niemandem in den Sinn, denn Sklaven waren zu dieser Zeit weitaus billiger. Erst im 17. Jahrhundert wurde die **Dampfmaschine** erfunden.

Die gesellschaftlichen Bedingungen des 18. und 19. Jahrhunderts waren die Ursache für die historischen **Maschinenstürmereien**. JOHN KAY erfand 1733 den **mechanischen Schnellschützen**, der das Leben der Weber grundlegend veränderte. Die Zeit zum Weben eines Tuches mit vergrößerter Arbeitsbreite wurde auf die Hälfte verkürzt. Die Arbeiter befürchteten ihren Arbeitsplatz und damit ihr Einkommen zu verlieren. Sie gaben den Maschinen die Schuld, zerstörten die Werkstätten der Erfinder und verhinderten so die schnelle Verbreitung dieser Erfindung.

Auch heute gibt es Beispiele dafür, dass fehlende gesellschaftliche Einsichten Entwicklungen hemmen. Den FCKW-freien Kühlschrank gibt es erst seit einigen Jahren, die Entwicklungspläne des Drei-Liter-Autos wird nicht in angemessener Weise voran getrieben.

Rolle der Ökologie bei der Entwicklung von Technik

Die Wirtschaft als Hauptförderer und -anwender von Technik besitzt eine zunehmende Verantwortung gegenüber dem Menschen und der Natur. Interessen der Wirtschaft stehen oft im Widerspruch zu Interessen einzelner Menschen, der Gesellschaft und der Ökologie. Die Wirtschaft will effektiv produzieren, um günstig zu verkaufen.

Strom aus einheimischer Kohle kann kostengünstiger produziert werden, wenn auf Aschefilter und Anlagenteile zur Entfernung von Schwefeldioxid und Stickoxide verzichtet wird. Schwefeldioxid und Stickoxide führen aber zum Waldsterben, zur Versauerung der Böden und zu Atembeschwerden bei Menschen. Der Schutz von Mensch und Natur durch Abgasreinigungsanlagen verteuert die Stromerzeugung,

Grenzwerte für Kraftwerksanlagen sind bei SO_2 50 mg/m^3 und bei Staub 50–150 mg/m^3.

dafür werden aber die Kosten für medizinische Versorgung erkrankter Menschen sowie für Sanierung oder Abholzung kranker Wälder und ihren Ersatz durch Aufforstung gespart. Die Politik schreibt deshalb den Energieunternehmen mit Gesetzen vor, welche Schadstoffe in welcher Konzentration in den Abgasen von Kohlekraftwerken enthalten sein dürfen. Diese Vorgaben heißen **Grenzwerte**.

Technik kann immer nur ein Kompromiss zwischen technisch Machbarem, Bezahlbarem, von der Natur Verkraftbarem und vom Individuum Gewünschten sein.

Erfinder und Nutzer von Technik tragen Verantwortung

Eine entscheidende Frage bei Technikentwicklungen ist, ob eine Erfindung nur zur Verbesserung der Lebensbedingungen beiträgt oder ob sie auch missbraucht werden kann. **Technikfolgeabschätzungen** sind bei den heutigen Möglichkeiten und dem Wissen eine Notwendigkeit. In früheren Jahrhunderten verlief die Technikentwicklung nach dem Prinzip *Versuch* und *Irrtum*.

Um 950 erfanden die Chinesen das Schießpulver. 1280 wurden die ersten Kanonen im Krieg eingesetzt. Um 1350 wurden die ersten Handbüchsen in Europa gebaut. Kriege durchziehen die Menschheitsgeschichte. Der Mensch verstand es bis heute nicht, die Sprengkraft nur zu seinem Wohle einzusetzen.

1538 wurde mit der ersten Tauchglocke in Spanien experimentiert. 1683 baute der Engländer CORNELIUS DREBBEL ein hölzernes Tauchboot. Aber diese Erfindung diente nicht allein der Erforschung des Meeresgrundes. Schon im Ersten Weltkrieg beschließt das kaiserliche Deutschland, U-Boote gegen zivile Handelsschiffe einzusetzen.

1938 gelang OTTO HAHN (1879–1968) die Kernspaltung. Diese Entdeckung war Voraussetzung für den Bau der Atombombe. 1945 wurden zwei US-amerikanische Atombomben, die Millionen Menschen einen grausamen Tod brachten, über den japanischen Städten Hiroshima und Nagasaki abgeworfen. HAHN fühlte sich für die Entwicklung der Bombe persönlich verantwortlich und versuchte sich das Leben zu nehmen. Die Politik der fünfziger bis Ende der achtziger Jahre ordnete sich dem Diktat der atomaren Abschreckung unter. Auch heute noch könnte die Erde mit den vorhandenen Bomben hundertmal zerstört werden.

Gefahrenzeichen
Radioaktivität

Die Massenmotorisierung nach 1945 führte zu immer größerer Luftverschmutzung. Zwischen 1966 und 1976 wurden in den USA gesetzliche Bestimmungen für Abgaswerte und Kraftstoffverbrauch zur Reduzierung der Luftschadstoffe NO_x, CO und Kohlenwasserstoffe erlassen. Seit 1975 wird der ungeregelte und seit 1978 der geregelte Katalysator serienmäßig in Fahrzeugen in Amerika eingebaut. Von der Einführung des Abgaskatalysators in Fahrzeugen erwartete man eine deutliche Verringerung der Schadstoffbelastung. Dieses Ergebnis ist nicht eingetreten. Das Nutzerverhalten der Autofahrer hat sich deutlich verändert. Seither haben die Autofahrten zugenommen und es wird erheblich schneller gefahren. Die Schadstoffbilanz hat sich verschlechtert. Viele Autofahrer nehmen durch ihr Fahrverhalten ihre Verantwortung gegenüber der Umwelt ungenügend war.

1981 wurde der Apple II als erster **Personalcomputer** entwickelt.

1947 wurde mit der Erfindung des Transistors die Grundlage für die moderne Datenverarbeitung geschaffen. Heute wird der Speicherbedarf in Giga- und Terabyte und die Taktfrequenz in Mega- und Gigahertz angegeben. Milliarden Daten werden gesammelt und jagen mit Lichtgeschwindigkeit durch die Computernetze. Damit steigt die Gefahr des Datenmissbrauchs.

DNA: Desoxyribonucleid acid = Desoxyribonukleinsäure = DNS; Bausteine von Eiweißmolekülen und Träger der Erbinformation. Bei Bakterien ist die DNA ringförmig und frei beweglich in der Zelle. Bei Menschen, Tieren und Pflanzen ist sie fadenförmig und im Zellkern.

Die Der Biologe OSWALD AVERY wies 1944 die **DNA** als Träger der **Erbinformation** in allen Lebewesen nach. Fast 30 Jahre danach, 1973, gelang es, eine fremde DNA in das DNA-Molekül eines Bakteriums einzubauen. Dieses neu kombinierte DNA-Molekül wurde in Bakterienzellen eingeschleust. Daraus entstanden die ersten gentechnisch veränderten Bakterien. Bereits 1977 begann ein Unternehmen in den USA sich mit der gentechnischen Herstellung neuartiger Medikamente zu beschäftigen. Das **Humaninsulin** war 1980 das erste gentechnisch hergestellte Medikament. 1982 gelang die Geburt einer transgenen Maus. Hierfür wurde das Gen vom Wachstumshormon der Ratte in die Eizelle der Maus eingepflanzt. Die erste transgene Pflanze war die Tomate, die 1994 in den USA auf den Markt kam. 1998 gelang das **Klonen** (künstliches Vermehren) des Schafs „Dolly". Auf mögliche Gefahren der **Gentechnik** wurde bereits seit 1973 hingewiesen. Seit 1993 gibt es ein Gentechnikgesetz in Deutschland. Der Missbrauch von Gentechnik ist jedoch nicht völlig auszuschließen und mit dem heutigen Kenntnissstand nicht abzuschätzen.

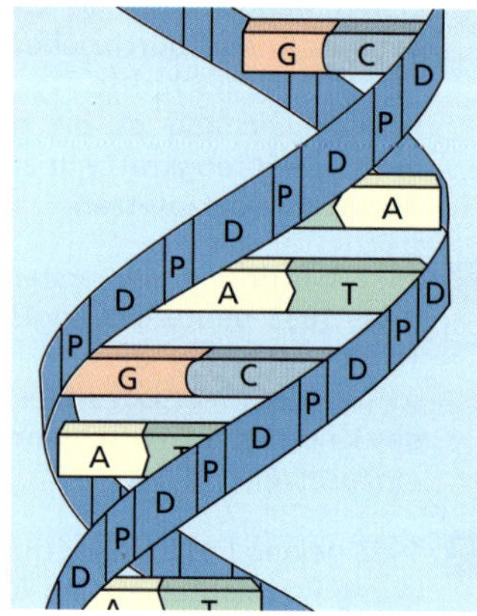

Gentechnik ist ein Verfahren zum Austausch von Erbinformationen zwischen Organismenarten und der Vermehrung dieser transgenen Organismen. (↗ S. 47)

Die *Erfinder* können nicht alle Faktoren ausschließen, die beim Betrieb neuer technischer Anlagen zu Fehlfunktionen mit schädlichen Folgen führen. Die *Nutzer* von Technik haben ebenso Verantwortung sich selbst und ihren Mitmenschen gegenüber. Wartung, Pflege und richtiger Umgang mit der Technik sind unerlässliche Voraussetzungen für sichere Anwendung. Die täglichen folgenschweren Verkehrsunfälle auf Straßen oder die tödlichen Unfälle auf Baustellen sind ein Beispiel dafür.

Folgeabschätzungen beurteilen den Schaden, der durch fehlerhafte Technik in Natur und Gesellschaft entstehen kann.

2 STOFF UMSETZENDE SYSTEME

2.1 Begriffe und Zusammenhänge

2.1.1 Stoffe in der Natur

Die Natur besteht aus belebten und unbelebten Teilen. Zu der belebten Natur gehören alle Pflanzen und Tiere. Zur unbelebten Natur zählt die Erdkruste mit den Gesteinen, dem Boden sowie Wasser und Luft.

Das Material, aus dem die belebten und unbelebten Teile der Natur bestehen, nennt man **Stoffe** oder auch **Naturstoffe**.

Einige Eigenschaften von Stoffen, z.B. Geruch, Geschmack und Farbe, lassen sich mit den menschlichen Sinnesorganen wahrnehmen.

Stoffe bestehen aus verschiedenen Teilchen. Mithilfe moderner Methoden können auch die kleinsten Bestandteile von Stoffen ermittelt werden. Das Wissen über den Aufbau von Stoffen gibt Aufschluss über ihre Eigenschaften.

Als **Teilchen** werden in den Naturwissenschaften **Atome**, **Ionen** und **Moleküle** bezeichnet.

Atome sind die kleinsten Bausteine der Stoffe, die noch deren Eigenschaften haben.

Atome bestehen aus negativ geladenen **Elektronen**, positiv geladenen **Protonen** und elektrisch neutralen **Neutronen**. Diese werden auch **Elementarteilchen** genannt. Ein Atom ist ein elektrisch neutrales Teilchen, denn die Anzahl der Elektronen entspricht der Anzahl der Protonen.

Ein **Ion** ist ein elektrisch negativ oder positiv geladenes Teilchen. Die Anzahl der Elektronen stimmt nicht mit denen der Protonen überein.

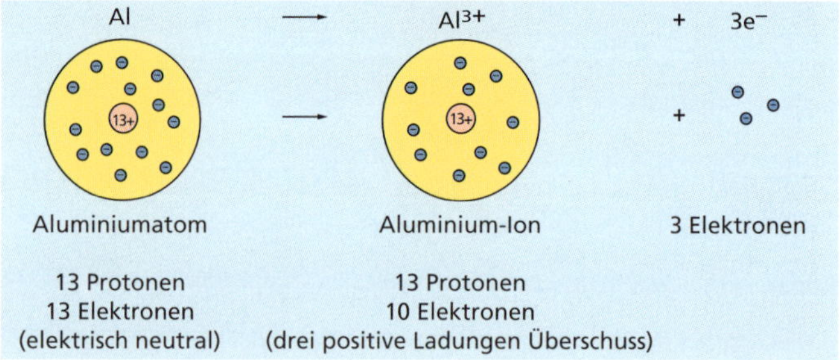

Ein **Molekül** ist ein Teilchen, das aus mindestens 2 Atomen besteht. Die Atome können gleichartig oder verschieden sein.

Ein Sauerstoffmolekül besteht aus 2 miteinander verbundenen Sauerstoffatomen. In einem Wassermolekül dagegen sind ein Sauerstoffatom mit 2 Wasserstoffatomen verbunden.

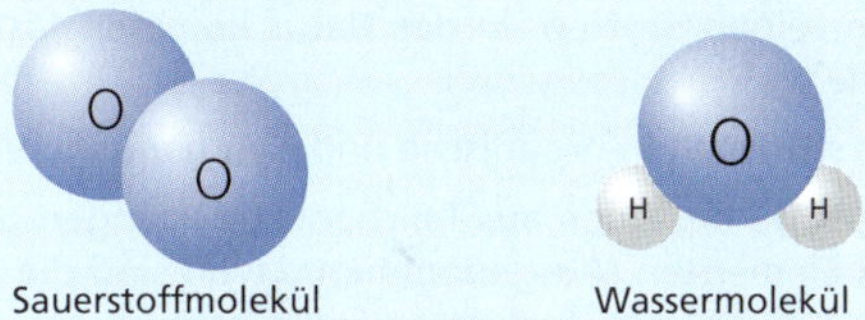

Atome, Moleküle und Ionen befinden sich in ständiger Bewegung. Zwischen ihnen wirken **Kohäsionskräfte**. An der Oberfläche zwischen den Teilchen verschiedener Stoffe wirken dagegen **Adhäsionskräfte**.

Stoffe haben eine bestimmte Masse. Die Masse gibt an, wie schwer oder wie leicht ein Stoff ist. Sie ist an jedem beliebigen Ort gleich groß. Die Einheit der Masse m ist 1 Kilogramm (1 kg). In einer chemischen Reaktion können Stoffe neue Stoffe bilden. Dabei gilt der Satz von der Erhaltung der Masse.

Satz von der Erhaltung der Masse:

Die Masse der Ausgangsstoffe ist gleich der Masse der Reaktionsprodukte.

Ausgangsstoffe → Reaktionsprodukte

$C + O_2 \rightarrow CO_2$

12 g + 32 g → 44 g

Die Einheit der Masse ist ein Kilogramm (1 kg).

Stoffe haben ein bestimmtes Volumen.

Das **Volumen** *V* gibt an, wie viel Raum der Stoff einnimmt. Die Einheiten des Volumens *V* sind 1 Kubikmeter (1 m^3) oder 1 Liter (1 *l*).

Stoffe haben eine bestimmte Dichte.

Die **Dichte** ρ gibt an, welche Masse jeder Kubikzentimeter (cm^3) Volumen eines Stoffes hat.

Die Einheit der Dichte ρ ist 1 Gramm je Kubikzentimeter (1 g/cm^3), sie kann berechnet werden mit der Gleichung $p = m/V$.

Kohäsionskräfte sind von Stoff zu Stoff unterschiedlich. Sie bestimmen die Festigkeit von Stoffen.

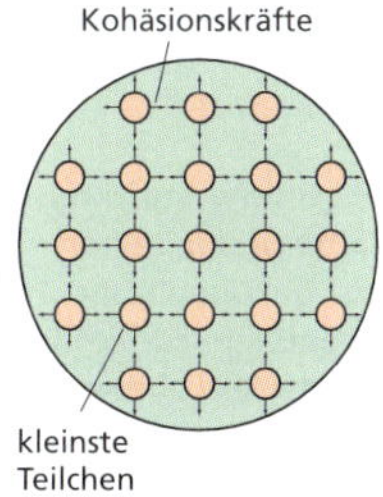

Adhäsionskräfte ermöglichen, dass Stoffe aneinander haften können, z.B. die Kreide an der Wandtafel.

Wasser hat bei einer Temperatur von 4 °C die Dichte von $\rho = 1\ g/cm^3$.

Stoffe kann man nach sehr verschiedenen Merkmalen einteilen. Eine Möglichkeit ist die Unterscheidung in reine Stoffe und Stoffgemische.

Reine Stoffe bestehen nur aus Teilchen eines Stoffes. So besteht Wasser nur aus Wassermolekülen. In der Natur gibt es nur wenige reine Stoffe, z.B. Wasser als Quellwasser, Kohlenstoff als Diamant oder Siliciumdioxid als Quarzsand.

Stoffgemische bestehen aus Teilchen mehrerer reiner Stoffe. Luft ist ein Gemisch aus den reinen Stoffen Sauerstoff, Stickstoff, Kohlenstoffdioxid und anderen reinen Stoffen. In der Natur kommen fast alle Stoffe als Stoffgemische vor.

Stoffe lassen sich auch in organische und anorganische unterscheiden.

Organische Stoffe bestehen aus Teilchenverbindungen des Kohlenstoffs mit anderen Elementen. Ausgenommen davon sind die Oxide des Kohlenstoffs, die Kohlensäure und deren Salze (Carbonate). Die belebte Natur besteht aus organischen Stoffen.

Anorganische Stoffe sind alle nicht organischen Materialien. Aus ihnen besteht die unbelebte Natur.

Zwischen der belebten und der unbelebten Natur findet ein ständiger Stoffaustausch statt, der als geschlossener Kreislauf zu verstehen ist.

Natürliche Stoffkreisläufe sind die Gesamtheit aller Vorgänge in der Natur, in denen Stoffe aufgebaut, umgebaut oder abgebaut werden.

Natürliche Stoffkreisläufe sind miteinander gekoppelt und Grundlage zur Erhaltung aller Lebewesen. Das dauerhafte Funktionieren der Stoffkreisläufe wird durch die Sonnenenergie gewährleistet (↗ S. 104).

In den Kreisläufen finden physikalische und chemische Vorgänge statt. Über sie erfolgt ein Stoffaustausch zwischen der belebten und der unbelebten Natur, zwischen dem Boden, den Pflanzen, den Tieren sowie der Atmosphäre.

Wichtige physikalische Vorgänge sind das *Verdunsten*, das *Kondensieren* und das *Lösen*. Wichtige chemische Vorgänge sind die *Fotosynthese* und die *Atmung*.

Für das Leben auf der Erde sind z.B. die Stoffkreisläufe von Wasser, Kohlenstoff, Sauerstoff, Stickstoff sowie einiger Mineralien wesentlich. Der Mensch greift in diese Kreisläufe ein und stört sie. Es entstehen Schäden an der Natur, die oft nicht rückgängig zu machen sind. Am meisten greift der Mensch in den **Kohlenstoffkreislauf** ein.

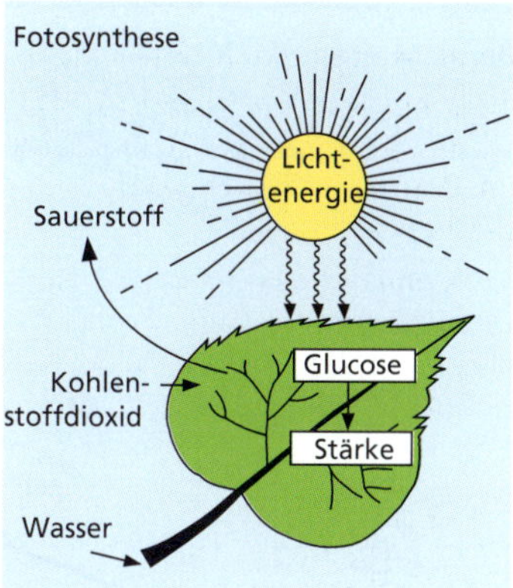

Atmung ist die Umkehrung der Fotosynthese.
Sauerstoff + Glukose → CO_2 + H_2O

Der Kohlenstoffkreislauf ist durch folgende Vorgänge gekennzeichnet:
- Aufnahme von Kohlenstoffdioxid bei der Fotosynthese,
- Abgabe von Kohlenstoffdioxid bei der Atmung,
- Ablagerung von Carbonat und organischem Kohlenstoff auf den Meeresböden,
- Freisetzung von Kohlenstoffdioxid aus kohlenstoffhaltigen Gesteinen in Verwitterungs- und vulkanischen Prozessen.

Der Mensch verstärkt die Freisetzung von Kohlenstoffdioxid durch Verbrennung von Kohle, Erdöl, Erdgas sowie durch Brandrodung von Wäldern.

Infolge eines höheren Anteils an Kohlenstoffdioxid in der Atmosphäre verstärkt sich der natürliche **Treibhauseffekt** (↗ S. 126). Dies führt zu einem langsamen Anstieg der Temperaturen in der Atmosphäre und damit zu weltweiten Klimaveränderungen. Stoffe, die den Treibhauseffekt ebenfalls verstärken, sind Methan, Wasserdampf, Distickstoffmonooxid und FCKW (Fluorchlorkohlenwasserstoffe).

Jährlich werden durch menschliche Aktivitäten rund 9 Mrd. t CO_2 zusätzlich erzeugt. Etwa 3 Mrd. t CO_2 verbleiben in der Atmosphäre und führen dort zum zusätzlichen Treibhauseffekt. Die restlichen 6 Mrd. t CO_2 werden vermutlich von den Ozeanen aufgenommen.

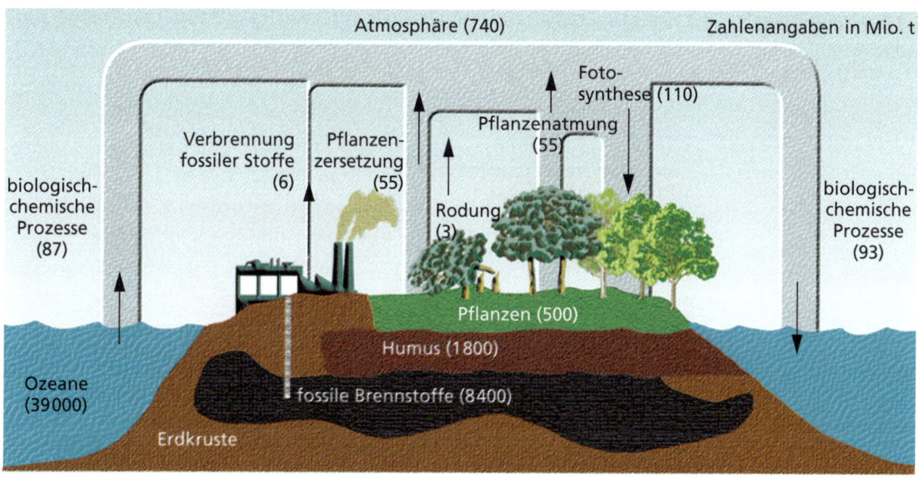

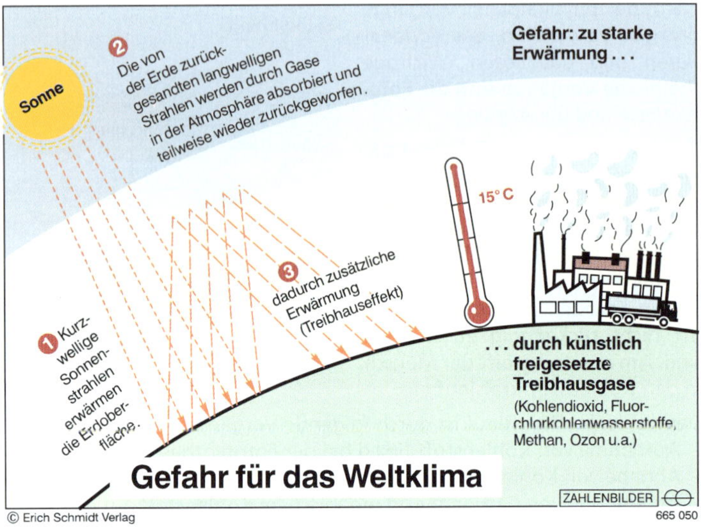

Die Industrieländer der nördlichen Halbkugel verursachen 70 % des künstlich freigesetzten CO_2. Das Auto ist „Klimakiller" Nr. 1 in Deutschland mit 19 % Anteil an der CO_2-Feisetzung. Die Treibhausgasemission ist in Deutschland von 1990 bis 1997 um 12 % zurückgegangen.

Nach dem Vorbild natürlicher Stoffkreisläufe organisiert der Mensch für die Sicherung seiner Lebensgrundlagen technische Stoffkreisläufe.

In **technischen Stoffkreisläufen** werden die aus der Natur entnommenen Stoffe immer wieder zu Produkten mit neuen Verwendungsmöglichkeiten verarbeitet.

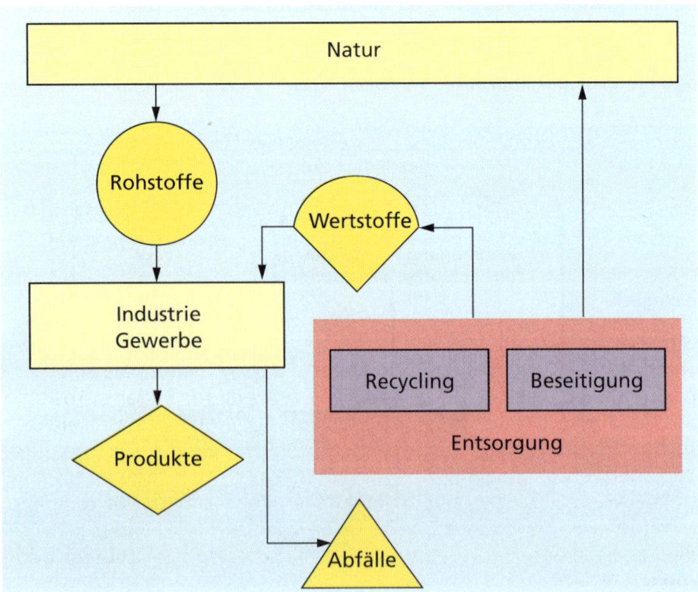

Ein entscheidender Abschnitt darin ist die Rückgewinnung von Stoffen für ihre Wiederverwertung, als Entsorgung oder Recycling bezeichnet.

Recycling ist die sortenreine Sammlung von Abfällen, ihr Transport und ihre Aufbereitung zu wieder verwertbaren Stoffen. Diese Stoffe heißen **Wertstoffe** oder **Sekundärrohstoffe** und werden erneut zu einem Produkt verarbeitet.

Eine leere Pfandflasche kann durch Rückgabe an die Brauerei nach ihrer Reinigung wieder gefüllt werden. Eine Flasche, die nur einmalig verwendet wird, muss über Glassammelbehälter zum Einschmelzen in die Glashütte transportiert, sortiert und zerkleinert werden. Aus der Glasschmelze werden neue Flaschen oder andere Gegenstände aus Glas geformt.

Technische Stoffkreisläufe sind untereinander gekoppelt. Sie sind nicht geschlossen. Es treten Verluste durch Staubbildung, Abgase, Abwasser und Abfälle auf. Diese Stoffe gelangen in die natürlichen Stoffkreisläufe. Technische Stoffkreisläufe verringern den Verbrauch an Naturstoffen und Energie sowie die Belastung von Luft, Wasser und Boden mit Schadstoffen. Für andere Abfälle aus Industrie und Haushalt gibt es ebenso technische Kreisläufe. Aus Textilabfällen von Baumwollkleidung, besonders Jeans, wird z.B. die Motorhaube am Pkw aus Lärmschutzgründen von innen verkleidet.

2.1.2 Stoffeigenschaften

Physikalische Eigenschaften

Ändern des Aggregatzustands: Stoffe können *fest*, *flüssig* oder *gasförmig* sein. Diese Eigenschaft heißt **Aggregatzustand**.

Aggregatzustände von Stoffen			
	fest	**flüssig**	**gasförmig**
Form	geometrisch bestimmt	keine	keine
Volumen	bestimmt, nicht komprimierbar	bestimmt, nicht komprimierbar	unbestimmt, komprimierbar
Eigenschaften	schwer formbar, schwer teilbar	leicht formbar, leicht teilbar	verteilt sich in jedem Raum
Abstand zwischen den Teilchen	feste Gitterplätze	feste Ordnung aufgehoben	völlig ungeordnet
Bewegung zwischen den Teilchen	schwingen am Gitterplatz	schnell, Teilchen wechseln die Plätze	sehr schnell
Kohäsionskräfte	sehr stark	stark	schwach
Teilchenmodell	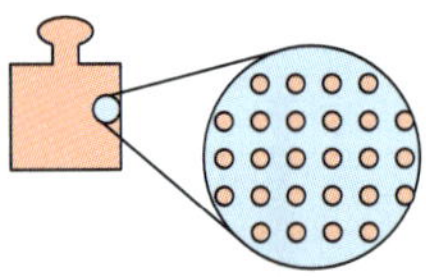	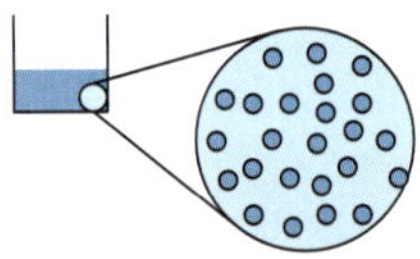	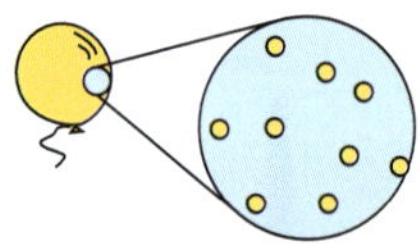

Durch Zufuhr von Wärme kann sich der Aggregatzustand eines Stoffes ändern. Beim Übergang von einem Zustand in den anderen erhöht sich die thermische (innere) Energie des Stoffes, jedoch nicht seine Temperatur. Es verändert sich auch das Volumen des Stoffes.

Die Längenausdehnung von einem Stück Aluminium von 1500 mm Länge beträgt bei Erwärmung von 15 °C auf 60 °C 1,61 mm.

Schmelzen und Erstarren: Bei der Schmelztemperatur ϑ_S geht ein fester Stoff durch Wärmezufuhr in den flüssigen Aggregatzustand über. Bei der Erstarrungstemperatur ϑ_E geht ein flüssiger Stoff unter Wärmeabgabe in den festen Aggregatzustand über. Schmelz- und Erstarrungstemperatur sind gleich groß.

Sieden und Kondensieren: Bei der **Siedetemperatur** ϑ_S geht ein flüssiger Stoff durch Wärmezufuhr (Verdampfungswärme) in den gasförmigen Zustand über. Bei der **Kondensationstemperatur** ϑ_K geht ein gasförmiger Stoff durch Wärmeabgabe (Kondensationswärme) in den flüssigen Zustand über. Siede- und Kondensationstemperatur sind gleich groß.

Schmelztemperatur:
$\vartheta_{S\,(Alu)}$ = 659 °C
$\vartheta_{S\,(Benzin)}$ = –50 °C

Siedetemperatur:
$\vartheta_{S\,(Alu)}$ = 2497 °C
$\vartheta_{S\,(Benzin)}$ = 100 °C

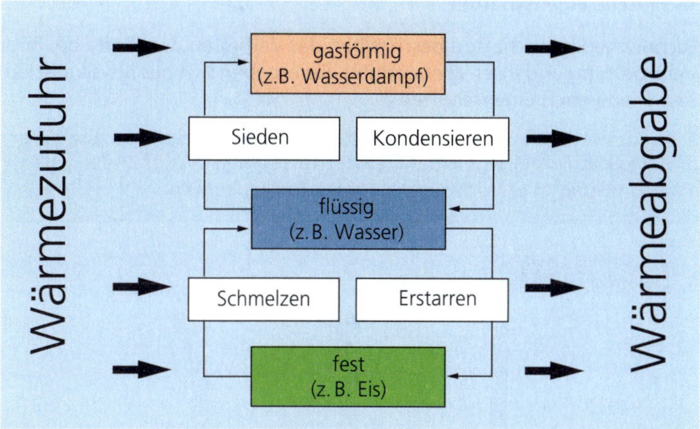

Wärmeleitfähigkeit: Stoffe haben die Fähigkeit, Wärme zu übertragen. Metalle, besonders Kupfer, Messing, Stahl, haben eine gute Wärmeleitfähigkeit. Luft, Kunststoffe und Wasser sind dagegen schlechte Wärmeleiter (↗ S. 79). Die Einheit der Wärmeleitfähigkeit J ist $\frac{\mathrm{W}}{\mathrm{m \cdot k}}$ (1 Watt je Meter mal 1 Kelvin).

Elektrische Leitfähigkeit:

Stoffe mit frei beweglichen Ladungsträgern (z.B. Elektronen, Ionen) haben die Fähigkeit, elektrische Energie zu transportieren. Man unterscheidet **elektrische Leiter** und **Nichtleiter** (Isolatoren). Metalle sind aufgrund frei beweglicher Elektronen gute elektrische Leiter. Zu den Nichtleitern zählen Gase (unter Normalbedingungen) und eine Reihe technischer Stoffe, z.B. Beton, Kunststoffe, Textilien. **Elektrolyte** sind Flüssigkeiten, in denen frei bewegliche Ionen elektrische Energie transportieren. Sie entstehen, wenn Salze, Säuren und Basen durch Wasser in ihre Ionen aufgespalten (dissoziiert) werden.

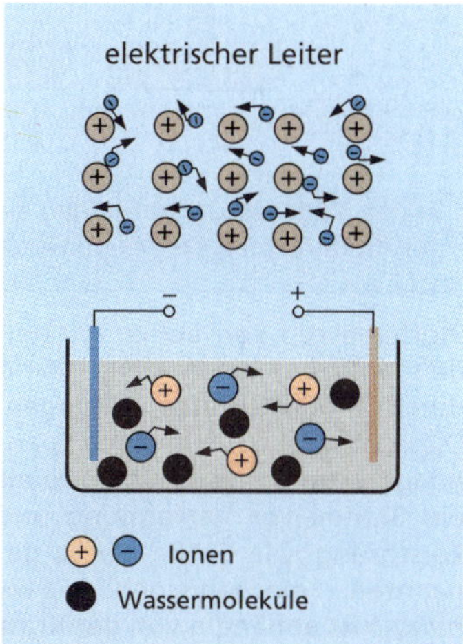

Bei **Halbleitern** (z.B. Silicium, Germanium) liegt die elektrische Leitfähigkeit zwischen der der Leiter bzw. Nichtleiter. Ihre Eigenschaften werden durch gezieltes Mischen mit anderen Stoffen bewusst verändert und finden in der Computerchipherstellung ihren Einsatz.

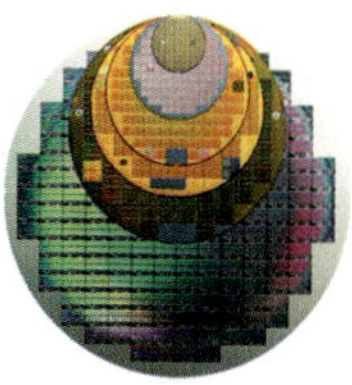

Chemische Eigenschaften

Korrosionsbeständigkeit: **Korrosion** ist ein chemischer Vorgang, bei dem die Oberfläche metallischer Werkstoffe durch Luft, Wasser, Säuren oder andere Stoffe zerstört wird. Einige Metalle bilden an der Luft nach kurzer Zeit eine Oxidschicht. Sie schützt das darunter liegende Metall vor weiterer Zerstörung. So bildet Kupfer eine grünliche Patinaschicht oder Silber eine schwarze Oxidschicht. Metalle wie Silber, Gold oder Platin sind korrosionsbeständiger als Eisen oder Stahl.

Technische Eigenschaften

Technische Eigenschaften beschreiben das Verhalten der Stoffe bei ihrer Verarbeitung und ihrer Verwendung. Sie ergeben sich aus physikalischen und chemischen Eigenschaften.

Elastizität ist die Eigenschaft eines Stoffes, nach Wegfall der Belastung wieder in seine Ausgangsform zurückzukehren.

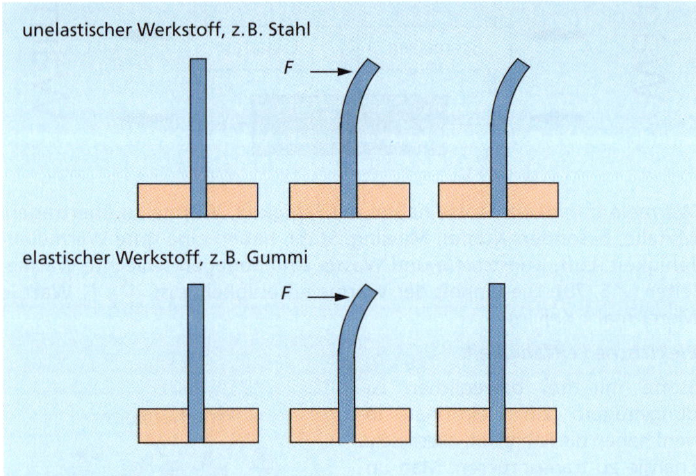

Härte ist der Widerstand, den ein Stoff dem Eindringen eines anderen Gegenstandes entgegensetzt.

Stoffe setzen von außen wirkenden Kräften einen *Widerstand* durch innere Kräfte entgegen. Diese versetzen ihn in einen Spannungszustand und schützen somit ein Bauteil vor Verformung und Zerstörung. Die Größe der so genannten *mechanischen Spannung* σ ist abhängig von der Kraft F und der Fläche A, auf welche sie wirkt.

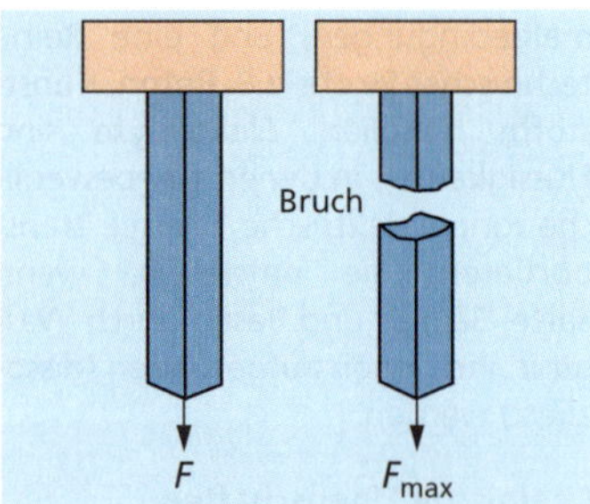

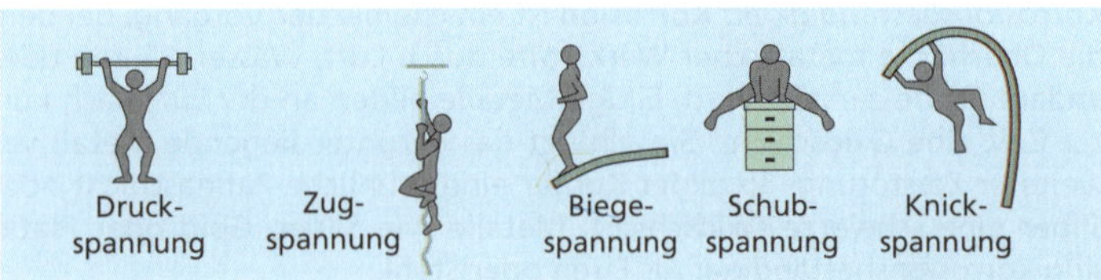

Die **Festigkeit** σ wird durch das Verhältnis von größtmöglicher Belastung F zum Querschnitt A ausgedrückt und in N/mm² angegeben. Sie ist ein Kennwert für die Belastbarkeit eines Stoffes.

Es gibt unterschiedliche Festigkeitsarten, z. B. **Zugfestigkeit** **Druckfestigkeit**.

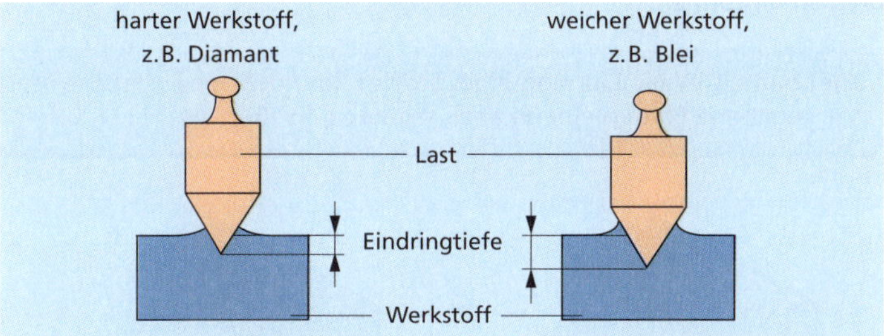

Die **Plastizität** ist die Eigenschaft eines Stoffes, sich in bestimmten Grenzen bleibend umformen zu lassen.

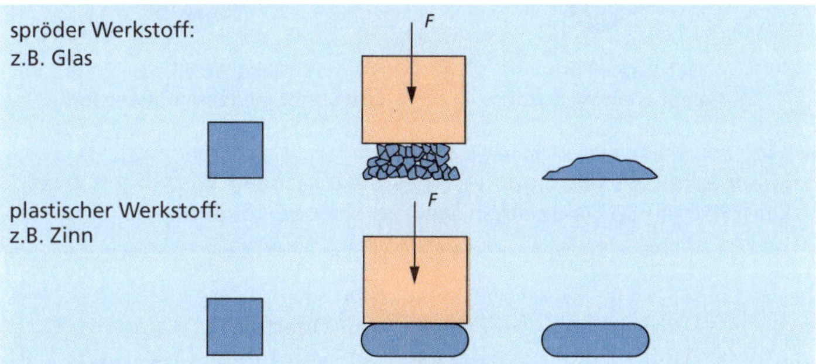

Die **Wärmedämmfähigkeit** ist die Fähigkeit von Stoffen, gegen Kälte und Hitze zu isolieren.

Verschiedene Dämmstoffe bei gleichem Wärmedurchgang

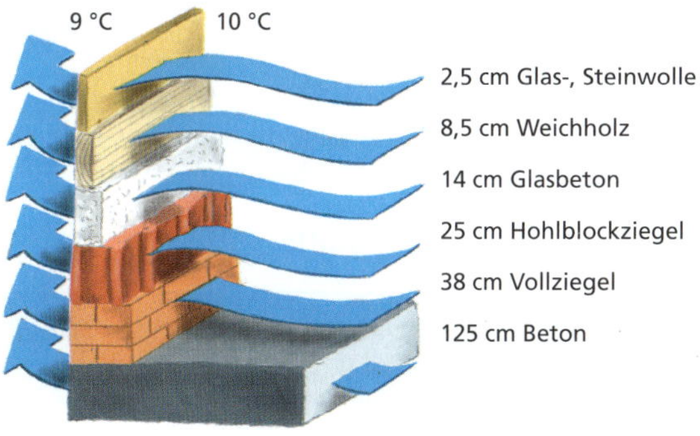

Die Wärmedämmfähigkeit verhindert den Wärmedurchgang. Sie wird mit dem **Wärmedurchgangskoeffizienten** k (k-Wert) ausgedrückt. Der ***k*-Wert** gibt an, wie viel Wärmeenergie E_{therm} in einer Stunde durch einen Stoff von 10 cm Dicke und einer Fläche A von 1 m² bei einem Temperaturunterschied $\Delta\vartheta$ von 1 K (1 °C) fließt. (↗ S. 79)

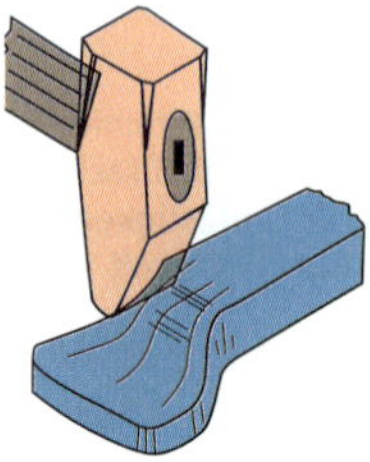
gut schmiedbarer Werkstoff

Umformbarkeit ist die Eigenschaft eines Stoffes, durch äußere Beanspruchung bleibend umgeformt zu werden (↗ S. 56).

Stoffe lassen sich durch Walzen, Schmieden, Biegen, Tiefziehen, Strangpressen umformen.

Gießbarkeit ist die Eignung eines Stoffes, im flüssigen Zustand eine vorgegebene Form bleibend anzunehmen (↗ S. 52).

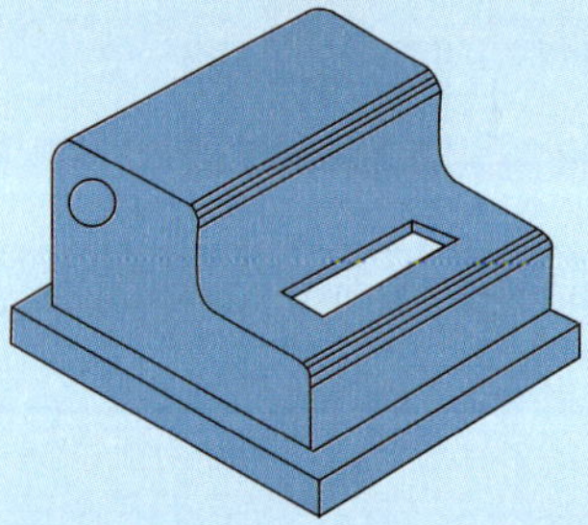
Gehäuseteil aus gut gießbarem Werkstoff

Gehäuseteil aus schlecht gießbarem Werkstoff

Spanbarkeit ist die Eignung eines Stoffes, beim Eindringen einer keilförmigen Schneide einen Span zu bilden (↗ S. 57).

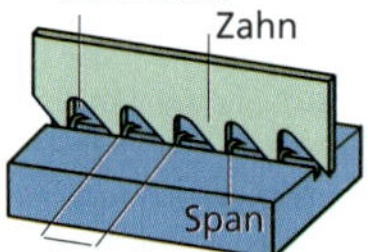

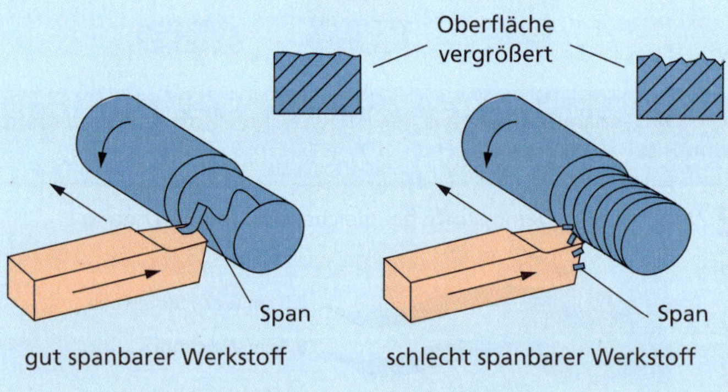

gut spanbarer Werkstoff

schlecht spanbarer Werkstoff

2.1.3 Rohstoffe und technische Stoffe

Rohstoffe sind aus der Natur gewonnene Stoffe, die noch in ihrer natürlichen Beschaffenheit vorliegen.

Rohstoffe sind die Grundlage für die Herstellung von technischen Stoffen. Wichtige Rohstoffe sind gebrochenes Erz, geschlagenes Holz, gefördertes Erdöl, geerntetes Getreide, Wasser und Luft.

Technische Stoffe sind aus Rohstoffen hergestellte künstliche Stoffe mit genau vorbestimmten Eigenschaften.

Aus ein und demselben Rohstoff können verschiedenartige technische Stoffe hergestellt werden. Die Mehrzahl der Rohstoffe wird auf chemischem Wege in einer unterschiedlichen Anzahl von Stufen verarbeitet.

Nur in wenigen technischen Stoffen bleibt die natürliche Beschaffenheit von Rohstoffen erhalten. Beispiele sind die Baumwollfaser, der Holzbalken oder das Sonnenblumenöl.

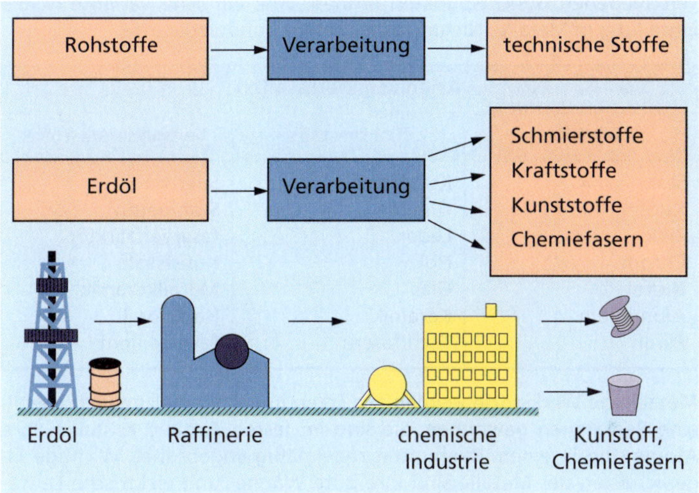

Die stufenweise Verarbeitung von Rohstoffen führt über Zwischenprodukte zu qualitativ hochwertigeren Endprodukten.

Stufenprodukte aus Rohstoffen		
Rohstoff	**Zwischenprodukt**	**Endprodukt**
Eisenerz	Roheisen Gusseisen Stahl	Gussformteil Stahlblech Stahlprofil
Baumstamm	Bretter Schwarten Kantholz Cellulose	Furnier Sperrholz Spanplatte Papier
Baumwollblüte	Faden	Stoff
Erdöl	Leichtbenzin Ethylen Vinylchlorid	Polyethylengranulat Polyvinylchloridpulver

Technische Stoffe lassen sich in **Werkstoffe** und in **Betriebsstoffe** einteilen.

> **Werkstoffe** sind alle festen technischen Stoffe, die durch mechanische und thermische Bearbeitung zu Formteilen verarbeitet werden können.

Werkstoffe besitzen ein breites Spektrum von jeweils für sie typischen Eigenschaften. Diese begünstigen oder ermöglichen erst einen bestimmten Anwendungsfall. Die Vielfalt der Werkstoffe kann man unter sehr verschiedenen Gesichtspunkten ordnen. Eine einfache Variante ist die Einteilung in Metalle, Nichtmetalle und Verbundwerkstoffe.

Arten von Werkstoffen		
Metalle	**Nichtmetalle**	**Verbundwerkstoffe**
Stahl Kupfer, Zink Chrom Nickel Aluminium Platin	Kunststoff Gummi Leder Holz Glas Keramik Textilfasern	Sperrholz Stahlbeton faserverstärkter Kunststoff Metallkeramik Hartmetall Faserzement

Metallische Werkstoffe werden aus Erzen in der Schmelze durch chemische Reaktionen gewonnen. Sie sind im festen Zustand kristallin. Ihre Atome sind in einem Raumgitter regelmäßig angeordnet. Wichtige Eigenschaften der Metalle sind ihre gute Wärme- und elektrische Leitfähigkeit, hohe Festigkeit, gute Formbarkeit, glänzendes Aussehen, in einigen Fällen sind sie magnetisch. Metalle gehören zu den ältesten Werkstoffen der Menschen (Bronzezeit, Eisenzeit).

Nichtmetallische Werkstoffe werden aus mineralischen, fossilen und nachwachsenden Rohstoffen (z.B. Pflanzen) teils durch chemische Reaktionen gewonnen (z.B. Kunststoffe, Glas), teils in ihrer natürlichen Beschaffenheit belassen (z.B. Leder, Holz). Sie sind schlechte elektrische Leiter und Wärmeleiter.

Verbundwerkstoffe sind eine Kombination verschiedenartiger oder gleichartiger Werkstoffe mit einer vorbestimmten Struktur und neuen Eigenschaften. Sie vereinen die jeweils vorteilhaften Eigenschaften der beteiligten Werkstoffarten.

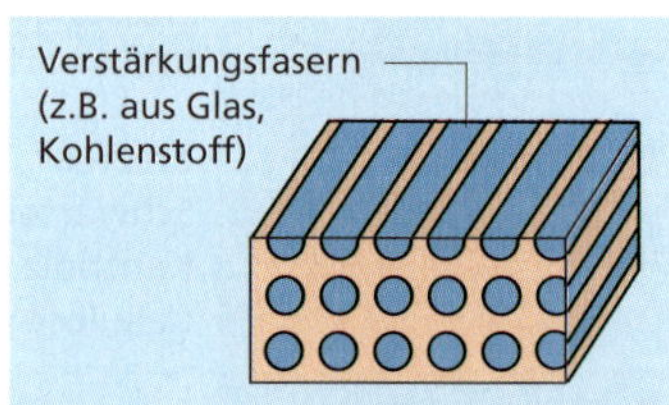

Ein lange bekannter Verbundwerkstoff ist Stahlbeton (↗ S. 72, 74). Neuere Entwicklungen sind Verbunde von Kunststoffen mit Glasfasern oder Kohlenstoff-Fasern. Zunehmend werden sie für Sportboote, Autos und Flugzeuge eingesetzt.

Betriebsstoffe sind feste, flüssige und gasförmige technische Stoffe, die zum optimalen und zuverlässigen Betreiben von Anlagen, Maschinen und Geräten sowie Vorgängen unverzichtbar sind. Sie sind überwiegend nicht Bestandteil des herzustellenden Produktes.

Betriebsstoffe	Beispiele
Schmierstoffe	Fette, Öle
Kühlmittel	Wasser, Luft, Öle
Brenn- u. Treibstoffe	Kohle, Koks, Benzin, Diesel, Gas
Katalysatoren	Metalloxide, Edelmetalle, Enzyme
Lösungsmittel	Wasser, Alkohol
Hilfsstoffe	Waschmittel, Düngemittel

Werkstoffe und **Betriebsstoffe** haben eine zeitlich begrenzte Verwendbarkeit. Diese ist abhängig z.B. von der Haltbarkeit der Konstruktion und von der Qualität nach mehrfachem Gebrauch. Einige Betriebsstoffe können nur einmal gebraucht werden (z.B. Benzin).

Sehr viele technische Stoffe lassen sich aus den nicht mehr verwendbaren Produkten zurückgewinnen. Solche Stoffe werden aufbereitet (recycelt) und ersetzen einen Teil der Rohstoffe.

Wertstoff-Sammelbilanz 1999 (Angaben je Einwohner, Gesamt: 77,7 kg)

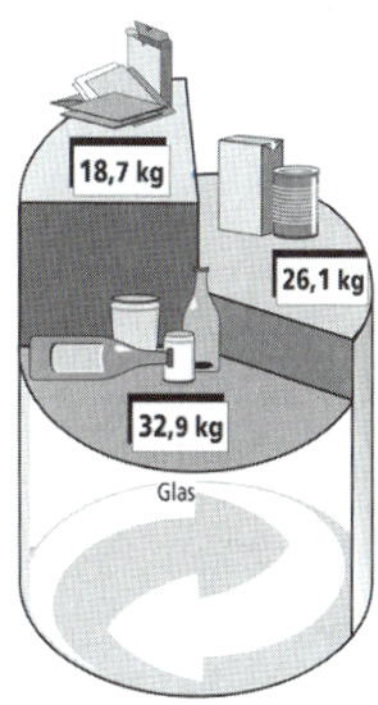

Zum Vergleich: Im Jahr 1998 warf jeder Bundesbürger durchschnittlich 75,8 kg in die Sammelgefäße des **Dualen Systems**.

2.2 Grundlagen Stoff umsetzender Systeme

2.2.1 Stoff-Formung

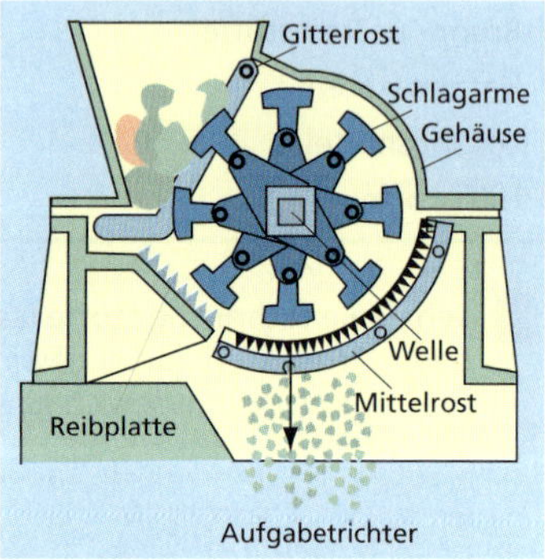

Werkstoffe und **Betriebsstoffe** sind technische Stoffe und werden in zahlreichen Bearbeitungsstufen aus Rohstoffen hergestellt. **Rohstoffe** sind Stoffgemische in fester, flüssiger oder gasförmiger Form, aus denen die nutzbaren Bestandteile abgetrennt und weiterverarbeitet werden. So besteht der Rohstoff Eisenerz aus Eisenoxiden und silicatischen Stoffen, dem so genannten tauben Gestein. In Brechern werden die Erzbrocken zerkleinert, um anschließend die eisenhaltigen Anteile aus der kleinkörnigen Masse durch einen Magneten herauszuziehen. Die Trennung der Eisenoxidanteile vom tauben Gestein erfolgt über eine Änderung des Stoffzusammenhalts bei den Erzbrocken durch Zerkleinern (↗ S. 60) und Magnetscheiden (↗ S. 82).

> Verfahren der **Stoff-Formung** sind Bearbeitungsvorgänge zur Änderung der geometrischen Gestalt oder der Stoffeigenschaft oder auch von beidem durch Änderung des Zusammenhalts von Stoffteilchen.

Mit Stoff-Formungsverfahren beschäftigen sich die **Fertigungstechnik** und die **Verarbeitungstechnik**.

Bei der Herstellung von Fahrzeugen, Werkzeugmaschinen oder Möbeln sind *ausschließlich* Stoff-Formungsverfahren an der Produktbildung beteiligt. Typische Verfahren sind hier Tiefziehen, Walzen, Schleifen, Sägen, Kleben, Verschrauben, Lackieren u.a. Überwiegend erzielen sie eine Formänderung. Verfahren der Stoff-Formung sind auch Gegenstand der **Metallurgie** sowie der mechanischen und thermischen **Verfahrenstechnik**.

Bei der Herstellung von Benzin, Stahl, Polyethylen, Zement oder Bier *unterstützen* Stoff-Formungsverfahren die Produktbildung. Sie sind auch wichtig für die Nacharbeiten am Produkt, um es marktfähig zu machen. Das Produkt selbst entsteht über chemische Reaktionen. Typische Verfahren sind z.B. Destillieren, Härten, Brechen, Granulieren, Lösen und Filtern. Diese Verfahren ändern die *Form* und die *Eigenschaft* der Stoffe.

Stoff-Formungsverfahren untergliedert man nach der *Art der Änderung des Stoffzusammenhalts*. Ein Stoffzusammenhalt kann geschaffen, vergrößert, beibehalten, vermindert oder aufgehoben werden. Ein weiteres Ordnungsmerkmal ist das *Ziel des Verfahrens,* die Gestalt oder die Stoffeigenschaft zu ändern. Verknüpft man Ziel und Änderung des Stoffzusammenhalts in einer Tabelle, so ergeben sich nach DIN 8580 sechs Verfahrenstypen. Sie erfassen hauptsächlich die Verfahren der Fertigungstechnik.

Fertigungsverfahren werden nach DIN 8580 eingeteilt in **Urformen**, **Umformen**, **Trennen**, **Fügen**, **Beschichten** und **Stoffeigenschaft ändern**.

Einteilung der Fertigungsverfahren

<table>
<tr><th colspan="5">Zusammenhalt ändern</th></tr>
<tr><td>schaffen</td><td>beibehalten</td><td>vermindern</td><td colspan="2">vermehren</td></tr>
<tr><td rowspan="4">1. Urformen</td><td colspan="3">Form ändern</td><td rowspan="4">5. Beschichten</td></tr>
<tr><td>2. Umformen</td><td>3. Trennen</td><td>4. Fügen</td></tr>
<tr><td colspan="3">6. Stoffeigenschaft ändern</td></tr>
<tr><td>Umlagern von Stoffteilchen</td><td>Aussondern von Stoffteilchen</td><td>Einbringen von Stoffteilchen</td></tr>
</table>

Eine Ordnung aller Verfahren der Stoff-Formung aus der Fertigungs-, Verarbeitungs-, Verfahrenstechnik und Metallurgie führt zu 10 Verfahrenstypen:
- Urformen
- Fügen
- Umformen
- Trennen
- Zerkleinern
- urformendes Stoffeigenschaftsändern
- Ein- und Aufbringen von Stoffteilchen
- Umlagern von Stoffteilchen
- Aussondern von Stoffteilchen
- zerkleinerndes Stoffeigenschaftsändern

Urformen ist das Fertigen einer ersten Form eines Gegenstandes aus *formlosen* Stoffen durch Schaffen eines Stoffzusammenhalts.

Formlose Stoffe sind Gase, Flüssigkeiten, breiige und pastenförmige Stoffe oder Pulver. Sie müssen die technischen Eigenschaften wie *Schmelzbarkeit, Gießbarkeit, Pressbarkeit, Blasbarkeit* oder *Schäumbarkeit* haben.

Urformverfahren erfordern mechanische, thermische oder elektrische Energie. Dabei können chemische Vorgänge den Verfestigungsprozess unterstützen. Dies trifft für das Backen von Brot, aber auch für das Spinnen von synthetischen Fasern zu.

Urformverfahren werden nach dem Zustand des formlosen Stoffes eingeteilt in Urformen aus dem flüssigen, festen, gas- oder dampfförmigen oder ionisierten Zustand.

Die gebräuchlichsten Verfahren sind Gießen, Pressen und Sintern (↗ S. 52).

Urformen	
aus dem festen Zustand	**aus dem flüssigen Zustand**
Pressen, Sintern, Spritzgießen, Strangpressen	Gießen, Blasen, Schäumen, Spinnen

Sintern ist Erhitzen von gepresstem Pulver bis zum oberflächigen Schmelzen und Zusammenbacken der Körner zu einem Formkörper.

Umformen ist die gezielte Änderung der Form eines Werkstückes durch plastische Verformung mit oder ohne Erwärmung unter Einwirkung äußerer Kräfte bei Beibehaltung der Masse und des stofflichen Zusammenhalts.

Produkte aus Umformverfahren werden *Halbzeuge* genannt. Für das Umformen eignen sich überwiegend Metalle und Metall-Legierungen.

Halbzeuge sind z.B. Bleche, Profile, Draht. Sie sind oft aus Gusseisen und entstehen aus Blöcken durch Walzen, Schmieden, Pressen, Drahtziehen usw. (↗ S. 56)

Die in Umformverfahren wirksam werdenden Kräfte sind Druck-, Zug-, Biege- und Schubkräfte.

Nach DIN 8582 wird zwischen Druck- (z.B. Walzen), Zugdruck- (z.B. Ziehen), Zug- (z.B. Streckziehen), Biege- (z.B. Abkanten) und Schubumformen (z.B. Verwinden) unterschieden.

Trennen ist das Fertigen durch Aufheben des örtlichen Stoffzusammenhalts an geformten Körpern durch Einwirkung äußerer Kräfte.

Die Endform ist in der Ausgangsform enthalten. In Trennverfahren werden mechanische, elektrische, thermische und chemische Energie auch in ihrer Kombination eingesetzt. Das Zerlegen von zusammengesetzten Werkstücken, auch *Demontieren* genannt, zählt zu den Trennverfahren.

Die wichtigsten Werkstoffe sind Metalle und ihre Legierungen, Holz und Holzwerkstoffe, Kunststoffe, Verbundstoffe, Textilien, Papier, Glas und keramische Werkstoffe.

Nach den DIN-Vorschriften unterteilt man Trennverfahren in sieben Gruppen. Die wichtigsten Gruppen sind Zerteilen, Spanen und Abtragen.

Trennen		
Zerteilen	**Spanen**	**Abtragen**
Lochen, Scherschneiden, Reißen, Spalten, Brechen	Drehen, Sägen, Bohren, Fräsen, Schleifen	Brennschneiden, Erodieren, Lasertrennen, Elysieren, Metallätzen
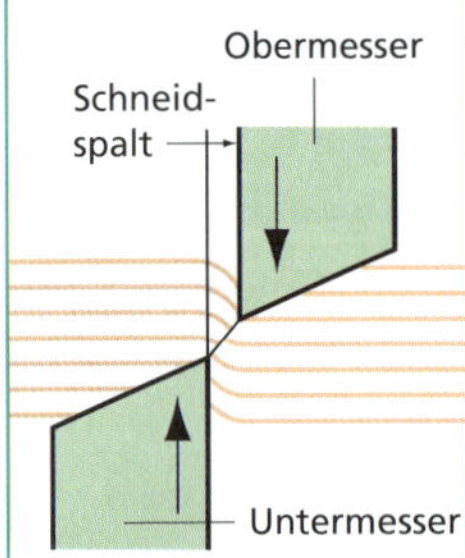 Scherschneiden	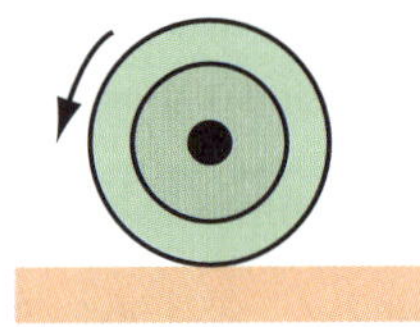 Schleifen	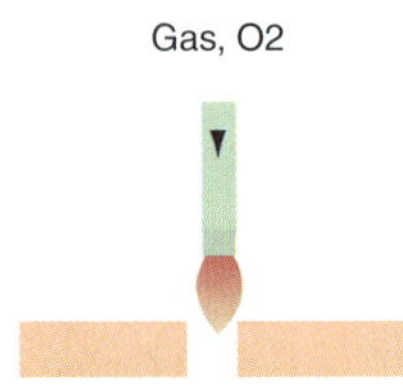 Brennschneiden

Fügen ist das Verbinden von mehreren Werkstücken durch Verbindungselemente oder durch einen formlosen Stoff zum Vermehren des Stoffzusammenhalts.

Der Zusammenhalt erfolgt je nach Kraftübertragung *formschlüssig*, *kraftschlüssig* oder *stoffschlüssig*. Die Verbindungen können *lösbar* oder *unlösbar*, *beweglich* oder *starr* sein.

formschlüssig		
Federverbindung	Fügen durch Einlegen	lösbar, starr
Schraubverbindung	Fügen durch An- und Einpressen	lösbar, beweglich
kraftschlüssig		
Nietverbindung	Fügen durch Stoff vereinigen	unlösbar, starr
stoffschlüssig		
Schweißverbindung	Fügen durch Stoff vereinigen	unlösbar, starr

Federverbindung

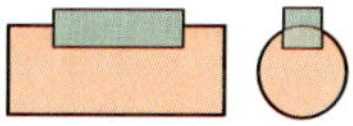

Nietverbindung

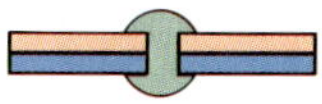

Schweißverbindung

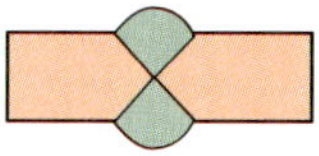

Verfahren des Fügens werden in einem Fertigungsprozess zur Herstellung eines mehrteiligen Produktes als **Montageprozess** bezeichnet.

Zusammensetzen	**An- und Einpressen**	**Stoffvereinigen**	**Fügen durch Umformen**	**Fügen durch Urformen**
Ineinanderschieben (Teleskop) Einhängen (Zugfedern) Einlegen (Kolbenringe)	Klemmen Schrauben Keilen Nageln	Kleben Schweißen Löten Kitten	Falzen Nieten Flechten Bördeln	Ausgießen Einschmelzen Umgießen

Die Verfahren des Fügens werden nach DIN 8593 in fünf Gruppen eingeteilt.

Beschichten ist das Vermehren des Stoffzusammenhalts durch Aufbringen einer *fest haftenden Schicht* aus formlosem Stoff auf ein Werkstück.

Durch Beschichten werden hauptsächlich die Stoffeigenschaften geändert (↗ S. 62).

Nach **DIN 8580** werden sie jedoch nicht den Verfahren der Stoffeigenschaftsänderung zugeordnet.

Stoffeigenschaftsänderung ist das Umlagern, Aussondern oder Einbringen von Stoffteilchen in einen *geometrisch bestimmten Gegenstand* oder in einen *formlosen Stoff* zum Erzielen bestimmter Stoffeigenschaften.

Formänderungen sind nicht beabsichtigt, können aber auftreten.

Verfahren zum Ändern der Stoffeigenschaft		
Umlagern	Aussondern	Einbringen
von Stoffteilchen		
Härten Glühen Vulkanisieren Anlassen	Sandstrahlen Filtrieren Zentrifugieren Destillieren Abbeizen	Mischen Kneten Legieren Versprühen Verstäuben

Verfahren der Stoffeigenschaftsänderung sind meist mit den Technologien in der Metallurgie und der Verfahrenstechnik gekoppelt (↗ S. 82).

2.2.2 Stoffwandlung

Aus Rohstoffen werden auch **technische Stoffe** (↗ S. 38 ff.) hergestellt, deren chemische Zusammensetzung in der Natur nicht anzutreffen ist.

Technische Stoffe sind z.B. Benzin, reine Metalle wie Kupfer, Zink oder Eisen, Papier, Chemiefasern, Lacke und Kunststoffe wie PVC, Polystyrol, Polyethylen. Diese Werkstoffe und Betriebsstoffe werden über eine oder mehrere chemische Reaktionen hergestellt. So wird aus dem Erz Kupferkies ($CuFeS_2$) über mehrere Oxidations- und Reduktionsstufen in einem Etagenröstofen, einem Schachtofen und einem Konverter reines Kupfer hergestellt.

Technische Systeme zur Stoffwandlung heißen **Reaktoren**.

Prozesse der **Stoffwandlung** sind Bearbeitungsvorgänge zur *Änderung der Struktur* von Stoffen durch chemische Reaktionen. Dabei entstehen Stoffe in anderer chemischer Zusammensetzung mit völlig neuen Eigenschaften.

In einem Stoffwandlungsprozess laufen immer mehrere chemische Reaktionen ab. Darunter gibt es auch ungewollte Reaktionen.

Stoffwandlungsprozesse sind Gegenstand der **chemischen Verfahrenstechnik** und **Bioverfahrenstechnik**. Sie finden in der chemischen Industrie, der Metallurgie und in Teilen der Lebensmittelindustrie Anwendung.

Bei der **Schmelzflusselektrolyse** von Aluminiumoxid wird das Flussmittel Kryolith, $Na_3(AlF_6)$ mit einem Anteil von 95 % zugegeben, um ein Schmelzen schon bei 950 °C zu erreichen. Reines Al_2O_3 würde erst bei 2050 °C schmelzen.

Für einen optimalen Ablauf werden neben den Rohstoffen noch weitere Stoffe zur Unterstützung der Stoffwandlungsprozesse in den Reaktor gegeben. Die Gesamtheit aller im Reaktor befindlichen Stoffe heißt *Reaktionsmasse*. Sie besteht aus den Reaktionsteilnehmern (Ausgangstoffe, Reaktionsprodukte), den Hilfsstoffen (Lösungsmittel, Flussmittel, Katalysatoren, Initiatoren) und den Inertstoffen (Edelgase, Stickstoff), die in unterschiedlichen Phasen (Aggregatzustand) vorliegen können. Hilfsstoffe und Inertstoffe sind nicht an der chemischen Reaktion beteiligt.

Die gewollte chemische Reaktion in Stoffwandlungsprozessen beginnt nicht ohne Anstoß durch Energiezufuhr. Diese **Aktivierungsenergie** versetzt die Ausgangsstoffe in einen höheren energetischen Zustand.

Alle chemischen Reaktionen im Stoffwandlungsprozess verlaufen mit einem Energieumsatz. *Exotherme* Reaktionen (1) setzen im Reaktionsverlauf Wärme frei, *endotherme* Reaktionen (2) benötigen ständig Energiezufuhr.

Die Verbrennung von Ammoniak ist eine exotherme Reaktion.
$4NH_3 + 5O_2 \leftrightarrow 4NO + 6\,H_2O$ $\Delta H = -906$ kJ/mol
Die thermische Zersetzung von Kalkstein ist eine endotherme Reaktion.
$CaCO_3 \leftrightarrow CaO + CO_2$
$\Delta H = +177{,}8$ kJ/mol

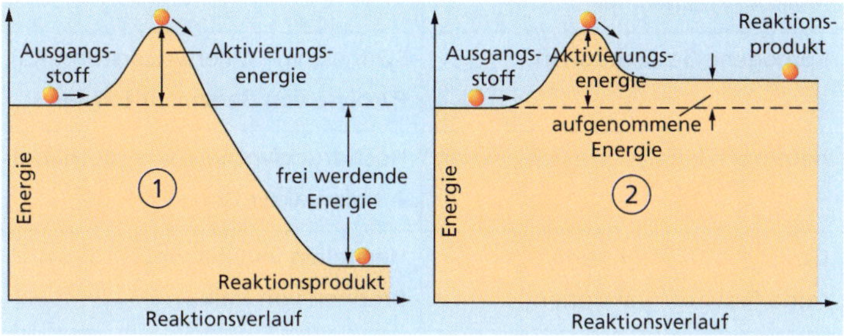

Die Systematisierung von Stoffwandlungsprozessen kann unter den Kriterien *Phasenzustand der Reaktionsteilnehmer, Art der chemischen Reaktion* oder *Art der Aktivierungsenergie* vorgenommen werden. Aus technischer Sicht eignet sich die Systematisierung nach der Art der Aktivierungsenergie.

Prozesstyp	Art der Aktivierungsenergie	Beispiele
thermochemische Prozesse	Wärmeenergie	Roheisengewinnung im Hochofen Ammoniaksynthese (↗ S. 85) Reformieren v. Schwerbenzin (↗ S. 134)
elektrochemische Prozesse	Elektroenergie	Schmelzflusselektrolyse von Al_2O_3 Natriumchloridelektrolyse
biochemische Prozesse	biochemische Energie	Bierherstellung Käseherstellung Vitamin-B-Herstellung
Strahlungschemische Prozesse	Strahlungsenergie	Trockenaufschluss von Rohphosphat zu Tribophos Aufschluss von Bauxit

In **thermochemischen Prozessen** werden die **Ausgangsstoffe** durch direkte oder indirekte Zufuhr von Wärmeenergie sowie mit und ohne Katalysator aktiviert und reagieren miteinander zum **Reaktionsprodukt**.

Bei gleichem Phasenzustand der Reaktionsteilnehmer spricht man von einer *homogenen* Reaktion, bei verschiedenen Phasenzuständen von einer *heterogenen* Reaktion. Die Phasenverhältnisse der Reaktionsteilnehmer sind für die Reaktorkonstruktion entscheidend. Sie sind deshalb ein Ordnungsmerkmal für thermochemische Prozesse.

Phasenverhältnisse der Reaktionsteilnehmer	Beispiele
homogene Gasreaktionen	Synthese von Chlorwasserstoff (HCl) Pyrolyse von Benzin zu Ethylen
heterogen katalysierte Gasreaktion	Hochdrucksynthese von Methanol Ammoniaksynthese (↗ S. 85)
Gas-Feststoff-Reaktionen reine Feststoffreaktionen	Herstellen von Zement (↗ S. 84) Brennen von Kalk
Gas-Flüssigkeits-Reaktionen	Hydrierende Raffination von Erdölrückständen Windfrischen von Roheisen
Flüssigkeits-Feststoff-Reaktionen	Aufschluss von Bauxid mit Natronlauge Umsetzung von Wasser mit Calciumcarbid zu Ethin

Die Bauart der Reaktoren für thermochemische Prozesse ist von der Art der Zufuhr von Wärme, der Prozesstemperatur, dem Druck bzw. Vakuum und der Verwendung von Katalysatoren abhängig (↗ S. 83, 84).

dissozieren; lat. = trennen, auflösen, chemisch: in Ionen zerfallen

In **elektrochemischen Prozessen** werden die Ausgangsstoffe durch elektrische Spannung in Ionen dissoziiert und durch Entladungsvorgänge an den Elektroden chemisch verändert.

Die Ausgangsstoffe sind Elektrolyte in Form wässriger Lösungen oder Salzschmelzen. Die Ionen werden beim Entladen zu neutralen Atomen, die sofort weitere Reaktionen eingehen. Elektrochemische Prozesse werden **Elektrolysen** genannt. Sie finden bei der Herstellung unedler Metalle wie Natrium, Aluminium und wichtiger chemischer Grundstoffe wie Natronlauge, Chlor, organische Salze Anwendung. Die Reaktoren heißen **Elektrolysezellen** (↗ S. 83, 143).

Nach der Art des Elektrolyten unterscheidet man Elektrolysen wässriger Lösungen und Schmelzflusselektrolysen.

In **biochemischen Prozessen** werden mithilfe lebender Organismen oder Teilen von ihnen aus organischen Kohlenstoffverbindungen chemisch gewandelte Produkte hergestellt.

Es werden hierbei die Stoffwechselprozesse von Mikroorganismen genutzt, die durch Enzyme als Biokatalysatoren gesteuert sind. In technischen Verfahren werden diese Stoffwechselprozesse durch das Ansiedeln der Mikroorganismen oder ihrer Enzyme in einem Nährmedium am Leben erhalten. Das Nährmedium besteht aus den Nährstoffen, auch **Substrat** genannt, und zu 95 bis 97 % aus Wasser. Die Nährstoffe sind organische Kohlenstoffverbindungen und in den Ausgangsstoffen Mais, Pflanzenreste, Holz oder andere Arten von Biomasse enthalten. Enzyme können komplexe Abbau- und Aufbaureaktionen von chemischen Verbindungen hervorrufen. Biochemische Prozesse werden auch als **Fermentation** bezeichnet (↗ S. 86, 87).

tierische Zelle

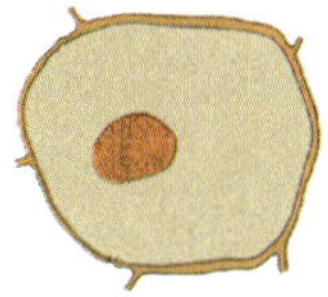

Biochemische Prozesse sind Gegenstand der **Bioverfahrenstechnik**, auch Biotechnologie genannt. Die ältesten Verfahren sind Brot-, Bier-, Wein- und Käseherstellung. Die modernen biochemischen Prozesse arbeiten heute mit gentechnisch veränderten Zellen. Dieses spezielle Gebiet der Biotechnologie heißt **Gentechnik**. Ihre Produkte werden von der Pharmaindustrie hergestellt und in der Medizin für Therapie und Diagnostik benötigt (↗ S. 24).

Technische Systeme für biochemische Prozesse heißen **Fermenter**. Entscheidende Reaktionsbedingungen sind Keimfreiheit (Sterilisation), Konstanz von Temperatur und pH-Wert, gute Durchmischung sowie Belüftung im Fermenter.

Aufbau eines **Fermenters**

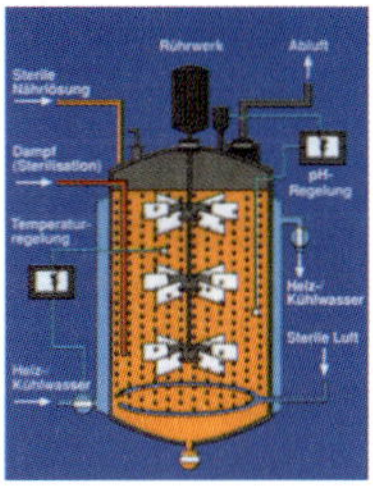

> In **strahlungschemischen Prozessen** werden einzelne Moleküle in komplizierten organischen Kohlenwasserstoffverbindungen durch Strahlungseinwirkung so aktiviert, dass die Bindung an dieser Stelle aufbricht und eine chemische Reaktion beginnt.

Strahlungsenergie ist sehr energiereich, genau dosierbar und punktgenau örtlich einsetzbar. Als Strahlungarten werden *Lichtstrahlen*, *Gammastrahlen*, *Elektronenstrahlen* und *Laserstrahlen* (↗ S. 163) verwendet.

Als Strahlungsquelle für Gammastrahlen werden Cobalt 144, Cäsium 137 und Strontium 90 eingesetzt. Sie finden Anwendung in der *Polymerisation* hochmolekularer Harze zur Herstellung von Verbundwerkstoffen wie Polymerbeton oder Polymerholz.

Strahlungsreaktoren werden mit einer Schutzumhüllung aus Blei, Beton oder Stahl versehen. Sie sind in der Praxis noch sehr selten anzutreffen.

> In **mechanochemischen Prozessen** werden durch Einwirkung mechanischer Energie auf einzelne Moleküle fester Stoffe chemische Reaktionen ausgelöst.

Schwingmühlen sind die häufigsten Reaktoren für mechanochemische Prozesse. Anwendung findet dieses Verfahren z.B. in der Voraktivierung von Zement zur Verkürzung der Abbindezeit.

In der Praxis erfolgt die Anregung einzelner Moleküle durch Zerreiben und Schwingungen mit hoher Frequenz oder mit Ultraschall. Unter der Einwirkung mechanischer Kräfte werden die Bindungen an der Oberfläche deformiert und aufgebrochen. Die Atome werden aktiviert und können chemisch reagieren. Mit diesen Erscheinungen beschäftigt sich die **Tribochemie**, auch **Mechanochemie** genannt.

Die Leistung von Stoffwandlungsprozessen in Reaktoren wird durch den **Durchsatz**, den **Umsatz** und die **Ausbeute** beschrieben.

Durchsatz ist die Stoffmenge pro Zeiteinheit, die in einen Reaktor ein- oder austritt. Er wird in Tonne (t) bzw. Kubikmeter(m^3) pro Tag, Stunde oder Jahr angegeben.

Umsatz ist das Verhältnis der Anfangsmolzahl im Reaktionspartner zur Molzahl im gewünschten Reaktionsprodukt, ausgedrückt in Prozent.

Ausbeute ist das Verhältnis der Menge von Reaktionsprodukten zur Menge der Ausgangsstoffe in Prozent.

2.2.3 Stofftransport, Stoffumschlag, Stoffspeicherung

In der Fachsprache der Ingenieurwissenschaften werden Transport-, Umschlag- und Speicherprozesse abgekürzt als **TUL-Prozesse** bezeichnet. „L" steht für Lagern.

Das Fördern von Rohstoffen, ihre Weiterverarbeitung zu Produkten und deren Erwerb durch unterschiedliche Verbraucher erfolgt an geografisch sehr entfernt voneinander liegenden Orten. Das Transportieren von Stoffen ist wie deren Bearbeitung eine wichtige technologische Aufgabe in allen Bereichen der Wirtschaft. Sie wird von speziellen Transportunternehmen erfüllt.

Vorgänge des **Stofftransports** sind Ortsänderungen von Stoffen auf dem Wege vom Absender zum Empfänger, ohne die Gebrauchseigenschaften der Stoffe bzw. Produkte zu verändern.

Sie sind innerhalb des Produktionsprozesses in einem Unternehmen, zwischen kooperierenden Unternehmen und zwischen Endproduktherstellern, Handelseinrichtungen und Verbrauchern notwendig. Beim Transport müssen immer gleichzeitig die Funktionen *Tragen*, *Treiben* und *Führen* des Transportgutes erfüllt werden. Transportvorgänge sind immer mit dem *Umschlag* und dem *Speichern* der Stoffe verbunden.

Transportgüter nennt man die Stoffe während der Transportvorgänge.
Beim **Umschlagen** werden Transportmittel be- und entladen.

Umschlagen ist das Umladen von **Transportgütern** beim Wechseln der **Transportmittel** bzw. ihre Aufnahme oder Abgabe aus oder in einen **Speicher**.

Speichern ist das Aufbewahren von Stoffen in den unterschiedlichsten Veredlungsstufen bis hin zum Verkaufsprodukt mit dem Ziel, diese bis zum Zeitpunkt ihrer Verwendung unverändert zur Verfügung zu halten.

Technische Systeme für den Stofftransport bestehen aus Transportmittel und Transportanlagen (↗ S. 88). Die Transportvorgänge werden nach der Art ihrer Transportmittel eingeteilt in:

Vorgänge	Transportmittel	Transportanlagen	Transportgut
Straßentransport	Lastkraftwagen	Straßen, Brücken, Tunnel	Stück- u. Fließgut
Schienentransport	Lokomotive, Waggon	Gleise, Weichen	Stück- u. Fließgut
Schiffstransport	Frachtschiffe	Fluss, Kanal, Schleuse	Stück- u. Fließgut
Flugtransport	Frachtflugzeug	Start- und Landebahn	Stückgut
Rohrtransport	Pumpen, Verdichter	Rohrleitung	Fließgut

Transportgüter werden in **Stückgüter** und in **Fließgüter**, auch **Schüttgüter**, eingeteilt. Sie bestimmen die Wahl des Transportmittels. In Rohrleitungen werden hauptsächlich Gase und Flüssigkeiten transportiert. Dies sind vor allem Erdöl, Erdgas, Trinkwasser, Abwasser sowie Massenprodukte wie Benzin oder Ethylen. Mit Transportvorgängen beschäftigen sich die Ingenieurwissenschaften **Transport- und Verkehrstechnik** (↗ S. 88).

Transportmittel- und anlagen, die auch dem Personentransport dienen, werden als **Verkehrsmittel** bzw. **Verkehrsanlagen** bezeichnet (↗ S. 88).

Technische Systeme für Umschlagprozesse heißen **Förderer** oder **Umschlagtechnik**. Sie arbeiten überwiegend ortsgebunden. Nach ihrer Arbeitsweise teilt man die Umschlagprozesse in Stetigfördern und Unstetigfördern ein.

Stetigfördern	Unstetigfördern
Bandfördern, Rutschen, Schneckenfördern	Stapeln mit Gabelstapler, Anheben mit Flaschenzug, Hubtisch, Ankippen mit Kippbühne

Das Speichern oder Lagern dient der lückenlosen Versorgung von technologischen Abläufen mit den benötigten Ausgangsstoffen bzw. Zwischenprodukten sowie von Dienstleistungs- und Handelseinrichtungen für Konsumgüter. Das Speichern kann im Gebäude oder unter freiem Himmel je nach Beeinflussbarkeit des Lagergutes durch Witterungseinflüsse erfolgen. Die technischen Systeme zum Lagern heißen **Lager** oder **Speicher**. Sie sind für Stück- und Fließgut sehr unterschiedlich.

Fließgutlagerung	Stückgutlagerung
Hallenlagerung, Freilagerung	Hochregallagerung Gebäudelagerung

Transport-, Umschlag- und Speichervorgänge können in Ausnahmefällen auch die Veränderung des Gutes beabsichtigen.

Wegen der sehr langen Transportwege für Südfrüchte nach Mitteleuropa werden diese unreif geerntet und mit Schiffen transportiert. Auf dem Transportweg und in den Lagern findet der Reifeprozess statt. Der Schiffstransport ist kostengünstiger als der Transport per Flugzeug und eine ausreichende Bevorratung ist gesichert.
Reife Früchte müssten eingeflogen werden, damit sie der Verbraucher unverdorben kaufen kann.

2.3 Anwendungsbereiche Stoff umsetzender Systeme

2.3.1 Übersicht

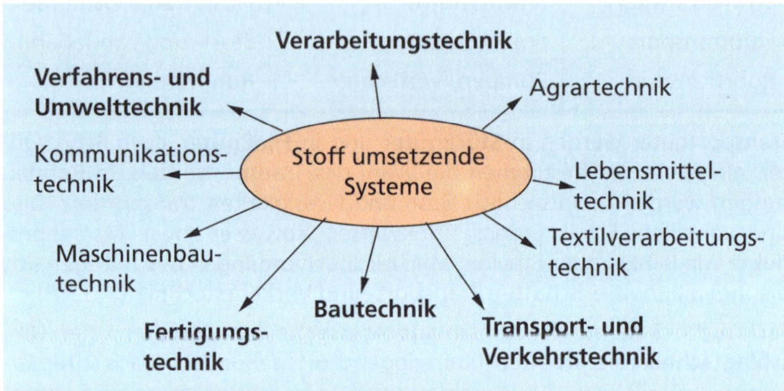

Maschinenbautechnik

Lebensmitteltechnik

Kommunikationstechnik

Textilverarbeitungstechnik

Agrartechnik

2.3.2 Fertigungs- und Verarbeitungstechnik

Technische Produkte bestehen oft aus vielen Einzelteilen. Diese können wiederum aus verschiedenen Werkstoffen bestehen.

Ein Kühlschrank ist ein quaderförmiger Hohlkörper. Seine wichtigsten Teile sind der Kompressor, das Gehäuse, die Dämmung, die Tür mit Gummidichtung, die Verdampferplatte, der Gemüsebehälter und die Zwischenböden. Jedes Bauteil ist aus einem oder mehreren Werkstoffen gefertigt. So besteht die Tür aus Stahlblech, einer Styropordämmung, der Kunststoffinnenverkleidung, der Gummidichtung mit Magnetbandeinlage sowie dem Türgriff aus Kunststoff oder Metall. Alle Bauteile werden einzeln hergestellt und dann zu einem komplexen Gegenstand zusammengefügt. Ein Kühlschrank besteht aus etwa 100 Einzelteilen und etwa 10–15 verschiedenen Werkstoffen.

Die **Fertigungstechnik** beschäftigt sich mit der Herstellung von ein- oder mehrteiligen Gebrauchsgegenständen mit geometrisch bestimmter Gestalt aus formlosen Werkstoffen oder aus Formteilen unter Nutzung von Werkzeugen, Maschinen, Energie und Daten sowie einer **Fertigungsorganisation**.

Die **Verarbeitungstechnik** beschäftigt sich mit der Form-, Lage- und Strukturänderung von nichtmetallischen Stoffen vorwiegend durch Einwirkung von mechanischer Energie.

Die ältesten Verfahren zur Formgebung nutzten oft mechanische Kräfte. Deshalb nannte man dieses Gebiet der Ingenieurwissenschaften zuerst **„Mechanische Technologie“**. Heute ist der Begriff Fertigungstechnik gebräuchlicher.

Wichtige Anwendungsgebiete der Verarbeitungstechnik sind in der Leicht- und Lebensmittelindustrie zu finden. Produkte der Verarbeitungstechnik sind z.B. Verpackungen, Lebensmittel, Bekleidung, Lederwaren, Glas-, Keramik-, Papier- und Druckerzeugnisse. Fertigungs- und Verarbeitungstechnik lassen sich nicht klar voneinander abgegrenzen.

Die wichtigsten Werkstoffe in der Fertigungstechnik sind Eisen, Stahl, Nichteisenmetalle, Holz- und Holzwerkstoffe, Kunststoffe sowie Verbundstoffe.

Fertigungsverfahren

Fertigungsverfahren sind Vorgänge, in denen aus Werkstoffen Gegenstände geformt, in ihrer Form und/oder Oberflächenbeschaffenheit verändert sowie mehrere Gegenstände miteinander verbunden werden. Es werden hierfür Maschinen, Geräte, Werkzeuge, Energie und Daten benötigt.

Die **DIN 8580** nimmt eine Einteilung der Fertigungsverfahren in 6 Gruppen unter dem Gesichtspunkt der Änderung des Stoffzusammenhalts vor. Diese sind **Urformen**, **Umformen**, **Trennen**, **Fügen**, **Beschichten** und **Stoffeigenschaftsändern**. (↗ S. 43 ff.)

In Fertigungsverfahren wird der Zusammenhalt aufgrund der Kohäsions- und Adhäsionskräfte zwischen den Werkstoffteilchen und auch den Einzelteilen der Werkstücke verändert. Fertigungsverfahren lassen sich nach der Art der Stoffzusammenhaltsänderung in verschiedene Gruppen einteilen.

Gießen ist ein Verfahren des **Urformens**, bei dem ein schmelzflüssiger Werkstoff in einer Form unter Nutzung der Schwerkraft, der Druckkraft oder der Fliehkraft erstarrt.

Die Produkte nehmen die Gestalt der Gießform an und werden als Guss-Stücke bezeichnet.

Als Gusswerkstoffe eignen sich solche Stoffe, die in der Schmelze den Hohlraum einer *Gießform* ausfüllen und darin erstarren.

Die meisten Metalle und ihre Legierungen, insbesondere Roheisen, Stahl, Aluminium- und Kupferlegierungen, sowie alle Thermo- und Duroplaste sind gießbar.

Nach dem Entfernen der Form bleiben Gusswerkstoffe formstabil. Es gibt dauerhafte oder verlorene Gießformen. Dauerhafte Gießformen heißen *Kokillen*. Verlorene Formen sind meist aus stark lehm- und tonhaltigem Sand.

Gusswerkstoffe und ihre Anwendungen

Werkstoffart	Gusswerkstoff	Anwendungen
nichtmetallische Werkstoffe	Glas	Platten (Scheiben), Flaschen
	Beton	Platten, Rohre
	Epoxidharz mit Verbundfasern	Bootskörper
	Polyethylen (PE)	Flaschen, Schläuche
	Polyvinylchlorid (PVC)	Rohre, Behälter
	Polystyrol	Schalter- und Steckdosengehäuse

Nichteisenmetall	Messing, Bronze	Glocken, Lagerschalen, Ventile für Wasser
	Aluminium	Felgen für Pkw-Räder, Zylinderköpfe und Kolben in Motoren
	Zinn	Zinnfiguren
Eisenmetall	Grauguss, Stahlguss	Heizkörper, Maschinenständer, Zahnräder, Lokomotivräder
Lebensmittel	Schokolade	Hohlkörper, Pralinen

Gießverfahren werden nach der Art der in ihnen wirkenden Kräfte in **Schwerkraftgießen, Druckgießen** und **Schleudergießen** eingeteilt.

Druckgießen ist Gießen mithilfe einer Druckkraft. Der flüssige Werkstoff wird unter einem Druck bis ca. 80 MPa in eine Kokille gepresst. Er füllt den Hohlraum genauer als beim Sandformguss aus. Mehrteilige Metallkerne ermöglichen komplizierte Innenformen. Das Gussstück muss nur wenig nachgearbeitet werden. Druckgießen eignet sich für komplizierte Außen- und Innenformen.

Druckgießen

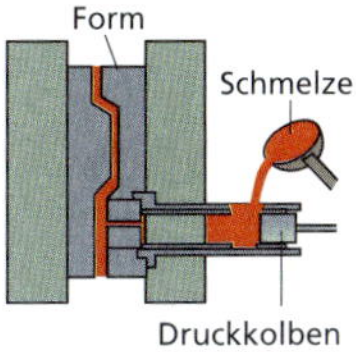

Schleudergießen ist Gießen unter Nutzung der Fliehkraft in einer rotierenden Form. Der flüssige Werkstoff fließt axial in eine rotierende Kokille. Sie kann vertikal oder horizontal angeordnet sein. Die Fliehkräfte drücken den Werkstoff an die wassergekühlte Kokillenwand, an der er erstarrt. Mit dem Schleudergießen lassen sich rotationssymmetrische Hohlkörper wie Rohre oder Lagerschalen aus Nichteisenmetallen herstellen.

Schleudergießen

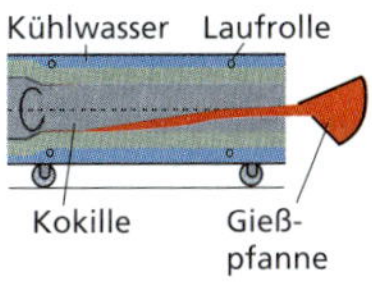

Beim Gießen durch Schwerkraft fließt der Werkstoff aufgrund seines Gewichtes in eine Form. Es wird in **Sandformgießen** und in **Kokillengießen** unterschieden.

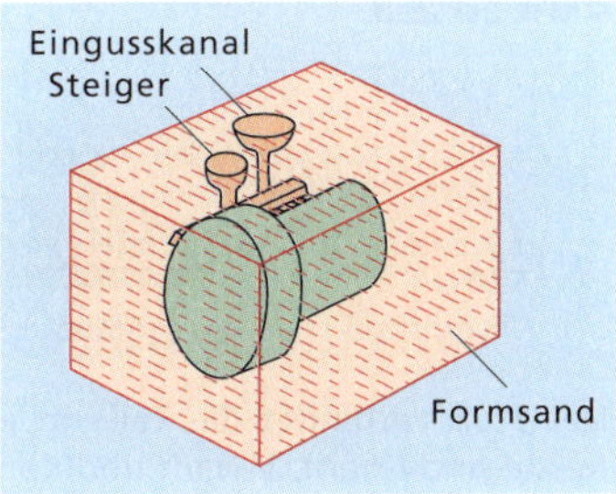

Beim **Sandformgießen** wird vom künftigen Guss-Stück ein Holzmodell gefertigt. Es hat *Eingießkanäle* für den Gusswerkstoff sowie *Steiger* zum Entweichen der Luft. Dieses Modell wird in Formsand abgedrückt und wieder entfernt. Die Sandform wird nun mit flüssigem Werkstoff gefüllt. Für Hohlräume im Guss-Stück muss ein *Kern* gefertigt werden. Nach dem Erstarren der Schmelze wird das Guss-Stück aus der zerstörten Sandform entnommen. Seine Außenform sowie seine Hohlräume sind einfach gestaltet. Am Guss-Stück werden die Gussansätze von Steiger und Eingießkanälen entfernt. Seine Oberfläche wird geputzt und geglättet. In dem Formsand kann das Holzmodell erneut abgeformt und ein neuer Gießvorgang begonnen werden.

Beim **Kokillengießen** wird eine ein- oder zweiteilige Form meist aus Stahl benutzt. Ein rationelles Kokillengießverfahren ist das **Stranggießen**. Flüssiger Stahl fließt in eine wassergekühlte Kupferkokille. Mit gleich bleibender Geschwindigkeit wird der erstarrte Stahlstrang nach unten abgezogen. Eine Abschervorrichtung trennt den Strang in die gewünschten Längen ab. In Stranggussanlagen können auch Vollprofile aus Kupfer, Messing, Aluminium oder Gusseisen gefertigt werden.

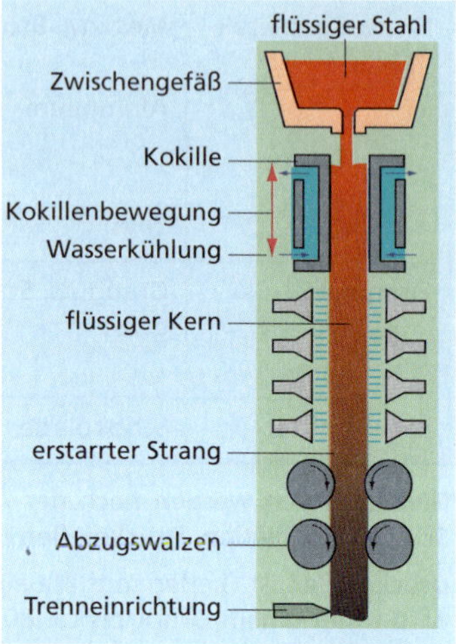

Schweißen ist ein Verfahren des Fügens, bei dem zwei Werkstücke an der Verbindungsstelle durch Wärme zu einer unlösbaren Verbindung teils unter Zugabe eines Zusatzwerkstoffes, teils unter Druck miteinander verschmelzen.

In **stoffschlüssigen Verbindungen** machen Kohäsions- oder Adhäsionskräfte zwischen Atomen und Molekülen die Bindungsenergie aus. Zu den stoffschlüssigen Verbindungen gehören auch Kleb- und Lötverbindungen.

Die **Schweißverbindung** ist eine *stoffschlüssige* Verbindung. Sie besteht aus *Stoß*, auch *Fuge* genannt, **Schweißnaht** und den *Werkstücken*. Am Stoß können die Teile in unterschiedlicher Lage zueinander zusammentreffen. Häufig verwendete Stoßarten sind *Stumpf-*, *Parallel-*, *T-* sowie *Eckstoß*.

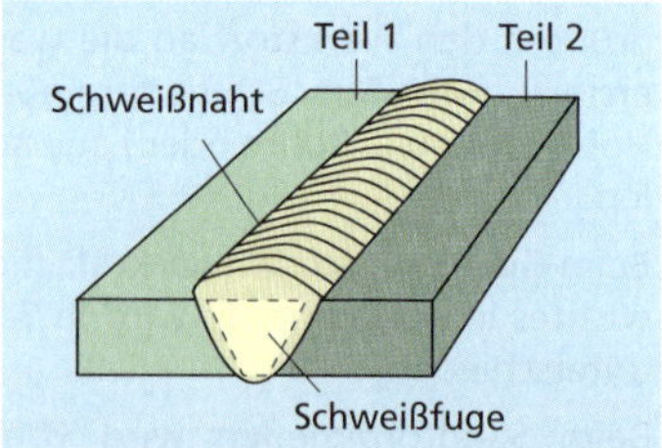

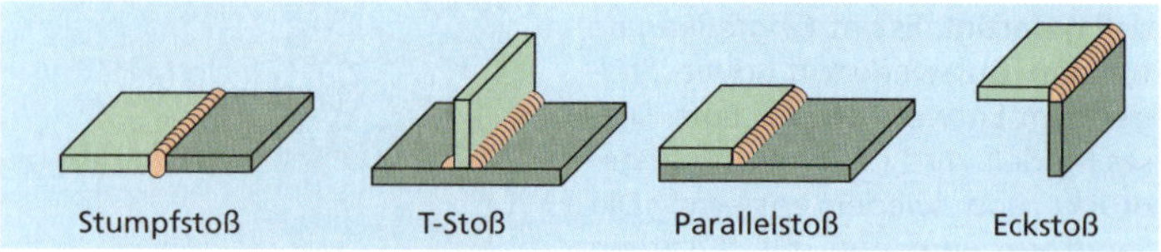

Nahtformen:

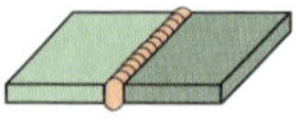
I-Naht

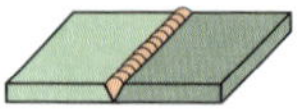
V-Naht

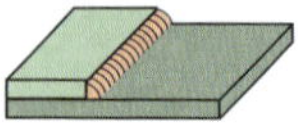
Kehlnaht

Der Stoß verbindet die Teile in einer bestimmten *Naht*form. Typische Nähte sind *I-Naht, V-Naht* und *Kehlnaht*.

Zu den schweißbaren Werkstoffen gehören z.B. Gusseisen, Stahl und seine Legierungen, einige Nichteisenmetalle wie Aluminium, Kupfer, Zink und deren Legierungen sowie Thermoplaste. Schweißverfahren werden im Schiffs-, Behälter-, Fahrzeug-, Rohrleitungs- und Schienenbau sowie in Stahlbaukonstruktionen verwendet. Schweißverfahren lassen sich mit und ohne Druck ausführen. Danach unterteilt man sie in **Press-Schweißverfahren** und in **Schmelzschweißverfahren**.

Beim **Press-Schweißen** werden die Werkstückteile am Stoß erwärmt und im plastischen Zustand ohne Zusatzwerkstoff unter Druck zusammengefügt.

Beim **Schmelzschweißen** werden die Teile am Stoß aufgeschmolzen und meist mit einem Zusatzwerkstoff miteinander verbunden. Er dient zur Füllung der Fuge.

Zusatzwerkstoffe können pulverförmig, stab- und drahtförmig sein. Sie bestehen aus dem Werkstoff der zu schweißenden Teile.

Die erforderliche Wärme beim Press- und Schmelzverfahren kann aus chemischer Energie, Elektroenergie, mechanischer Energie und Strahlungsenergie erzeugt werden.

Beim **Gasschmelzschweißen** wird der Werkstoff an der Schweißstelle durch eine Flamme geschmolzen und die Teile mit einem Zusatzwerkstoff stoffschlüssig verbunden.

Das Schweißen erfolgt von Hand mit einem Schweißgerät. Es besteht aus dem *Brenner*, dem *Druckminderer* und den Stahlflaschen für das Brenngas Acetylen (C_2H_2) und den Sauerstoff. Beide Gase befinden sich flüssig in den Stahlflaschen unter einem Druck von 150 bis 200 bar bei Sauerstoff und bis 18 bar bei Acetylen.

Der *Druckminderer* reduziert den Inhaltsdruck der Flasche auf den Arbeitsdruck. Dieser beträgt für Sauerstoff 2,5 bar, für Acetylen 0,3 bis 0,6 bar. Die Mischung beider Gase erfolgt in der *Mischdüse*. Bei ihrem Ausströmen werden sie entzündet. Mit der Flamme werden gleichzeitig die Schweißstellen am Werkstück und der Schweißdraht erwärmt. Der Werkstoff aller Teile fließt zusammen und erstarrt.

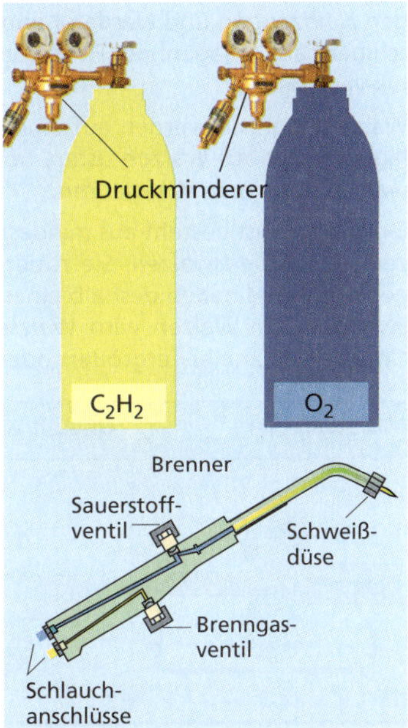

Die Farbe der Stahlflasche kennzeichnet deren Inhalt. Acetylenflaschen sind gelb, Sauerstoff-Flaschen blau. Weiße Flaschen enthalten medizinischen Sauerstoff und Flaschen mit einem Reinstgas sind nach Euronorm orange.

Das **Gaspress-Schweißen** ist ein Gasschmelzschweißen unter Druck und *ohne* Verwendung von Zusatzwerkstoff. Es wird maschinell durchgeführt. Die Werkstückteile werden im plastischen Zustand durch Stauchen verbunden.

Bei der Herstellung von Massengütern werden Schweißverbindungen mit dem **Schweißroboter** ausgeführt. Eine Vielzahl gleichartiger und ständig wiederkehrender Schweißarbeiten hat in der Automobilindustrie beim Zusammenbau der Karossen zum Einsatz von Schweißrobotern geführt.

Roboter; slaw. robota = Arbeit

Alle Schweißverfahren sind auch zum Durchtrennen von Werkstücken einsetzbar. Dieses Verfahren heißt **Brennschneiden**.

Gusseisen kann man nicht walzen.

Walzen ist ein Verfahren des Umformens, bei dem ein plastischer Werkstoff im warmen oder kalten Zustand durch die Druckkräfte gegenläufig rotierender Walzen die Form des *Walzenspaltes* annimmt.

Beim Walzen fließt das **Walzgut** (Blöcke, Brammen oder Stangen) gleichmäßig in eine Richtung. Es wird dünner und länger gestreckt. Sein Volumen bleibt dabei konstant. Als Walzgut eignen sich Stahl, Aluminium und Kupfer. Diese Werkstoffe lassen sich leichter im warmen als im kalten Zustand walzen.

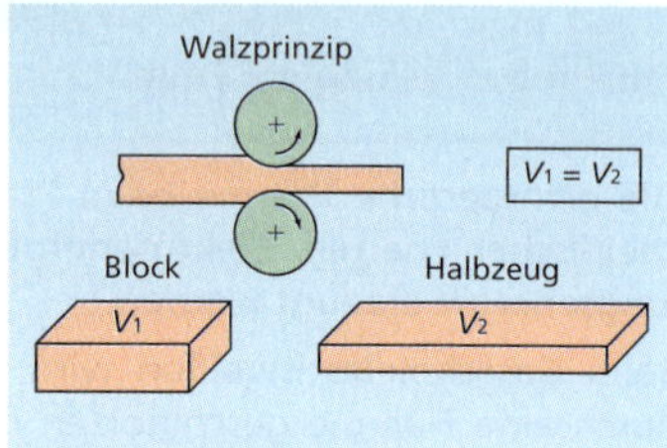

Die Produkte aus Walzverfahren heißen **Walzerzeugnisse**. Sie zählen zu den *Halbzeugen* und werden hauptsächlich in der Bauindustrie, im Maschinenbau, Anlagenbau, Fahrzeugbau, Schiffbau und in der Landtechnik verarbeitet.

Das Walzgerüst wird auch oft als Walzwerk bezeichnet. Mit Walzwerk bezeichnet man aber auch den gesamten metallurgischen Betrieb, in dem Walzerzeugnisse hergestellt werden.

Walzerzeugnisse werden auf einer **Walzenstraße** hergestellt. Diese Anlage besteht aus *Walzgerüsten, Rollengängen, Schere* und beim Warmwalzen aus einem *Wärmeofen*.

Ein Walzgerüst besteht aus mindestens zwei waagerecht liegenden Walzen, den *Arbeitswalzen*. Sie rotieren mit gleicher Geschwindigkeit gegenläufig und haben deshalb einen gemeinsamen Antrieb. Der Abstand zwischen den Walzen wird *Walzspalt* genannt. Durch die verstellbare *Oberwalze* kann er vergrößert oder verkleinert werden.

Duowalzwerk	Umkehrwalzwerk	Triowalzwerk
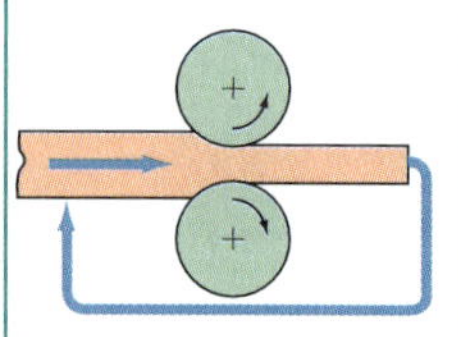	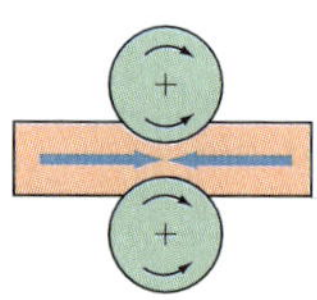	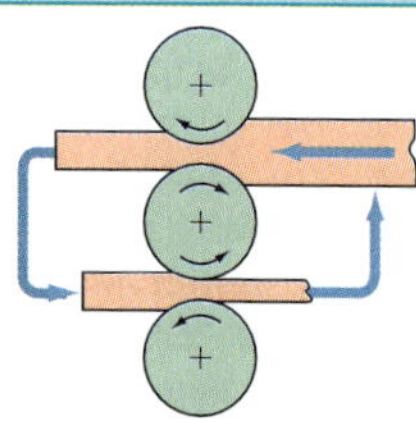

Luppe ist ein mit Schlacke duchsetztes Stahlklümpchen von 1 bis 30 mm Durchmesser. Puddelofen ist ein Flammofen. Er diente früher zur Gewinnung von Stahl aus flüssigem Roheisen durch Verrühren mit oxidhaltiger Schlacke.

Schon im 15. Jahrhundert wurden mit Walzgerüsten aus Blechstreifen weicher Metalle, wie Kupfer-, Silber-, Blei- und Zinn, Platten gewalzt.
Um 1800 baute man Walzgerüste aus Eisen, mit denen die ausgeschmiedete Luppe aus dem Puddelofen zu Flacheisen gewalzt werden konnte.

Für das Walzen von Profilen werden Walzen mit Profiloberflächen eingesetzt. Der Walzenspalt besteht aus mehreren unterschiedlichen Öffnungen, *Kaliber* genannt. Das Walzgut muss nacheinander jedes Kaliber durchlaufen. Dabei nähert es sich schrittweise der Endform an. Ein einzelner Walzvorgang wird *Stich* genannt.

Beim Walzen von Eisenbahnschienen sind mehrere Stiche erforderlich. Das Walzenpaar arbeitet als *Umkehrduo*. Dabei ändert es in bestimmten Rhythmen seine Drehrichtung. Das Walzgut mit einer bestimmten Länge läuft jeweils hin und zurück durch ein Kaliber. Danach wird es durch die benachbarten Kaliber hin- und zurückgeschoben. Im Umkehrduowalzwerk werden die Schienen vorgewalzt. Die Endform entsteht durch das Walzen in hintereinander angeordneten Walzgerüsten.

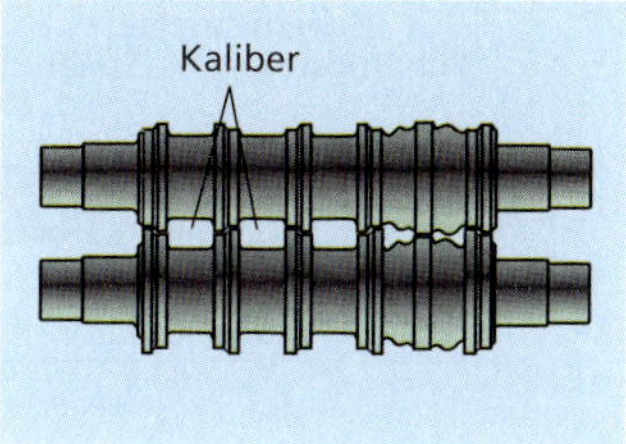

Bohren ist ein Verfahren des Trennens, bei dem ein Werkzeug mit keilförmigen Schneiden durch eine kreisförmige Schnittbewegung bei gleichzeitiger Vorschubbewegung in den Werkstoff eindringt.

Für das Bohren eignen sich Holz, Metalle wie Eisen, Aluminium, Kupfer sowie ihre Legierungen, Kunststoffe, Glas, Keramik und Baustoffe.

Schon die Urmenschen verwendeten eine hölzerne Bohrspindel mit Steinspitze, um Löcher in Steine oder Holz zu bohren. Das grundlegende Prinzip ist bis heute geblieben.

Die Werkzeuge zum Bohren heißen **Bohrer**.

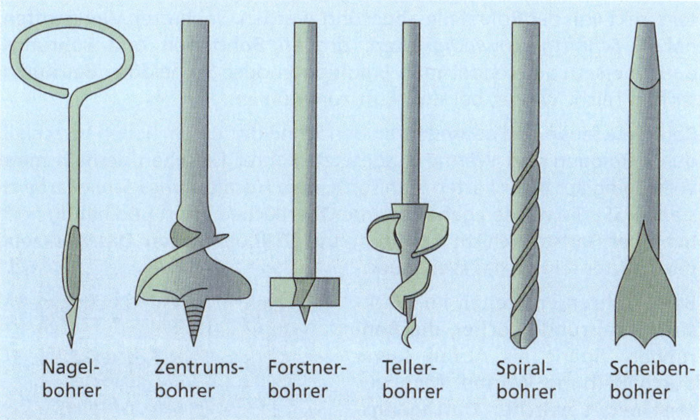

Mit dem Nagelbohrer wurden früher kleine Bohrungen in Holz oder Kunststoff von Hand gebohrt.

Es gibt viele Bohrerarten. Der **Spiralbohrer** ist der gebräuchlichste. Er setzt sich aus dem *Schaft* und dem Schneidteil zusammen. Mit dem Schaft wird der Bohrer in das Bohrgerät oder in die Bohrmaschine eingespannt.

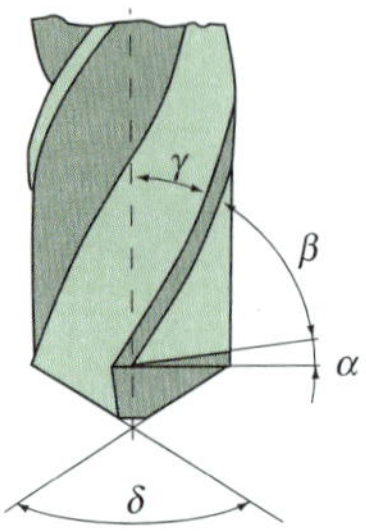

γ Spanwinkel
β Keilwinkel
α Freiwinkel
δ Spitzenwinkel
ψ Querschneidenwinkel

Der Schneidteil hat mehrere *Schneiden,* eine *Führungsfase* und die *Spannut.* Die Führfase führt den Bohrer im Loch. Sie ist schmal, um die Reibung an der Bohrlochwand gering zu halten. Durch die Spannut werden die Späne aus der Bohrung heraustransportiert.

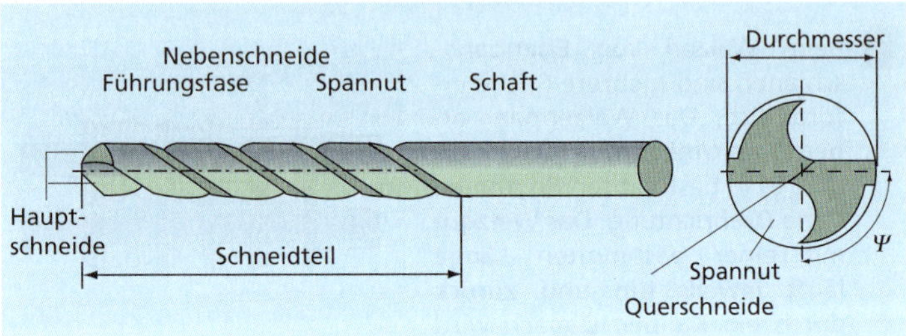

Am Spiralbohrer sind zwei Hauptschneiden, eine Neben- und eine Querschneide. Sie sind in bestimmten Winkeln zueinander angeordnet. Man unterscheidet zwischen dem *Freiwinkel*, dem *Keilwinkel*, dem *Spanwinkel*, dem *Querschneidenwinkel* und dem *Spitzenwinkel*. Die Größe des Spanwinkels wird bestimmt von der Härte des zu bearbeitenden Werkstoffes. Danach werden die Bohrertypen in H (hart), N (normal) und W (weich) eingeteilt.

Der Spitzenwinkel beeinflusst die Stabilität des Bohrers und das Ableiten der Wärme. Mit großem Spitzenwinkel wird der Spanablauf verbessert, die Schnittkraft verringert, aber die Wärme schlecht abgeführt.

Für das Bohren von Stahl beträgt der Spitzenwinkel 118°, für Kunststoff 80°.

Beim Bohren entsteht durch Reibung Wärme. Sie muss über ein Kühlmittel direkt von der Bohrstelle abgeführt werden. Bei harten Werkstoffen, hohen *Schnittgeschwindigkeiten*, großen Bohrtiefen und Bohrungsdurchmessern verwendet man Emulsionen oder Schneidöle. Bei Kunststoffen reicht Wasser, bei Holz Luft zum Kühlen.

Bohrwerkzeuge sind besonders an den Schneiden einem hohen Verschleiß durch Reibung und Wärme ausgesetzt. Bohrer bestehen deshalb meist vollständig aus einer harten Stahlsorte, dem *Hochleistungs-Schnellarbeitsstahl (HSS)*. Sie werden gehärtet, ihre Oberfläche nitriert und häufig noch mit einer Hartstoffschicht aus Titannitrid (TiN) überzogen. Das Werkzeug muss härter sein als das Werkstück.

Beim Bohren entstehen im Werkstück kreisrunde Löcher, die **Bohrungen**, Späne als Abfall sowie durch Reibung Wärme. Man unterscheidet zwischen **Durchgangs-** und **Grundbohrung**.

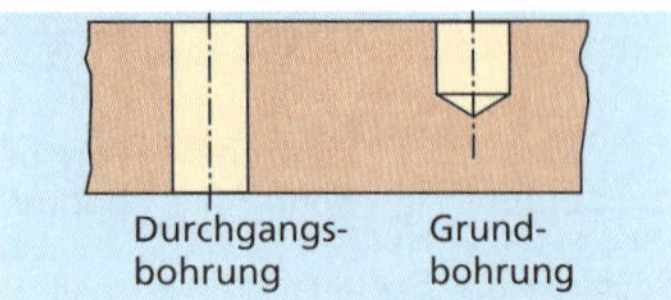

Bohrungen können Schrauben, Niete, Dübel oder Zapfen aufnehmen, um Einzelteile zu einem Ganzen zu verbinden. Sie können auch dem Durchströmen von Flüssigkeiten oder Gasen dienen, z.B. in Duschköpfen.

i

HSS ist nach DIN 1414 eine Stahllegierung mit 6 Prozent Wolfram, 5 Prozent Molybdän, 2 Prozent Vanadium, 5 Prozent Cobalt.
Widiabohrer bestehen vollständig aus Sinterhartmetall. Es hat etwa die Zusammensetzung wie HSS, entsteht aber durch **Sintern** aus einem Metallpulver unter Zusatz von Hartmetallformkörpern.

Bohrverfahren	
Handbohren	**Maschinenbohren**
Handbohren eignet sich für weiche Werkstoffe, kleine Bohrungen und kurze Bohrungslängen.	Bohrmaschinen werden von einem Elektromotor angetrieben, der die Schnitt- und Vorschubbewegung über geeignete Getriebe liefert. Für unterschiedliche Werkstoffe und verschiedene Bohrungsdurchmesser kann die Drehzahl variiert werden.

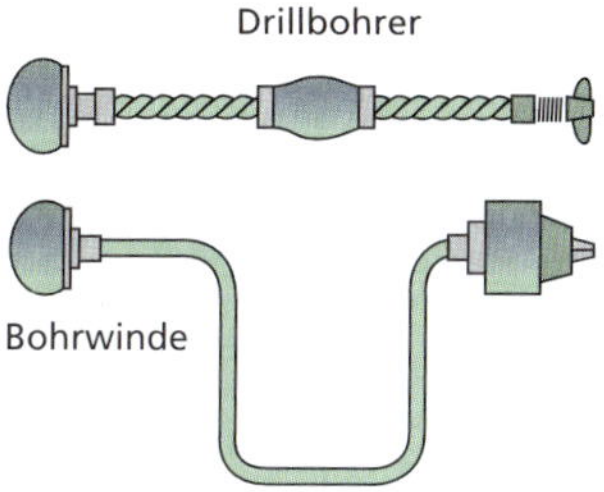

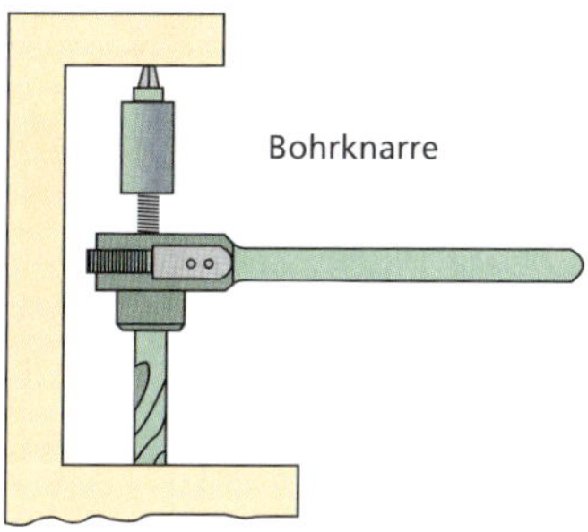

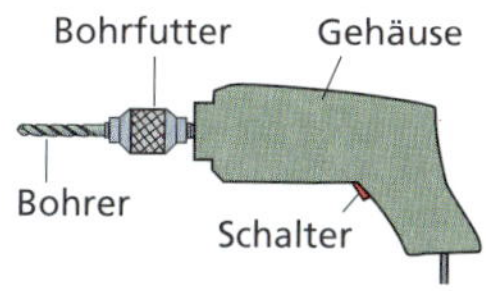

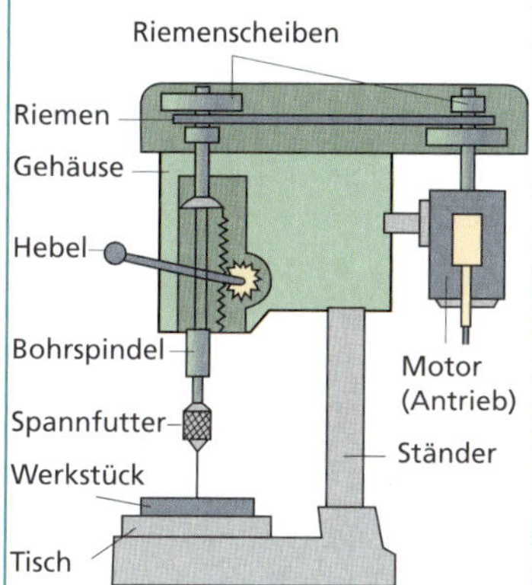

Für kleine Bohrungen werden hohe Drehzahlen, für größere Bohrungen niedrigere Drehzahlen verwendet. Die Schnittgeschwindigkeit ergibt sich aus: $v = d \cdot \pi \cdot n$

Sonderformen des Bohrens sind **Senken, Reiben** und **Gewindebohren**. Die Werkzeuge hierfür werden anstelle des Bohrers in die Bohrmaschine eingespannt.

Senken ist ein Vergrößern des Durchmessers von Bohrungen über eine bestimmte Länge mit einem Senker.

Damit werden Bohrungen entgratet oder Vertiefungen zum Versenken von Schraubenköpfen eingebracht. Zum Entgraten verwendet man *Kegelsenker* mit einem Spitzenwinkel von 60°. Kegelsenker mit einem Spitzenwinkel von 90° werden zum Versenken von Schraubenköpfen, mit 75° von Nietenköpfen verwendet. Mit *Flachsenkern* können Zylinderkopfschrauben versenkt werden.

Senkerarten:

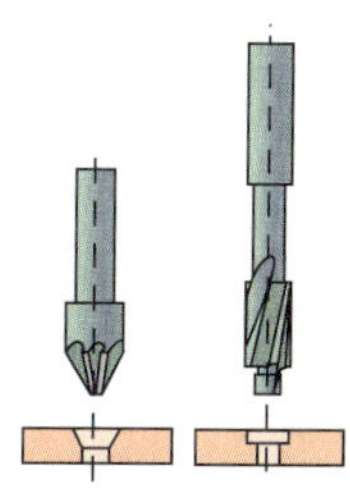

Kegel- und Flachsenker

Reiben ist das Glätten der Oberfläche von Bohrungen mit der Reibahle. Mit ihr wird die geforderte Maßgenauigkeit, Formgenauigkeit und Oberflächengüte erreicht.

Die Reibahle hat eine gerade Anzahl von Schneiden. Die Schnittgeschwindigkeit ist wesentlich kleiner als beim Bohren, der Vorschub dagegen groß. Die Drehrichtung der Schnittbewegung muss beim Rückhub beibehalten werden.

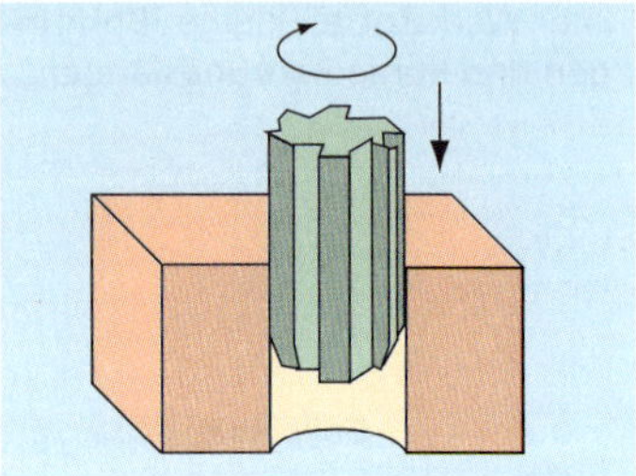

Gewindebohren ist das Einschneiden von Gewindegängen in Bohrungen mit einem Gewindebohrer.

Die Abkürzungen für die **Gewindeprofile** sind: Spitzgewinde (Metrisches ISO- Gewinde) – M, Trapezgewinde – Tr, Sägegewinde – Sg, Rundgewinde – Rd.

Gewindegänge sind schraubenförmige Rillen mit einem Profil. Wichtige Profile sind das *Whitworth-*, *Spitz-*, *Trapez-*, *Sägen-* und das *Rundgewinde*.

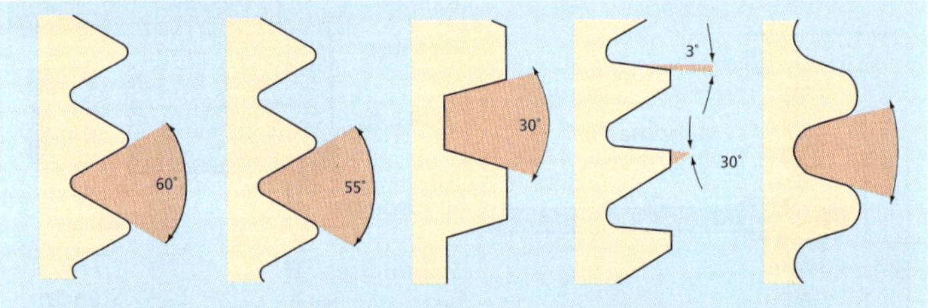

Der **Zerkleinerungsgrad** ist der Quotient aus dem jeweils größten Korndurchmesser vor und nach dem Mahlen (n = D/d). Zerkleinerungsverfahren, bei denen Korngrößen über fünf Millimeter erreicht werden, heißen **Brechen**.

Mahlen ist ein Verfahren des Zerkleinerns von feinkörnigen Feststoffen durch mechanische Kräfte wie Druck, Reibung, Schlag, Prall und Scheren.

Die zu zerkleinernden Feststoffe werden **Mahlgut**, die Apparate zum Mahlen werden **Mühlen** genannt.

Durch Mahlen wird die Oberfläche von Feststoffen vergrößert. Dadurch soll ihre Weiterverarbeitung, z.B. das Mischen mit anderen Stoffen, ihre chemische Reaktionsfähigkeit oder das Lösen in einer Flüssigkeit, verbessert werden.

Beim Mahlen wird das Mahlgut auf einen Korndurchmesser unter fünf Millimeter zerkleinert. Der Wirkungsgrad des Mahlens wird durch den **Zerkleinerungsgrad** n angegeben. Beim Mahlen wird nach der erreichbaren Korngröße in **Grobmahlen** (d = 0,5–5 mm), **Feinmahlen** (d = 0,05–0,5 mm), **Feinstmahlen** (d = 0,005–0,05 mm) und Kolloidmahlen (d<0,005 mm) untergliedert. Nach der Beschaffenheit des Mahlgutes wird in **Trockenmahlen** und **Nassmahlen** unterschieden. Beim Nassmahlen ist das Mahlgut schlammartig. Die Vorteile gegenüber dem Trokkenmahlen sind kleinere Reibungsverluste, geringerer Energiebedarf, keine Staubbildung.

Wichtige Eigenschaften des Mahlgutes für das Mahlen sind *Zähigkeit* und *Härte*. Als hartes Mahlgut gilt Quarz oder Zement mit Stufe fünf bis zehn auf der Skala, mittelhart sind Kohle oder Salze mit drei bis vier, als weiches Mahlgut gilt Kreide oder Talk mit Stufe zwei.

Es gibt verschiedene Mühlen-Bauformen, in denen unterschiedliche Mahlprinzipien wirken.

Die Härte wird in einer **Härteskala** von zehn Stufen nach MOHS (1773–1839) angegeben.

Bauformen		
Schwerkraftmühle	**Fremdkraftmühlen**	**Fliehkraftmühlen**
Schlag und Reibung durch Mahlkörper und/oder rotierende Trommel	Druck und Reibung durch rotierende Wälzkörper	Schlag und Prall durch rotierende Teile im Mahlraum
Siebkugelmühle 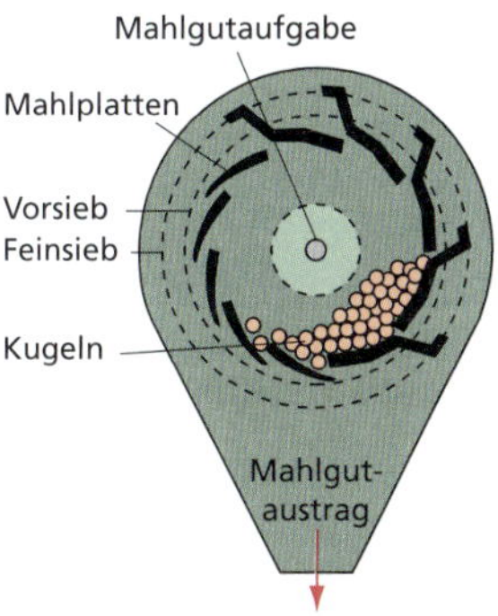 	Kollergang 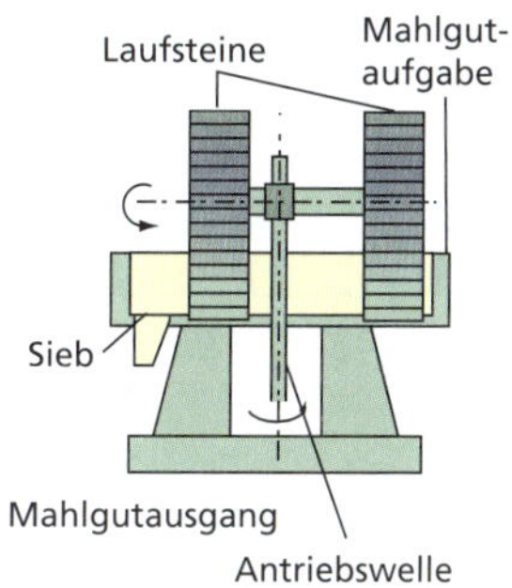 	Schlagstiftmühle 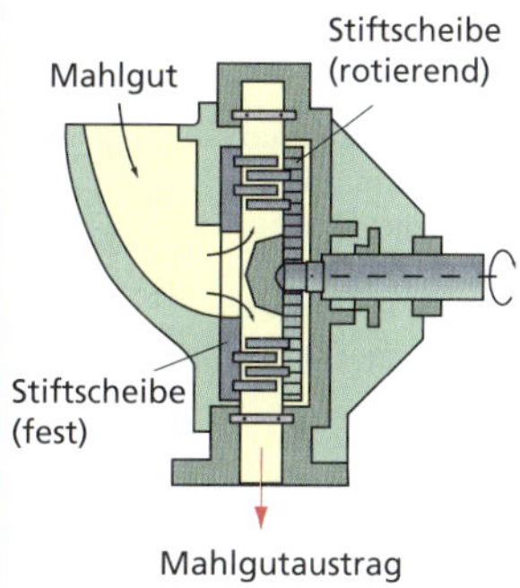
Im Mahlraum aller Mühlentypen entsteht ein Mahlgut mit ungleichmäßiger Körnung. Über eingebaute *Siebe* fällt das feinere Mahlgut heraus. Größere Körner verbleiben im Mahlraum und werden weiter zerkleinert. Anstelle der Siebe reguliert ein verstellbarer Spalt zwischen rotierenden Wälzkörpern und fest stehender Mahlfläche die Korngröße des Mahlgutes.		

Das Mahlen findet in vielen Bereichen der Wirtschaft Anwendung, z.B. bei der Herstellung und Verarbeitung von Baustoffen, Kunststoffen, Farbstoffen, Lebensmitteln oder Medikamenten. Im Haushalt werden z.B. Kaffee, Mandeln oder Pfeffer mit den entsprechenden Geräten gemahlen.

Beschichten dient dem Aufbringen einer fest haftenden Schicht auf einen Gegenstand zum Schutz gegen mechanische und chemische Beanspruchung und zur Verbesserung des Aussehens.

Es werden fast alle Gegenstände aus Metall, Keramik, Glas, Kunststoff, Holz und aus silikatischem Baustoff beschichtet. Die zu beschichtenden Werkstücke werden als **Substrat** bezeichnet. **Beschichtungsstoffe** können formlos als Gas, Dampf, Flüssigkeit, Paste oder Pulver aufgetragen werden. **Folien** und **Furniere** sind vorgeformte Beschichtungsstoffe meist auf Werkstücken aus Holz. Die Schichtdicken können weniger als 1 mm aber über 100 mm betragen.

Das Beschichten von Oberflächen an Werkstücken hat das Ziel, deren Lebensdauer zu verlängern und ihr Aussehen zu verschönern. Werkstücke werden bei ihrem Gebrauch an den Oberflächen *chemisch* durch Korrosion (↗ S. 35) und Luftschadstoffe, *mechanisch* durch Reibung, Druck, Schlag oder Erschütterungen beschädigt. Diese stark beanspruchten Stellen werden deshalb durch eine Schutzschicht bedeckt. Es gibt organische und anorganische Beschichtungsstoffe. Vor dem Beschichten muss in jedem Fall die Oberfläche des Werkstückes für eine gute Haftung des Beschichtungsstoffes vorbereitet werden. Durch **Kratzen**, **Scheuern**, **Schleifen**, **Sandstrahlen**, **Polieren** oder **Entfetten** wird eine haftfähige Fläche geschaffen.

organische Beschichtungsstoffe: Farben und Lacke, Kunststoffe, Öle, Fette, Wachse, Paraffine, Gummi, Teer, Bitumen
anorganische Beschichtungsstoffe: reine Metalle und Metallverbindungen (Chrom, Cadmium, Nickel, Zinn, Zink, Titannitrid) Nichtmetalle (Emaille, Silikate)

Die Verfahren zum Beschichten ordnet man nach dem Zustand des Beschichtungsstoffes bei seinem Auftragen.

Zustand des Beschichtungsstoffes	Verfahren
fest (körnig, pulvrig, flüssig)	Wirbelsintern, Spritzen von Metallen, Aufwalzen (Plattinieren), Kleben
flüssig oder pastös	Tauchen, Anstreichen, Rollen, Aufspritzen, Aufsprühen, Gießen, Aufziehen, Emaillieren
gas- oder dampfförmig	Aufdampfen, Oxidieren (Blaufärben)
ionisiert durch elektrolytisches oder chemisches Abscheiden	Galvanisieren, Eloxieren, Elektrostatisches Spritzen

Autokarossen werden mehrfach mit verschiedenen Lacken beschichtet. Die Stahlblechkarosse muss vor Korrosion sowie gegen mechanische Beanspruchung geschützt werden. Das Auto erhält dadurch eine lange Nutzungsdauer. Gleichzeitig soll sein Aussehen den Wünschen des Käufers entsprechen. Die Autolackierung erfordert etwa 16 bis 20 Verfahrensschritte. Das Beschichten erfolgt im Wechsel mit Reinigen, Spülen, Trocknen, Schleifen, der Qualitätskontrolle und Ausbessern.

Für das Lackieren eines Autos werden heute 15 kg *Lack* verwendet. Lacke bestehen aus den Komponenten *Bindemittel*, *Pigmente*, Lösemittel und Zusatzstoffe. Das Bindemittel ist die Basis jeden Lackes. Es besteht aus einem Kunstharz in einem Lösemittel. Die gebräuchlichsten Kunstharze sind *Acryl-, Alkyd- oder Melaminharze* sowie *Polyester* und *Polyurethane*. Pigmente sind organische oder anorganische Farbstoffe in Pulverform. Sie werden mit Mühlen (↗ S. 61) gleichmäßig in das Bindemittel gemischt. Feine Aluminiumplättchen rufen den Metallic-Effekt hervor.

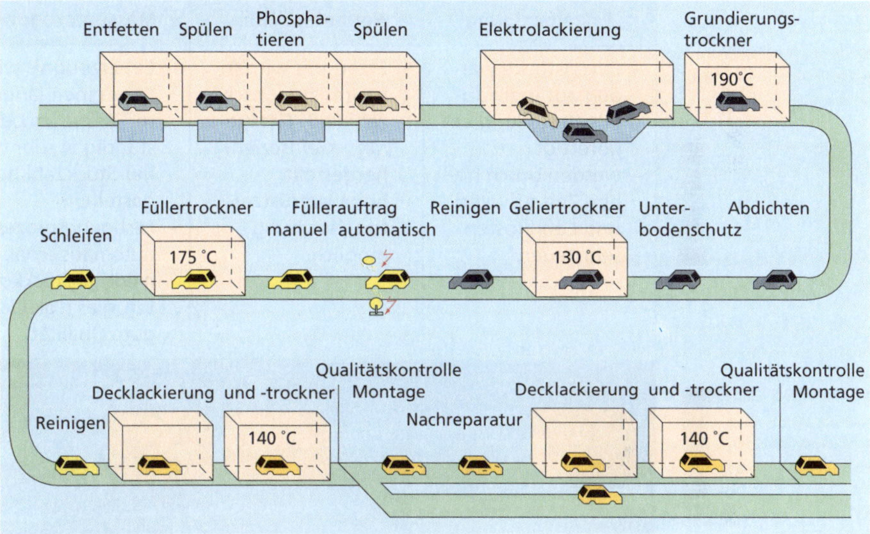

Fertigungsprozess

Der **Fertigungsprozess** ist die Gesamtheit aller Fertigungsverfahren zur Herstellung eines geometrisch bestimmten Gegenstandes in einer genau festgelegten Reihenfolge.

Bei der Organisationsform unterscheidet man nach **Fertigungsprinzip** *Werkstatt-*, *Fließ-* und Baustellenfertigung und nach **Fertigungsart** *Einzel-, Serien-* und *Massenfertigung*.

Fertigungsprinzip		
Werkstattfertigung	**Fließfertigung**	**Baustellenfertigung**
– Gleichartige Maschinen, Arbeitsplätze werden zu Werkstätten zusammengefasst.	– Die Anordnung der Maschinen und Arbeitsplätze ermöglicht eine genaue Aufeinanderfolge der Arbeitsgänge.	– Arbeitskräfte, Betriebsmittel, Werkstoffe werden zum Produkt gebracht.

– zeitaufwändig, unübersichtlich im Fertigungsablauf, kurze Umstellzeiten auf andere Erzeugnisse	– große Stückzahl einheitlicher Produkte, Arbeitsteilung, Spezialisierung, Automatisierung	– meist ein Produkt, Arbeitsteilung, Spezialisierung, reagiert empfindlich auf Störungen

Fertigungsarten		
Einzelfertigung	**Serienfertigung**	**Massenfertigung**
– Einzelstücke werden auf individuelle Bestellung angefertigt, – werden durch hohen Zeitaufwand und Lohnkosten sehr teuer.	– Erzeugnis wird in begrenzter Stückzahl (z.B. *Großserien, Kleinserien)* hergestellt, – hohe Umrüstzeiten, Normung möglich.	– Ein Erzeugnis wird über einen längeren Zeitraum oder ständig in sehr hoher Stückzahl hergestellt, – Fertigungsprozess automatisierbar, niedrige Stückkosten, gleich bleibend gute Qualität.

Die Organisation eines gesamten Unternehmens ist auf Kostenreduzierung im Personal- und Materialeinsatz gerichtet. Hierfür haben sich das **Null-Fehler-Prinzip** und das **Null-Puffer-Prinzip** durchgesetzt.

Lean production; engl. lean = schlank, production=Produktion
Just in time; engl. just = genau, in time = zur richtigen Zeit

Lean production reduziert den Personaleinsatz im Fertigungsprozess durch das Null-Fehler-Prinzip. Die Qualitätskontrolle und Nachbesserungsarbeiten erfolgen während des einzelnen Arbeitstaktes durch die Beschäftigten selbst, die in Gruppenarbeit an einem Takt tätig sind. Damit entfällt die personal- und zeitaufwendige Gütekontrolle am Ende des Fertigungsprozesses.

Just in time reduziert den Material- und Personaleinsatz durch das Null-Puffer-Prinzip. Von anderen Unternehmen zugelieferte Bauteile werden nur wenige Stunden vor ihrem Einbau angeliefert. Dadurch entfällt eine aufwendige Bevorratung in Lagerhallen. Die zugelieferten Bauteile werden neben dem Fließband an dem entsprechenden Takt nur kurz zwischengelagert.

2.3.3 Bautechnik

Die **Bautechnik** umfasst die Herstellung, Reparatur und Rekonstruktion von Bauwerken mithilfe von Baustoffen, Baugeräten und Baumaschinen, Bauweisen sowie einer Bauorganisation.

Funktionen von Bauwerken

Funktion	Bauwerke	
Schutz	Damm Mauer Haus Kirche Talsperre Leuchtturm	
Wohnung	Wohnhaus Hotel	
Transport	Bahnhof Hafen Straße Brücke Tunnel	
Arbeits- bzw. Versorgungsstätte	Verwaltungsbau Schule Kaufhaus Industriebau Wasser- und Energienetze	
Kultur- bzw. Erholungsstätte	Museum Theater Sportplatz Schwimmbad Kirche	

Die ersten Bauten entstanden aus nahezu unveränderten Naturstoffen. Holz Lehm oder Steine wurden auf einfache Weise zu einem Bauwerk zusammengefügt.
Im Laufe der Jahrhunderte wurden die Naturbaustoffe bearbeitet und künstliche Baustoffe wie Beton oder Stahl geschaffen. Sie ermöglichten neue **Bauformen**.
Die Vielfalt der Bauformen lässt sich in **Baustile** zusammenfassen. Baustile sind typisch für bestimmte Zeitepochen. Die wichtigsten Baustile sind **Romanik**, **Gotik**, **Renaissance**, **Barock**, **Klassizismus** und **Neuzeit**.

Grundelemente von Bauwerken

Ein Bauwerk setzt sich aus verschiedenen Bauteilen zusammen. So besteht ein Haus im Rohbau aus **Fundament**, **Wänden** und **Dach**.

Das **Fundament** gründet das Bauwerk und muss seine Standfestigkeit gewährleisten.

Ein Fundament nimmt die an ihm auftretenden Kräfte (**Lasten**) auf und überträgt sie auf den Baugrund. Hält der Baugrund den Lasten stand, so besteht ein **Kräftegleichgewicht** zwischen Fundament und Baugrund. Dadurch ist die **Stabilität** des Bauwerkes gesichert. Die wichtigsten Fundamentarten sind das **Einzel-, Streifen-** und **Plattenfundament.** Für die Auswahl der Fundamentart sind die Größe des Bauwerkes und die Bodenbeschaffenheit entscheidend.

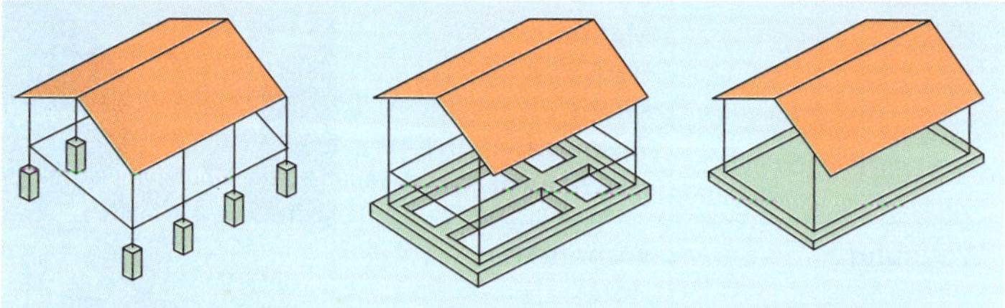

Wände werden auf das Fundament gesetzt. Sie tragen die Lasten von Decken, Dach, Einrichtungsgegenständen und Personen und auch die durch Wind erzeugten Lasten.

Wände werden nach ihrer *Lage* in **Innen-** und **Außenwände** und nach ihrer *Funktion* in **tragende, aussteifende** und **nicht tragende Wände** unterschieden.

Außenwände sind tragende Wände. Sie tragen die Last des Gebäudes und schützen vor Wind, Regen, Schnee, Kälte, Wärme, Sonnenstrahlen und Lärm. **Innenwände** trennen Räume mit unterschiedlicher Nutzung voneinander. Als aussteifende Wände sind sie tragende Wände und stabilisieren das Gebäude.

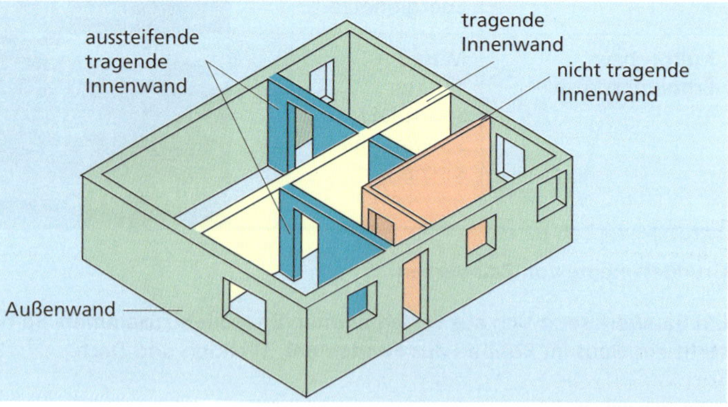

Dächer schützen das Haus vor Witterungseinflüssen. Sie sind aber auch ein wichtiges Gestaltungsmittel für die Gesamtansicht des Hauses.

In die Dachflächen können Fenster, Gauben und Loggien zur besseren Dachraumnutzung eingebaut werden. Gauben sind Dachaufbauten mit Fenster, Loggia ist ein Dacheinschnitt (Dachbalkon).

Dachformen

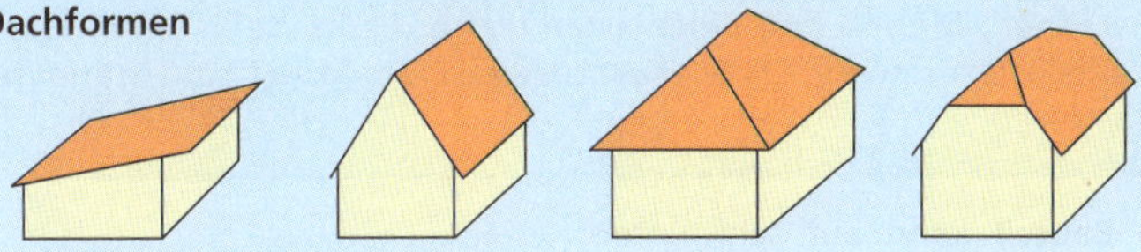

Dachkonstruktionen bestehen aus dem *Dachtragwerk*, dem *Unterdachschutz* und der *Dacheindeckung.*

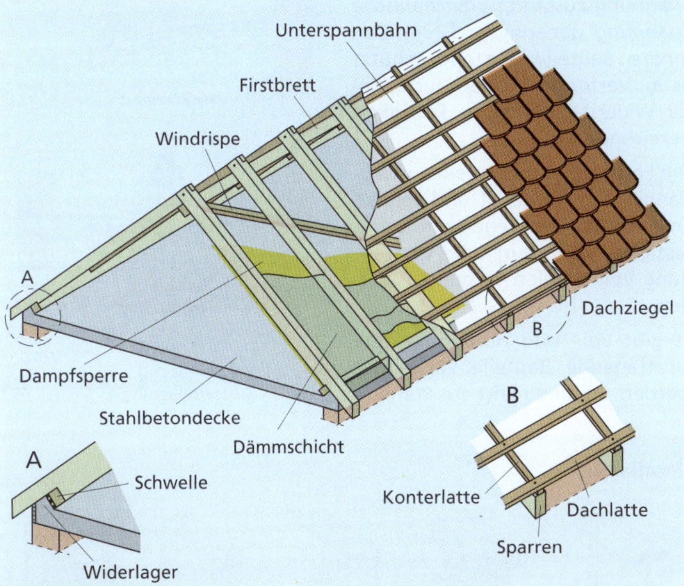

Bei einem **Sparrendach** besteht das Dachtragwerk hauptsächlich aus *Sparren, Widerlager, Firstbrett* und *Windrispe.* Es muss Wind- und Schneelasten, die Dacheindeckung, den Unterdachschutz und die Eigenlast aufnehmen.

Der **Unterdachschutz** besteht aus *Dampfsperre, Dämmschicht und Unterspannbahn.* Die Konterlatten befestigen die Unterspannbahn auf den *Sparren*. Diese Schichten sorgen für Wärme- und Feuchteschutz.

Die Sparren bilden mit der Decke ein unverschiebbares Dreieck. Die Sparren leiten die Druckkräfte auf das Widerlager ab.

Die **Dachlatten** tragen die Dacheindeckung. Sie besteht meist aus Dachziegeln oder Betondachsteinen.

Lasten am Bauwerk

Auf ein Bauwerk wirken **Verkehrslasten** (Schnee, Regen, Wind, Personen, Möbel) und **Eigenlasten** durch die Bauteile selbst. Verkehrslasten sind *nichtständige* Lasten. Eigenlasten sind *ständige* Lasten.

Ein **Bauteil** kann auf sehr unterschiedliche Art beansprucht werden. Wichtige Beanspruchungsarten sind *Zug, Druck, Biegung, Knicken, Abscheren* und *Schub* (↗ S. 34).

Das Material, aus dem ein Bauteil besteht, muss diesen Kräften standhalten. Durch die Krafteinwirkung entsteht im Bauteil ein Spannungszustand, *mechanische Spannung* genannt (↗ S. 34). Der innere Bauteilwiderstand schützt es vor Verformung oder Bruch. Dieser Widerstand wird als **Festigkeit** bezeichnet.

Die Festigkeit von Bauteilen ist abhängig vom Material und seinem Querschnitt. Die **Biege- und Knickfestigkeit** kann durch die Verwendung von **Profilen** verbessert werden.

Es gibt *Voll-* und *Hohlprofile,* die als tragende Bauteile verwendet werden. Sie sind meist aus Stahl.

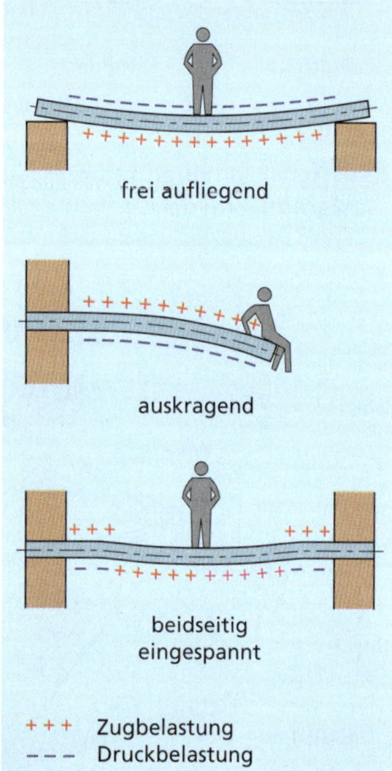

Profilarten

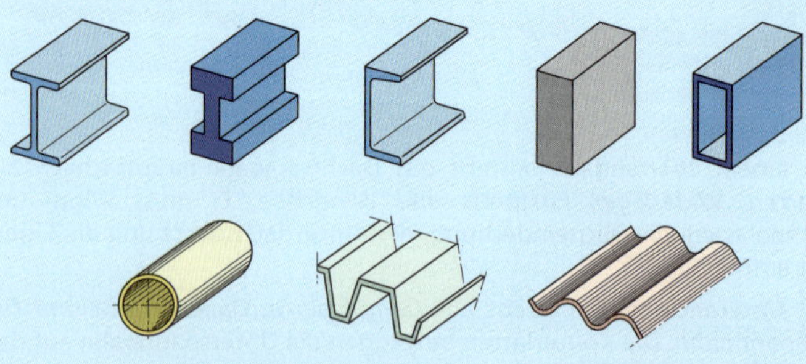

Weitere Bauteile eines Hauses sind Decken, Treppen, Fenster und Türen.

Die **Bruchfestigkeit** σ_B gibt an, bei welcher Belastung Material bricht. Aus Sicherheitsgründen setzt man für jedes Bauteil eine höchstzulässige Spannung σ_{zul} fest, die weit unter der Bruchfestigkeit liegt. Bei Bauteilen von Brücken ist σ_{zul} 8- bis 10-mal kleiner als σ_B.

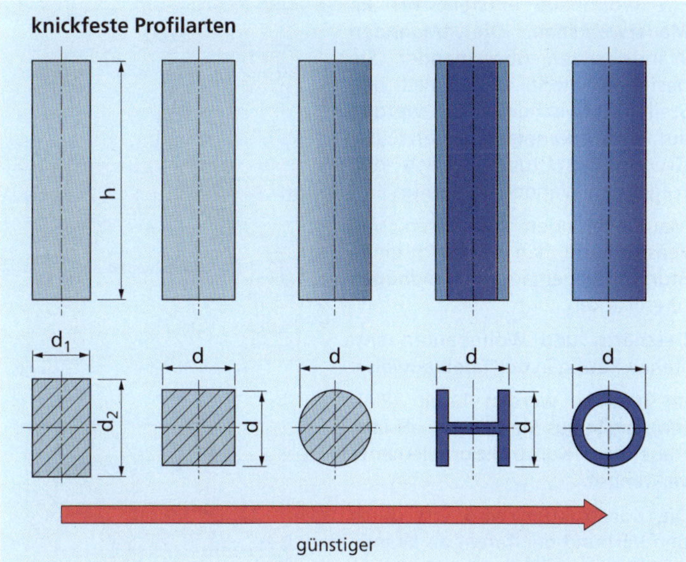

Die tragenden Bauteile (**Träger**) bilden das stabile Grundgerüst eines Bauwerkes. Es wird als **Konstruktion** bezeichnet.

Die Konstruktion eines Bauwerkes wird auch als **Statik** bezeichnet.
Ein Statiker berechnet die am Bau auftretenden Lasten und die erforderliche Größe der Bauteile.

Bauweisen

Die Art und Weise der Konstruktion und Errichtung eines Bauwerkes bezeichnet man als **Bauweise.**

Bauweisen lassen sich nach verschiedenen Gesichtspunkten bezeichnen:
- nach *Art der Baustoffe* (z.B. Holzbauweise, Betonbauweise),
- nach *Art des Zusammenfügens von Bauteilen* (z.B. Montagebauweise, monolithische Bauweise),
- nach *Art der lasttragenden Konstruktionselemente* (z.B. Wandbauweise, Skelettbauweise).

Die älteste Art der **Wandbauweise** ist der **Mauerwerksbau**, eine moderne Art ist die **Tafelbauweise** (Plattenbauweise). Im Mauerwerksbau sind tragende Wände und Decken die lasttragenden Konstruktionselemente. Sie werden Stein auf Stein in Handarbeit errichtet. Mit Mörtel werden die Steine fest miteinander verbunden. Die Mauersteine werden zu einem **Mauerverband** angeordnet. Die bekanntesten Mauerverbände sind **Läuferverband** und **Binderverband**.

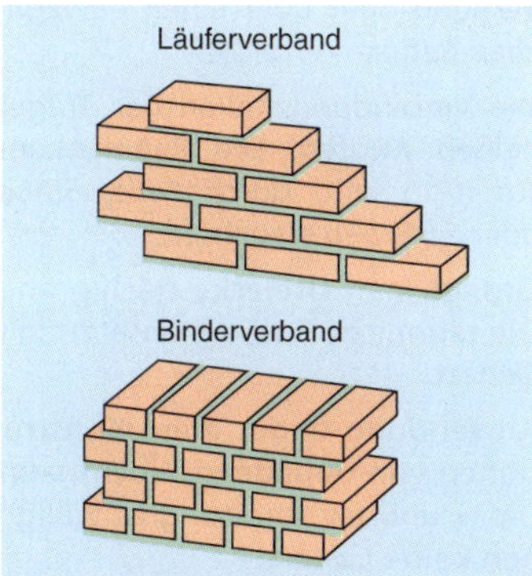

Eine Kombination von Läufer- und Binderverband ist der **Blockverband**, bei dem von Schicht zu Schicht zwischen Läufer- und Binderverband gewechselt wird.

Ein Wohnhaus entsteht oft im **Mauerwerksbau**. Die tragenden Wände sitzen übereinander. Sie bestehen meist aus künstlichen Steinen. Zwischenwände werden auf die Deckenplatte gesetzt. Die Grundrissgestaltung ist von den tragenden Wänden abhängig.

Maueröffnungen für Türen und Fenster kann man z.B. durch einen **Sturz** oder gemauerte **Rundbögen** überbrücken.

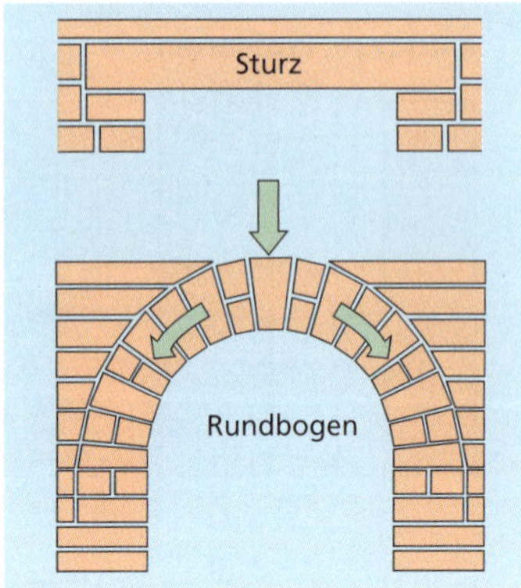

Geschäfts- und Wohnbauten entstehen häufig in der **Tafelbauweise**.

mehrschalige Stahlbeton-Sandwichtafel:

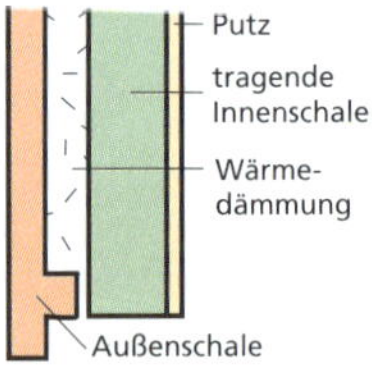

Im Tafelbau werden Tafeln (Platten), meist aus Stahlbeton, als lasttragende Konstruktionselemente verwendet.

Die Konstruktion wird erst durch den Verbund der Tafeln als Wände und Decken stabil. Der Grundriss wird von den tragenden Tafeln vorgegeben.

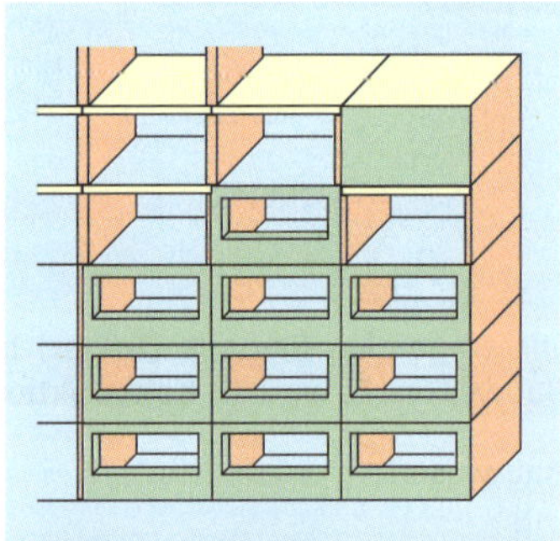

Der Tafelbau ermöglicht industriell vorgefertigte Wände, erfordert aber Hebezeuge wie Kräne.

Dreiecksverbund:

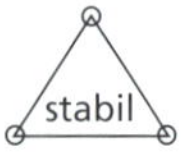

beweglicher Rahmen

Knoten: 

Bei der **Skelettbauweise** bilden *Träger* im Zusammenwirken mit *Stützen, Streben* oder *Deckenplatten* die lasttragenden Konstruktionselemente.

Träger, Stützen und Streben können aus Stahl, Stahlbeton oder Holz sein. Die Stabilität der Konstruktion wird über einen stabilen **Dreiecksverbund** oder über einen *beweglichen Rahmen* erreicht.

Die Verbindungsstellen der Träger heißen *Knoten.* Die Rahmenkonstruktion wird durch *Seile, Stäbe* oder *Scheiben* stabilisiert.

Ordnet man Dreiecke flächig aneinander, so entsteht ein **Fachwerk**. Die räumliche Zusammensetzung von Fachwerken bezeichnet man als **Skelett**.

Anwendung findet diese Konstruktion bei Brücken, Trägerkonstruktionen von Gebäuden, Hochspannungsmasten oder Hochregallagern. Die Grundrissgestaltung ist völlig frei. Die raumbildenden Wände tragen keine Lasten.

Das **Fachwerkhaus** ist eine altbekannte Art, in Skelettbauweise aus Holz ein Gebäude zu errichten. Die Holzträger sind untereinander *verzapft* oder verschraubt. Die Hohlräume zwischen den Trägern können mit *Lehm, Stroh* oder *Mauerziegeln* zu Wänden ausgefüllt werden.

Skelett:

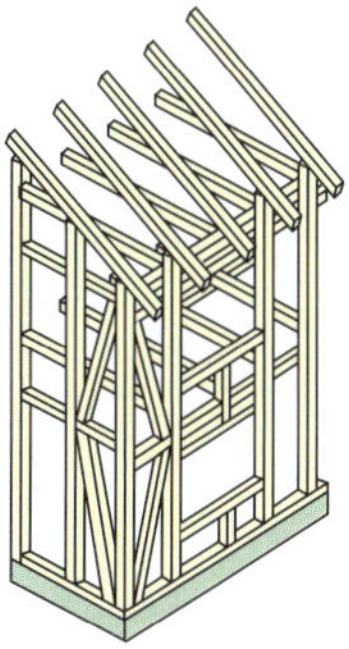

Im **Trockenbau** werden aus Holzlatten oder verzinktem Stahlprofil nicht tragende Wände als Skelett errichtet. Die Zwischenräume werden mit wärme- und schalldämmenden Baustoffen ausgefüllt. Von beiden Seiten werden Platten (z.B. aus *Gipskarton)* angeschraubt. Solche Wände sind leicht, haben eine glatte Oberfläche und müssen nicht verputzt werden. Sie werden oft zur Rekonstruktion von Altbauten verwendet.

Die Materialien, aus denen ein Bauwerk besteht, heißen **Baustoffe**. Die wichtigsten Baustoffe sind **Bausteine** (Natur- und künstliche Steine), **Holz**, **Beton**, **Bindemittel**, **Zuschläge**, **Baustähle** sowie **Dämm**- und **Dichtungsstoffe**.

Weitere Baustoffe sind Glas, Kunststoffe, Kupfer, Aluminium und Zink.

Baustoffe	Eigenschaften	Verwendung
Bausteine		
Natursteine Marmor, Porphyr, Granit	druckfest, witterungsbeständig, schönes Aussehen	Grundstücksmauern, Wege, Fassaden
künstliche Steine		
Mauerziegel	druckfest, witterungsbeständig	Wände
Betonsteine	druckfest, witterungsbeständig	Wände, Fußböden, Dachsteine
Leichtbetonsteine	wenig druckfest, wärmedämmend	Außenwände
Fliesen	feuchteabweisend, abriebfest, spröde	Wand- und Bodenbeläge
Holz		
Nadelhölzer (Fichte, Kiefer)	biegefest; gut zu sägen, bohren, leimen und schrauben	Schalung, Dachstühle, Möbel, Innenausbau
Laubhölzer (Eiche, Buche)	hart; gut zu sägen, bohren, leimen und schrauben	Träger, Stützen, Möbel, Innenausbau

Marmorabbau

Baustoffe	Eigenschaften	Verwendung
Beton		
Stahlbeton	sehr zug-, druck- und biegefest, Einlagen von Draht, Stäben, Matten, vorgespannten Profilen aus Stahl	Fundamente, Wände, Decken, Treppen, Platten, Pfeiler, Raumzellen, Brücken
Frischbeton	druckfest, witterungsbeständig	Baustellenbeton, Steine, Straßenbelag
Bindemittel		
Zement	druckfest, witterungsbeständig, bindet mit Wasser andere Stoffe (Sand, Kies, Gips) und erhärtet	Frischbeton, Zementmörtel
Kalk (Branntkalk)	wenig druckfest, erhärtet mit Wasser, Kies und Sand	Mörtel, Wandanstriche
Zuschläge		
Kies, Sand, wieder aufbereitete Baustoffe	druckfest; bilden die Hauptmasse in Betonsteinen, Platten usw.	Beton, Mörtel
Baustähle		
Stahldraht, Stabstahl, Profilstahl, Stahlmatten	sehr zugfest, sehr hart, bilden mit Beton einen Verbundbaustoff	Stahlträger, -stützen und -streben, Stahlbetonwände, -decken und -träger, Spannbetonträger, Türme, Brücken
Dämmstoffe		
Styropor, Kork, Mineralwolle	leicht, porös, wärmedämmend	Wärmedämmung, Schallschutz
Dichtungsstoffe		
Bitumen, Aluminiumfolien	dicht, feuchtigkeitssperrend	Feuchteschutz

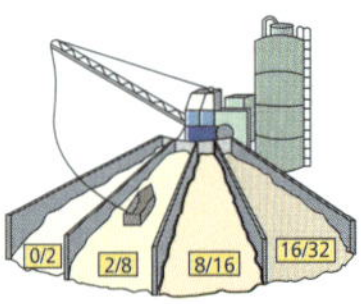

Styropor

Kork

Bausteine

Bausteine können aus *Naturgestein* bestehen oder aus *künstlichen* Baustoffen hergestellt werden. Bausteine erhärten durch *Brennen*, unter *Dampfdruck* oder durch *Lufttrocknen*.

Mauerziegel und **Klinker** sind aus Ton und Lehm gebrannte Bausteine. Sie werden geformt, getrocknet und bei 900 °C bis 1200 °C bzw. bis 1500 °C gebrannt. Mauerziegel sind porös und gut wärmedämmend. Ihre Druckfestigkeit beträgt bis zu 36 N/mm^2. Nachteilig ist ihre gute Wasseraufnahmefähigkeit.

Kalksandsteine, **Leichtbetonsteine** und **Gasbetonsteine** sind künstliche Bausteine, die unter Dampfdruck erhärten.

Gasbetonsteine sind auch unter der Bezeichnung Porenbetonsteine bekannt. Sie haben gute Wärmedämmeigenschaften.

Kalksandsteine werden aus quarzreichem Sand, ungelöschtem Kalk und Wasser hergestellt.

Leichtbetonsteine werden aus Beton mit Zuschlägen von Naturbims, Holzspänen, Blähton- oder Polystyrolkügelchen hergestellt.

Gasbetonsteine bestehen aus porenreichem Feinmörtel. Sie werden aus fein gemahlenem Sand, Kalk, Zement und Wasser hergestellt. Für die Porenbildung wird Aluminiumpulver zugesetzt.

Bausteine haben bestimmte Abmessungen, die **Steinformate**. Man unterscheidet das Dünnformat (DF) mit 24 cm x 11,5 cm x 5,2 cm und das Normalformat (NF) mit 24 cm x 11,5 cm x 7,1 cm. Die größeren Steinformate sind ein Vielfaches vom Dünnformat. Bausteine gibt es als Vollziegel und Lochziegel.

Das **Steinformat** wurde 1869 als so genanntes Reichsformat in Deutschland eingeführt.

Bindemittel

Kalk bindet Sand oder Kies durch intensives Mischen mit Wasser zu **Kalkmörtel**. Je nach Verwendungszweck ist eine Zugabe von Zement oder Gips möglich. Man unterscheidet zwischen *Mauermörtel*, *Putzmörtel* und *Estrichmörtel*. Der Mauermörtel verbindet die Steine im Mauerwerksbau durch Fugenbildung. Mit Putzmörtel werden ebene Flächen an Wänden und Decken hergestellt. Estrichmörtel wird als bis zu 45 mm dicke Schicht auf Fußböden aufgetragen.

Zement besteht aus Calcium-, Aluminium- und Eisensilicaten und erhärtet nach 28 Tagen mit Wasser

Der Name **Portlandzement** entstand 1824 nach der englischen Halbinsel Portland.

an der Luft oder unter Wasser. Seine Druckfestigkeit liegt zwischen *25* und 55 N/mm^2. Am gebräuchlichsten ist *Portlandzement.*

Beton

Frischbeton entsteht aus Zement, Kies, Sand und Wasser, die intensiv durchgemengt werden. Wasser und Zement bilden im Frischbeton den Zementleim. Er bindet Kies und Sand miteinander. Seine Druckfestigkeit liegt zwischen 10 und 65 N/mm^2.

Hochhäuser werden aus **Stahlbeton** in **Skelettbauweise** hergestellt.

Um Hautreizungen zu vermeiden, sollten beim Mischen und Verarbeiten von Beton Schutzhandschuhe getragen werden.

Stahlbeton, auch *bewehrter Beton* genannt, ist ein **Verbundbaustoff**. Er hat eine hohe Tragfähigkeit. **Stahlbetonteile** entstehen durch Gießen von **Frischbeton** in eine Schalung, in der sich die Stahlbewehrung befindet.

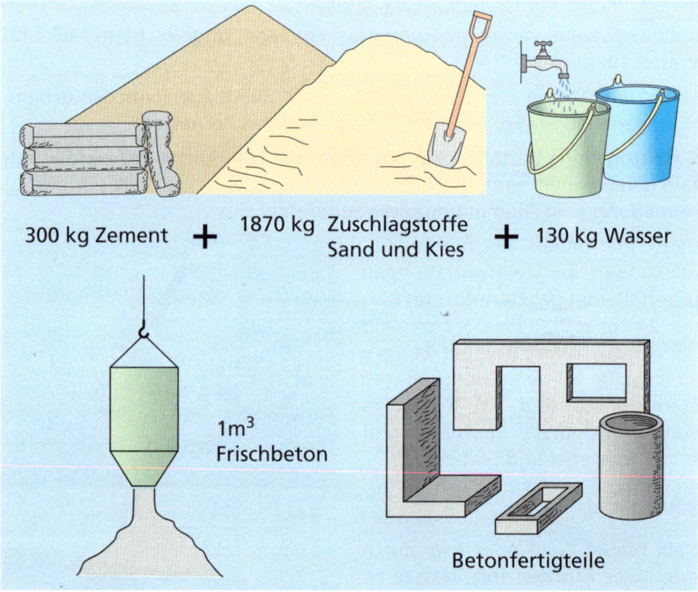

Eine besondere Art von Stahlbeton ist der **Spannbeton**. Er entsteht durch Aushärten von Beton mit vorgespannten, hochfesten Stahlseilen. Die Zugfestigkeit solcher Stähle (Betonstahl) reicht bis zu 290 N/mm^2. Spannbeton hält große Zugbelastungen bei kleinen Bauteilquerschnitten aus. Er eignet sich besonders für Brücken und Träger im **Skelettbau**.

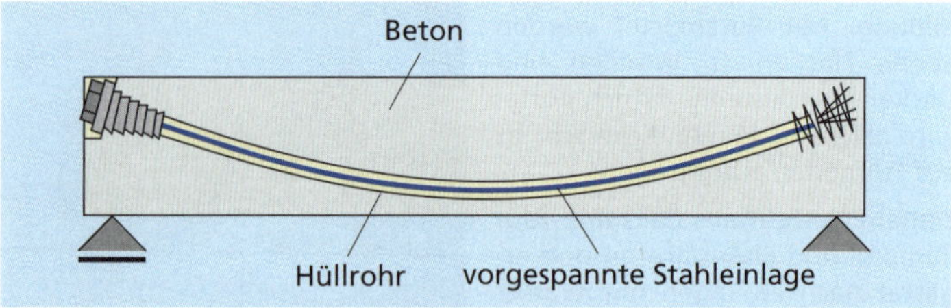

Bauorganisation

Die **Baustelle** ist der wichtigste Fertigungsort für ein Bauwerk. Sie muss über alle *technischen* und *personalwirtschaftlichen* Einrichtungen zum Errichten eines Bauwerkes verfügen.

Baustelleneinrichtungen sind alle Lager-, Transport-, Fertigungs- und sozialen Einrichtungen zum Errichten eines Bauwerkes.

Auf einer Baustelle werden Flächen für die Lagerung und Bearbeitung von Holz und Baustahl benötigt. Für die Bearbeitung der *Schalungsteile* aus Holz müssen z.B. Werkbank, Kreissäge, Bohrmaschine verfügbar sein. Das Herstellen der Stahlbewehrung aus Stäben, Drähten und Seilen erfolgt mit Scheren und Biegevorrichtungen. Wichtige Aufbereitungsanlagen sind die Beton- und die Mörtelmischanlage.

Hebezeuge und Fördergeräte sind für das Ausheben oder Beseitigen von Erdmassen sowie für das Zureichen von Bauteilen und Baustoffen erforderlich. Dazu gehören z.B. Bagger, Kräne, Kipper, Aufzüge und Förderbänder.

Weitere Lagerflächen und Lagerräume werden für Bausteine, Betonstahl, Sand, Kies, Bindebaustoffe, Schalungsholz, Fertigteile, Werkzeuge und Geräte benötigt. Für das Baupersonal müssen Büroräume, Unterkünfte, Waschanlagen und Toiletten verfügbar sein.

Zur **Baustelleneinrichtung** gehören Geräte und Maschinen, Bearbeitungs-, Lager- und Verkehrsflächen, Wasser- und Stromversorgung sowie Baustellenunterkünfte.

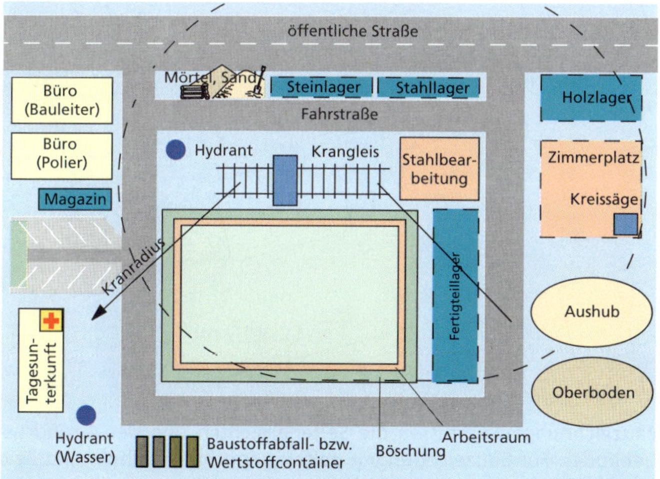

Die Bauplanung umfasst den **Flächennutzungsplan**, den **Bebauungsplan**, den **Lageplan**, die **Bauzeichnungen** sowie den **Bauzeitenplan**.

Die **Bauplanung** muss sich nach den Vorschriften des Bundesbaugesetzes (BBauG), der Bauvorlagenverordnung (BauVorlVO) sowie der Baunutzungsverordnung (BauNVO) richten.

Ein Bauwerk kann erst mit der **Baugenehmigung** begonnen werden. Sie wird nach Prüfung der Planungsunterlagen durch die Baubehörde er-

Planzeichen im Flächennutzungsplan (FNP) und im Bebauungsplan

Mischgebiet

Gewerbegebiet

Wohngebiet

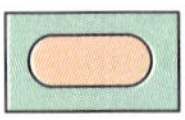
Sportplatz

Spielplatz

Schule

Kirche

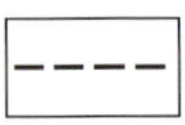
Baulinie

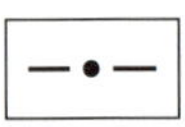
Baugrenze

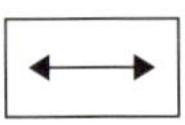
Firstrichtung

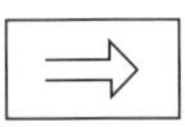
Einfahrt

Baugebiet: WA

Grundflächenzahl: GRZ 0,3

Zahl der Vollgeschosse max II:

Geschossflächenzahl: GFZ 0,6

Bauweise offen:

teilt. Die Prüfung umfasst die Vorgaben des Bebauungsplanes, die vorgesehenen Baustoffe, die Statik und die Bausicherheit. Bei Erfüllung aller Vorgaben erfolgt die **Baufreigabe**. Ein roter Punkt auf dem Baufreigabeschein zeigt dies an.

Im **Flächennutzungsplan** sind die Arten der Bodennutzung in einer Gemeinde dargestellt. Er enthält z.B. Straßenführung, Grünflächen, Gewerbeflächen, Wohnbauflächen oder Flächen für öffentliche Einrichtungen.

Der **Bebauungsplan** enthält Anzahl, Größe und Lage der Gebäude und Straßen. Er umfasst die Teilgebiete des Flächennutzungsplanes, die gegenwärtig und in Zukunft bebaut werden sollen.

Der **Lageplan** zeigt Größe, Lage und Anzahl der Gebäude auf einem Grundstück im Maßstab 1 : 500. Er ist ein Auszug aus dem Bebauungsplan. Grundstück und Gebäude sind als Draufsicht dargestellt. Es sind zum Beispiel die Stellung des Gebäudes auf dem Grundstück, Abstände zu den Grundstücksgrenzen, Seitenmaße des Baukörpers und der Dachfläche ablesbar.

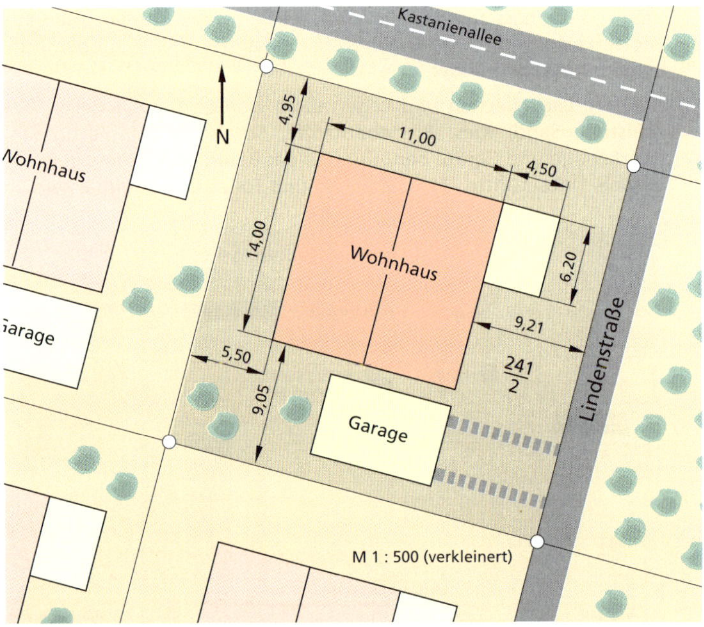

Bauzeichnungen umfassen die Seitenansichten und den Grundriss des Gebäudes. Für Bauzeichnungen gelten genormte Symbole und Zeichen aus den Bestimmungen der **DIN-Norm**.

Die **Seitenansichten** (senkrechter Schnitt) stellen die Lage der Geschosse mit Treppen und anderen Einbauten dar. Bei Außenansichten wird die Gestaltung der Fassaden sichtbar.

Der **Grundriss** (horizontaler Schnitt) enthält die Raumaufteilung sowie Lage und Größe der Raumflächen.

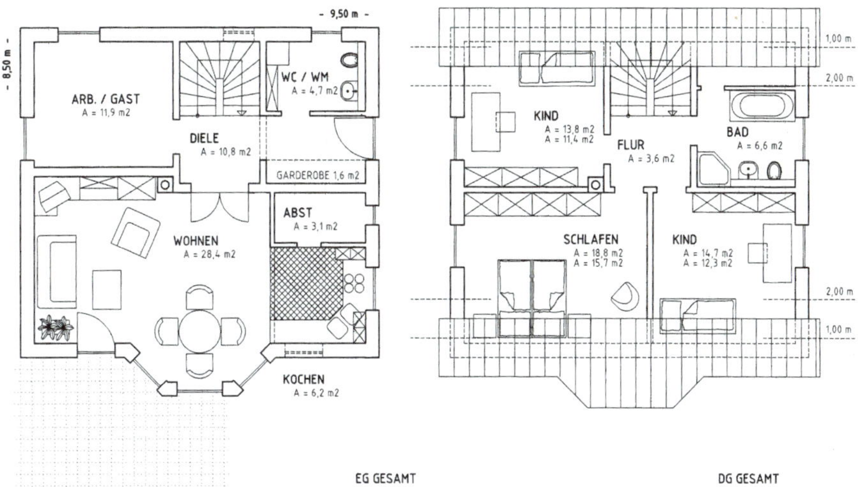

Der **Bauzeitenplan** gibt den zeitlichen Ablauf der Arbeiten an einem Bauwerk an. Die am Bau beteiligten Baufirmen können daraus erkennen, wann sie mit ihren Arbeiten beginnen und fertig sein müssen.

Bauzeitenplan (Ausschnitt)		Soll				Ist							
Leistung	Monat	Mai				Juni				Juli			
	Wochen	1	2	3	4	1	2	3	4	1	2	3	4
Abbrucharbeiten													
Baustelleneinrichtung													
Erdarbeiten													
Maurerarbeiten													
Beton- und Stahlbetonarbeiten													

Gebäude, in denen Menschen arbeiten oder wohnen, müssen mit elektrischem Strom, Wärme, Wasser und Informationen versorgt und von Abwasser und Abfällen entsorgt werden. Deshalb werden Sanitär-, Elektro- sowie Informationsaustauscheinrichtungen installiert. (↗ S. 151, 250 ff.)

Die **Sanitärinstallation** umfasst die Montage von Trink-, Abwasser- und Gasleitungen einschließlich Armaturen und Geräten.

Die **Trinkwasserinstallation** besteht aus Rohrleitungen für Kalt- und Warmwasser, Armaturen (z.B. Einhebelmischbatterien, Wasserzähler), mit denen man die Durchflussmenge verändern und feststellen kann.

Zur **Abwasserinstallation** gehören Spüle, Waschbecken, Badewanne, Dusche und WC sowie ein entsprechendes Rohrleitungsnetz, das anfallendes Abwasser zur Kanalisation führt.

Die Gasinstallation erfolgt ähnlich wie die Wasserinstallation. Dabei sind die technischen Regeln des Deutschen Vereins der Gas- und Wasserfachmänner (DVGW-TRGi 86) zu beachten. DieÜberwachungder Gasanlagen erfolgt durch das Gasversorgungsuntemehmen (GVU).

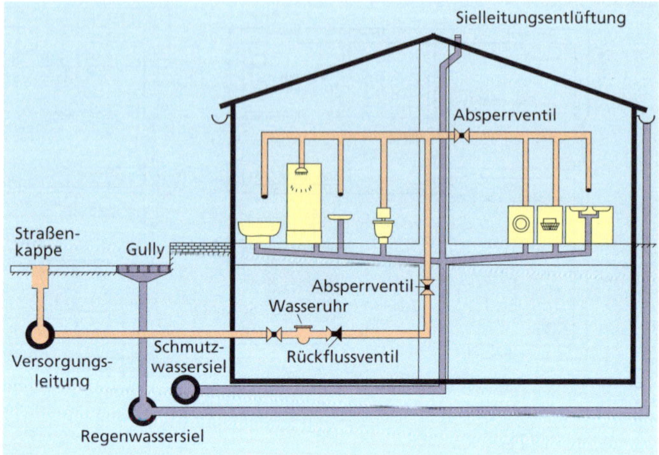

Gebäudenutzung

Die **Nutzungsabsichten** für ein Bauwerk müssen schon in der Planungsphase gut durchdacht werden. In einem Wohnhaus sollte man vor allem unter Beachtung der Himmelsrichtungen die Raumnutzung so festlegen, dass eine optimale Wohnqualität erreicht wird.

Die Gebäudeausrichtung nach dem Sonnenstand gehört zu den wichtigsten Fragen des **klimagerechten Bauens**.
Schon die Baumeister der Antike wussten, dass flache Dächer, kleine Fensteröffnungen und die Schattenbildung eng aneinander stehender Häuser deren Aufheizen vermindern konnten.

Bautenschutz

Der **Bautenschutz** umfasst Maßnahmen des **Wärme-**, **Feuchte-**, **Schall-** und **Brandschutzes**.

Wärmeschutz soll das Eindringen der Wärme und Kälte von außen sowie die Abgabe von Wärme nach außen verhindern. Hierfür gibt es verschiedene **Wärmedämmstoffe**.

Das sind Baustoffe mit geringer Wärmeleitfähigkeit λ. Die Kenngröße für das Wärmedämmverhalten von Baustoffen ist der **Wärmedurchgangskoeffizient** (k-Wert). Baustoffe mit kleinem k-Wert verursachen geringe Wärmeverluste. Je kleiner die Wärmeleitfähigkeit λ, je kleiner der k-Wert, umso größer die Wärmedämmfähigkeit (↗ S. 35, 79).

Die **Wärmedämmung** am Haus verringert den Energieverbrauch.

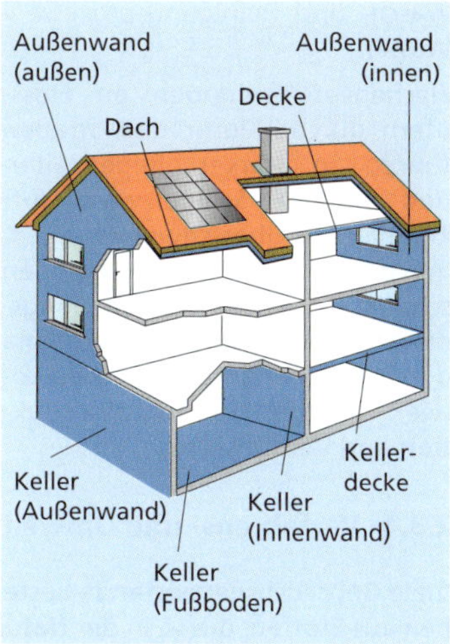

Wärmeleitfähigkeiten verschiedener Baustoffe:

	λ in W/mK
Beton	1,5–2,0
Lochziegel	0,7
Leichtbeton	0,4
Porenbeton	0,27
Blähton	0,070
Korkplatten	0,045
Mineralwolle	0,035
Hartschaum	0,025

Dämmstoffe aus recycelten Materialien werden aus Umweltschutzgründen bevorzugt. Ein solches Produkt ist z.B. Isofloc, mit Borsalz getränkte Altpapierflocken.

Als **Feuchteschutz** versteht man Maßnahmen, die das Eindringen von Wasser in Wände und Decken des Bauwerkes verhindern.

Feuchtigkeit kann als Spritz- oder Niederschlagswasser von außen und als Schwitz- oder Leitungswasser von innen in das Mauerwerk eindringen. Sperrschichten an Wänden oder auf Fußböden sind ein wirksamer Schutz.

Zum **Schallschutz** gehören Maßnahmen, die der Schallausbreitung durch Wände und Decken eines Bauwerkes entgegenwirken.

Schall tritt im Gebäude als Luftschall und Körperschall auf. Gegen die Schallausbreitung und Schallübertragung werden Dämmstoffe ähnlich wie für die Wärmedämmung verwendet.

In der **Raumausgestaltung** wirken Textilien (Teppich, Gardinen) zusätzlich als Schallschutz.

Der **Brandschutz** umfasst Maßnahmen, die das Entstehen bzw. Ausbreiten von Bränden verhindern, z.B.:
- Bauwerk nach Brandgefährdung einordnen,
- Sicherheitsabstände zwischen Bauwerken festlegen,
- Feuerwiderstand festlegen,
- Brandschutzkonstruktionen einbauen (Branddecken, Brandwände, Brandschutztüren),
- Brandmelde- und Feuerlöschanlagen einbauen.

Bauen und Umwelt

Das Errichten von Bauwerken verursacht **Umweltprobleme**. Bereits bei Rohstoffgewinnung und -transport sowie der Energieerzeugung kommt es zu Verschmutzungen von Wasser, Luft und Boden. Bauwerke selbst führen zur Flächenversiegelung, zu einem hohen Verbrauch an Bau- und Energierohstoffen sowie zur Luftverschmutzung durch Bautransporte und Heizung.

Wasch- und Reinigungsprozesse im Haushalt belasten zusätzlich das Wasser.

Flächenversiegelungen an Flussufern durch Häuser und Straßen führen in starken Regenzeiten und hohem Schmelzwasseraufkommen zu Überschwemmungen. In stark besiedelten Regionen schafft eine hohe Bebauungsdichte ein ungesundes Stadtklima durch Mangel an Grünflächen sowie geringe Sauerstoffproduktion und Verdunstung.

2.3.4 Verfahrens- und Umwelttechnik

Viele Gebrauchsgegenstände bestehen aus Stoffen, die so in der Natur nicht vorkommen. So sind Autoreifen aus Gummi, einem Synthesekautschuk, Damenstrumpfhosen aus Polyamid oder das Gehäuse eines Kühlschranks aus Stahlblech. Diese Stoffe werden durch Stoffwandlung erzeugt.

Für einen optimalen Verlauf von Stoffwandlungsprozessen müssen die benötigten Ausgangsstoffe vorbereitet werden. Zur Stoffvorbereitung zählen Vorgänge, z.B. Zerkleinern, Mischen, Auflösen, Erwärmen oder Reinigen. Nachdem der gewünschte neue Stoff durch Stoffwandlung entstanden ist, muss er nachbereitet, also transport- und verkaufsfähig gemacht werden. Solche Vorgänge können Abkühlen, Zerkleinern, Reinigen, Formgeben oder Konzentrieren sein. Die Grafik stellt die allgemeine Struktur eines Verfahrens dar.

Eine Folge von Vorgängen zur *Stoffvorbereitung, Stoffwandlung* und *Stoffnachbereitung* wird **Verfahren** genannt.

Die Vorgänge zur Stoffvor- und -nachbereitung, auch *Grundoperationen* genannt, laufen in Apparaten ab. Es sind Vorgänge der Stoff-Formung (↗ S. 40 ff.). Das „Herzstück" eines Verfahrens, also die Stoffwandlung, findet in *Reaktoren* statt.

Apparate und **Reaktoren**, die in einem Verfahren gekoppelt sind, bezeichnet man als **Anlage**.

Wirtschaftsbereiche der Verfahrenstechnik

Die Entwicklung und Verbesserung von Verfahren und Anlagen ist Aufgabe der Verfahrenstechnik. Der bedeutendste Wirtschaftsbereich der Verfahrenstechnik ist die chemische Industrie.

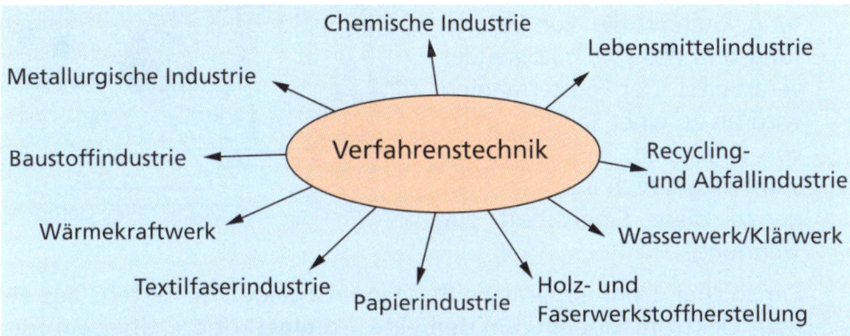

Als **Umwelttechnik** bezeichnet man spezielle verfahrenstechnische Anlagen, in denen Luft, Wasser und Boden wieder gereinigt werden. Auch die Verarbeitung von Abfällen zu nützlichen neuen Produkten erfolgt in solchen Anlagen.

Beispiele zur Umwelttechnik sind **Abluftreinigungsanlagen** oder **Schredderanlagen** für die Altautoverwertung. Aber auch die **Abwasserreinigung durch Mikroorganismen** zählt zu diesem Bereich der Verfahrenstechnik.

Abfallverbrennungsanlage

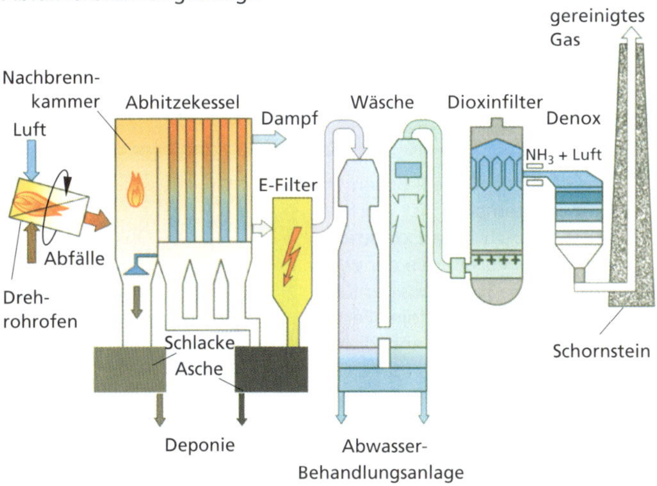

Dioxin ist ein Sammelbegriff für eine Gruppe chlorierter Kohlenwasserstoffe auf Benzolbasis.
Denox: Abk. für die Verfahrensstufe zur Entfernung der Stickoxide.

Vorgänge der Stoffvor- und -nachbereitung bewirken immer die Veränderung der physikalischen Eigenschaften. Sie beabsichtigen dabei das Trennen, das Vereinigen, das Fördern/Transportieren oder das Erwärmen/Abkühlen von Stoffen. Sie benötigen dafür immer eine *Energiezufuhr* in Form von mechanischer, elektrisch-magnetischer oder thermischer Energie.

Weitere Beispiele der mechanischen Verfahrenstechnik sind das **Schreddern** von Autowracks, das *Kneten* von Brotteigen, das **Zentrifugieren** (Schleudern) von nasser Wäsche, das Fördern von Flüssigkeiten in Rohrleitungen und mit Pumpen oder das Abtrennen von Eisenteilen aus einem Gemisch nichtmetallischer Stoffe durch **Magnetscheiden**.

Als **Mechanische Verfahrenstechnik** werden Apparate und Vorgänge bezeichnet, in denen ein mechanisches Werkzeug oder mechanische, magnetische bzw. elektrische Kräfte *Stoffänderungen* bewirken.

Alte Kunststoff-Fenster aus PVC lassen sich wieder verwerten (*recyceln*). In einem Fensterrahmen sind Glas, Gummi als Dichtung, Stahlprofile zur Versteifung und das PVC miteinander verarbeitet. Der Fensterrahmen wird bis zu einer Teilchengröße von 2 bis 5 cm zerkleinert. Da Stahl magnetisch ist, nutzt man genau diese Eigenschaft zur Trennung.

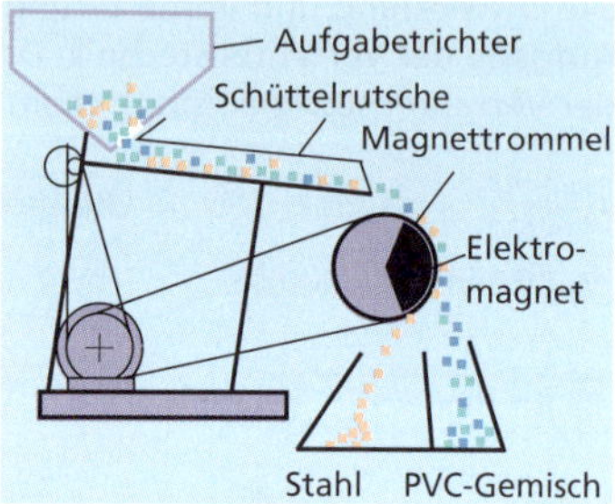

Ein solcher Trennapparat heißt *Magnetscheider*. Er besteht aus einem Elektromagneten, um den eine Trommel rotiert. Über ein rüttelndes Transportband fällt das zerkleinerte Material auf die Trommeloberfläche. Die anhaftenden Stahlteilchen lösen sich erst dort von der Trommel, wo die Magnetfeldwirkung aufhört. Dieses Trennverfahren sortiert den Stahl zu 98 % heraus.

Als **Thermische Verfahrenstechnik** bezeichnet man Apparate und Vorgänge, in denen die physikalischen Eigenschaften der Stoffe durch Wärmeenergie verändert werden.

Weitere Beispiele der thermischen Verfahrenstechnik sind das **Destillieren** von Erdöl, das *Auflösen* von Kalirohsalzen, das *Extrahieren* von Pflanzenölen aus dem Samen von Raps oder der Sonnenblume.

Auch im Haushalt werden Apparate, hier sagt man üblicherweise Geräte, der thermischen Verfahrenstechnik genutzt. Das tägliche Kaffeekochen im Kaffeeautomaten ist verfahrenstechnisch eine **Extraktion**. Ziel ist das Vereinigen der wasserlöslichen Stoffe aus der Kaffeebohne, wie Koffein, Fette, Proteine und Kohlenhydrate, mit dem Wasser zu dem Getränk Kaffee. Um aus den Bohnen nahezu alle gewünschten Stoffe „herauszulösen", werden sie zu Pulver zerkleinert. Siedendes Wasser rieselt dünn über das Pulver, das sich in einem Aufsatzfilter befindet. Die Anzahl und Größe der Löcher im Filterboden sowie die Porigkeit des Filterpapieres bestimmen die Verweilzeit des Wassers im Filter. Kaffeeinhaltsstoffe lösen sich. Apparate der mechanischen und thermischen Verfahrenstechnik machen den umfangreichsten Teil einer Anlage aus.

Als **Chemische Verfahrenstechnik** bezeichnet man die Gesamtheit aller Stoffwandlungen und Reaktoren, in denen aktivierte Stoffe unter Zwang chemisch reagieren.

Zwänge entstehen durch hohe Temperaturen, hohe Drücke, Vakuum, Katalysatoren oder andere Formen der Aktivierung von Ausgangsstoffen. Die Stoffwandlung ist die entscheidende Stufe in einem Verfahren.

Für die technische Durchführung der Stoffwandlung sind die Merkmale *Reaktionswärme* (exotherm, endotherm), *Reaktionsgeschwindigkeit*, *Gleichgewichtslage der chemischen Reaktion* und *Aktivierungsenergie* von großer Bedeutung.

Die Bedingungen, unter denen der Stoffwandlungsprozess stattfindet, haben die Reaktoren zu erfüllen. Reaktoren gibt es in den unterschiedlichsten Bauformen, sie lassen sich aber trotz aller Vielfalt auf zwei Grundformen reduzieren, das *Rohr* und den *Kessel*. Die rohrförmigen Reaktoren arbeiten kontinuierlich, kesselförmige dagegen überwiegend diskontinuierlich.

Die Konstruktion eines Reaktors ist abhängig vom Aggregatzustand der Stoffe, von den notwendigen Reaktionsbedingungen wie Druck, Vakuum, Temperatur sowie von der Art der Aktivierung und ihrer Energieart. Technisch wichtige Aktivierungsarten sind thermische, elektrische und biochemische Energie sowie Katalysatoren.

Bauarten von Reaktoren

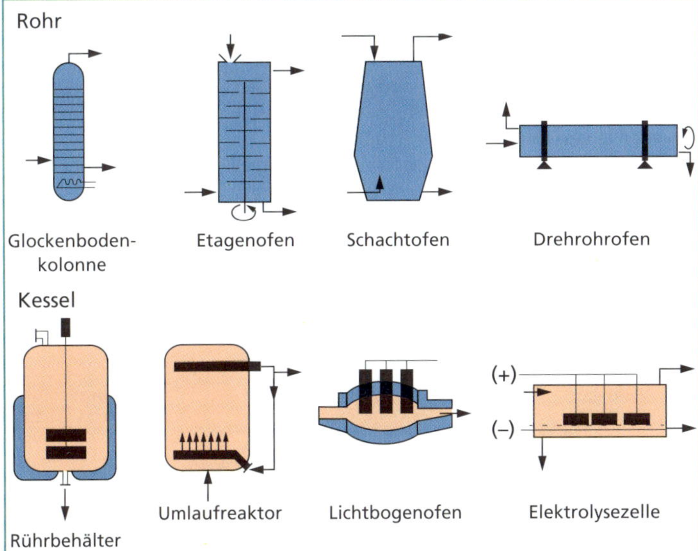

Die Aktivierung mit thermischer Energie macht etwa 80 % aller Stoffwandlungen aus. Entscheidend für die Gestaltung dieser Reaktoren ist

Eine Erwärmung kann außerdem direkt in einem Lichtbogen oder mit einer offenen Flamme im Reaktionsraum erfolgen.

die *Reaktionsenthalpie*. Bei *exothermen* Reaktionen muss überschüssige Wärme aus dem Reaktor abgeführt werden. Bei *endothermen* Reaktionen muss Reaktionswärme zugeführt werden. Für beide Fälle eignen sich Doppelmantelkonstruktionen, Gegenstromführung zwischen Ausgangsstoffen und Reaktionsprodukten oder neben dem Reaktor angeordnete **Wärmetauscher** (↗ S. 124, 152).

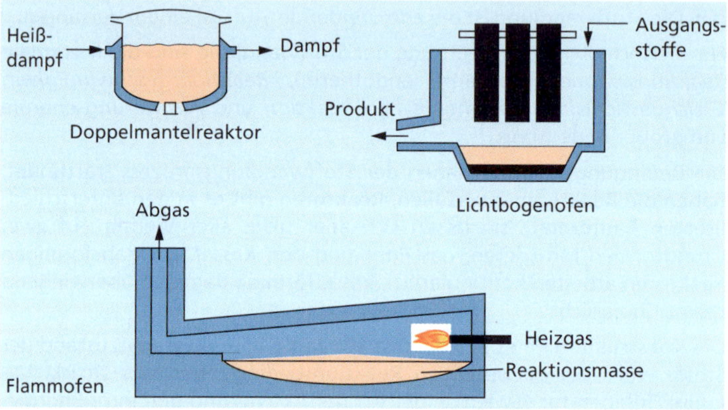

Aufbau eines Drehrohrofens:
Der Drehrohrofen lagert mit einer Neigung von 3 bis 3,5 %. Sein Durchmesser beträgt 3 bis 4 m, seine Länge 30 bis 60 m. Die festen Ausgangsstoffe werden durch das Rotieren mit einer Drehzahl von n = 1,4 bis 2 U/min durch den Ofen transportiert. Für den Wärmeschutz des Stahlmantels sorgt innen eine Auskleidung mit feuerfesten und wärmeisolierenden Steinen, **Schamotte** genannt.

Zement ist ein wichtiger Baustoff (↗ S. 72). Chemisch betrachtet ist er ein Gemisch von Calcium-, Aluminium- und Eisensilikaten. Technisch gesehen ist er ein *hydraulischer Bindebaustoff*, der unter Wassereinwirkung abbindet, d.h. aushärtet. Für seine Herstellung nimmt man aus der Natur Ton und Kalk oder ein natürliches Gemisch aus Ton und Kalk, den Mergel. Der entscheidende Vorgang ist das Zementbrennen in einem **Drehrohrofen**. Es ist ein endothermer Vorgang. Die Wärmezufuhr erfolgt über einen Erdgasbrenner im Ofeninneren. Die zerkleinerten und vermischten Ausgangsstoffe werden über einen Vorwärmer in den Ofen gefördert. Dabei strömen die heißen Brenngase dem Ton und Kalk entgegen. Der Brennvorgang erfolgt in vier Temperaturzonen stufenweise. Am unteren Ende verlassen brockenartige Steine, *Klinker* genannt, den Ofen und fallen auf einen luftdurchströmten Rost. Hier findet die Aluminiumsilikatbildung statt. Zement liegt erst nach der Abkühlphase vor. Verkaufsfähig ist er noch nicht.

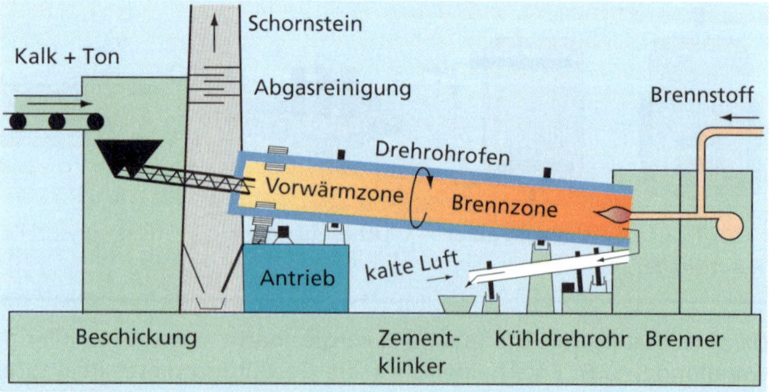

Die **Katalyse** ist eine Stoffwandlung, in der Stoffe thermisch und durch **Katalysatoren** aktiviert werden.

Katalysatoren verringern erheblich den Bedarf an Wärmeenergie und an Reaktionszeit. Chemisch gesehen sind sie Metalle bzw. Oxide von diesen, wie z.B. Eisen, Mangan, Chrom, Platin, Titan, Aluminium.

Sie müssen über die Dauer der Stoffwandlung formstabil und aktiv bleiben.

Wichtige Katalysen sind die **Ammoniaksynthese**, das **Kracken** von schweren Erdölfraktionen, die **Oxidation** von Schwefeldioxid zu Schwefeltrioxid im Verfahren der Schwefelsäureherstellung oder die **Nachverbrennung** der Autoabgase im Katalysator.

Ammoniak (NH_3) wird seit 1913 katalytisch aus den Elementen Stickstoff und Wasserstoff nach dem **Haber-Bosch-Verfahren** hergestellt. Es ist ein exothermer Vorgang. Reaktionsgleichung:

$N_2 + 3H_2 \leftrightarrow 2NH_3 + Q$

$Q = -92{,}5$ kJ/mol

Ammoniak wird überwiegend zu Stickstoffdünger verarbeitet.
Es wird auch als Kältemittel verwendet und für die Herstellung der Chemiefaser Nylon. Die Reaktion läuft nicht freiwillig ab. Stickstoff ist sehr reaktionsträge und muss aktiviert werden. Mit einem *Katalysator* verringert sich die Aktivierungsenergie um etwa 850 kJ/Mol. Die ungünstige Gleichgewichtslage der chemischen Reaktion würde zu einer Ausbeute von nur 2–3 % Ammoniak führen. Man arbeitet deshalb mit Drücken von 25–35 MPa und bei Temperaturen zwischen 450–500 °C. Die Ausbeute erhöht sich auf 15–20 %. Die nicht umgesetzten Gase Stickstoff und Wasserstoff führt man in den Ammoniakreaktor zurück. Der Reaktor ist ein Druckrohr. Im Innenraum sind die Katalysatoren in Rohren oder Schichten angeordnet. Die Bauart eines Röhrenkonverters ist häufig anzutreffen. Die Röhren bestehen aus einem zweischichtigen Mantel. Ihre Innenwand ist aus kohlenstoffarmem Stahl. Er ist gegenüber dem reaktionsfreudigen Wasserstoff beständig. Teilweise tritt er durch diese Schicht hindurch. Ein druckfester Stahl mit Molybdän- und Chromanteilen umhüllt die Röhren. In ihm sind Entgasungslöcher für den Austritt von Wasserstoff.

Pilze:

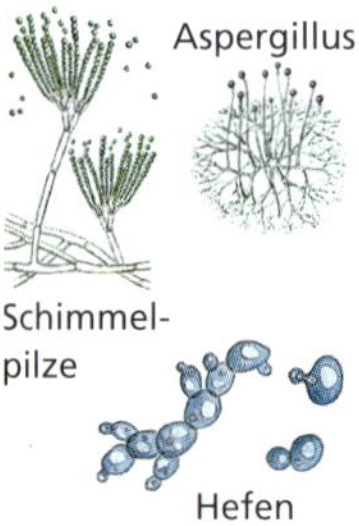

Bakterien:

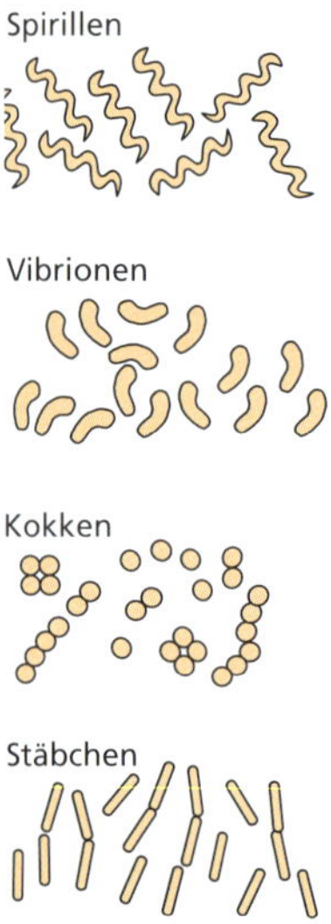

Die Bildung von Ammonik erfolgt in den Röhren an der Oberfläche der Katalysatoren. Im gesamten Innenraum findet ein ständiger Wärmeaustausch durch Gegenstromführung der Gase statt. Das produktbeladene Gasgemisch verlässt den Reaktor. In einer anschließenden mehrstufigen Abkühlung in Wärmetauschern werden Stickstoff und Wasserstoff vom flüssigen Ammoniak getrennt und in den Röhrenkonverter zurückgeführt.

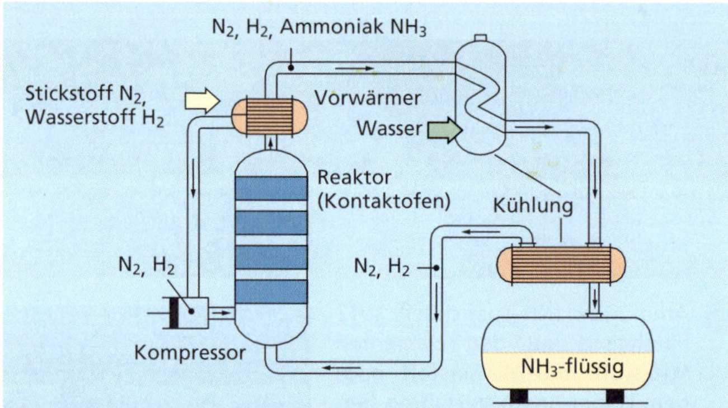

Als **Bioverfahrenstechnik** oder **Biotechnologie** bezeichnet man Apparate und Vorgänge, in denen Stoffe durch biologische Katalysatoren chemisch verändert werden.

Die Bioverfahrenstechnik nutzt die Stoffwechselprozesse von einzelligen Lebewesen, den *Mikroorganismen*. Die Stoffwechselprozesse werden durch *Enzyme* bewirkt. Sie heißen deshalb **Biokatalysatoren**, der Vorgang **Biokatalyse**. Technisch wichtige Mikroorganismen sind einige Arten von *Bakterien und Pilzen*. *Enzyme* können komplexe Verbindungen abbauen oder hochmolekulare Stoffe aufbauen.

Eine bekannte *Abbaureaktion* ist die *Gärung* von Stärke zu Alkohol oder von pflanzlichen Abfällen zu Methan. *Aufbaureaktionen* sind die Bildung von Antibiotika, z.B. Penicillin.

Einige biotechnologische Verfahren waren den Menschen schon vor 6 000 Jahren bekannt. Dazu gehören das Bierbrauen, das Brotbacken, die Wein- oder die Käseherstellung.

Ausgangsstoffe für die Biokatalyse sind organische Kohlenstoffverbindungen meist biologischer Herkunft. Dies können Mais, Getreide, Kartoffeln, Holz, Zuckerrüben, Pflanzenreste aus Haushalt und Landwirtschaft, menschliche und tierische Exkremente sein. Sie bilden die notwendigen Nährstoffe, um die Lebensfähigkeit der Mikroorganismen bzw. der Enzyme aufrechtzuerhalten. Für die technische Durchführung werden diese Nährstoffe gelöst. Eine solche Lösung heißt *Nährmedium* und besteht zu 95–97 % aus Wasser. Im Nährmedium vermehren sich die Mikroorganismen und bilden dabei das gewünschte Produkt. Weitere wichtige Bedingungen der Biokatalyse sind der pH-Wert, die Temperatur und die Anwesenheit von Sauerstoff, manchmal auch von Kohlenstoffdioxid. Die Reaktoren für Biokatalysen heißen *Fermenter*. Es sind meist kesselförmige Behälter mit einem Rührwerk oder einer Umlaufpumpe.

Eine besondere Bedeutung hat die Biokatalyse in der Reinigung von Abwässern aus Haushalten. Sie ist eine wichtige Stufe in modernen Klärwerken. Die Abwässer aus Küche, Bad und Toilette enthalten unterschiedliche organisch-biologische und chemische Stoffe wie Waschmittel, Fette, Fäkalien.

In der biologischen Reinigung übernimmt das mechanisch vorgereinigte Abwasser die Rolle eines Nährmediums. Mehrere Bakterienarten, die bereits im Abwasser vorhanden sind, bauen die organischen Stoffe ab. Erfolgt der Abbauprozess unter Luftzufuhr, bezeichnet man ihn als *aerobes Verfahren.* Arbeitet man ohne Luftzufuhr, dann spricht man vom *anaeroben Verfahren.* Ein wichtiges aerobes Verfahren ist das *Belebtschlammverfahren.* Bakterien bauen mithilfe ihrer Enzyme die organischen Stoffe zu CO_2, H_2O und Klärschlamm ab. Der Vorgang ist chemisch gesehen eine *Gärung.* Er findet entweder in offenen Becken (*Belebungsbecken*) oder in geschlossenen Türmen (*Turm- oder Hochbiologie*) statt. Türme sind die modernere Art von Fermentern. Das Belebtschlammverfahren arbeitet bei Temperaturen von 5 bis 33 °C und in einem pH-Bereich von 6–8. Die Bakterien vermehren sich und nehmen bei ihrem Stoffwechselprozess Ammonium- und Nitratverbindungen sowie organische Stickstoffverbindungen aus dem Abwasser auf. Diese werden in ihrer Zelle eingelagert.

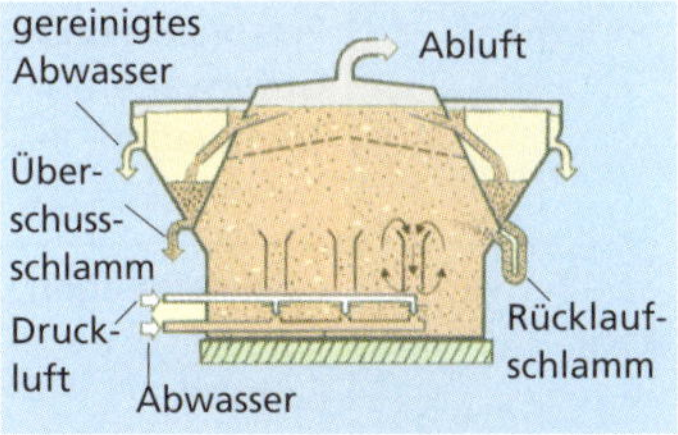

Das Abwasser wird im Turm mit Druckluft vermischt. Das gereinigte Wasser sammelt sich im Absetzbecken. Von dort kann es dem Fluss oder See über einen *Vorfluter* (Sammelbecken) zugeleitet werden. Der Klärschlamm, der sich am Boden absetzt, enthält neben den Bakterien noch weiterhin biologisch abbaubare Stoffe.

Die Bioverfahrenstechnik hat den Vorteil, dass die Stoffwandlungen unter milden Bedingungen ablaufen. Sie ist Energie sparend, aufwendig ist die Trennung der Produkte von den Enzymen oder den Mikroorganismen.

Klärschlamm kann für die **Biogasgewinnung** (Methan) oder als organischer Dünger in der Landwirtschaft weiterverarbeitet werden. **Methan** ist ein Gas (↗ S. 144). Es kann als Brennstoff genutzt werden und verstärkt den **Treibhauseffekt** (↗ S. 29).

Die Herstellung eines Produktes in einer verfahrenstechnischen Anlage ist ein sehr komplexer technischer Prozess. Stoffe werden durch Stoffwandlung zu neuen Produkten verändert. Eine meist aufwendige Vor- und Nachbereitung der Stoffe ist erforderlich. Die einzelnen Stufen des Verfahrens sind miteinander verkettet.

2.3.5 Transport- und Verkehrstechnik

Verkehr ist die Ortsveränderung von Personen, Gütern und Nachrichten unter Benutzung besonderer technischer und organisatorischer Einrichtungen.

Dazu gehören **Verkehrsmittel**, **Verkehrsanlagen** und **Verkehrssicherungsanlagen**. Die technischen Einrichtungen werden als **Verkehrstechnik** zusammengefasst.

Der Transport von Gütern und Personen ist in der Wirtschaft ein wichtiger Dienstleistungsbereich. Er wird als Transportwesen bezeichnet und verursacht einen starken Verkehr. Das Bedürfnis des Menschen nach Erholung und Sport verstärkt den Verkehr.

Das Transportwesen gliedert sich in:

Schiffsverkehr, Schienenverkehr, Straßenverkehr, Luftverkehr, Siedlungsverkehr.

	Verkehrsmittel	Verkehrsanlagen	Verkehrssicherungsanlagen
Schiffsverkehr	Hochseeschiffe, Küstenschiffe, Binnenschiffe,	Wasserstraßen, Häfen, Schleusen, Hebewerke	Leuchtfeuer, Seezeichen
Schienenverkehr	Lokomotive, Personen-, und Güterwagen, Triebwagen	Gleise, Weichen, Dämme, Brücken, Tunnel	Signale, Schranken, Streckenüberwachungssysteme
Straßenverkehr	Lastkraftwagen, Busse, Fahrrad, Personenkraftwagen	Straßen, Autobahn, Brücken, Tunnel	Verkehrszeichen, Ampelanlagen, Verkehrsleiteinrichtung
Luftverkehr	Flugzeuge, Hubschrauber, Luftschiffe, Ballons	Flughäfen	Funkeinrichtungen, Radareinrichtung, Satellitennavigation
Siedlungsverkehr	Straßenbahn, Busse, Taxi, S-Bahn, U-Bahn	Technische Einrichtungen des Schienen- und Straßenverkehrs	

Straßen- und Schienenverkehrsmittel

Fahrrad

Die Entwicklung des Fahrrades ist ein Beispiel für die Suche nach technischen Lösungen, um die vorhandenen menschlichen Kräfte und Bewegungsrhythmen immer besser in höhere Fahrleistungen umzusetzen.

- Sie begann 1817 mit der lenkbaren hölzernen Schnelllaufmaschine von DRAIS.
- Mit Tretkurbeln werden die Räder zunächst direkt angetrieben (1860).
- Das Treibrad wird vergrößert, um höhere Geschwindigkeiten zu erreichen (Hochrad 1870).
- Einbau einer Kettenübersetzung mit $i < 1$. Nun kann mit kleineren Rädern eine höhere Geschwindigkeit erreicht und gleichzeitig die Sturzgefahr verringert werden (Niederrad 1890).
- Luftbereifung vermindert Erschütterungen (1887).
- Freilaufnabe und Rücktrittbremse erhöhen die Sicherheit (1903).
- Die Gangschaltung ermöglicht das Anpassen an unterschiedliche Belastungen (2-Gang-Getriebenabe 1905, serienmäßig hergestellte Kettenschaltung 1928).
- Aluminium und faserverstärkte Kunststoffe ermöglichen leichtere Fahrräder (erstes serienmäßig hergestelltes Voll-Leichtmetallfahrrad 1976).
- Wirksamere Felgen- und Trommelbremsen, gefederte Räder, im Stand funktionierende Beleuchtungsanlagen verbessern Fahrkomfort und Sicherheit seit Ende der 80er Jahre.

Man unterscheidet heute folgende Arten der Fahrräder: Stadtrad (Citybike), Tourenrad (Trekkingbike) und Sporträder in Form des Geländerades (Mountainbike) und des Rennrades.

Die ersten Fahrräder waren „Vergnügungsinstrumente". Am Ende des 19. Jahrhunderts wurde das Fahrrad im innerstädtischen Verkehr eingesetzt, auf dem Weg zur Arbeit und in der Freizeit benutzt. In den 20er und 30er Jahren des 20. Jahrhunderts wurde es zum Massenverkehrsmittel für den Weg zur Arbeit. Die „Freude am Fahren" wurde zum Ausgangspunkt des Individualverkehrs.

Aufbau eines Fahrrades

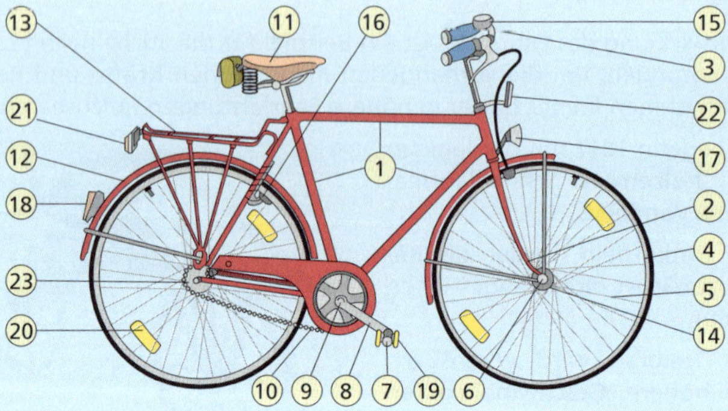

1. Rahmen
2. Gabel
3. Lenker
4. Felge
5. Speiche
6. Radnabe
7. Pedal
8. Tretkurbel
9. Tretlager
10. Kette
11. Sattel
12. Schutzblech
13. Gepäckträger
14. Nabenbremse
15. Klingel
16. Dynamo
17. Scheinwerfer
18. Rücklicht mit Rückstrahler
19. Pedalrückstrahler
20. Speichenreflektoren
21. Roter Heckreflektor
22. Weißer Frontreflektor
23. Rücktrittbremse

Der *Rahmen* ist eine leichte Rohrkonstruktion. Er ist durch seinen fachwerkähnlichen Aufbau sehr stabil und kann die statischen und dynamischen Kräfte gut aufnehmen.

Durch die Neigung des Lenkkopfes liegt der Führungspunkt des Vorderrades vor dem Aufstandspunkt, man sagt das Rad läuft nach.

Der *Nachlauf* ermöglicht das Ausbalancieren, das Lenken durch Gewichtsverlagerung und auch das nicht erlaubte freihändige Fahren.

Kreiseleffekt: Ein rotierender Körper versucht seine Drehachse beizubehalten. Einer Änderung setzt er einen Widerstand entgegen.

Die *Räder* bestehen aus der *Nabe*, den *Speichen*, der *Felge* und der *Bereifung*. Die Speichen müssen ausreichend gespannt sein. Nur so können sie die Belastung aushalten. Die Nabe enthält 2 Kugellager, die durch ihre geringe Reibung einen leichten Lauf des Rades ermöglichen. Die Luftbereifung dämpft die Fahrbahnstöße und Abrollgeräusche. Der Druck im Reifen muss ausreichend groß sein, um einen geringen Rollwiderstand zu erreichen. Während der Fahrt unterstützt der *Kreiseleffekt* der Räder die Gleichgewichtslage des Fahrrades.

Der *Kettentrieb* besteht aus dem *Kettenblatt* (treibendes Kettenrad), der *Rollenkette* und dem *Zahnkranz* (getriebenes Kettenrad) am Hinterrad. Zwischen Zahnkranz und Hinterrad ist eine *Freilaufkupplung* eingebaut. Sie ermöglicht das freie Rollen des Rades. Bei Kettenschaltungen sind mehrere Kettenblätter und Zahnkränze mit verschiedenen Zähnezahlen vorhanden. Bei Nabenschaltungen ist ein Zahnradschaltgetriebe in die Nabe eingebaut.

Um den *Verschleiß* der Kette zu vermindern, sollten Kettenblatt und Zahnkranz auf einer Linie liegen (*fluchten*). Bei Kettenschaltungen sollten möglichst nur drei benachbarte Zahnkränze benutzt werden. Außerdem müssen die Gelenkflächen der Rollenkette immer gut gefettet sein. Bei einer verschlissenen Kette oder einem verschlissenen Zahnkranz sollten immer beide Teile gewechselt werden. Der *Kettenschutz* verhindert ein Ergreifen und Verschmutzen von Kleidungsteilen und verringert damit die Sturzgefahr.

Verschleiß ist die Abnutzung bei aufeinander gleitenden und reibenden Teilen.

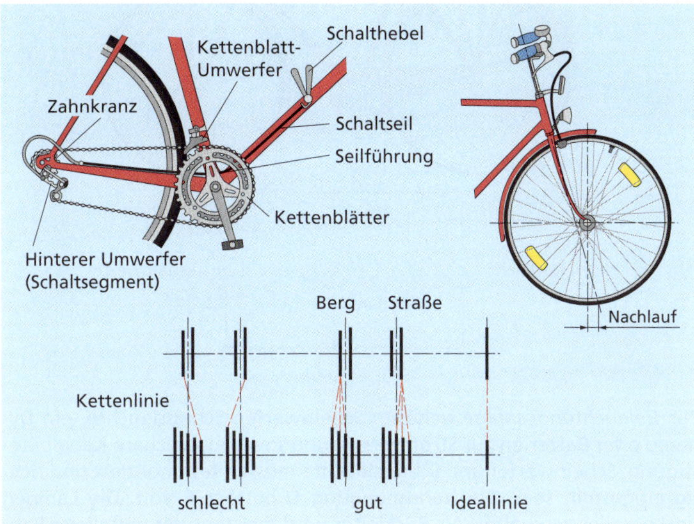

Mit einem Stadtrad soll eine Fahrgeschwindigkeit v = 15 km/h erreicht werden. Hierfür ist eine Antriebsdrehzahl n_1 = 45 U/min erforderlich.
Das Hinterrad hat dabei eine Drehzahl n_2 = 115 U/min, das Kettenblatt hat eine Zähnezahl z_1 = 46 und der Zahnkranz die Zähnezahl z_2 = 18. Daraus errechnet sich das Übersetzungsverhältnis zu:

$$i = \frac{n_1}{n_2} = \frac{45\,\text{min}^{-1}}{115\,\text{min}^{-1}} = 0,39 \quad \text{oder} \quad i = \frac{z_2}{z_1} = \frac{18}{46} = 0,39$$

Das **Übersetzungsverhältnis** eines Fahrrades beträgt i < 1.

Jedes Fahrrad muss zwei voneinander unabhängige *Bremsen* haben. Verwendet werden Rücktritt-, Felgen- und Nabenbremsen. Bei der oft vorkommenden Felgenbremse sollte der Bremsgummi auf den Felgenwerkstoff (Aluminium, Stahl) abgestimmt sein, um auch bei Nässe eine gute Bremswirkung zu garantieren.

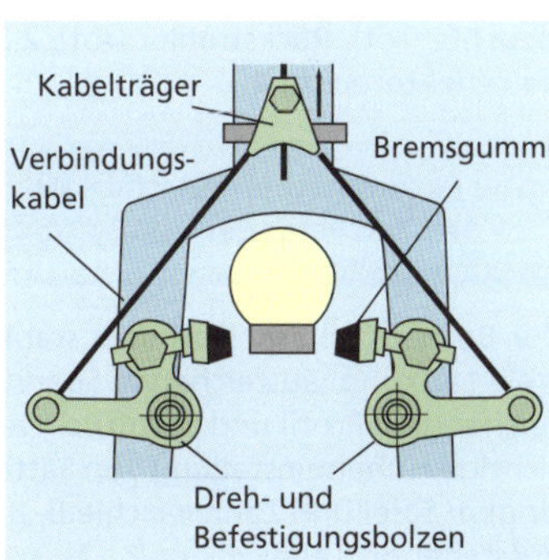

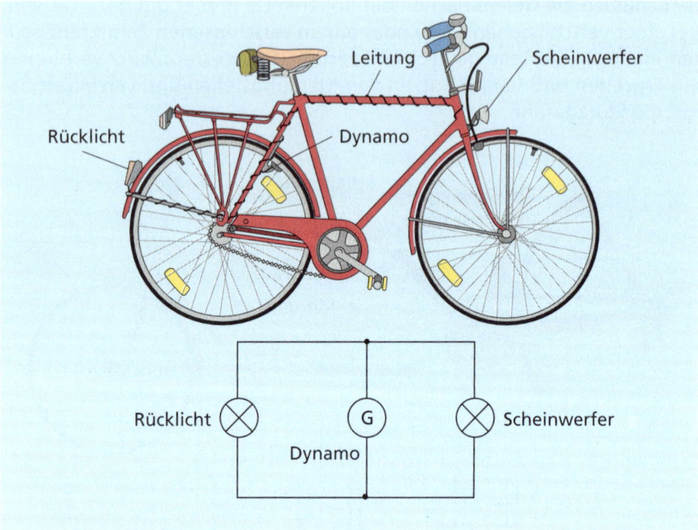

Die Beleuchtung dient zum „Sehen" und „Gesehen werden". Sie muss bei allen am Straßenverkehr teilnehmenden Fahrrädern ständig funktionsfähig sein.

Zur *Beleuchtungsanlage* gehören Scheinwerfer, Schlussleuchte, ein Dynamo oder Batterien zur Stromversorgung sowie eine sichere Kabelbefestigung. Scheinwerfer und Schlussleuchte müssen fest montiert und richtig eingestellt sein. Die Nennspannung U beträgt 6 Volt. Die Lampen sind parallel geschaltet. Als Rückleiter wird meistens der metallene Rahmen benutzt.

Um sicher am Straßenverkehr teilnehmen zu können, muss das Fahrrad der Sicherheitsnorm (DIN 79100) entsprechen

Zur **Verkehrssicherheit** gehören alle Einrichtungen am Fahrzeug, die eine Gefährdung *anderer* Verkehrsteilnehmer verhindern, ein sicheres Beherrschen des Fahrzeugs ermöglichen und es für andere Verkehrsteilnehmer erkennbar erscheinen lassen.

STVZO: Abk. für Straßenverkehrszulassungsordnung.

Zur Verkehrssicherheit zählen nach STVZO: Vorderradbremse, Hinterradbremse, Klingel, Scheinwerfer (weiß), Frontreflektor (weiß), Schlussleuchte (rot), Rückstrahler (rot), 2 Speichenreflektoren je Rad (gelb), Pedalreflektoren (gelb).

Die **Betriebssicherheit** ist die Mängelfreiheit des *eigenen* Fahrzeugs, so dass das Fahrtziel sicher erreicht werden kann.

Zur Betriebssicherheit zählen: stabiler Rahmen, leichtgängige und spielfreie Lenkung, ausreichende Spannung der Speichen, Bereifung mit ausreichendem Profil und Luftdruck, feste Lenker- und Sattelbefestigungen, richtige Höheneinstellung von Sattel und Lenker, Kettentrieb mit nur geringem Spiel und Zahnverschleiß, Befestigung der Tretkurbeln ohne herausstehende Keile.

Kraftfahrzeuge

Kraftfahrzeuge sind sehr flexible Verkehrsmittel. Mit ihnen können Personen und Güter transportiert werden. Dazu werden sie von einem Motor angetrieben. Die Antriebsenergie wird für die Überwindung der **Fahrwiderstände** benötigt.

Fahrwiderstände (F_W) sind der *Rollwiderstand* der Räder (F_R), der *Luftwiderstand* (F_L) und der *Beschleunigungswiderstand* (F_B) bei Vergrößerung der Fahrgeschwindigkeit. Außerdem können beim Befahren einer Steigung der *Steigungswiderstand* (F_S) sowie bei Zugfahrzeugen der *Anhängerwiderstand* (F_H) auftreten.

$$F_W = F_R + F_L + F_B + F_S + F_H = F_A$$

Die Summe der Fahrwiderstände entspricht der **Antriebskraft** F_A am Radumfang.

Das Produkt aus Antriebskraft und Radradius ergibt das erforderliche **Antriebsdrehmoment** ($M = F_A \cdot r$). Das Antriebsdrehmoment ist bei geringen Fahrgeschwindigkeiten groß. Bei konstanter *Antriebsleistung* und zunehmender Geschwindigkeit verringert es sich hyperbelförmig. Eine solche Charakteristik muss auch das Antriebssystem haben.

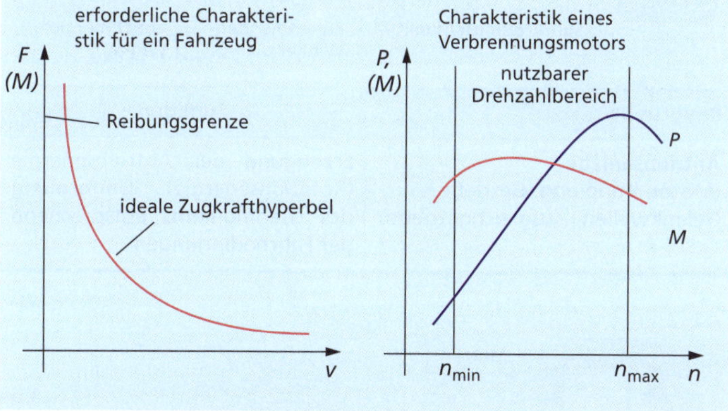

Antriebskraft	F
Antriebsdrehmoment	M
Leistung	P
Geschwindigkeit	v
Drehzahl	n

Verbrennungsmotoren haben ein relativ konstantes Drehmoment. Daher können sie in Kraftfahrzeugen nur mit einem **Schaltgetriebe** mit unterschiedlichen *Übersetzungsverhältnissen* (Gängen) verwendet werden. Durch das Getriebe wird die Charakteristik des Motors an die Fahrbedingungen angepasst.

Der wirtschaftlich nutzbare Drehzahlbereich eines Verbrennungsmotors liegt zwischen dem Maximum der Drehmomentkurve und dem Maximum der Leistungskurve.

Die Kraftfahrzeuge werden in ein- und mehrspurige Fahrzeuge unterschieden. Einspurige Fahrzeuge sind Mofas, Motorroller, Motorräder. Zu den mehrspurigen Fahrzeugen gehören Personen- und Lastkraftwagen, Busse, Zugmaschinen, Traktoren.

Aufbau eines Lastkraftwagens

Baugruppe	Funktion
Fahrwerk (Rahmen, Radaufhängung, Federung, Dämpfer, Lenkeinrichtung, Räder)	Der *Rahmen* verbindet alle Baugruppen miteinander. Er nimmt alle statischen und dynamischen Kräfte auf. Durch die lenkbaren Räder kann die Fahrrichtung beliebig geändert werden.

Vorderachse, Spurstangenhebel und Spurstange bilden das **Lenktrapez**, dadurch wird das kurveninnere Rad stärker eingeschlagen als das kurvenäußere Rad. Dadurch rollen alle Räder um den Spurkreismittelpunkt.

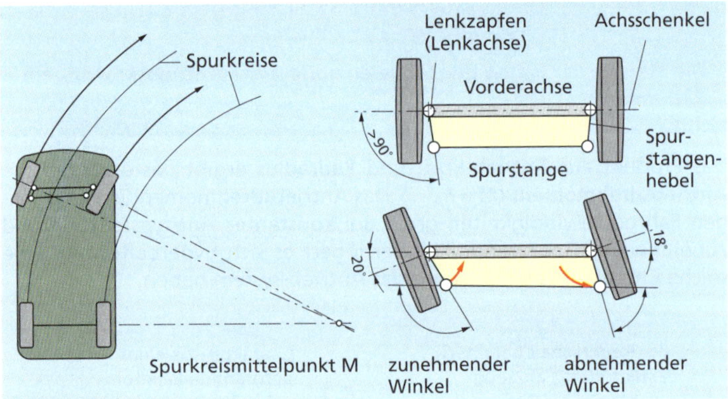

Baugruppe	Funktion
Antriebsanlage (Motor, Kupplung, Getriebe, Gelenkwellen, Ausgleichgetriebe)	Erzeugung der Antriebsenergie (Rotationsenergie). Umformung des Drehmoments entsprechend der Fahrbedingungen

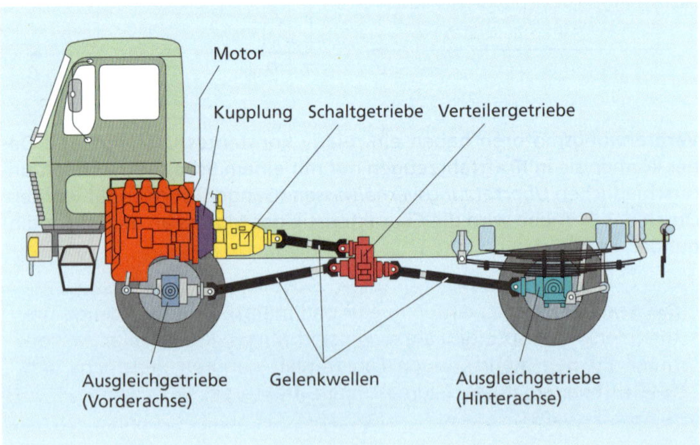

In der Antriebsanlage eines Kraftfahrzeuges ergibt sich folgender Energiefluss:

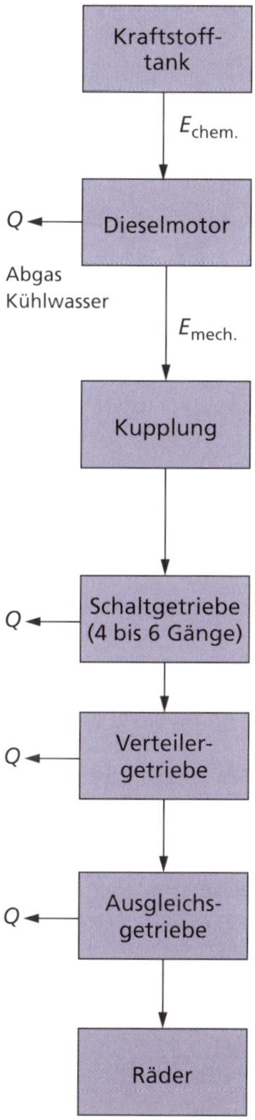

Im Kraftstoff ist chemische Energie von ca. 12 kWh/l gespeichert. Die Energiemenge ist im Vergleich zu anderen Energiespeichern groß.

Der Motor wandelt die chemische Energie des Kraftstoffes zunächst in Wärmeenergie und dann in mechanische Energie um. Der Dieselmotor erzeugt ein großes Drehmoment bei niederen Drehzahlen.

Mit schaltbaren Scheibenkupplungen kann der Drehmomentfluss unterbrochen werden. Dies ist zum Starten des Motors, Anhalten des Fahrzeugs und Umschalten des Getriebes notwendig.

Umformung des Drehmoments durch unterschiedliche Übersetzungsverhältnisse.

Aufteilung des Drehmoments auf Vorder- und Hinterachse.

Ausgleich der unterschiedlichen Drehzahlen der Räder bei Kurvenfahrt durch ein Planetenradgetriebe.
Reduzierung der Antriebsdrehzahl.

Umformung der Rotationsbewegung in eine Translationsbewegung beim Abrollen der Räder auf der Straße.

Q: Verluste (↗ S. 107 ff.)

Bleiakkumulatoren speichern nur eine Energiemenge von 0,08 kWh/l.

Der **Dieselmotor** arbeitet wirtschaftlicher (theoretisch bis 45 %) als der **Ottomotor** (bis 60 %) (↗ S. 170, 171, 175).

Mit einem Planetenradgetriebe kann die Aufteilung des Drehmoments so erfolgen, dass an jedem Rad der gleiche Antriebskraftanteil übertragen wird.

Baugruppe	Funktion
Bremsanlage (Betriebsbremse, Haltebremse, Leistungsbremse (Motorbremse, hydraulische Bremse im Getriebe, elektrische Wirbelstrombremse))	Die Betriebsbremse (*Trommel-* oder *Scheibenbremsen)* dient der Verminderung der Fahrgeschwindigkeit, die Haltebremse gewährleistet den Stillstand des Fahrzeugs.

Baugruppe	Funktion
Aufbauten (Fahrerhaus mit Bedien- und Überwachungsgeräten, Laderaum, Aufnahmeeinrichtung für Sattelauflieger, Ladehilfseinrichtung)	Bedienung des Fahrzeugs durch den Fahrer und Aufnahme des Transportguts.

Laderäume können Ladeflächen, Kippmulden, Kofferaufbauten, Tank- oder Siloaufbauten sein.

Baugruppe	Funktion
Signaleinrichtungen (Beleuchtung, Fahrtrichtungsanzeiger, Hupe, polizeiliches Kennzeichen)	Die Beleuchtung dient zum Sehen und Gesehen werden sowie der Information anderer Verkehrsteilnehmer.

Schienenfahrzeuge

Der Schienenverkehr wurde zum Wegbereiter der **industriellen Revolution**.

Schienenfahrzeuge sind spurgeführte Fahrzeuge und benötigen keine Lenkeinrichtung. Die Zwangsführung wird durch die *Gleise* und *Räder* mit *Spurkränzen* erreicht.

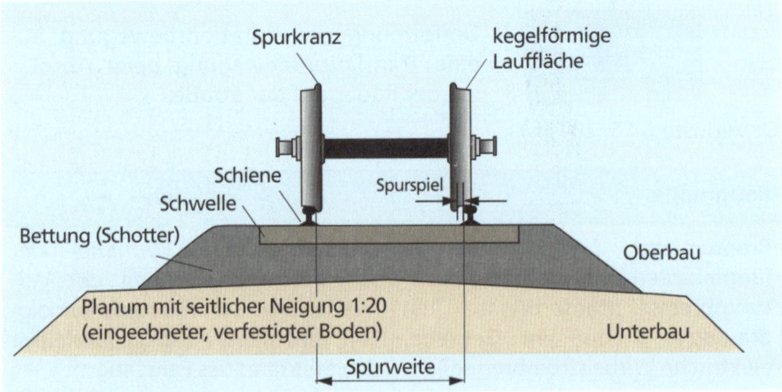

Die **Räder** sind aus Stahl und können hoch belastet werden. Sie haben beim Abrollen auf der Stahlschiene einen sehr geringen **Rollwiderstand**. Deswegen können schwere und auch große Güter mit verhältnismäßig geringer Antriebsleistung transportiert und viele Wagen zu einem Zug zusammen gekoppelt werden. Häufig mit der Eisenbahn transportierte Güter sind Erze, Kohle, Holz, Baustoffe, Stahlprofile, Maschinen, Zuckerrüben, Getreide.

Lokomotiven ziehen die zu einem Zug gekuppelten Personen- oder Güterwagen. Bei **Triebwagen** ist die Antriebsanlage mit in den Wagen eingebaut. Sie werden im *Nahverkehr* großer Städte (S-Bahn, U-Bahn, Straßenbahn) oder im *Fernverkehr* bei geringerem Verkehrsaufkommen eingesetzt. Auf stark befahrenen Strecken erfolgt der Antrieb elektrisch. Auf Strecken mit geringerem Verkehrsaufkommen werden dagegen Triebfahrzeuge mit Dieselmotorantrieb eingesetzt. Hier wäre die Elektrifizierung zu kostenaufwändig.

Die Elektroenergie wird dem Triebfahrzeug über eine Fahrleitung zugeführt. Man nutzt dabei die Vorteile der Energieübertragung mit hoher Spannung und kleiner Stromstärke. (↗ S. 146, 148). Die Spannung wird mit einem Transformator im Triebfahrzeug auf die Motorspannung (50 V bis 650 V) heruntertransformiert und den Fahrmotoren über Schalteinrichtungen zugeführt. Die meisten Fahrmotoren sind Reihenschlussmotoren mit Leistungen bis 1200 kW (↗ S. 154). Damit bei Wechselstrom der Stromübergang von den Kohlebürsten zu den Kollektorlamellen des Motorläufers funkenfrei erfolgt, beträgt u.a. die Frequenz des Wechselstroms 16 2/3 Hz statt der üblichen 50 Hz. Die Eisenbahn hat deshalb ein eigenes Stromversorgungsnetz aufgebaut.

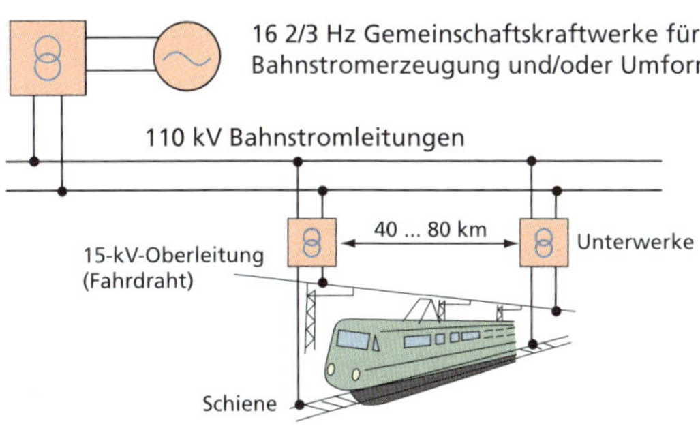

Während in Deutschland, der Schweiz, Östereich, Norwegen und Schweden Einphasenwechselstrom mit einer Spannung von 15 kV verwendet wird, betreiben Italien, Spanien, Belgien, Polen, Frankreich ihre Einsenbahnnetze mit Gleichstrom. Dadurch wird der grenzüberschreitende Verkehr erschwert.

Im Maschinenraum der Elektrolokomotiven befinden sich der ölgekühlte Transformator, starke Lüfter zur Kühlung der Fahrmotoren, Druckluftkompressoren für die Versorgung der Brems- und Schalteinrichtungen, Steuer-, Regel- und Überwachungseinrichtungen sowie Widerstände für die elektrodynamische Bremse. Die Fahrmotoren befinden sich im Drehgestell zwi-

Der **Rollwiderstandsbeiwert** (μ_{roll}) ist für Schienenfahrzeuge etwa 20- bis 50-mal kleiner als für Straßenfahrzeuge.

1829 schufen GEORG und ROBERT STEPHENSON die erste brauchbare **Dampflokomotive**.
Leistungsstarke und wirtschaftliche Elektrolokomotiven haben die Dampflokomotive längst abgelöst. Ihr Vorteil gegenüber der Dampflokomotive besteht darin, dass sie keine Brennstoffvorräte benötigen, da sie von außen mit Elektroenergie versorgt werden.

Das Bahnstromnetz (110 kV) ist an den Fernleitungen mit 4 Leiterseilen (2 x 2) erkennbar.

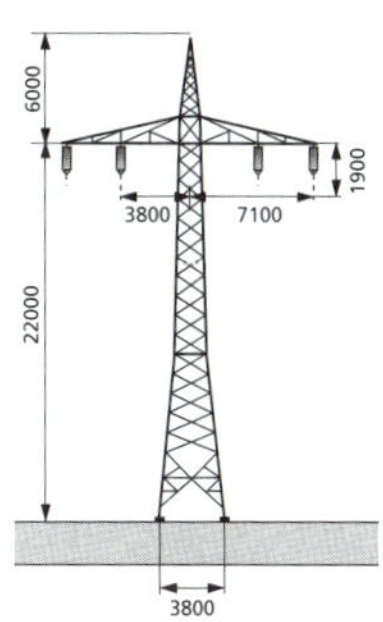

schen den Rädern. Das Drehmoment der Motoren wird über ein Zahnradgetriebe mit fester Untersetzung auf die Treibräder übertragen.

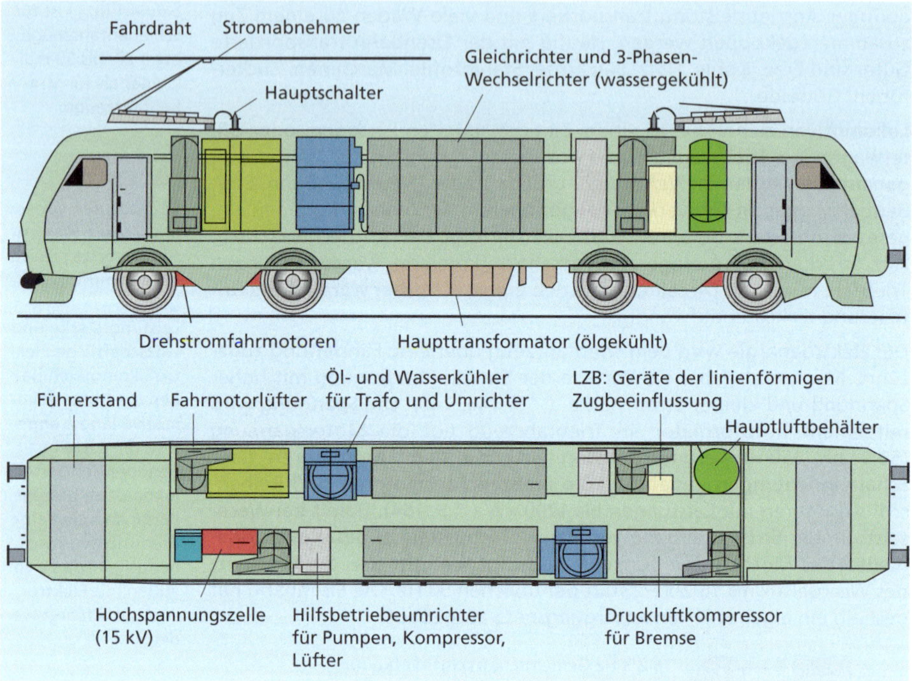

Drehstromlokomotiven können unabhängig von der zur Verfügung stehenden Stromart betrieben werden, das heißt, Lokomotiven mit Drehstromasynchronmotoren können prinzipiell mit jedem Bahnstromnetz (↗ S. 97, 147) betrieben werden.

Moderne Lokomotiven werden mit **Drehstromasynchronmotoren** in Verbindung mit der heute verfügbaren Leistungselektronik ausgerüstet. Diese Motoren sind robuster, wartungsfrei, leichter und kleiner als **Wechselstrommotoren** gleicher Leistung. Für den Betrieb der Drehstrommotoren wird der Sekundärstrom des Haupttransformators gleichgerichtet. Anschließend wird der Gleichstrom mit rechnergesteuerten Wechselrichtern in Drehstrom mit variabler Frequenz und Spannung umgeformt. Dieser wird nun zu den Fahrmotoren geleitet. Die Drehzahlsteuerung der Motoren erfolgt durch Verändern der Frequenz und Spannung des Drehstromes.

Zum Bremsen des fahrenden Zuges wird der Energiefluss umgekehrt. Die Motoren arbeiten jetzt als Generator. Die gewonnene Elektroenergie wird über die Elektronik und den Transformator in die Fahrleitung zurückgespeist. Man bezeichnet dies als **Nutzbremse**. Der **Wirkungsgrad** einer Elektrolokomotive liegt ab Fahrdraht bei 80 %. Der Wirkungsgrad einer Elektrolokomotive *einschließlich der Stromversorgung* sinkt bei einer Energieerzeugung mittels Wasserkraftwerk (↗ S. 135) auf insgesamt 60 %, bei einer Energieerzeugung mittels Wärmekraftwerk (↗ S. 122) auf insgesamt 22 %. Weitere betriebliche Vorteile sind die hohe Überlastbarkeit, ein hohes Beschleunigungsvermögen, schnelle Einsatzbereitschaft, vielseitige Verwendung und geringe Störanfälligkeit.

Für den Personenverkehr werden moderne Reisezugwagen eingesetzt. Für den Güterverkehr gibt es viele Spezialwagen, um einen zweckmäßigen Transport und eine schnelle Be- und Entladung zu erreichen.

Die Wagenkästen der ersten Reisezugwagen waren den Postkutschen nachempfunden, aus Holz aufgebaut und auf die Fahrgestelle montiert.
Heute wird eine selbstragende Ganzmetallbauweise angewandt. Die mittragenden dünnen Seitenwandbleche werden durch Blechprofile versteift. Es entsteht eine Spantenbauweise, wie sie auch im Schiffs- und Flugzeugbau angewendet wird

Eisenbahnwagen, die zu Zügen gekuppelt werden, müssen mit einem kräftigen Fahrwerk versehen sein, das die Stoß- und Zugkrafte (besonders beim Anfahren und Rangieren) aufnehmen und weiterleiten kann.

Verkehrsanlagen

Die **Fahrwege** für den Straßen- und Schienenverkehr müssen tragfähig sein. Sie nehmen die Last, die Führungs-, Antriebs- und Bremskräfte der Fahrzeuge auf.

Zu den **Straßenarten** zählen Stadt-, Land- und Bundesstraßen sowie Autobahnen. Die Straßen bestehen aus mehreren Trag- und Deckschichten. Sie sind seitlich geneigt, damit Regenwasser schnell ablaufen kann.

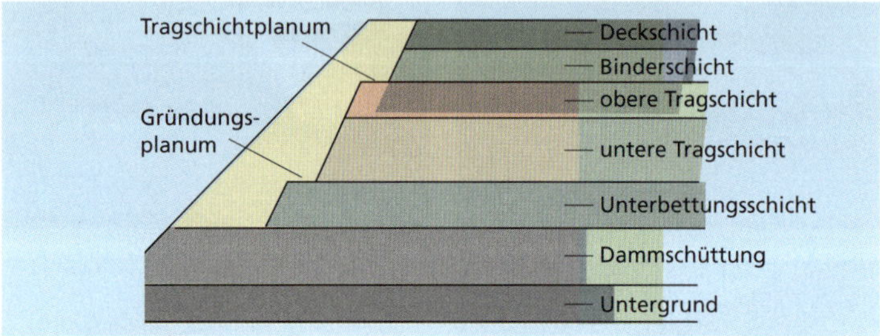

Die vorgesehene Fahrgeschwindigkeit bestimmt Fahrbahnbreite und Krümmungsradien der Kurven. Diese richten sich auch nach den Straßenarten. Um die Fliehkräfte bei Kurvenfahrt zu verringern, wird die Kurvenaußenseite überhöht. Das Geländeprofil bestimmt Steigung und Gefälle der Straße. Durch Einschnitte, Dämme oder Brücken können zu große Neigungen vermindert werden. Die Städte und Dörfer sind durch ein **Straßennetz** miteinander verbunden. Der Fahrweg der Eisenbahn ist das **Gleis**. Es besteht aus den Schienen, die auf Querschwellen aus Holz, Stahlbeton oder Stahl befestigt sind. Gleis und Bettung, eine verdichtete Schotterschicht, bilden den Oberbau, der die Kräfte gleichmäßig auf den Untergrund überträgt. Zur Verzweigung der Gleise dienen **Weichen**.

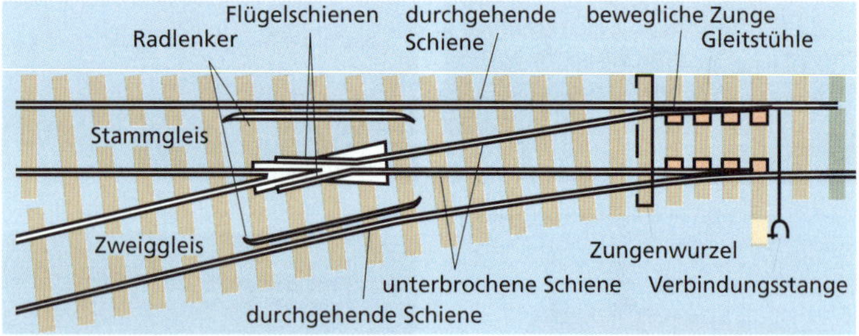

Die **Normalspur** entspricht dem englischen Maß 4 Fuß + 8 1/2 Zoll. Sie wurde 1835 von der Fa. Stephenson bei der ersten Eisenbahn in Deutschland auf der Strecke Nürnberg-Fürth angewendet. Kleinere Spurweiten werden als **Schmalspur**, größere als **Breitspur** bezeichnet.

Das wichtigste Maß im Gleis ist der Abstand der Schienen zwischen den Schienenköpfen – die Spurweite (↗ S. 101). Bei der **Normalspur** beträgt die Spurweite 1435 mm. Die Längsneigung der Gleise ist kleiner als die der Straßen, da Züge größere Massen haben. Zur Überwindung von Hindernissen (Flüsse, Täler, Gebirge) werden Brücken, Viadukte oder Tunnel gebaut (↗ S. 65). Die Züge verkehren zwischen Bahnhöfen, die innerhalb der Orte oder in der Nähe größerer Orte an den Bahnstrecken liegen. Die einzelnen Strecken bilden insgesamt das **Schienennetz**.
Zur Vermeidung von Verkehrsunfällen wird sowohl im Straßenbau als auch im Gleisbau eine kreuzungsfreie Verkehrsführung angestrebt.

Verkehrssicherungsanlagen

Im Straßenverkehr wird auf *Sicht* gefahren. Jeder Fahrzeugführer muss selbst das Fahrzeug lenken und dabei die **Verkehrsregeln** einhalten. **Verkehrszeichen** und **Ampelanlagen** an Straßenkreuzungen leiten den Verkehrsfluss. Ein Fahrzeugführer trägt eine hohe Verantwortung. Deshalb setzt das Führen eines Fahrzeugs mit Motorantrieb ein bestimmtes Mindestalter und den Erwerb eines Führerscheins voraus.

Beim Schienenverkehr wird außerhalb der Bahnhöfe im *Raumabstand* gefahren. Dazu wird die Strecke in Abschnitte (Blöcke) eingeteilt und durch Signale gesichert. In einem Streckenblock darf nur ein Zug fahren. Mit technischen Einrichtungen werden die Zugfahrten überwacht.

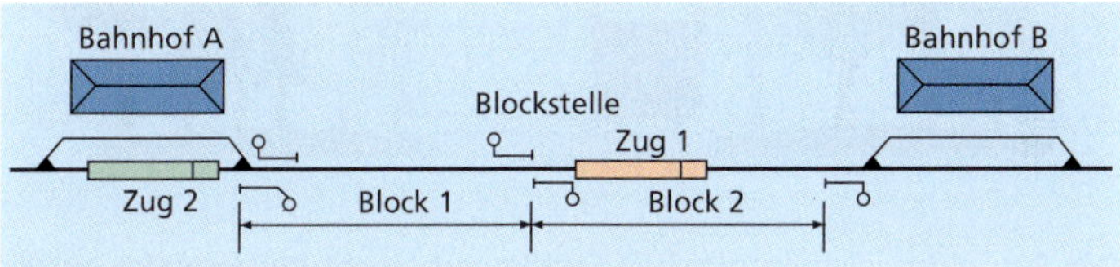

Auswirkungen des Verkehrs auf die Umwelt

Der Verkehr beeinträchtigt die Umwelt hauptsächlich durch Belastung von Boden und Luft mit Schadstoffen, Verbrauch von Flächen, Veränderungen des Kleinklimas und Verlärmung.

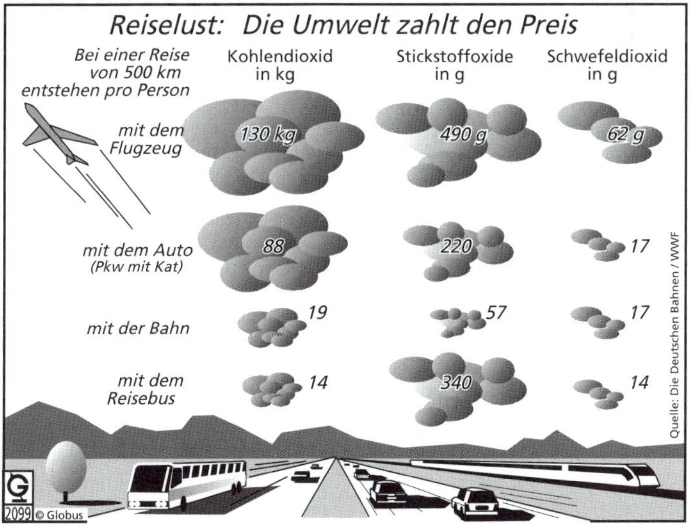

Eine Autobetriebsstunde erzeugt ca. 100 m^3 Abgas mit bis zu 160 giftigen Stoffen. Die häufigsten Schadstoffe sind Kohlenstoffmonooxid, Stickoxide, Kohlenwasserstoffverbindungen, Schwefeldioxid, Ruß,

Nach Berechnungen des Statistischen Bundesamtes stellte sich in den Jahren 1997 für Reisende in Deutschland (bezogen auf die inländische Beförderungsleistung (Personenkilometer)) das Unfallrisiko in den einzelnen Verkehrszweigen wie folgt dar:
(Verletzte Reisende je 1 Mrd. Personenkilometer)

Straßenverkehr	448,0
Luftverkehr	8,0
Eisenbahnverkehr	4,5

Danach ergibt sich für Reisende 1997 im Luftverkehr ein 2fach höheres und im Straßenverkehr sogar ein fast 10fach höheres Unfallrisiko als im Eisenbahnverkehr.

Mit **Katalysatoren** (↗ S. 85) bzw. Rußfiltern können die Schadstoffe nur unter optimalen Betriebsbedingungen bis zu 90 % reduziert werden.

Stäube und Kohlenstoffdioxid als Treibhausgas. Den geringsten Schadstoffausstoß hat die Eisenbahn, den weitaus höchsten das Flugzeug.

Die befestigte und damit versiegelte Fläche behindert die Grundwasserneubildung und erhöht den Oberflächenabfluss des Regenwassers. Die Verkehrswege zerschneiden Biotope und behindern Tiere auf ihren Wanderwegen. Die Straßen speichern die Sonnenwärme, locken nachts Tiere an, die dann oft überfahren werden.

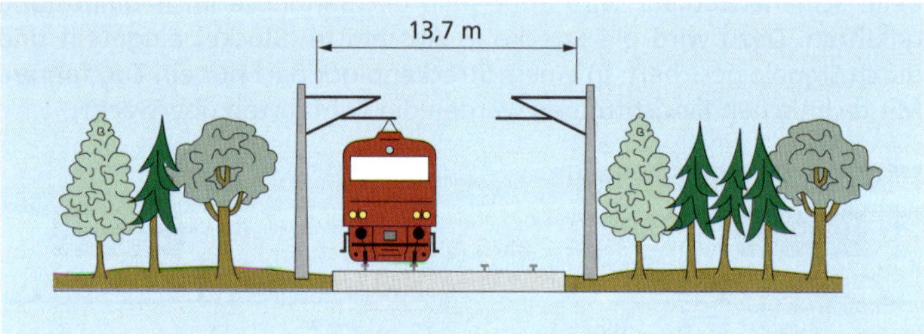

Der Bau einer leistungsgleichen Straße verbraucht im Vergleich zur Eisenbahn fast die 3-fache Verkehrsfläche.

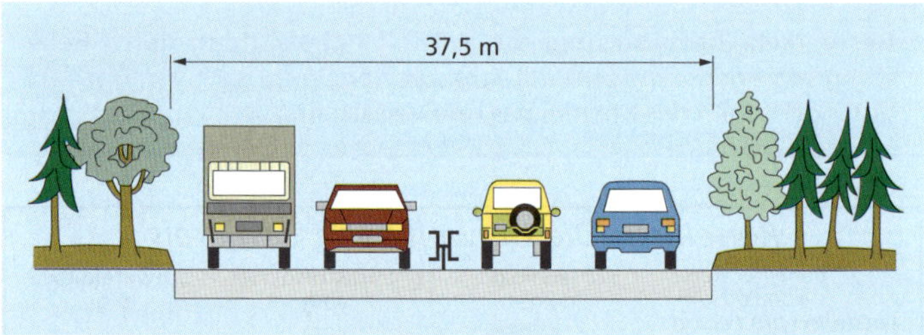

Lärm ist eine unangenehme Schallempfindung. Der **Lärmpegel** oder Schallpegel ist die Angabe der Schallintensität (W/m^2) in einem logarithmischen Maßstab als Vergleichszahl, gemessen in Dezibel (dB).

Der Verkehrslärm wird von der Mehrheit der Bevölkerung als das größte Umweltproblem erlebt. Bis 2 km Entfernung von Autobahnen bzw. Eisenbahnstrecken ist ein erhöhter Lärmpegel zu messen. Besonders lästig ist der Straßenlärm, da er ständig wirkt. In der Nähe von Wohngebieten wird durch *Wälle*, *Lärmschutzwände* oder *Baumpflanzungen* der Schall nach oben abgeleitet und damit eine direkte Einwirkung gemindert.

Schallpegel ausgwählte Schallquellen:

Hörschwelle	0 dB	Gespräch	40–60 dB
Hörschäden	ab 85 dB	Discothek	bis 110 dB
Stadtverkehr	70–80 dB	Schmerzgrenze	130 dB

Um die negativen Auswirkungen auf die Umwelt zu verringern, muss der motorisierte Verkehr auf den *notwendigen Verkehr* reduziert werden. Die unbedingt erforderlichen Transportleistungen sollten weitgehend durch den Schienenverkehr erfolgen. Er erfordert bei Geschwindigkeiten bis 160 km/h den geringsten Energieaufwand, erzeugt die wenigsten Schadstoffe und verursacht den minimalsten Lärm. Die Bahn ist das umweltfreundlichste überregionale Verkehrsmittel, das auf regionaler Ebene durch den Straßenverkehr ergänzt werden muss.

3 ENERGIE UMSETZENDE SYSTEME

3.1 Begriffe und Zusammenhänge

3.1.1 Natur und Energie

In der Natur bewegt und verändert sich ständig alles. Jeder erlebt den Wechsel von Tag und Nacht als Folge der Drehung der Erde um ihre Achse. Die Jahreszeiten ergeben sich aus dem Umlaufen der Erde um die Sonne sowie der Neigung der Erdachse. Mit den Jahreszeiten ändert sich auch das Wetter. Pflanzen, Tiere und Menschen entstehen, wachsen, reifen, altern und vergehen wieder. Wenn Menschen arbeiten, lernen oder sich vergnügen, dann sind sie in Bewegung. Selbst wenn sie schlafen, zirkuliert ihr Blut, sie atmen und verdauen.

Die wichtigste Energiequelle für die Erde ist die Sonne – sie hält alles in Bewegung.

In der Natur gibt es also keine Ruhe. Die Ursache dafür ist eine alles „antreibende Kraft" – die **Energie**. Die von der Sonne zur Erde ausgestrahlte Energie (Licht und Wärme) beeinflusst das Klima, den Wasserkreislauf und viele andere Prozesse, die den Menschen, Tieren und Pflanzen das Leben ermöglichen. Das wussten auch schon die Menschen im Altertum und sahen in der Sonne eine Gottheit.

Wind, Flüsse und Meeresströmungen besitzen Bewegungsenergie.

Wasser strömt im Regen, in Wolken, in Flüssen und im Meer. Wind ist strömende, also bewegte Luft. Auch die Wellen der Ozeane besitzen *Bewegungsenergie*. Durch die Gezeiten hebt und senkt sich der Meeresspiegel. Beim Übergang von Ebbe zu Flut und umgekehrt transportiert das Wasser Energie.

In Holz und Kohle ist chemische Energie (Bindungsenergie zwischen den in Molekülen vereinigten Atomen) gespeichert (↗ S. 27). Wenn die Stoffe verbrennen oder andere chemische Reaktionen eingehen, dann wird die chemische Energie freigesetzt und in Wärmeenergie umgewandelt.

Ähnlich verhält es sich mit der chemisch gebundenen Energie in Nahrungsmitteln. Zum Aufbau solcher organischer Substanzen ist wiederum Energiezufuhr erforderlich.

Gewitter sind mit Blitzeinschlägen verbunden, die Gebäude oder Bäume in Brand stecken und Menschen schädigen können. Blitze sind Entladungsvorgänge von elektrischer Energie.

An vielen Orten gibt es heiße Quellen, Geysire, die aus der Erdoberfläche hervortreten. Dabei wird mit Wasser Wärme aus dem Erdinneren transportiert. Auch ohne Wasser fließt aus dem Erdinneren durch die Gesteins- und Erdschichten ein ständiger Wärmestrom. Viel Energie wird bei Prozessen wie Vulkanausbrüchen und Erdbeben freigesetzt.

Wärme, Licht, mechanische Bewegung, chemische Bindungen und Elektrizität gehören zu den **natürlichen Energiearten**. Diese können in *gespeicherter Form* und in Form eines *Prozesses* existieren.

Es gelangen nur ca. 50 % der eintreffenden Sonnenstrahlung durch die Atmosphäre bis zur Erdoberfläche. Zwischen der eingestrahlten Energie der Sonne und der abgegebenen Energie durch die Erde hat sich im Laufe der Zeit ein Gleichgewicht herausgebildet – dieses ermöglicht das Leben auf der Erde.

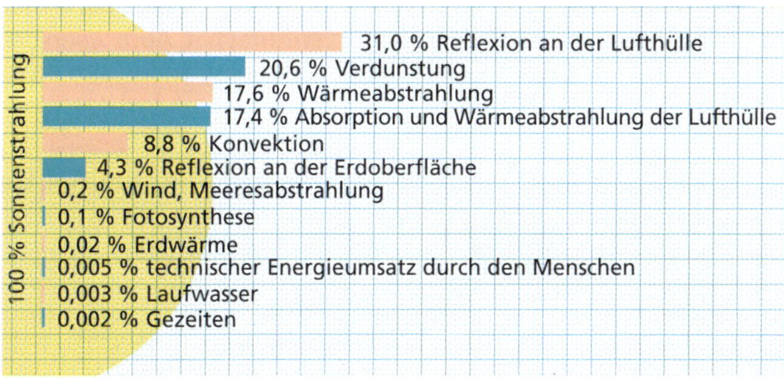

Die von der Sonne abgestrahlte Energiemenge, die ohne Abschwächung durch die Atmosphäre in jeder Sekunde senkrecht auf einen Quadratmeter der Erdoberfläche trifft, wird als **Solarkonstante** bezeichnet.

$$S \approx 1{,}395 \frac{\text{kJ}}{\text{s} \cdot \text{m}^2}$$

3.1.2 Energie – Arbeit – Leistung – Wirkungsgrad

Der Begriff **Energie** ist vom griechischen „energos" (tätig), „enérgeia" (Wirksamkeit) abgeleitet.

Die Nutzung von Energie begann in der Urzeit, als die Menschen lernten, mit der Wärmeenergie des Feuers zu kochen und zu heizen. Erst vor etwa 250 Jahren gelang es, Wärmeenergie zum Antrieb von Maschinen zu nutzen. Die ersten brauchbaren Dampfmaschinen bauten NEWCOMEN und WATT (↗ S. 18, 116). Heute setzt die chemische Energie der Kraftstoffe Autos, Flugzeuge und Raketen in Bewegung. Elektrische Energie treibt Maschinen – vom ICE bis zum Computer – an, lässt Lampen leuchten und CD-Player spielen. In welcher Form Energie auch immer auftritt, letztlich ist sie die Fähigkeit, durch die etwas geschieht, ganz gleich ob sie etwas bewegt, erhitzt oder in irgendeiner Weise verändert.

Energie ist die Fähigkeit, Systeme mechanisch arbeiten zu lassen, Wärme abzugeben und Strahlung, z. B. Licht, auszusenden.

Nicht nur Lebewesen, sondern auch Maschinen benötigen dann, wenn sie arbeiten sollen, Energiezufuhr aus einer Energiequelle.

Diese Erfahrung macht jeder nach schwerer *Arbeit*, denn er verspürt großen Hunger. Der Körper signalisiert, dass seine Energiereserven verbraucht sind und er Energiezufuhr benötigt.

Die Einheit „Newton" erinnert an den Physiker, Mathematiker und Astronomen ISAAC NEWTON (1643–1723). In einem grundlegenden Werk erklärte er die Begriffe **Masse**, **Gewicht** und **Kraft**.

Ein beladener Wagen wird auf einer geraden Straße von A nach B 100 m weit bewegt. Die Kraft, die ein Arbeiter dafür aufwenden muss, beträgt 60 N.

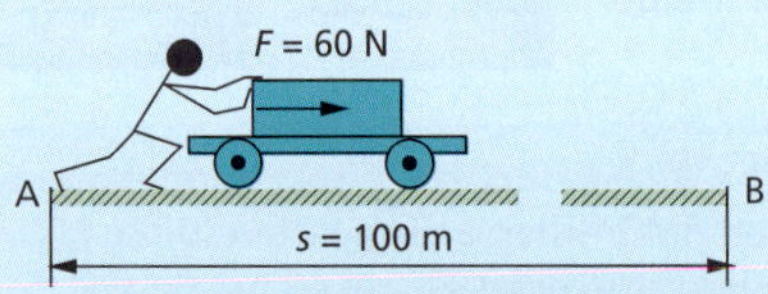

Arbeit (W) = Kraft (F) · Weg (s)

$W = F \cdot s$

$W = 60\ \text{N} \cdot 100\ \text{m}$

$W = 6\,000\ \text{Nm}$

Die **Arbeit** W, die verrichtet wird, ist das Produkt aus der Kraft F und dem Weg s. Die Kraft wirkt dabei in Richtung des zurückgelegten Weges. $W = F \cdot s$

Als Antriebkann auch ein Verbrennungsmotor verwendet werden. Da sich an der Ladung nichts geändert hat, verrichtet jetzt der Motor dieselbe Arbeit, die zuvor der Arbeiter verrichtet hat. Auch wenn der Wagen mit einem Elektromotor angetrieben wird, ändert sich an der zu verrichtenden Arbeit nichts.

Die Einheit der Arbeit ergibt sich aus der Krafteinheit „Newton" (N) und der Längeneinheit „Meter" (m) – das Newtonmeter.

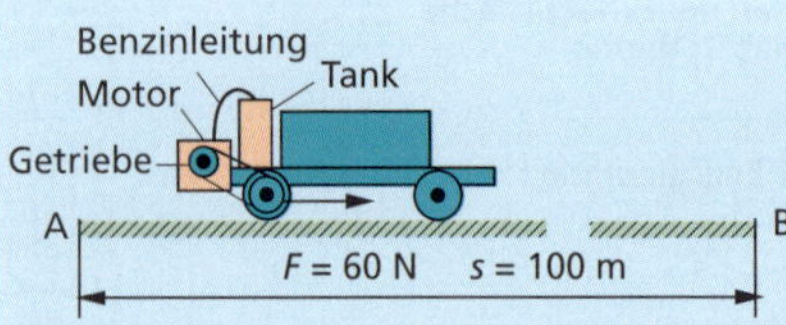

Arbeit (W) = Kraft (F) · Weg (s)

$W = F \cdot s$

$W = 60\ \text{N} \cdot 100\ \text{m}$

$W = 6\,000\ \text{Nm}$

Antriebe benötigen *Energiequellen*. Erst sie ermöglichen die Arbeit. Im Falle des Arbeiters wird chemische Energie in den Muskeln in mechanische Arbeit und Wärme umgesetzt.

In einem Verbrennungsmotor ist es die chemische Energie des Kraftstoffes, die mechanische Arbeit ermöglicht und Wärme freisetzt. Ein Elektromotor bezieht die Elektroenergie z.B. aus einer Batterie, verrichtet mechanische Arbeit und erzeugt dabei Wärme.

Auch das folgende Beispiel zeigt, dass sich Energie E und Arbeit W in einem engen Zusammenhang befinden.

Das Uhrgewicht einer Standuhr hängt an einem Seil und hält das Pendel über die Zahnräder in Bewegung. Es unterliegt der Gewichtskraft F_G und legt im Laufe einer Woche den Weg h, das ist die Seillänge, zurück. Die verrichtete Arbeit W ist das Produkt aus der ständig wirkenden Gewichtskraft F_G und der Seillänge h ($W = F_G \cdot h$). Wenn das Seil durch das Uhrgewicht abgelaufen ist, dann bleibt die Uhr stehen. Beim Aufziehen wird das Uhrgewicht um die abgelaufene Seillänge angehoben. Die zugeführte Arbeit W ist danach im Uhrgewicht als Energie E gespeichert. Nun wird die Energie E im Laufe einer Woche wiederum in Arbeit W umgesetzt ($E = W = F_G \cdot h$).

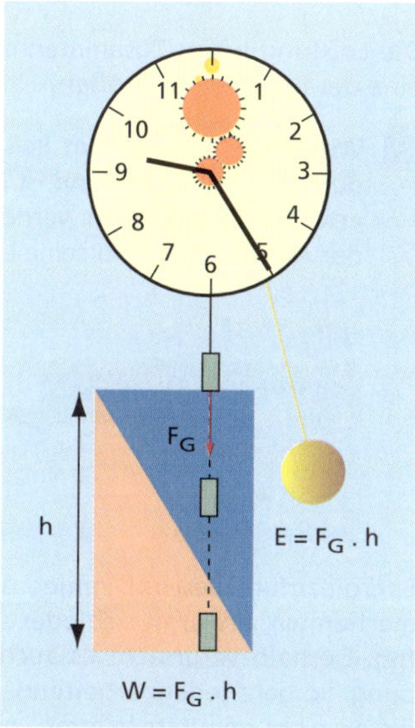

Nach dem englischen Physiker James Prescott Joule (1818–1889) wird das Newtonmeter auch als Joule (J) bezeichnet. Er hatte entdeckt, dass Wärme eine Art der Energie ist. Arbeit, Energie und Wärme haben die selbe Einheit – das „Joule" (dschul).

Die Energie E bestimmt den Zustand eines Systems. Sie wird deshalb als **Zustandsgröße** bezeichnet. Die Arbeit W dagegen tritt auf, wenn sich etwas bewegt oder verändert. Deshalb ist sie eine **Prozessgröße**.

Wenn ein Wagen 100 m weit transportiert wird, dann muss ein Arbeiter eine bestimmte Energiemenge aufbringen. Diese wird im Laufe des Weges in Arbeit umgesetzt. Die Arbeit ist zur Überwindung der Reibungswiderstände in den Lagern des Wagens sowie zwischen den Reifen und der Straße notwendig. Durch Reibung entsteht immer Wärme. Die entstandene Wärmemenge ist in jedem Fall genauso groß wie die zur Arbeit aufgewendete Energie.

Die Arbeit bleibt unverändert, gleich wie und in welcher Zeit sie verrichtet wird. Aber z.B. für die Entlohnung ist es wichtig, wie viel Zeit eine Arbeit in Anspruch nimmt. Das Maß hierfür ist die **Leistung** P.

Leistung ist Arbeit pro Zeiteinheit: $P = \frac{W}{t}$

Die Einheit der Leistung trägt den Namen des britischen Ingenieurs James Watt (1736–1819).
1 W = 1 J/s = 1 Nm/s

Der Arbeiter verrichtet beim Transportieren des Wagens die Arbeit $W = 6000$ Nm und benötigt dazu die Zeit $t = 60$ s. Die Leistung P, die er aufbringt, beträgt 100 W.

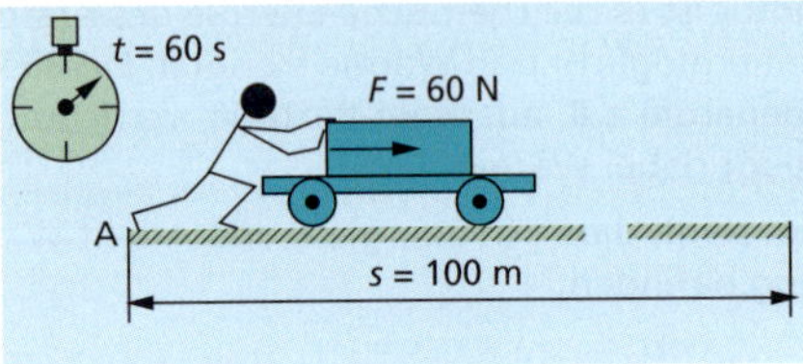

$W = 6000\ \text{Nm},\ t = 60\ \text{s}$

$$P = \frac{W}{t} = \frac{6\,000\ \text{Nm}}{60\ \text{s}}$$

$$P = 100\ \frac{\text{Nm}}{\text{s}}$$

$$P = 100\ \text{W}$$

Die Leistung ist im Zusammenhang mit Motoren und Kraftfahrzeugen eine der wichtigsten Größen.

Die Angabe, dass ein Auto eine Leistung von 80 kW (Kilowatt) besitzt, besagt, wie viel der Motor maximal leisten kann. Beim Fahren hängt die Motorleistung z.B. von der Geschwindigkeit und damit vom Benzinverbrauch ab.

Wenn der Transport im Beispiel mit dem motorgetriebenen Wagen durchgeführt wird, dann ist dazu eine viel geringere Zeit, z.B. t = 6 s, erforderlich. Der Motor verrichtet dieselbe Arbeit zehnmal schneller als der Arbeiter, damit ist seine Leistung auch zehnmal größer.

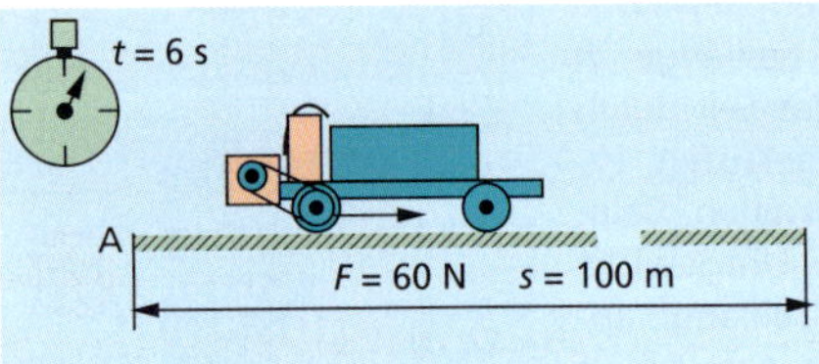

$W = 6000\ \text{Nm},\ t = 6\ \text{s}$

$$P = \frac{W}{t} = \frac{6\,000\ \text{Nm}}{6\ \text{s}}$$

$$P = 1000\ \frac{\text{Nm}}{\text{s}}$$

$$P = 1000\ \text{W}$$

Energiezufuhr bewirkt immer, dass ein System arbeitet. Es bewegt sich mechanisch, erwärmt sich oder sendet Licht aus und setzt dabei Wärme frei. Deshalb verursacht es auch immer eine Erwärmung seiner Umgebung. So geht jedem arbeitenden System ein Teil der zugeführten Energie als nicht genutzte Wärme verloren.

Satz von der Erhaltung der Energie:

Energie kann weder erzeugt noch vernichtet, sondern nur von einer Art in eine andere umgewandelt werden.

Das bedeutet, dass dieselbe Energiemenge, die in ein System hineinströmt, dieses auch wieder verlassen muss.

Beim Bohren, Sägen oder Schleifen werden Werkstücke bearbeitet. Dabei überträgt die Maschine die Leistung des Motors als mechanischen *Energiefluss* auf das Werkzeug. Zwischen Werkzeug und Werkstück wird bei der Bearbeitung die gesamte zugeführte Bewegungsenergie in Wärmeenergie umgewandelt.

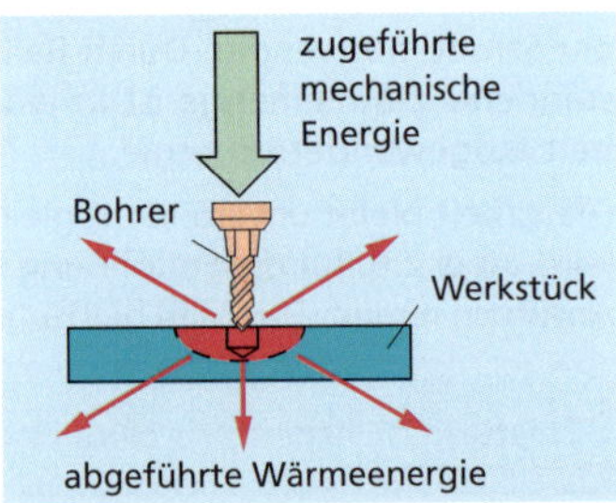

Für den Antrieb von Kraftfahrzeugen ist der Verbrennungsmotor typisch. Er erzeugt die zum Fahren erforderliche Bewegungsenergie aus der chemischen Energie des Kraftstoffs. Das erfolgt über einen Zwischenschritt, bei dem der Kraftstoff verbrannt wird. Aus der entstehenden Wärmeenergie wird mechanische Energie für den Antrieb erzeugt. Dieser Prozess ist mit großen Energieverlusten verbunden. Von 100 % zugeführter chemischer Energie können nur etwa 20 % als mechanische Energie zum Antrieb des Autos genutzt werden.

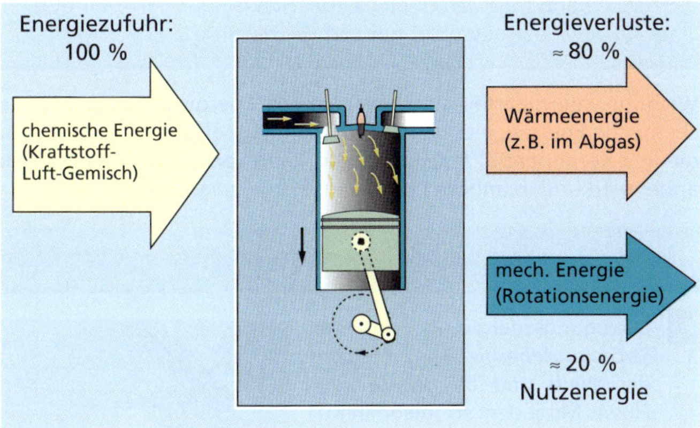

Die bedeutendste Größe eines Energie umsetzenden Systems ist sein **Wirkungsgrad** η. Er gibt an, wie groß der Anteil der zugeführten Energiemenge ist, der nach der Energieumwandlung tatsächlich genutzt werden kann.

Der **Wirkungsgrad** η ist das Verhältnis von nutzbarer abgegebener Energiemenge E_{nutz} und aufgewendeter, dem System zugeführter Energiemenge E_{auf}.

$$\eta = \frac{E_{nutz}}{E_{auf}} = \frac{P_{nutz}}{P_{auf}}$$

Der Wirkungsgrad lässt sich auch aus der Leistung P berechnen.

Der Wirkungsgrad wird als Dezimalzahl oder in Prozent (%) angegeben. Durch die unvermeidbaren Verluste kann der Wirkungsgrad immer nur kleiner als 1 bzw. kleiner als 100 % sein.

Der Wirkungsgrad war bis in das 18. Jahrhundert nicht bekannt. Deshalb versuchten viele Erfinder, immer wieder Maschinen zu konstruieren und zu bauen, die nach einmaligem Antreiben ohne weitere Energiezufuhr unaufhörlich Arbeit verrichten konnten – **Perpetuum mobiles**.

Der Traum einer solchen Maschine ist sehr verlockend, aber leider nicht zu verwirklichen. Da nach dem Energieerhaltungssatz Energie beim Arbeiten nicht vermehrt werden kann und auch Reibungs- und andere Verluste unvermeidbar sind. Energie lässt sich in viele verschiedene Arten *umwandeln*.

Wirkungsgrade ausgewählter technischer Systeme:

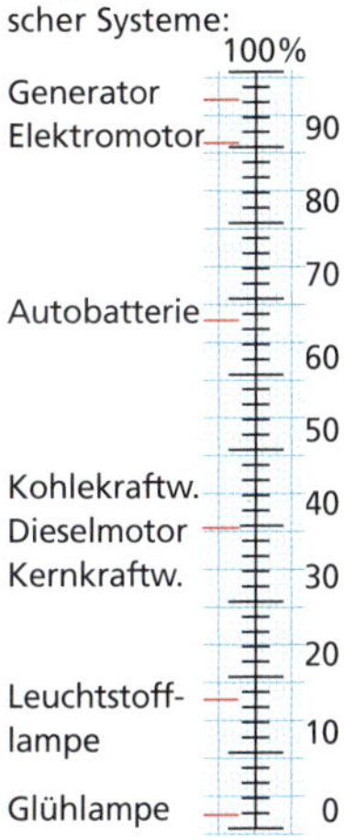

Perpetuum mobile (lat.) – das „sich ständig Bewegende“

3.1.3 Energieumwandlungen

Eine Raumheizung sorgt für Wärmeenergie. Lampen wandeln Elektroenergie in die Strahlung des Lichts um. Beim Transport von Gütern und Menschen benötigt man Bewegungsenergie. In Autos und Flugzeugen wird hierzu die chemische Energie der Kraftstoffe in Bewegungsenergie umgewandelt. Bei der Eisenbahn wird Elektroenergie in Bewegungsenergie umgewandelt.

Energie kann in unterschiedlichen Arten gespeichert und durch unterschiedliche Prozesse freigesetzt werden.

Wichtige **Energiearten** sind mechanische Energie, thermische Energie, chemische Energie, elektrische Energie, magnetische Energie, Lichtenergie und Kernenergie. Jede Energieart kann verschiedene **Energieformen** annehmen und in andere Energiearten umgewandelt werden.

Mechanische Energie ist *Bewegungs- oder Lageenergie* von Körpern.

Kenngrößen der Strömungsenergie sind der **Druck** *p* und der **Volumenstrom**. Volumenstrom bedeutet strömendes Volumen *V* pro Zeiteinheit *t*.

Kenngrößen der Rotationsenergie sind das **Drehmoment** *M* und die **Drehzahl** *n* der Welle. Ein Drehmoment entsteht dann, wenn eine Kraft über einen Hebel auf eine Welle wirkt. Die Drehzahl ist die Anzahl der Umdrehungen der Welle in einer bestimmten Zeit *t*.

Bewegungsenergie in Form der *Strömungsenergie* $E_{ström}$ besitzen der Wind und das Wasser der Flüsse. Mit jedem strömenden Kubikmeter (m^3) Luft und Wasser kann mechanische Energie auf Windräder und Turbinen übertragen werden.

Rotationsenergie E_{rot} ist eine andere Form der mechanischen Energie. Die Welle einer Bohrmaschine überträgt sie auf den Bohrer. Mit jeder Umdrehung wird Energie auf den Bohrer übertragen, der das Werkstück bearbeitet.

Chemische Energie ist die *Bindungsenergie* von zu Molekülen vereinigten Atomen.

Es gibt Stoffe mit energiereichen und Stoffe mit energiearmen Verbindungen. Energiereich sind Kohle, Heizöl, Erdgas und Holz. Bei chemischen Reaktionen, z.B. dem Verbrennen, wird ein Teil der chemischen Energie in Wärme umgewandelt. Die erzeugte Menge **Wärmeenergie** E_{therm} ist dem **Heizwert** *H* und der **Brennstoffmasse** *m* proportional.

Elektrische Energie ist an *elektrische Ladungsträger* wie Elektronen und Ionen gebunden. Sie wird mit ruhenden elektrischen Ladungen gespeichert und mit bewegten Ladungen transportiert.

Formen der elektrischen Energie sind Gleichspannung und Gleichstrom, Wechselspannung und Wechselstrom, Dreiphasenwechselspannung und Dreiphasenwechselstrom.

Die Kennwerte der Elektroenergie E_{el} sind **Spannung** U und **Stromstärke** I. Nur bei angeliegender Spannung U transportiert die Stromstärke I den **Energiefluss** durch ein elektrisches System.

Strahlungsenergie wird durch *elektromagnetische Wellen* übertragen. Sie werden von Strahlungsquellen abgestrahlt.

Formen von Strahlungsenergie sind Licht, Laserstrahlung, Wärmestrahlung, Röntgen- und Rundfunkstrahlung.

Die **Lichtgeschwindigkeit** c ist eine Naturkonstante. Sie beträgt im Vakuum $c = 300\,000\ \text{km} \cdot \text{s}^{-1}$. Mit dieser Geschwindigkeit kann sich Strahlungsenergie ausbreiten.

Die übertragene Energiemenge der Strahlung ist von der **Strahlungsintensität** E, der **Frequenz** f bzw. der **Wellenlänge** λ abhängig. Die Strahlungsintensität des Lichtes ist die **Beleuchtungsstärke** E.

Kernenergie ist die *Bindungsenergie* zwischen Protonen und Neutronen im Atomkern.

Kernenergie wird bei der *Spaltung* von Atomkernen oder bei deren *Verschmelzung* als Wärmeenergie und als *radioaktive Strahlung* freigesetzt.

Nur wenige Elemente wie Uran und Plutonium sind spaltbar.

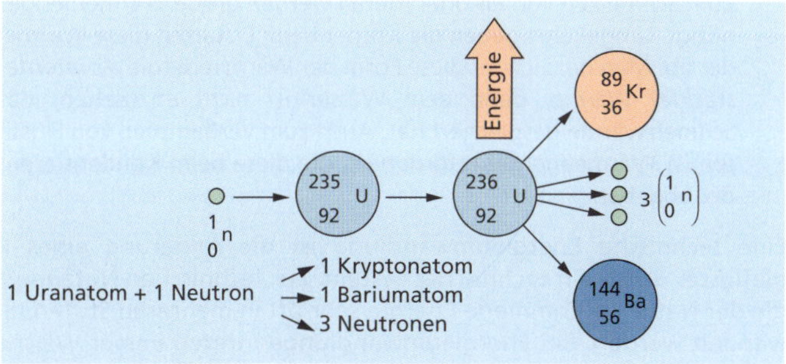

Die bei einer Kernspaltung freigesetzte Energiemenge ergibt sich aus der Umwandlung von Masse in Energie. Da die Masse *m* der Spaltprodukte geringer ist als die des Ausgangselements, spricht man vom **Massendefekt**. Es entstehen mehrere radioaktive Spaltprodukte. Gegenwärtig ist es nur möglich, zur Energiegewinnung die Kernspaltung zu nutzen.

Ein entscheidender Kennwert der Wärmeenergie ist die **Temperatur**

> Körper oder Stoffe, die aufgrund ihrer Temperatur Wärme abgeben oder Licht aussenden können, besitzen **Wärmeenergie** (thermische Energie). Wärmeenergie ist die Bewegungsenergie der Atome und Moleküle eines Stoffes.

Je mehr Wärmeenergie ein Körper aufnimmt, desto heftiger bewegen sich seine Teilchen, seine Temperatur steigt, er dehnt sich aus und strahlt mehr Wärme ab. Da Körper sich bei Wärmeaufnahme in der Regel ausdehnen, kann man mit Wärmeenergie auch Systeme mechanisch arbeiten lassen.

In jedem Verbrennungsmotor wird die Ausdehnung der Luft als Folge der Verbrennung von Kraftstoff in Bewegungsenergie umgewandelt. (↗ S. 170)

Der Transport von Wärmeenergie in einer Heizung erfolgt auf unterschiedliche Art (↗ S. 164 ff.):

- Strömende Flüssigkeiten und Gase können Wärme speichern und transportieren. Diese Art der Wärmeausbreitung, man nennt sie **Wärmeströmung** (Konvektion), wird in jeder Heizungsanlage zum Transport der Wärme angewendet.
- Wärmeenergie wird in festen Körpern auch durch **Wärmeleitung** transportiert. Dabei wird Wärme von einem Körper mit höherer auf einen Körper mit niedrigerer Temperatur übertragen. Auf diesem Wege gelangt die Wärme an die Oberfläche eines Heizkörpers und geht von dort auf die Luft über.
- Körper mit hoher Temperatur strahlen mehr Wärme ab als kalte Körper. Durch **Wärmestrahlung** gelangt zusätzlich Energie von der Heizung in den Raum.

Die **Wärmeleitfähigkeit** λ ist eine Stoffkonstante.
Der **Wärmestrom** ist die strömende Wärmemenge *Q* pro Zeiteinheit *t*.

Wärmeenergie ist zur **Zustandsänderung** von Stoffen erforderlich.

Zum Schmelzen von Eis oder Metall werden große Wärmemengen benötigt. Umgekehrt geben die Körper beim Erstarren diese Wärme wieder ab. Man bezeichnet diese Form der Wärmeenergie als *latente (versteckte) Wärme*, denn dem Wasser ist nicht anzusehen, dass es Schmelzwärme gespeichert hat. Auch zum Verdampfen von Flüssigkeiten ist Wärmeenergie erforderlich, die diese beim Kondensieren wieder abgeben.

Die wichtigsten Kennwerte von Energieumwandlungen sind ihr **Wirkungsgrad** η und ihre **Leistung** *P*.

Eine technische Energieumwandlung ist die Änderung eines Energieflusses durch ein technisches System. Zur technischen Nutzung muss die der Natur entnommene Energie sehr oft in mehreren Stufen umgewandelt werden. Bei Energieumwandlungen treten immer Wärmeverluste auf.

Energieumwandlungskette vom Wärmekraftwerk zum Nutzer.

Energieumwandlungen in einem Kraftwerk laufen in mehreren Stufen ab.

1. Stufe: Die chemische Energie von Kohle, Erdöl oder Erdgas wird bei der Verbrennung in der Brennkammer eines Dampferzeugers in Wärmeenergie umgewandelt.

2. Stufe: Die Wärmeenergie der Verbrennungsgase geht im Dampferzeuger auf Wasser über. Dabei entsteht Wasserdampf mit hoher Temperatur und hohem Druck. Im Wasserdampf sind Wärmeenergie und mechanische Energie gespeichert.

3. Stufe: Die Wärmeenergie, der Druck und die Strömungsenergie des Wasserdampfs werden in der Turbine in Rotationsenergie umgewandelt.

4. Stufe: Aus der Rotationsenergie wird im Generator Elektroenergie erzeugt.

5. Stufe: Die Elektroenergie wird über das Elektroenergienetz verteilt und gelangt so in die Städte, Betriebe und Haushalte.

Erst nach der 5. Stufe steht Elektroenergie für den Nutzer zur Verfügung.

Sie wird mit Lampen und TV-Geräten in Licht, mit Staubsaugern, Rührgeräten und Aufzügen in mechanische Energie und mit Heizgeräten und Mikrowellen in Wärme umgewandelt.

Jede Stufe der Energieumwandlung besitzt einen Wirkungsgrad.

$\eta_{Ges} = \eta_1 \cdot \eta_2 \cdot ... \eta_n$

$\eta_{Ges} = 0{,}8 \cdot 0{,}75 \cdot 0{,}6 \cdot 0{,}95 \cdot 0{,}8 = 0{,}27$.

Der Gesamtwirkungsgrad dieser Energieumwandlungskette beträgt

$\eta_{Ges} = 0{,}27$.

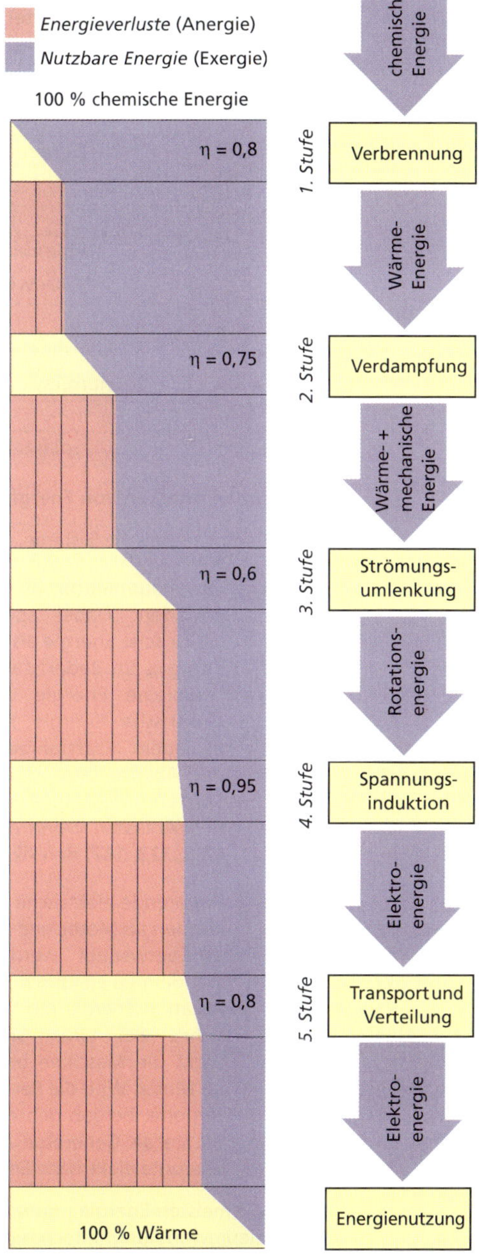

Der Wirkungsgrad des Gesamtprozesses ergibt sich aus dem Produkt der Wirkungsgrade aller Umwandlungsstufen.

Die wichtigste Energieart in der Technik ist die Elektroenergie, da sie aus allen anderen Energiearten erzeugt werden bzw. in alle anderen Energiearten umgewandelt werden kann.

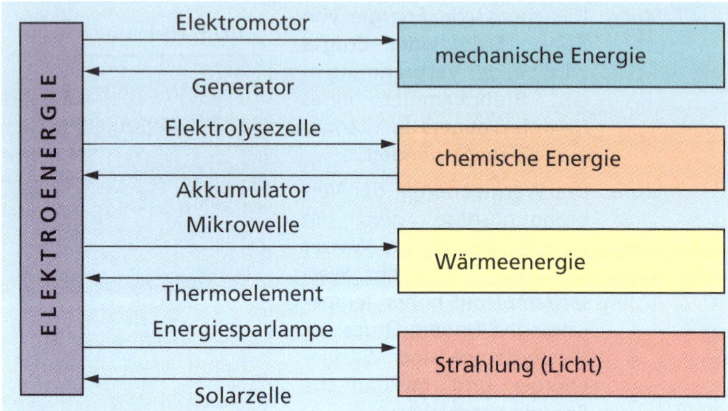

Umkehrbarkeit von Energieumwandlungen

Es gibt technische Systeme, deren Energieumwandlung umkehrbar ist.

Ein Akkumulator wird ge- und entladen. Dabei speichert er elektrische Energie als chemische Energie. Im Bedarfsfall wird die chemische Energie wieder als elektrische Energie freigesetzt. In jedem Kraftfahrzeug liefert der Akkumulator u.a. die zum Starten notwendige Energie für den Anlasser. Wenn der Motor arbeitet, dann lädt der Generator (↗ S. 123, 147) den Akkumulator wieder auf.

Rotierende elektrische Maschinen können als Motor und als Generator verwendet werden. Dabei wandeln sie elektrische Energie in Rotationsenergie um bzw. umgekehrt. Bei einer Straßenbahn wirkt die Maschine beim Fahren als Motor. Wird die Bahn zum Halten oder bergab gebremst, arbeitet sie als Generator. Die hierbei erzeugte elektrische Energie wird in das Fahrleitungsnetz gespeist.

Die meisten Energie umsetzenden Systeme sind zur Umkehrung der Energieumwandlung jedoch nicht in der Lage. Ein Verbrennungsmotor kann aus der Rotationsenergie an der Kurbelwelle und aus seinen Abgasen keinen Kraftstoff erzeugen. Ebenso wandelt eine Glühlampe, die von außen beleuchtet wird, das Licht nicht wieder in Elektroenergie um.

Energiemengen im Vergleich:

Zur Bestimmung der Energiemenge wird für alle Energiearten die Einheit 1 Joule (1 J) verwendet.

1 MJ = 1000 kJ = 1 000 000 J

Als weitere Einheit wird für die Energie die Kilowattstunde (1 kWh) verwendet.

1 kWh = 3 600 000 J

Nicht mehr zulässig, aber wegen ihrer Aussagekraft noch häufig verwendet, ist die Einheit 1 Tonne Steinkohleeinheit (1 t SKE).
1 t SKE = $29{,}308 \cdot 10^9$ J

Energiemengen für ausgewählte Vorgänge	
– 1 Liter Wasser um 10 Zentimeter anheben	1 J
– 1 Liter Wasser um 0,2 °C erwärmen	840 J
– 1 Liter Wasser erwärmen bis zum Siedepunkt	500 000 J
– Bergsteigen zur Überwindung eines Höhenunterschieds von 1000 m	800 000 J
– 1 Liter kochendes Wasser verdampfen	2 260 000 J
– Mittelklassewagen für eine Fahrt von 100 km auf der Autobahn	150 000 000 J
– D-Zug für eine Fahrstrecke von 100 km	7 000 000 000 J

Leistungen im Vergleich:

Die Leistung von Systemen wird in der Einheit 1 Watt (1 W) angegeben.

1 GW = 1 000 MW = 1 000 000 kW = 1 000 000 000 W

In der Zeit der Dampfmaschinen gab man die Leistung von Maschinen in Pferdestärken (PS) an. Diese Einheit ist heute nicht mehr zulässig.

Leistungen von ausgewählten Systemen	
– Armbanduhr	0,00002 W
– Fahrradbeleuchtung	3 W
– Mensch (Dauerleistung)	100 W
– sportliche Höchstleistung bei längerer Belastung	340 W
– mittlere Leistung eines Pferdes	500 W
– Personenkraftwagen	55 000 W
– Lastkraftwagen (15 t)	250 000 W
– Diesellokomotive	3 000 000 W
– Wasserkraftwerk	120 000 000 W
– Kernkraftwerk	1 300 000 000 W
– Rakete	75 000 000 000 W

3.1.4 Die Entwicklung des Energiebedarfs

In der Menschheitsentwicklung gab es hinsichtlich der Energieanwendung drei Umwälzungen, die das Leben entscheidend veränderten:

1. Etappe: Beginn der Nutzung des Feuers vor etwa 400000 Jahren

Die Menschen nutzten das Feuer als Wärme- und Lichtquelle. Sie bereiteten Speisen über dem Feuer zu. Damit unterschieden sie sich von allen anderen Lebewesen, weil sie zielgerichtet *Wärmeenergie* zum eigenen Nutzen einsetzten.

2. Etappe: Die Einführung der produktiven Wirtschaft durch Ackerbau, Viehzucht und Handwerk von etwa 18000 bis 8000 v. Chr.

Die Anwendung kraftumformender Einrichtungen, wie schiefe Ebene, Hebel und Flaschenzug, führte zu großen Fortschritten in der Baukunst.

In dieser Zeit bildeten sich Ackerbau, Viehzucht und Handwerk heraus. Zur Bearbeitung der Felder und zum Bau von Häusern und Gegenständen war *mechanische Energie* erforderlich. Zunächst wurde sie von den Menschen und Tieren in Form von *Muskelkraft* geliefert. Später nutzte man die Strömungsenergie des Windes zum Segeln. Strömendes Wasser trieb Wasserräder an, mit deren Hilfe Felder bewässert oder Getreide gemahlen wurde.

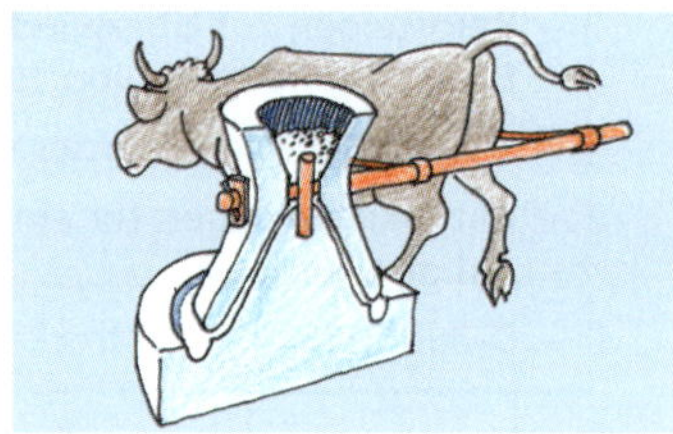

3. Etappe: Beginn der industriellen Revolution im 18. Jahrhundert

Mit der Nutzung der Kohle zum Antreiben von Maschinen wurden in der Produktion neue Wege möglich. Menschen und Arbeitstiere waren als Antriebsquellen immer weniger gefragt. Das wirkte sich vor allem sehr schnell auf die Entwicklung der Produktionstechnik aus, es begann das Industriezeitalter.

Die Einführung des Fabriksystems führte zur Erhöhung der Produktivität und zur **Massenproduktion**.

Bereits im Altertum wusste man, dass die im Wasserdampf enthaltene Wärmeenergie mechanische Arbeit verrichten kann. Im 18. Jahrhundert bestand die von THOMAS NEWCOMEN entwickelte erste Dampfmaschine (1712) ihren „Praxistest“. Sie wurde von JAMES WATT weiterentwickelt (↗ S. 18).

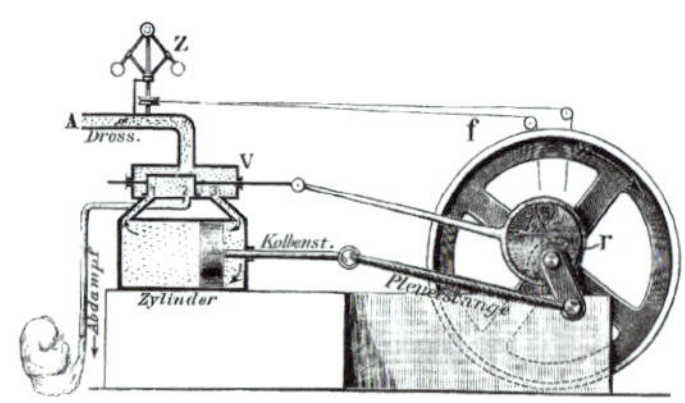

Im 20. Jahrhundert brachte die Nutzung des Mineralöls, der Elektrizität und der Atomkraft weitere tief greifende Veränderungen. Die Lebensbedingungen der Menschen verbesserten sich. Damit stieg Ihre Lebenserwartung. Gegenwärtig wächst die Weltbevölkerung so stark, dass man von einer *Bevölkerungsexplosion* spricht.

Bis zur Erfindung der Dampfmaschine vor über 200 Jahren wurden kaum nennenswerte Mengen an *fossilen Energieträgern* verbraucht. Ein Haushalt in den hoch entwickelten Industrieländern verbraucht etwa sechsmal soviel Energie wie ein Haushalt in einem Entwicklungsland. Ähnlich verhält es sich mit dem Energieverbrauch in der Wirtschaft. Nicht nur die Haushalte benötigen für ihre Existenz ständige Energiezufuhr. Im Wesentlichen unterscheidet man vier Verbrauchergruppen.

Beim gegenwärtigen Energiebedarf reichen die Vorräte an Kohle, Erdöl und Erdgas voraussichtlich noch etwa 200 Jahre.

Zu den **Verbrauchergruppen** von Energie zählen Haushalte, Industrie, öffentlicher Verkehr und Kleinverbraucher (Landwirtschaft, Gewerbebetriebe, öffentliche Einrichtungen). Diese Bereiche sind ohne Energiewirtschaft nicht lebensfähig.

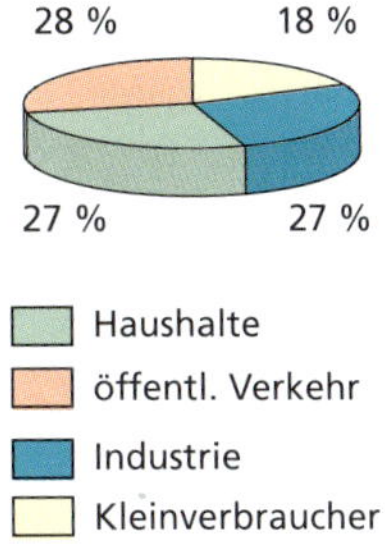

Vergleicht man die technische Ausrüstung eines Haushalts 1920 mit der eines Haushalts im Jahr 2000, wird das Wachstum des Energiebedarfs deutlich.

In den 20er Jahren des 20. Jahrhunderts setzte sich in den Industrieländern Mitteleuropas und in Amerika die Elektrifizierung durch. Es wurde noch überwiegend mit Kohle geheizt. Aber allmählich begannen sich die „dienstbaren elektrischen Helfer" durchzusetzen. Für ihren Einsatz musste das System der elektrischen Stromversorgung aufgebaut werden. Die Haushalte waren mit den erforderlichen Anschlüssen auszurüsten. Im Jahr 1925 gab es in Deutschland nicht einmal 1000 elektrifizierte Küchen. Im Jahr 1930 waren es bereits 70000 und 1938 wurden 700000 solcher Küchen gezählt. Private Autos gab es 1920 im Prinzip noch nicht. Das Tankstellennetz, so wie wir es heute kennen, war damals noch unvorstellbar.

1920 gab es bereits Glühlampen, Tauchsieder, Bügeleisen, Durchlauferhitzer, Staubsauger, Elektroherd, Kühlschrank, Waschmaschine und Geschirrspüler.

Heute ist die energetische Situation völlig anders. Zur Heizung der Haushalte werden überwiegend Heizöl- oder Erdgas-Zentralheizungen eingesetzt. Viele Haushalte besitzen zwei Autos, die Küchen sind voll elektrifiziert, Kommunikationsgeräte verschlingen bereits im Stand-by-Betrieb viel Energie. Auch die Herstellung der Geräte, Einrichtungsgegenstände, Nahrungsmittel und vor allem das ständig zu entsorgende Verpackungsmaterial verschlingen riesige Energiemengen.

Energieverbrauch eines Haushalts (2000)

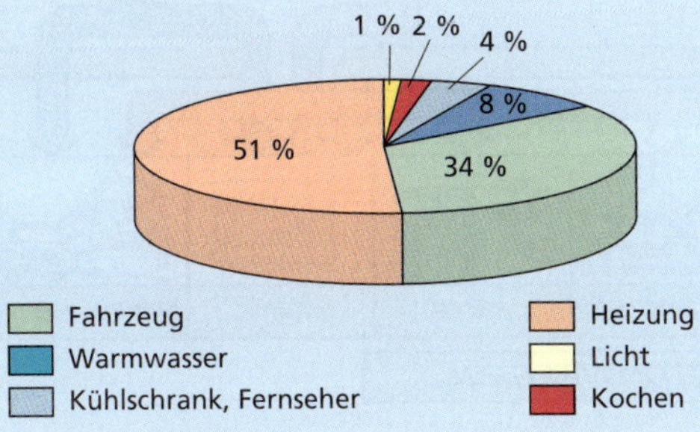

3.1.5 System der Energieerzeugung und -anwendung

Das technisch nutzbare Energieangebot der Natur ist sehr umfangreich. Man nennt dieses Angebot **Primärenergien**.

Die regenerativen Energieträger decken gegenwärtig in Deutschland nur etwa drei Prozent des Primärenergieverbrauchs.

> Zu den **Primärenergien** gehören Stoffe, die technisch nutzbare Energie gespeichert haben, und die Sonnenstrahlung. Stoffe, die in der Lage sind Energie zu speichern und zu transportieren, nennt man **Energieträger**.

Wenn Energieträger noch keiner technischen Umwandlung unterzogen wurden, nennt man sie **Primärenergieträger**. Zu ihnen zählen die fossilen Brennstoffe Kohle, Erdöl, Erdgas, Torf und die Kernbrennstoffe Uran sowie Thorium. Man unterteilt Primärenergien in solche, die sich aufbrauchen, und solche, die nach menschlichem Ermessen „unerschöpflich" sind. Die fossilen Brennstoffe und die Kernbrennstoffe „brauchen" sich infolge des wachsenden Energiebedarfs auf.

Zu den Primärenergien, die sich nicht aufbrauchen, gehören die Sonnenstrahlung und die von der Sonne gespeisten Energieträger Wind, Wasserkraft und Biomasse. Außerdem sind die Gezeiten und die Erdwärme Primärenergien. Diese Primärenergien werden auch **regenerative Energien** genannt.

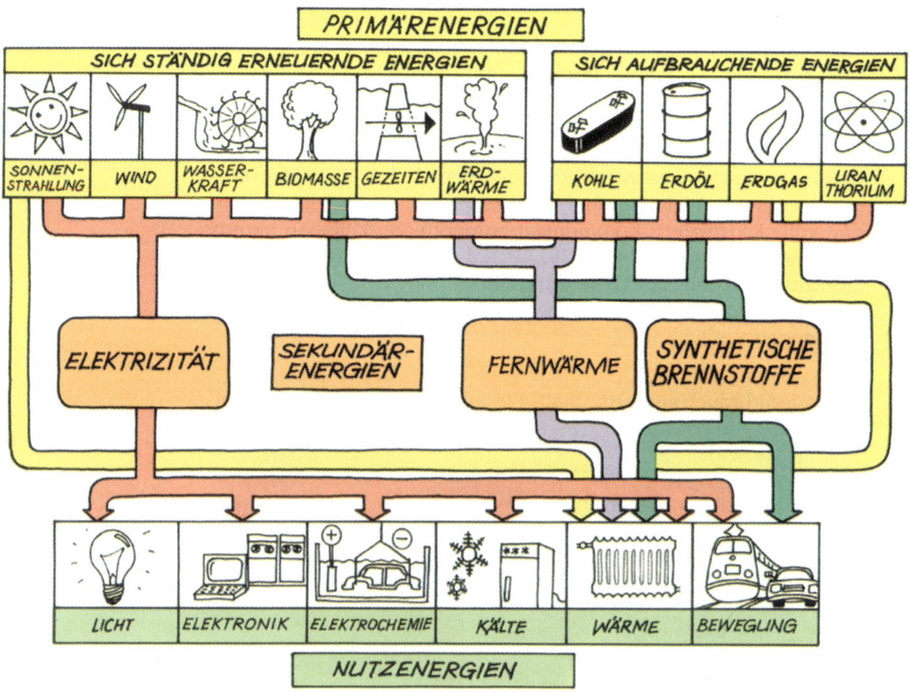

Erdgas und Kohle können beim Endverbraucher direkt eingesetzt werden. Der überwiegende Teil der Primärenergien muss jedoch zunächst in **Sekundärenergie** umgewandelt werden. Aus der Kohle erhält man durch Verarbeitungsprozesse die **Sekundärenergieträger** Koks, Briketts und Brenngase. Erdöl wird zu Benzin, Dieselkraftstoff und Heizöl verarbeitet. Fernwärme wird überwiegend aus Kohle bereitgestellt.

Die Sekundärenergie Elektroenergie lässt sich aus jeder Primärenergieart gewinnen.

Die Umwandlung von Primär- und Sekundärenergie erfolgt durch Energieversorgungsunternehmen, die die **Endenergie** zu den Verbrauchern transportieren. Zu den **Endenergieträgern** gehören Kohle, Kraftstoffe, Heizöl, Gase, Elektroenergie und Fernwärme.

Endenergie kann sowohl Primär- als auch Sekundärenergie sein.

Primärenergieverbrauch in Deutschland

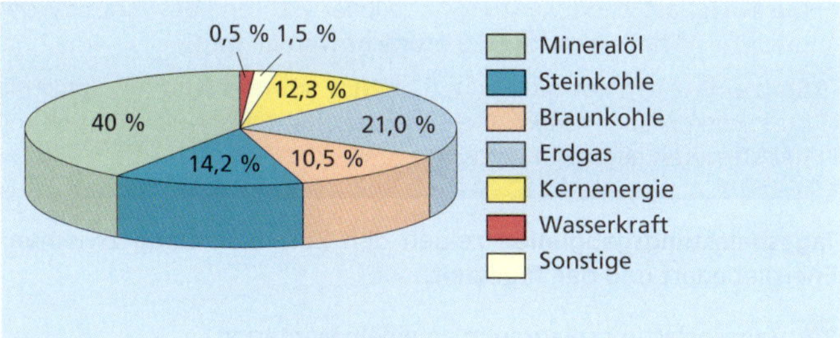

Endenergieverbrauch in Deutschland

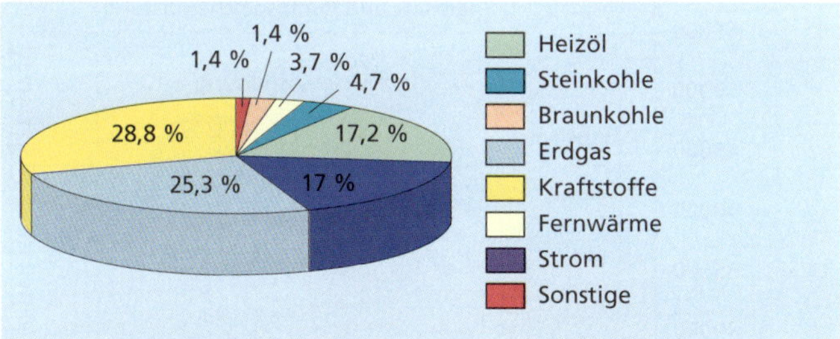

Mithilfe geeigneter Geräte und Maschinen wird beim Nutzer die Endenergie in **Nutzenergie** umgewandelt. Nutzenergieformen sind alle Energieformen, die Bedürfnisse befriedigen.

Erst die Nutzenergie bringt den Haushalten und Betrieben sowie dem Verkehr die eigentliche **Energiedienstleistung**.

Nutzenergieformen
- Licht für die Beleuchtung und zum Fernsehen,
- Schall zum Musikhören,
- Heizungswärme für die Behaglichkeit,
- Bewegungsenergie für die Mobilität,
- Kühl- und Wärmeenergie zur Nahrungszubereitung.

3.2 Technische Energieerzeugung

3.2.1 Energiebedarf und Energiebereitstellung

Elektrische Energie kann nicht in großen Mengen gespeichert werden. Deshalb muss ihre Erzeugung auf den tatsächlichen Energiebedarf abgestimmt werden.

Der Energiebedarf ist nicht nur regional sehr verschieden, er ist auch von der Tages- und Jahreszeit abhängig. Die Energieversorger reagieren darauf, indem sie die Kraftwerke unterschiedlich auslasten.

Als **Grundlastkraftwerke** werden Kohle-, Kern- und Laufwasserkraftwerke, als **Mittellastkraftwerke** werden Kohle-, Gas- und Ölkraftwerke und als **Spitzenlastkraftwerke** werden Öl-, Gas- und Speicherkraftwerke eingesetzt.

Grundlast ist der Leistungsanteil, der rund um die Uhr benötigt wird. Die Grundlast erfordert den Dauerbetrieb der eingesetzten **Grundlastkraftwerke**.

Die **Mittellast** ist der Leistungsanteil, der während des Tages durch zusätzliche Mittellastkraftwerke erbracht werden muss.

Spitzenlast tritt vormittags und abends auf und wird mit Spitzenlastkraftwerken abgesichert. Viele Industriebetriebe versorgen sich selbst mit kleineren eigenen Kraftwerken.

Tagesbelastungsganglinien zeigen den Zusammenhang zwischen dem Energiebedarf und der Tageszeit.

Tagesbelastungsdiagramm an einem Wintertag

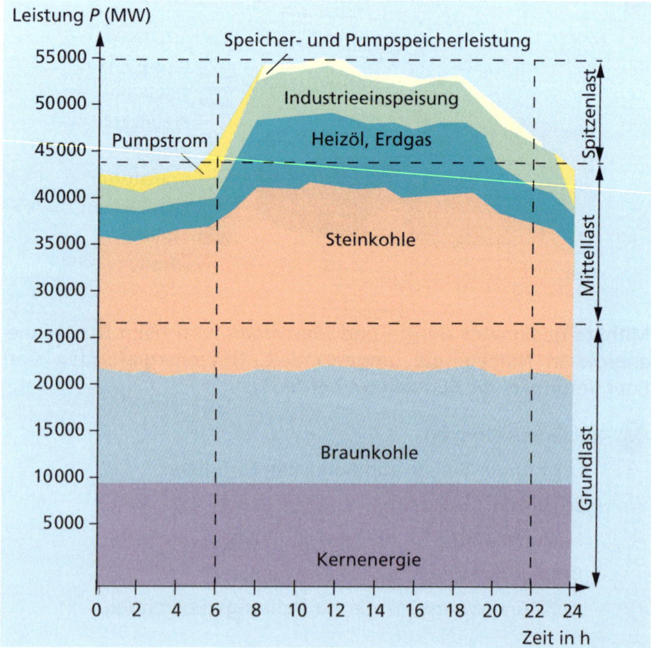

Jeder weiß, dass der Heizölverbrauch im Winter höher ist als im Sommer. Entsprechend verlaufen die Ganglinien für den Heizölverbrauch. Während der Urlaubszeit zeigen die Ganglinien für den Kraftstoffverbrauch die höchsten Werte an.

Für eine gesicherte Stromversorgung muss die Gesamtkapazität aller Kraftwerke ausreichen, um die voraussichtliche Jahreshöchstlast abzudecken. Wartungszeiten der Kraftwerke, jahreszeitliche Leistungsschwankungen (Wasserkraftwerke), zeitliche Begrenzung bedingt durch das Konstruktionsprinzip (Pumpspeicherkraftwerke) sind vorhersehbare Faktoren, die für die kontinuierliche Strombereitstellung kalkulierbar sind. Der Ausfall eines Kraftwerkes oder eine plötzlich auftretende Spannungsspitze sind dagegen nicht vorhersehbar. Um die Folgen (Überlastung der Generatoren, Sinken der Frequenz, Zusammenbruch der Stromversorgung) so gering wie möglich zu halten, wurde ein **Stromverbund** gebildet.

Elektrizitätsversorgungsunternehmen im **Stromverbund** bieten gegenseitig Hilfe bei Störfällen und tauschen Strom aus, um den vorhandenen Kraftwerkspark so wirtschaftlich und umweltschonend wie möglich zu nutzen (↗ S. 146).

In Deutschland arbeiten Elektrizitätsversorgungsunternehmen in der **Deutschen Verbundgesellschaft** zusammen.

Für verschiedene Energieanwendungen ergeben sich verschiedene Tagesbelastungsganglinien:

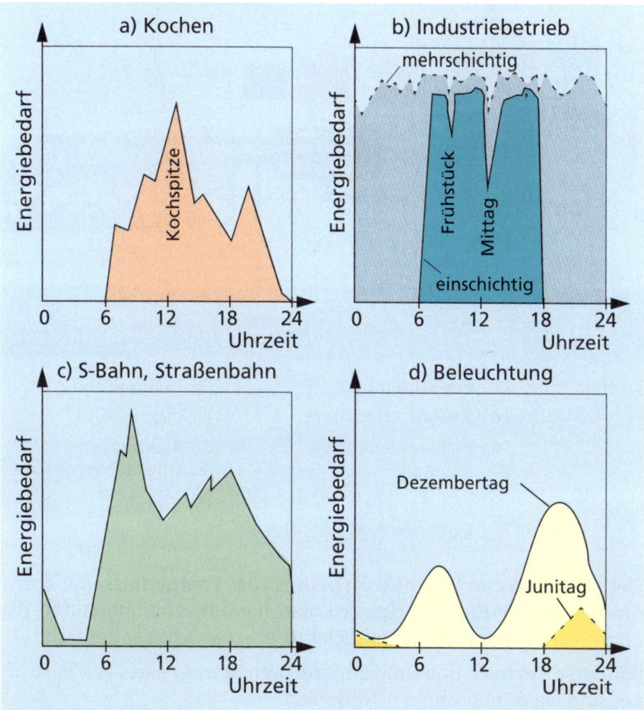

3.2.2 Wärmekraftwerke

Wärmekraftwerke sind die wichtigsten Erzeuger der Elektroenergie. Sie versorgen die Haushalte, die Industrie und die öffentlichen Einrichtungen mit elektrischem Strom.

In Deutschland werden fast 50 Prozent des Stromes durch Nutzung von Kohle erzeugt.

Wärmekraftwerke erzeugen Elektroenergie aus der chemischen Energie von Stein- und Braunkohle, Erdöl, Erdgas und Müll sowie aus der Kernenergie von Uran und Plutonium. Außer Elektroenergie geben sie oft auch Wärmeenergie zum Heizen ab.

Wärmekraftwerke sind komplexe Systeme. In ihnen laufen sehr große Energie- und Stoffumsätze ab. Sie sind in das Elektroenergieversorgungsnetz fest eingebunden. Ihre Steuerung innerhalb des Energieversorgungsnetzes erfordert eine komplizierte Prozessleittechnik.

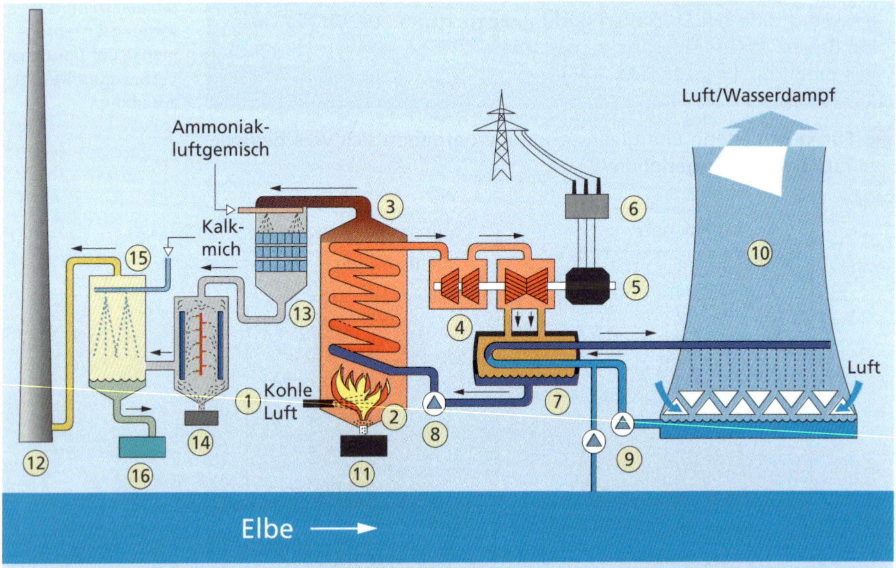

(1) Kohle- und Luftzufuhr
(2) Brenner
(3) Dampferzeuger
(4) Turbine
(5) Generator
(6) Transformator
(7) Kondensator
(8) Speisewasserpumpe
(9) Kühlwasserpumpen
(10) Kühlturm
(11) Aschebunker
(12) Kamin
(13) Denoxanlage
(14) Elektrofilter
(15) Rauchgasentschwefelungsanlage
(16) Gipssilo

Der Hauptfluss im Wärmekraftwerk ist der **Energiefluss**. Die chemische Energie fossiler Brennstoffe wird über die Umwandlungsstufen Wärmeenergie, Rotationsenergie und Elektroenergie nutzbar gemacht.

Für den effektiven und umweltgerechten Betrieb eines Wärmekraftwerkes sind viele Teilsysteme erforderlich.

<table>
<tr><th colspan="2">Teilsysteme im Hauptfluss eines Kohlekraftwerks (Leistung 600 MW)</th></tr>
<tr><td>Dampferzeuger</td><td>Umwandlung chemischer Energie in Wärmeenergie</td></tr>
<tr><td>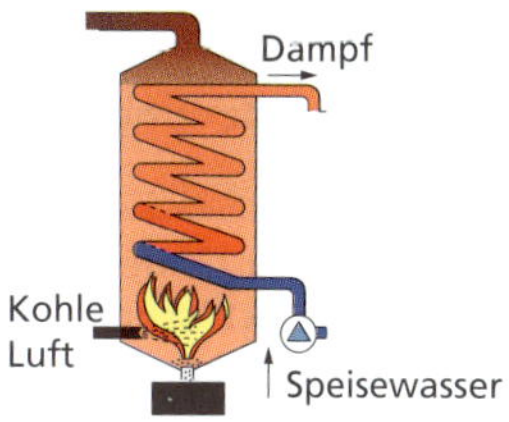
</td><td>Im Brenner wird gemahlene Kohle mit Luft verwirbelt und verbrannt. Die Rauchgase durchströmen den Kessel, in dem sich das Rohrsystem befindet. Die Wärmeenergie verdampft das Speisewasser im Rohrsystem.</td></tr>
<tr><td colspan="2">Kenngrößen/Konstruktionsmerkmale:
Rauchgastemperatur ϑ über 1000 °C
Dampftemperatur ϑ z.B. 537 °C
Dampfdruck p z.B. 180 bar
Höhe h über 100 m</td></tr>
<tr><td>Dampfturbine</td><td>Umwandlung von Wärmeenergie in Rotationsenergie</td></tr>
<tr><td>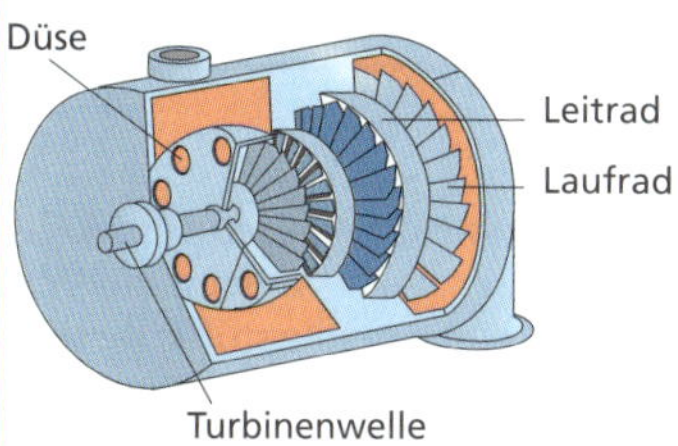
</td><td>Düsen setzen den Dampfdruck in Strömungsgeschwindigkeit um. Der Dampfstrom wird an den Laufschaufeln des Laufrades umgelenkt und bringt die Turbinenwelle zum Rotieren. Die Leiträder lenken den Dampfstrom so um, dass er erneut Energie abgeben kann.</td></tr>
<tr><td colspan="2">Kenngrößen/Konstruktionsmerkmale:
Läuferdrehzahl n_L z.B. 3 000 min^{-1}
Temperatur und Druck beim Dampfeintritt z.B. 537 °C und 180 bar, beim Dampfaustritt z.B. 33 °C und 0,05 bar
Dampfturbinen sind mehrstufig aufgebaut.</td></tr>
<tr><td>Generator</td><td>Umwandlung von Rotationsenergie in Elektroenergie</td></tr>
<tr><td>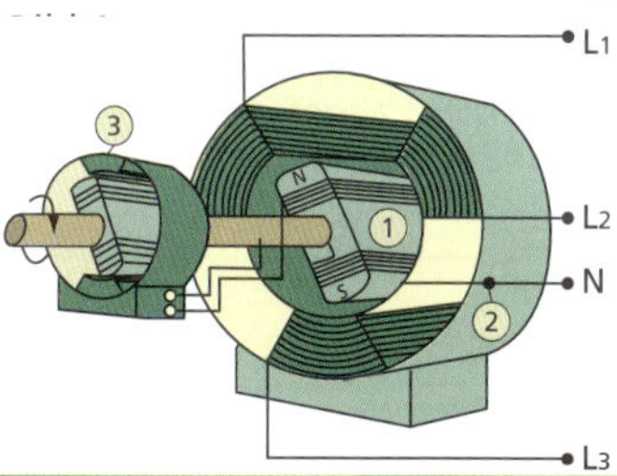
</td><td>Die Rotationsenergie wird von der Turbinenwelle auf den Läufer (1) übertragen. Sein rotierendes Magnetfeld erzeugt in den drei Ständerwicklungen (2) Wechselspannungen. Der Generator gibt Wechselstrom ab. Die Erregermaschine (3) versorgt den Läufer mit Gleichstrom.</td></tr>
</table>

Brenner, Kessel und Rohrsystem sind eine Baueinheit und werden Dampferzeuger genannt. Das Rohrsystem eines Dampferzeugers besteht aus Rohrbündeln. Die Gesamtlänge aller Rohre beträgt etwa 860 km. Die Leistungen von Dampferzeugern reichen bis zu 1 GW.

Dampferzeuger und Dampfturbine bilden einen Block. Sein Wirkungsgrad kann praktisch nicht höher als 43 Prozent sein. Er wird durch die Differenz der Dampftemperaturen zwischen Dampferzeuger und und Kondensator bestimmt.

Ein **Generator** erzeugt **Dreiphasenwechselspannung.** (↗ S. 147)

Kenngrößen/Konstruktionsmerkmale:
Läuferdrehzahl 3 000 min^{-1}, Ständerspannung 5 bis 37 kV
Frequenz f der erzeugten Spannung U beträgt 50 Hz
Generatoren erzeugen Dreiphasen-Wechselspannung und -strom. Sie müssen gekühlt werden.

Transformator	**Umformung der Elektroenergie zur Senkung der Übertragungsverluste**

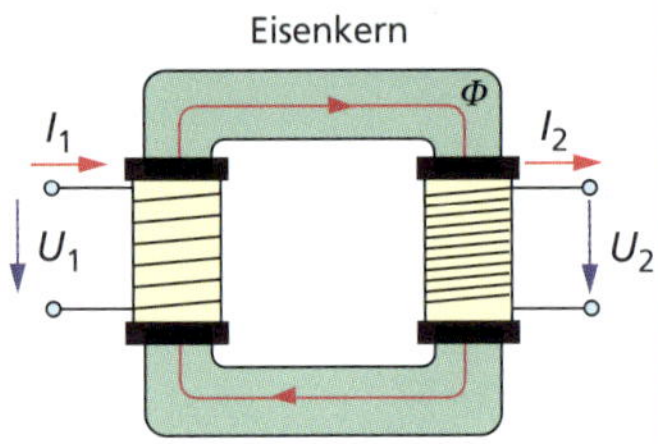

Die Spannung U_1 des Generators treibt den elektrischen Strom I_1 in die **Primärwicklung**. Der magnetische Fluss Φ erzeugt durch Induktion in der Sekundärwicklung die Sekundärspannung U_2. Diese ist größer als die Primärspannung U_1, da die **Windungszahl** der **Sekundärwicklung** größer ist als die der Primärwicklung. (↗ S. 149)

In den USA beträgt die Frequenz der erzeugten Spannung 60 Hz.

Kenngrößen/Konstruktionsmerkmale:
Primärspannung 5 bis 37 kV, Sekundärspannung 110, 220 oder 380 kV
Im Transformator befinden sich drei Primär- und drei Sekundärwicklungen auf einem Eisenkern. Transformatoren müssen gekühlt werden.

Wasser-Dampf-Kreisprozess

Wärmekraftwerke arbeiten mit einem geschlossenen **Speisewasserkreislauf**. Im Dampferzeuger nimmt das Speisewasser beim Verdampfen Wärmeenergie auf. In der Turbine gibt der Dampf seine Energie stufenweise an den Turbinenläufer ab. Im Kondensator wird der Dampf zu Wasser. Die Speisewasserpumpe führt das Speisewasser dem Dampferzeuger erneut zu.

Teilsysteme im Wasser-Dampf-Kreisprozess

Kondensator	**Absenkung von Dampfdruck und -temperatur**

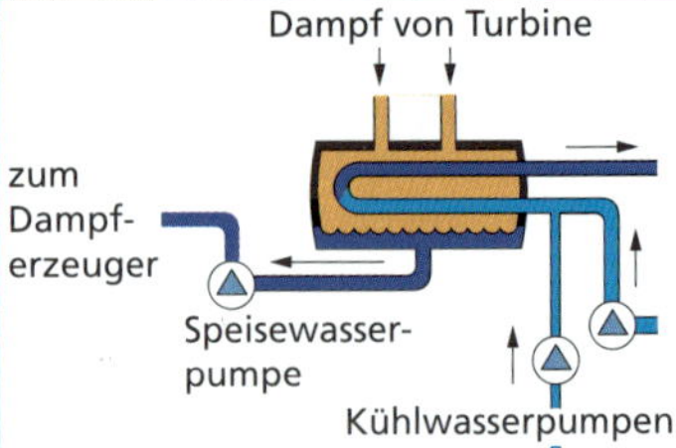

Der Abdampf der Turbine wird bis zur Kondensation abgekühlt. Dadurch wird ein hoher Wirkungsgrad erreicht. Die Kondensationswärme wird vom Kühlwasserkreislauf abgeführt.

Die Kondensation des Dampfes zu Wasser führt zu einer Volumenverringerung im Verhältnis von 20 000 zu 1. Hierdurch entsteht der geringe Druck im Kondensator.

Kenngrößen/Konstruktionsmerkmale:
Druck und Temperatur im Kondensator 0,05 bar und 33 °C
Kondensatoren sind **Wärmetauscher**. (↗ S. 152)

<table>
<tr><th>Speisewasserpumpe</th><th>Rückführung des Kondensats in den Dampferzeuger</th></tr>
<tr><td>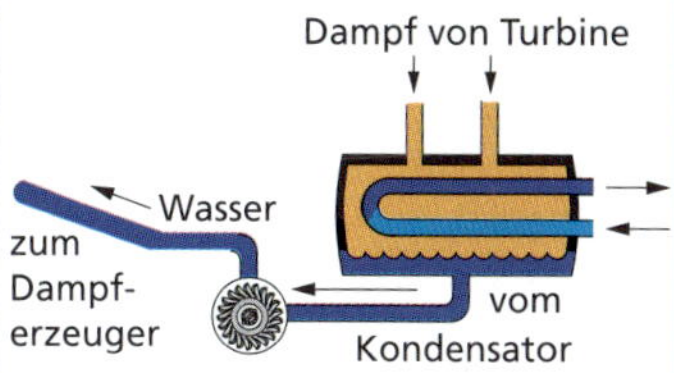
</td><td>Die Speisewasserpumpe saugt das unter niedrigem Druck stehende Kondensat an und transportiert es mit hohem Druck in den Dampferzeuger. Damit sichert sie die Druckverhältnisse im Dampferzeuger und im Kondensator.</td></tr>
<tr><td colspan="2">Kenngrößen/Konstruktionsmerkmale:
Beispiele für Druck:
Saugseite der Pumpe $p = 0{,}05$ bar
Druckseite der Pumpe $p = 80$ bar
Speisewasserpumpen sind Kreiselpumpen.</td></tr>
<tr><th>Kühlturm</th><th>Abgabe der Kondensationswärme an die Umwelt</th></tr>
<tr><td>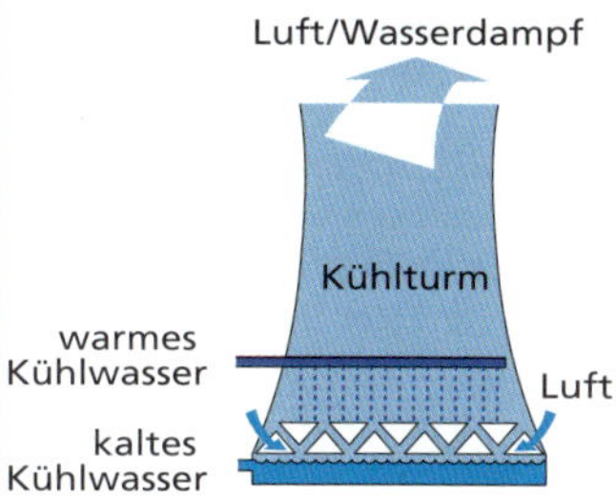
</td><td>Die Kühlwasserpumpe transportiert die vom Kühlwasser aufgenommene Kondensationswärme in den Kühlturm. Dort geht die Wärme mit Luft und als Wasserdampf in die Umwelt.</td></tr>
<tr><td colspan="2">Kenngrößen/Konstruktionsmerkmale:
Die im Kühlturm verdampfte Kühlwassermenge wird aus einem Fluss nachgespeist.
Die Bauhöhe des Kühlturmes ist oft über 100 m.</td></tr>
</table>

Das Speisewasser darf nicht verschmutzt sein und nur einen geringen Salzgehalt haben.

Schadstoffe im Rauchgas und ihre Reduzierung

Bei der Verbrennung von fossilen Brennstoffen und von Hausmüll entstehen Stickstoffoxide (NO_X), Schwefeldioxid (SO_2), Kohlenstoffmonooxid (CO), Kohlenstoffdioxid (CO_2), Staub, Asche u.a. Schadstoffe. Diese Stoffe schaden dem Menschen und der Natur. Deshalb müssen die Rauchgase gereinigt werden.

Die 13. Bundesimmissionsschutzverordnung schreibt für Großfeuerungsanlagen mit einer Leistung von mehr als 300 MW Abgasgrenzwerte vor.
Zum Beispiel muss der SO_2-Gehalt kleiner als 400 mg/m³ sein. Die Konzentration an Staub in den ausgestoßenen Rauchgasen darf 50 mg/m³ nicht überschreiten.

Die Gesamtinvestitionen für ein 750-MW-Steinkohlekraftwerk liegen bei über 1,4 Mrd. DM.
In dieser Summe sind Kosten für Umweltschutzmaßnahmen in Höhe von etwa 470 Mio. DM eingeschlossen.

SCR-Reaktor bedeutet selektiver katalytischer Reduktions-Reaktor. Die Rauchgase durchlaufen eine Anordnung von Katalysatoren.

<table>
<tr><th colspan="2">Teilsysteme eines Kohlekraftwerkes zum Schutz der Umwelt</th></tr>
<tr><td>DENOX-Anlage (SCR-Reaktor)</td><td>Verringerung der NO_X-Anteile im Rauchgas</td></tr>
<tr><td>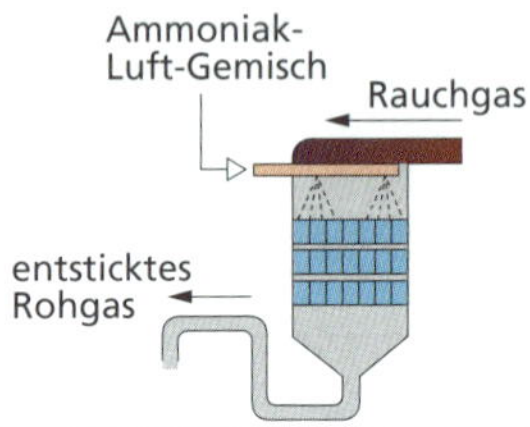
</td><td>Ammoniak (NH_3) wird verdampft und mit Luft vermischt in den Rauchgasstrom eingeblasen. An Katalysatoren reagieren die NO_X-Bestandteile zu Stickstoff N_2 und Wasserdampf.</td></tr>
<tr><td colspan="2">Kenngrößen/Konstruktionsmerkmale:
Rauchgastemperatur ca. 330 bis 400 °C,
Entstickungsgrad ca. 90 %,
Katalysatormaterial: Vanadiumpentoxid (V_2O_5) wird auf wabenförmiges Trägermaterial aus Titanoxid (TiO_2) aufgebracht.</td></tr>
<tr><td>Elektrofilter</td><td>Abscheidung der im Rauchgas enthaltenen Stäube</td></tr>
<tr><td>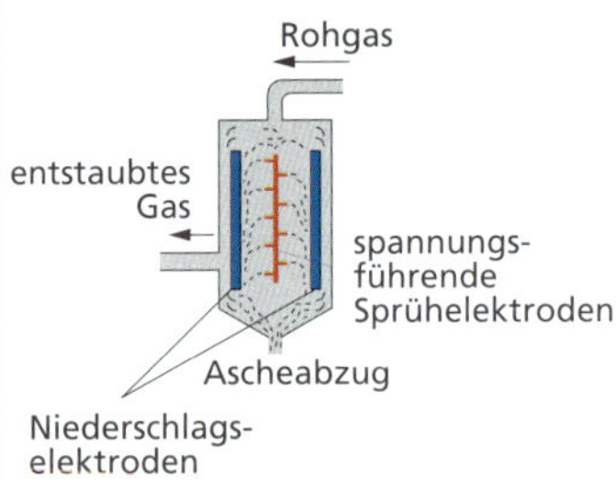
</td><td>An die Niederschlagselektroden (blau) und Sprühelektroden (rot) wird Gleichspannung angelegt. Die Rauchgase durchströmen das elektrische Feld. Dabei laden sich die Staubteilchen negativ auf und setzen sich an den Niederschlagselektroden ab. Durch regelmäßiges Klopfen der Elektroden fallen sie in den Ascheabzug.</td></tr>
<tr><td colspan="2">Kenngrößen/Konstruktionsmerkmale:
Höhe der Gleichspannung z.B. 75 kV
Entstaubungsgrad ca. 99 %
Abstand der Elektroden 300 mm
Bauweisen sind Platten- und Röhrenfilter</td></tr>
<tr><td>Rauchgasentschwefelungsanlage</td><td>Auswaschen des Schwefeldioxids aus dem Rauchgas</td></tr>
<tr><td>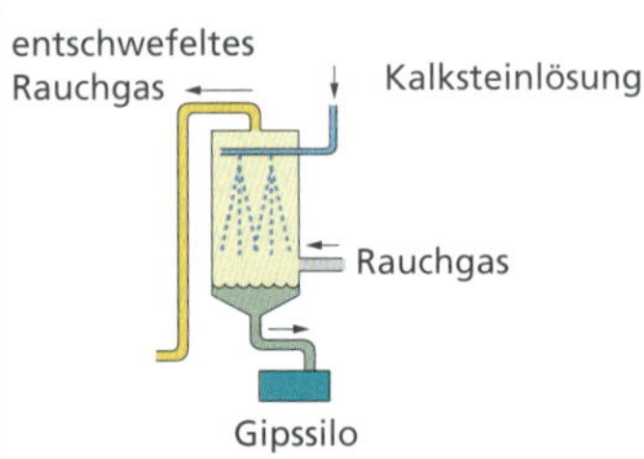
</td><td>Im Absorberturm wird das Rauchgas mit Kalksteinlösung ($CaCO_3$) besprüht. Es entsteht über verschiedene chemische Reaktionen Gips ($CaSO_4$).</td></tr>
</table>

REA-Gips wird als Baugips verwendet oder zu Gips-Kartonplatten und Gips-Wandbauplatten verarbeitet. (↗ S. 71)

Kenngrößen/Konstruktionsmerkmale: Entschwefelungsgrad ca. 90 % In Deutschland fallen jährlich etwa 4 Mio. t REA-Gips an.	
Kamin	**Abgabe des gereinigten Rauchgases an die Umwelt**
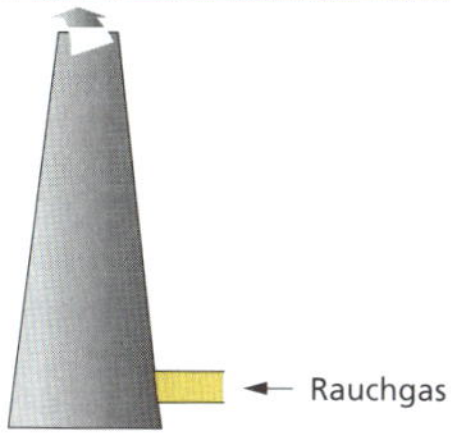	Die Gase werden in großer Höhe ausgestoßen, um die Belastung der näheren Umgebung zu verringern.
Kenngrößen/Konstruktionsmerkmale: Die Bauhöhe der Kamine überschreitet oft 100 m.	

Kernkraftwerke

Kernkraftwerke sind Wärmekraftwerke, in denen die Bindungsenergie zwischen Protonen und Neutronen von Kernbrennstoffen als Wärmeenergie freigesetzt wird. Das erfolgt durch gesteuerte Atomkernspaltung.

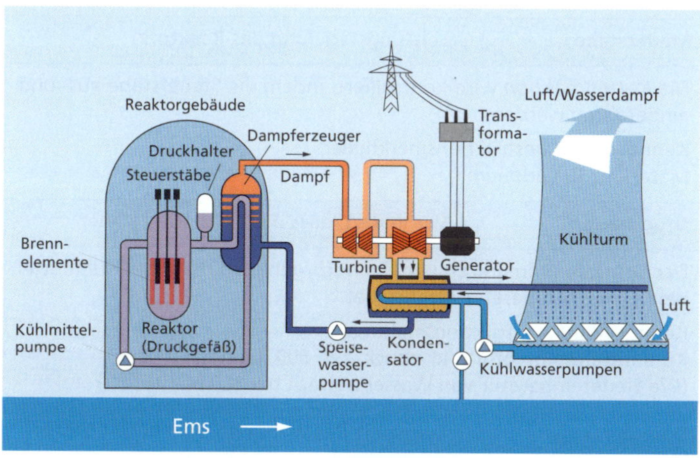

Die Stromerzeugung erfolgt im Kernkraftwerk ohne Emission von Kohlendioxid. Die Zerfallsprodukte von Kernbrennstoffen senden allerdings für Jahrhunderte gefährliche ionisierende Strahlung aus. Die Entsorgung der verbrauchten Kernbrennstoffe ist deshalb mit großem Aufwand verbunden.

Kohlendioxid, ist das wichtigste Treibhausgas. Es kann nicht mit Filtern beseitigt werden. Seine Emission kann nur durch Erhöhung des Wirkungsgrades von Kohlekraftwerken und Energieeinsparung verringert.

Die Asche eines Kraftwerkes wird nach entsprechender Aufbereitung als Füllstoff in der Betonindustrie oder im Straßenbau verwendet.

Reaktorunfälle wie der 1986 in Tschernobyl sind eine sehr große Gefahr für die Bevölkerung. Deshalb wurde in Deutschland 1999 entschieden, die Kernkraftwerke schrittweise zu schließen.

In Kernkraftwerken erfolgt die Kernspaltung in einem Reaktor. Aus Sicherheitsgründen haben Kernkraftwerke zwei Kühlkreisläufe. Im ersten Kreislauf, Primärkreislauf, umströmt das Kühlmittel die Brennstäbe des Reaktors und transportiert die frei werdende Wärmeenergie zum Dampferzeuger. Das Kühlmittel enthält radioaktive Teilchen. Es darf den Primärkreislauf nicht verlassen. Der zweite Kreislauf, Sekundärkreislauf, ist wie der Wasser-Dampf-Kreisprozess im Kohlekraftwerk aufgebaut. Der Reaktor und der Dampferzeuger befinden sich in einem Reaktorgebäude, einer druckfesten Stahlbeton-Konstruktion.

Druckwasserreaktoren werden am häufigsten eingesetzt. Andere Reaktortypen sind **Siedewasser-** und **Hochtemperaturreaktoren**.

<table>
<tr><th colspan="2">Teilsysteme im Reaktorgebäude</th></tr>
<tr><th>Druckwasserreaktor</th><th>Freisetzung von Wärmeenergie durch gesteuerte Kernspaltung</th></tr>
<tr><td colspan="2">Im Druckgefäß befinden sich Brennelemente, Steuerstäbe und das Kühlmittel.
Kenngrößen/Konstruktionsmerkmale:
Druck und Temperatur im Reaktor z. B. 160 bar und 300 °C
Leistung größer als 1 GW
Wanddicke des Reaktorbehälters 20 bis 30 cm, Reaktorhöhe ca. 10 m</td></tr>
<tr><th>Brennelemente</th><th>Uran oder Plutonium als Energiequelle</th></tr>
<tr><td colspan="2">Die Brennelemente sind in Tablettenform in Rohre eingeschlossen.
Kenngrößen/Konstruktionsmerkmale:
Brennstoffmasse im Reaktor bis zu 180 t</td></tr>
<tr><th>Steuerstäbe</th><th>Leistungsregelung des Reaktors</th></tr>
<tr><td colspan="2">Die Kettenreaktion wird kontrolliert, indem die Steuerstäbe aus- und eingefahren werden.
Kenngrößen/Konstruktionsmerkmale:
Material z. B. Cadmium</td></tr>
<tr><th>Druckhalter</th><th>Verhindert, dass das Kühlmittel siedet</th></tr>
<tr><td colspan="2">Der Druck im Primärkreis wird so hoch gehalten, dass das Kühlmittel bei Betriebstemperatur nicht siedet.
Kenngrößen/Konstruktionsmerkmale:
Kühlmitteltemperatur und -druck z. B. 300 °C und 160 bar
(Die Siedetemperatur von Wasser beträgt bei 160 bar 347 °C.)</td></tr>
<tr><th>Dampferzeuger</th><th>Transport der Wärmeenergie in den Sekundärkreislauf</th></tr>
<tr><td colspan="2">Das Kühlmittel des Primärkreises umströmt das Rohrsystem des Dampferzeugers und gibt die Wärmeenergie an den Sekundärkreislauf ab.
Kenngrößen/Konstruktionsmerkmale:
Druck und Temperatur im Sekundärkreislauf z. B. 70 bar und 287 °C
Dampferzeuger sind Wärmetauscher. (↗ S. 152)</td></tr>
</table>

Kühlmittelpumpe	Transport des Kühlmittels
Das Kühlmittel des Primärkreises umströmt das Rohrsystem des Dampferzeugers und gibt die Wärmeenergie an den Sekundärkreislauf ab. Kenngrößen/Konstruktionsmerkmale: Förderleistung bis 85 m^3/s	

3.2.3 Herstellung von Brenn- und Kraftstoffen

Kraftstoffe sind Träger chemischer Energie. Sie werden zur Erzeugung von mechanischer Energie, z.B. für den Antrieb von Fahrzeugen, Baumaschinen und Notstromaggregaten, verwendet. Ihre wesentliche Kenngröße ist der **Heizwert**. Sie sind ein Flüssigkeitsgemisch aus ketten- und ringförmigen Kohlenwasserstoffen im Siedebereich von 30° bis 240 °C.

Der **Heizwert** gibt an, welche Wärmemenge *Q* bei der Verbrennung von einem Kilogramm Kraftstoff frei wird.

Primärenergieträger	Herstellungsverfahren	Kraftstoffart	Heizwert *H*
Erdöl	Destillieren, Cracken, Reformieren, Hydrocracken	Kerosin, Benzin, Diesel	>39,8 MJ/kg >43,5 MJ/kg >42,5 MJ/kg
Raps, Zuckerrüben	Extrahieren, Verestern, Vergären	Biodiesel, Bioalkohol	>35,0 MJ/kg >27,0 MJ/kg
Kohle	Hydrieren	Kerosin, Benzin, Diesel	>39,8 MJ/kg >43,5 MJ/kg >42,5 MJ/kg

Die **Kohlehydrierung** hat gegenwärtig eine geringe Bedeutung. Sie ist wesentlich teurer als die Verarbeitung von Erdöl zu Kraftstoffen.

Erdöl

Erdöl ist der wichtigste fossile Energieträger für Kraftstoffe.

Erdöl entstand wahrscheinlich in Jahrmillionen aus den im Wasser lebenden tierischen und pflanzlichen Organismen, vor allem Algen. Sie lebten frei schwebend als Plankton im Meerwasser. Nach ihrem Absterben sanken sie zu Boden. Wenn der zur Verwesung benötigte Sauerstoff fehlte, blieb die organische Substanz erhalten. Es bildete sich mit Sedimenten Faulschlamm, der von anderen Schichten überlagert wurde.

Kohle entstand aus den Überresten von Pflanzen.

Zur Bildung von Erdöl waren weitere Bedingungen erforderlich. Dazu gehören zunehmende Temperaturen, steigender Druck und die Wirkung von anaeroben Bakterien. Anaerobe Bakterien leben ohne Sauerstoff. Diese Bedingungen führten zur Umwandlung der Biomasse in **Kohlenwasserstoffe**. (↗ S. 133)

anaerob; griech. ohne Sauerstoff lebend

Erdöl ist ein Gemisch aus vielen Kohlenwasserstoffen. Das Gestein, in dem sich das Erdöl bildet, nennt man Erdölmuttergestein. Das Erdöl la-

Die industrielle Förderung von Erdöl begann vor etwa 150 Jahren. Damals fand Erdöl vorwiegend als Leuchtöl Verwendung.

gert in der Erdkruste in Tiefen zwischen einigen hundert Metern bis zu 4 000 Metern.

Die Suche nach Erdöllagerstätten ist oft aufwendig. Dazu werden durch unterirdische Sprengungen künstliche Erdbeben ausgelöst. Mit seismischen Messungen werden die reflektierenden Schallwellen aufgezeichnet. Die Auswertung dieser **Seismogramme** lässt Rückschlüsse auf die geologischen Schichten zu. Gewissheit bringen aufwändige Probebohrungen. Zur Förderung des Erdöls wird meist das **Rotary-Tiefbohrverfahren** angewendet.

rotary: engl. drehen
seismisch: griech. seismos = Erderschütterung

Rotary-Tiefbohrverfahren

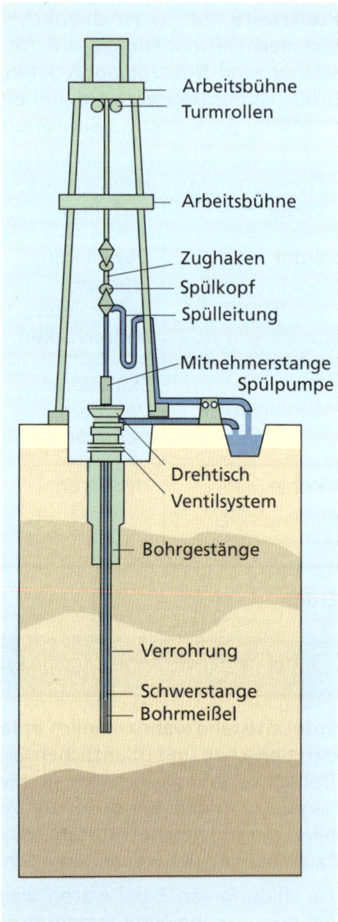

Elektro- oder Dieselmotoren treiben das Bohrgestänge an. Ein Strang des Bohrgestänges ist jeweils 9 Meter lang. Am unteren Ende befindet sich der Bohrmeißel, der unter ständigem Drehen den Boden des Bohrloches zertrümmert. Weil sich der Meißel immer tiefer ins Erdinnere frisst, muss das Bohrgestänge im Bohrturm verlängert werden. Da der Bohrmeißel großen Belastungen ausgesetzt ist, wird er gekühlt und geschmiert. Spülpumpen, meist große Kolbenpumpen, sorgen für einen Flüssigkeitskreislauf. Über die Spülleitung und den Spülkopf wird die Bohrspülung in das Bohrgestänge gepumpt. Unten tritt sie durch den Meißel in das Bohrloch. Beim Aufsteigen trägt sie zwischen dem Bohrgestänge und dem Bohrlochrand die vom Meißel losgebohrten Gesteinsbrocken über Tage. Die Spülung beginnt dann erneut ihren Kreislauf. Die Verrohrung stabilisiert den Bohrlochrand.

Bohrmeißel
Schlagbohrmeißel (1)
Zwei-Rollen-Meißel (2)
Diamantmeißel (3)

1 2 3

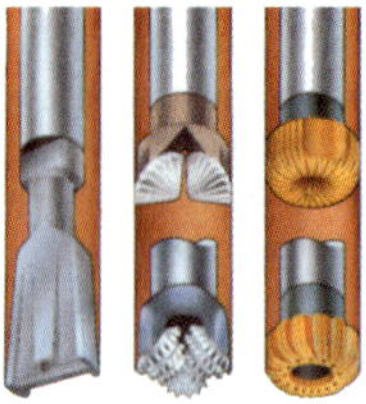

Der Bohrvorgang wird durch mehrere Messgeräte überwacht und gesteuert. Mit Datenfernübertragung gelangen die Messdaten aus dem Bohrloch zur elektronischen Datenverarbeitung. Viele Erdöllagerstätten stehen unter Druck. Beim Anbohren wird das Erdöl zusammen mit Erdgas und Wasser an die Erdoberfläche gepresst. Lässt der Druck nach, dann werden Tiefpumpen zur Förderung eingesetzt.

Erdöl ist ein Gemisch aus Öl, Gasen, Salzwasser und Verunreinigungen. Das geförderte Erdöl muss vor dem Transport zur Verarbeitung gereinigt, oft auch entsalzt werden. Es entsteht **Rohöl**. Transportmittel sind **Pipelines** und **Tankschiffe.** Verarbeitet wird das Rohöl in einer **Raffinerie**.

Die **Raffinerie** ist eine verfahrenstechnische Anlage zur Trennung des Rohöls in einzelne Fraktionen und deren Weiterverarbeitung zu Kraftstoffen und anderen Produkten. In der Raffinerie werden physikalische und chemische Verfahren zur Verarbeitung von Kohlenwasserstoffen eingesetzt.

Rohöl ist ein dickflüssiges Gemisch aus ketten- und ringförmigen Kohlenwasserstoffen. Kurzkettige Kohlenwasserstoffe haben eine niedrigere Siedetemperatur als langkettige. Ihr unterschiedliches Siedeverhalten wird zur Trennung des Rohöls in einzelne **Fraktionen** genutzt.

Verfahren zur Erdölaufarbeitung in einer Kraftstoffraffinerie

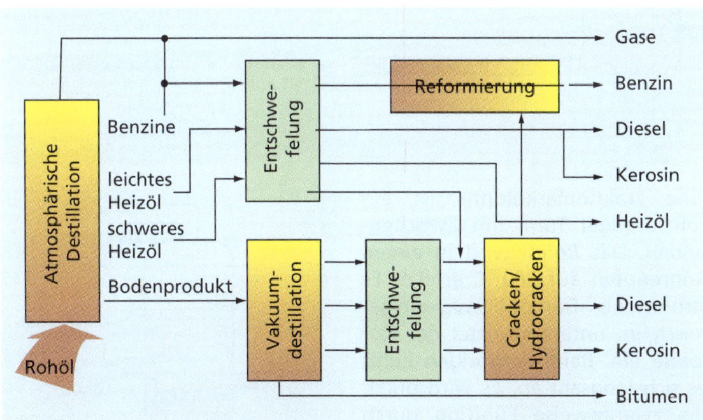

Die wichtigsten *physikalischen* Verfahren in einer Raffinerie sind das **Destillieren** bei atmosphärischem Druck und im Vakuum.

Destillieren ist das Trennen eines Flüssigkeitsgemisches durch ständiges Verdampfen und Kondensieren in einer **Kolonne**.

Die **atmosphärische Destillation** ist die erste Stufe der Rohölverarbeitung. Sie findet bei normalem Luftdruck in einer **Fraktionierkolonne** statt.

Atmosphärische Destillation

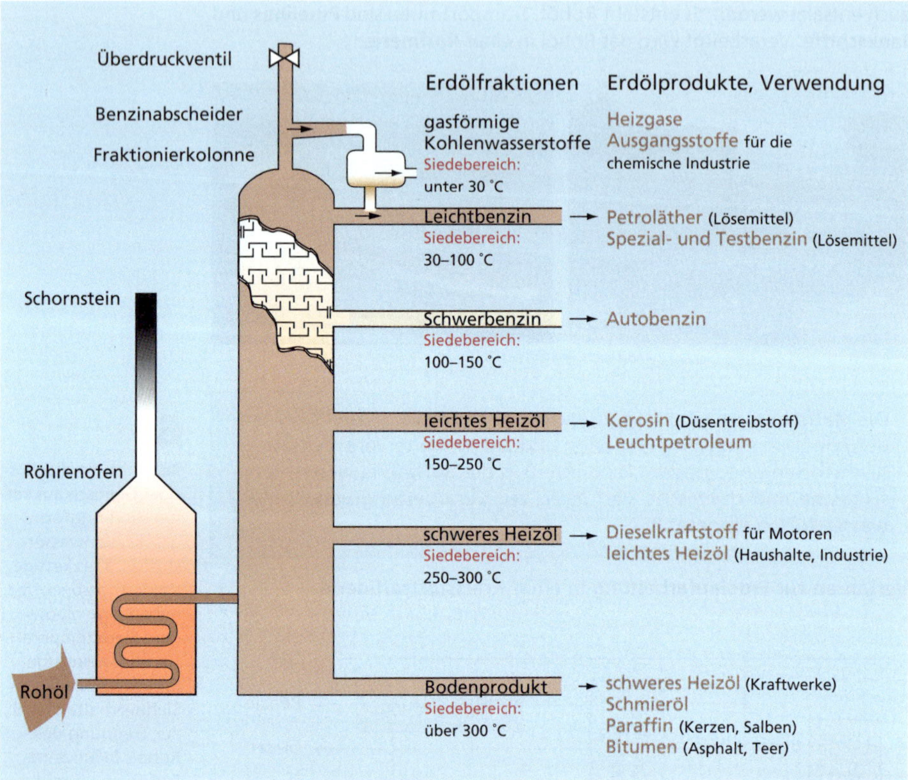

Das **Kondensat** ist ein Kohlenwasserstoffgemisch. Die Anzahl seiner verschiedenen Kohlenwasserstoffe ist gering.
Das vom Zwischenboden abgezogene Kondensat wird **Fraktion** genannt.

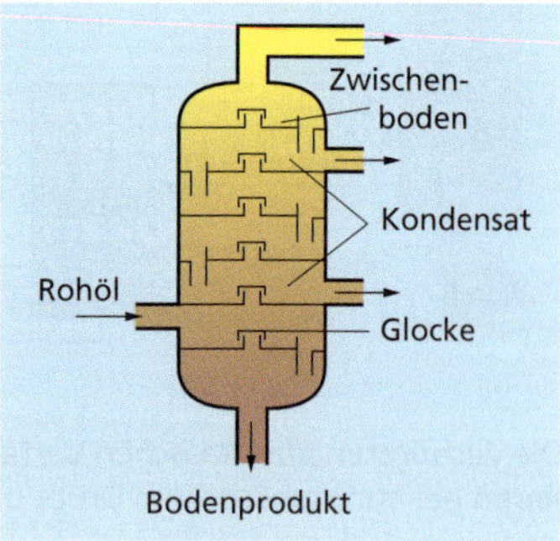

Eine **Fraktionierkolonne** ist ein rohrförmiger Turm mit Zwischenböden. Das *Rohöl* wird in einem Röhrenofen auf 360 °C erhitzt. Es strömt als Dampf-Flüssigkeitsgemisch im unteren Drittel der Kolonne ein. Beim Aufsteigen kühlt es sich langsam ab. Es wird durch die zwangsweise Führung durch Schlitze oder Löcher in die *Zwischenböden* befördert. Auf diesen sammelt sich das *Kondensat*. Eine *Glocke* über den Löchern verhindert seinen unmittelbaren Rückfluss zum unteren Boden. Je mehr Zwischenböden eine Kolonne hat, je kleiner wird im jeweiligen Kondensat die Vielfalt an Kohlenwasserstoffen. Der Temperaturbereich eines Kondensats kann von 60 °C bis 120 °C betragen. Die Flüssigkeit am Boden der Kolonne ist das *Bodenprodukt*. Es wird in der Vakuumdestillation in weitere Fraktionen getrennt.

Fraktionen sind Kohlenwasserstoffe, deren Siedetemperaturen nahe beieinander liegen.

Bei der Vakuumdestillation wird das Bodenprodukt aus der atmosphärischen Destillation in einen Turm geleitet, in dem verminderter Druck herrscht. Man nutzt die Tatsache, dass Flüssigkeiten unter verringertem Druck bei niedrigeren Temperaturen sieden. Deshalb verdampfen sie im Vakuumturm. Sie kondensieren auf den verschiedenen Glockenböden und sind so voneinander getrennt.

Die *chemischen* Verfahren der Erdölverarbeitung vergrößern den Anteil an Fraktionen, die in großen Mengen benötigt werden. Dies sind vor allem die Benzin-, Diesel- und Heizölfraktionen.

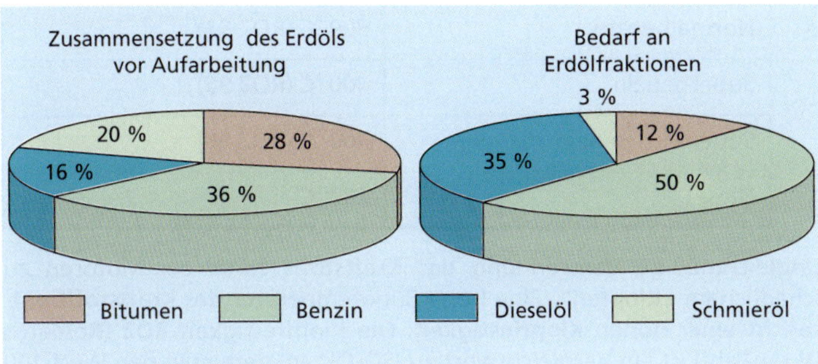

Cracken, Reformieren und Hydrocracken

Cracken, Reformieren und Hydrocracken sind *chemische* Verfahren zur Veredlung der Fraktionen. Die Auswahl des jeweiligen Verfahrens ist davon abhängig, ob überwiegend Kraftstoffe, Heizöle oder Schmieröle hergestellt werden sollen.

Cracken; engl. to crack = zerbrechen

Cracken ist das Aufspalten langkettiger Kohlenwasserstoffe der leichten und schweren Heizölfraktionen.

Beim Cracken entstehen kurzkettige und ringförmige Kohlenwasserstoffe sowie Schmieröle. Cracken erfolgt meist in einem **Wirbelbettreaktor** bei 450 °C bis 500 °C mit Katalysatoren (↗ S. 85, 86) aus Alumosilicaten ($SiO_2 \cdot Al_2O_3$).

Beim **Reformieren** werden langkettige Kohlenwasserstoffe in verzweigte oder ringförmige Kohlenwasserstoffe umgebaut.

Verzweigte und ringförmige Kohlenwasserstoffe erhöhen die Klopffestigkeit von Benzinen. Dieses Verfahren wird in einem **Reformer** durchgeführt, der mit Füllkörpern und Katalysatormasse gefüllt ist und bei einer Temperatur von ca. 500 °C arbeitet.

Kohlenwasserstoffe:

langkettige

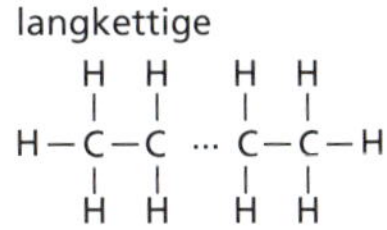

kurzkettige

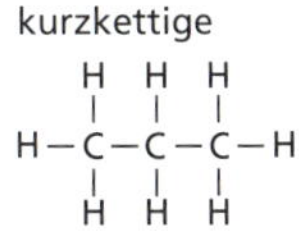

ringförmige

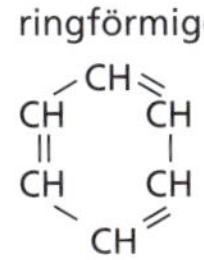

Hydrocracken ist eine Kombination von katalytischem Cracken und katalytischer Hydrierung. **Katalytische Hydrierung** ist das Anlagern von Wasserstoffatomen an durch Spaltung der Ketten entstandenen freien Bindungen des Kohlenstoffatoms.

Die schweren Heizölfraktionen oder Vakuumdestillate werden in Benzin- und Dieselfraktionen gespalten. Der katalytische Prozess verläuft bei Temperaturen von 320 °C bis 420 °C.

Die Benzinfraktion enthält Flüssigkeiten im Siedebereich zwischen 70 °C und 200 °C.

Kraftstoffart	**Zündtemperatur**
Normalbenzin	300 °C (ROZ 91)
Superbenzin	400 °C (ROZ 95)
Super Plus Benzin	400 °C (ROZ 98)
Diesel	250 °C

Verbleites Benzin wird wegen seiner Schädlichkeit für Mensch und Umwelt in Deutschland nicht mehr verkauft.

Ungleichmäßige Verbrennung des Kraftstoffs führt bei Motoren zu schädlichem „Klopfen". Eine hohe Zündtemperatur des Kraftstoffs entspricht einer hohen **Klopffestigkeit**. Die Klopffestigkeit **ROZ** (**R**esearch **O**ktan**Z**ahl) ist ein Vergleichswert zu ISO-Oktan, dem man den Wert 100 zuordnet.

Herstellung von Kraftstoffen und Umweltschutz

Erdöl ist je nach Lagerstätte mit Schwefel verunreinigt. Da der im Erdöl enthaltene Schwefel zu *Korrosionsschäden* in der Erdölaufbereitungsanlage führt, ist es notwendig das Erdöl vor der Verarbeitung zu reinigen.

Saurer Regen und **Waldsterben** werden durch das Schwefeldioxid (SO_2) verursacht. Es entsteht beim Verbrennen schwefelhaltiger Kraftstoffe. Deshalb erfordert der Umweltschutz ein Entschwefeln der einzelnen Fraktionen.

Entschwefeln ist das Entfernen von Schwefel aus den Fraktionen durch katalytisches Hydrieren zu Schwefelwasserstoff in einem Rohrreaktor.

3.2.4 Regenerative Energieerzeugung

Regenerative Energieerzeugung ist Nutzung von sich ständig erneuernden Energiequellen, z.B. Wasserkraft, Sonnenstrahlung, Wind, Gezeiten, Biomasse und Erdwärme.

Nutzung von Wasserkraft

Wasserkraftwerke nutzen die Energie von fließendem oder gestautem Wasser zur Erzeugung von Elektroenergie.

Grundsätzlich unterscheidet man **Laufwasserkraftwerke** und **Speicherkraftwerke**.

Für die Konstruktion und Leistung eines Wasserkraftwerkes sind die *Höhe des nutzbaren Gefälles* und die *Durchflussmenge* des Wassers bedeutend.

Der Wirkungsgrad eines Wasserkraftwerkes liegt zwischen 60 und 80 Prozent.

Turbinen wandeln die Energie des Wassers in Rotationsenergie um. Ein Generator erzeugt aus dieser Rotationsenergie elektrische Energie.

Laufwasserkraftwerke nutzen die Strömungsenergie des fließenden Wassers. Eine große Wasserdurchflussmenge und kleine Fallhöhe bestimmen ihren Standort an Flüssen, im Mittelgebirge oder im Flachland.

Wegen des relativ stetigen Wasserangebots erzeugen Laufwasserkraftwerke kontinuierlich elektrische Energie und arbeiten in der Regel als *Grundlastkraftwerke*.

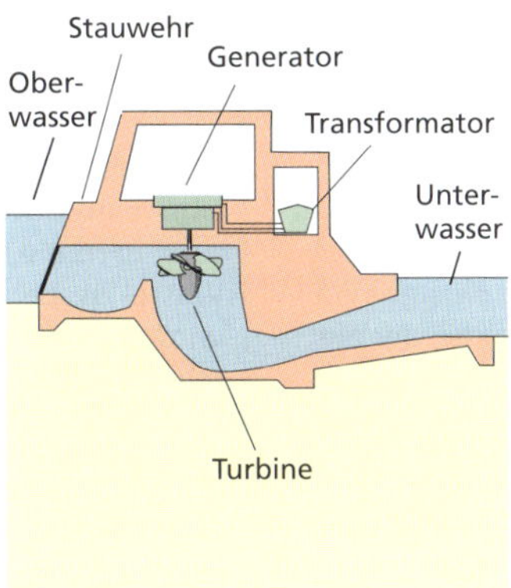

Die Durchflussmenge einer Wasserturbine wird als Volumenstrom bezeichnet.

Speicherkraftwerke werden in Gebirgslagen errichtet. In den hoch gelegenen Speicherbekken wird Wasser gesammelt. Zur Energieerzeugung strömt es durch Rohrleitungen auf die Turbinen.

Speicherkraftwerke arbeiten vorrangig als *Spitzenlastkraftwerke*, da sie nicht kontinuierlich genutzt werden können. (↗ S. 120)

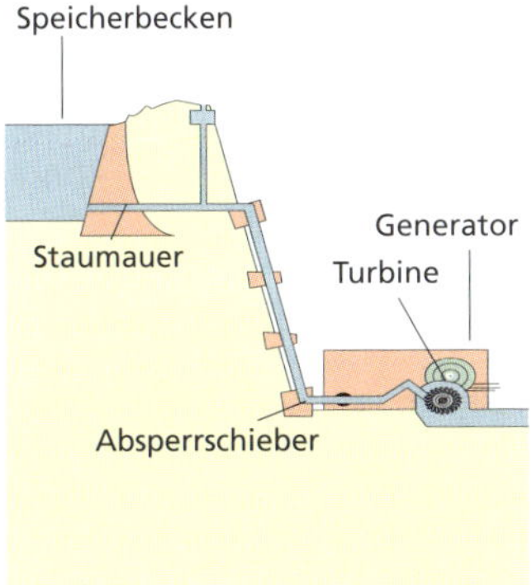

Eine besondere Form des Speicherkraftwerkes ist das **Pumpspeicherkraftwerk**. Wasser wird in Tageszeiten mit einem Überschuss an Elektroenergie in ein höher gelegenes Becken gepumpt. Die gespeicherte Lageenergie des Wassers wird in den Spitzenzeiten in Elektroenergie zurückgewandelt.

Man unterscheidet verschiedene Bauformen von Turbinen. Ihr Einsatz wird durch die Fallhöhe des Wassers und die Durchflussmenge bestimmt.

	Bauformen		
	Kaplanturbine	**Peltonturbine**	**Francisturbine**
Aufbau	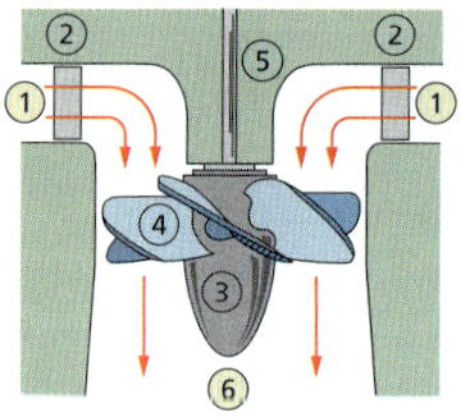 ① Wasserzufluss ② Leitapparat mit verstellbaren Schaufeln ③ Laufradnabe ④ Laufschaufeln verstellbar ⑤ Turbinenwelle ⑥ Wasserabfluss	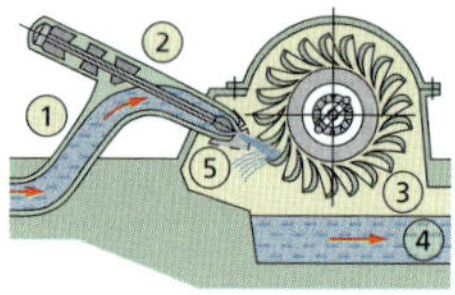 ① Wasserzufluss ② Einlauf ③ Laufrad ④ Wasserabfluss ⑤ Düse	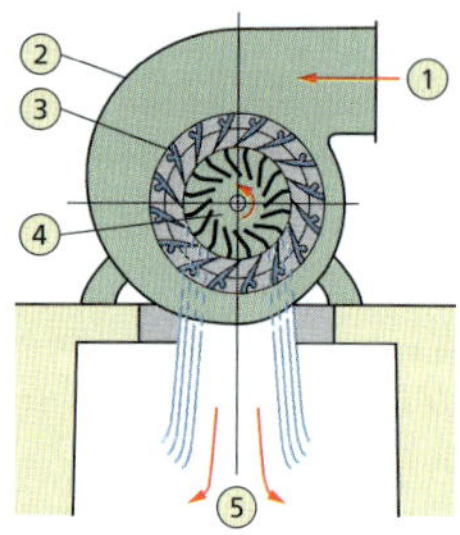 ① Wasserzufluss ② Gehäuse ③ Leitrad mit verstellbaren Schaufeln ④ Laufrad ⑤ Wasserabfluss
Funktion	Das Wasser durchströmt zuerst den Leitapparat. Durch ihn entsteht ein Wasserstrudel, der die Laufschaufeln antreibt. Das Laufrad ähnelt einer Schiffsschraube.	Über eine Hochdruckleitung wird die Düse mit Wasser gespeist. Mit ihr wird die Strömungsgeschwindigkeit des Wassers erhöht. Der Wasserstrahl trifft auf die rotierenden Schaufeln der Turbine. Dabei geht seine Energie auf das Laufrad über.	Wasser strömt mit hoher Geschwindigkeit durch eine Rohrleitung in das schneckenförmige Gehäuse der Turbine. Über das Leitrad wird das Wasser auf die rotierenden Laufschaufeln gelenkt.
Leistung	bis zu 180 MW Die Regulierung der Turbinenleistung erfolgt über die Leit- und Laufschaufeln.	bis zu 300 MW Die Regulierung der Turbinenleistung erfolgt über die Düsennadel.	bis zu 850 MW Die Regulierung der Turbinenleistung erfolgt über die verstellbaren Schaufeln des Leitrades.
Einsatz	– Fallhöhe bis 15 m – große Durchflussmenge	– Fallhöhe bis 2 000 m – geringe Durchflussmenge	– Fallhöhe bis 700 m – mittlere Durchflussmenge

In Laufwasserkraftwerken werden **Kaplanturbinen,** in Speicherkraftwerken **Pelton-** oder **Francisturbinen** eingesetzt.

Nutzung von Sonnenstrahlung

Die Erdoberfläche wird von der Sonne mit ca. 1000 W/m^2 Strahlungsleistung in Form von Wärme und Licht versorgt. Mit modernen Techniken wird die Strahlungsenergie zur Erzeugung von Elektroenergie und zur Warmwasserbereitung nutzbar gemacht.

Fotovoltaikanlagen wandeln die Lichtenergie von der Sonne *direkt* in Elektroenergie um.

Fotovoltaikanlagen	
Wirkungsgrad einer Solarzelle	10 bis 18 Prozent je nach Material
Leistung	ca. 200 W je m^2 wirksamer Oberfläche, abhängig von Temperatur, Beleuchtungsstärke, Winkel zur Sonne
Einsatz	Parkscheinautomaten, Überwachungsanlagen, Notrufsäulen, Stromversorgung für elektronische Geräte, Stromversorgung in abgelegenen Gebieten
Besonderheiten	Elektroenergie muss in Akkumulatoren zwischengespeichert werden, um eine kontinuierliche Stromversorgung auch bei Dunkelheit zu gewährleisten.
Wirtschaftlichkeit	Kosten je kWh 1,50 DM, deshalb z.Zt. vor allem dort ökonomisch, wo der Anschluss an das öffentliche Netz zu teuer ist. Nur bei gleichzeitigem Einsatz Energie sparender Technik sinnvoll.
Aufbau	Solarmodul, bestehend aus 20 bis 40 Solarzellen, Laderegler, Akkumulator und Wechselrichter

1954 wurde am Bell Telephone Laboratory in den USA die **Silicium-Solarzelle** entwickelt.

Die zentralen Bauelemente der Fotovoltaikanlagen sind **Solarzellen.** In den Solarzellen wird die Energie der Sonnenstrahlung direkt in elektrische Energie umgewandelt.

Solarzellen bestehen aus zweischichtigem **Halbleitermaterial,** n- und p-leitendem Silicium. Zwischen beiden Schichten existiert ein elektrisches Feld. Durch die Energie des auftreffenden Lichtes werden Ladungsträger frei. Das Feld verschiebt sie entsprechend ihrer Polarität in je eine Schicht. Sie stehen an den äußeren Kontakten der Solarzelle als elektrische Gleichspannung zur Verfügung. Schließt man dort einen Lastwiderstand R_L an, dann fließt ein Gleichstrom.

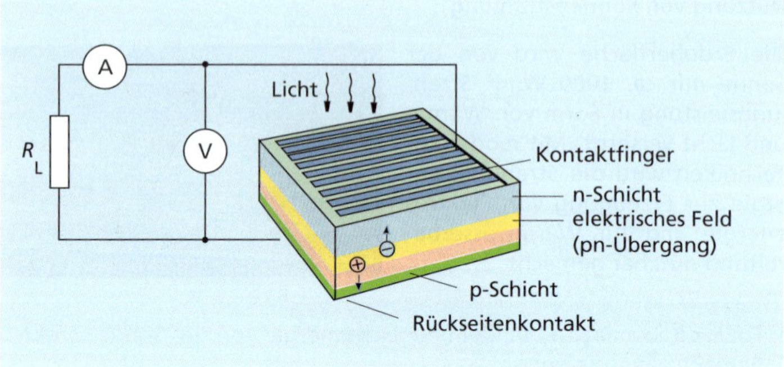

Die so genannte Fotospannung einer Solarzelle beträgt nur etwa 0,5 V. Das ist für technische Anwendungen zu wenig. Deshalb werden bei Fotovoltaikanlagen mehrere Zellen in Reihe „hintereinander geschaltet", um Spannungen von z.B. 12 oder 24 Volt zu erreichen.

Der Betrieb von **Solarzellen** ist sehr umweltfreundlich. Der Herstellungsprozess von Solarzellen jedoch ist energieaufwendig und schadstoffbehaftet. Die notwendige Speicherung der Solarenergie, z.B. in Bleiakkumulatoren, schafft Entsorgungsprobleme, die durch Recycling vermindert werden müssen.

Eine weitere Möglichkeit, die Energie der Sonne zu nutzen, sind **Solarkollektoren**.

Mit einer Sonnenkollektorfläche von $A = 6\ m^2$ können etwa 60 % des Warmwasserjahresverbrauchs eines Vier-Personen-Haushaltes gedeckt werden.

Solarkollektoranlagen wandeln die Lichtenergie der Sonne *direkt* in Wärme um.

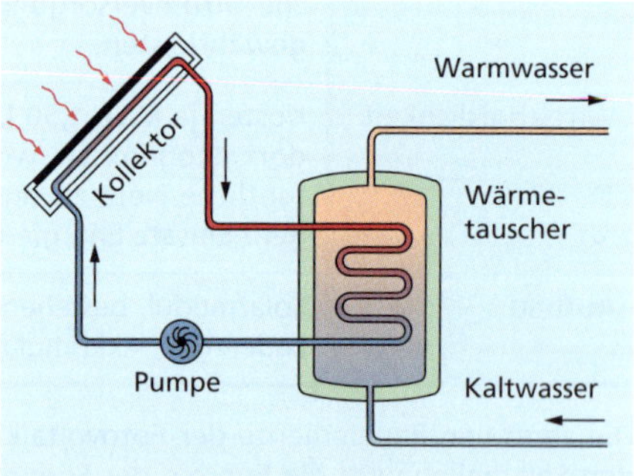

Eine der wirtschaftlichsten Methoden, die Sonnenenergie mittels Solaranlagen zu nutzen, ist die Warmwasserbereitung. Das Kernstück einer solaren Warmwasseraufbereitung ist der **Sonnenkollektor**. Man nennt ihn auch Absorber. Er besteht aus einem flachen wärmeisolierten Kasten mit Glasabdeckung. Dünne Kupferröhren sind auf einer Aluminiumfolie befestigt und werden von Wasser durchströmt. Folie und Rohre sind mattschwarz. Die durch die Glasabdeckung einfallende direkte und diffuse Sonnenstrahlung wird von den schwarzen Teilen absorbiert und erwärmt diese. Das durch die Röhren strömende Wasser nimmt die Wärme auf und transportiert sie in den Wärmetauscher. Dort geht sie auf die Warmwasserversorgung des Haushaltes oder auf den Heizungskreislauf über.

Nutzung von Windenergie

> Mit **Windkraftanlagen** wird die Strömungsenergie des Windes in Elektroenergie umgewandelt.

Windräder haben eine lange Geschichte, in der sich sehr unterschiedliche Rotorformen entwickelt haben. Sie formen die Strömungsenergie des Windes in Rotationsenergie an der Rotorwelle um. Damit wird heute Elektroenergie erzeugt. „Dreiflügler" sind besonders verbreitet. Sie haben den besten Wirkungsgrad. Theoretisch kann er 59 % erreichen.

Mit der Rotationsenergie des Rotors wird zur Erzeugung von Elektroenergie ein Generator angetrieben. Zur Regelung der Leistung werden die Rotorblätter verstellt. Windgeneratoren erreichen Leistungen von einigen MW.

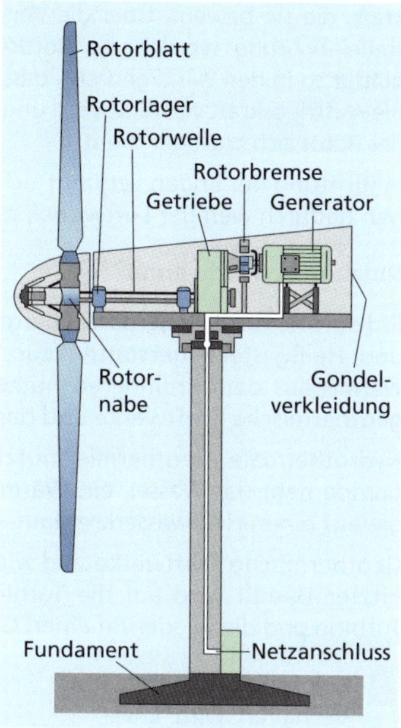

Bauformen von Windrotoren

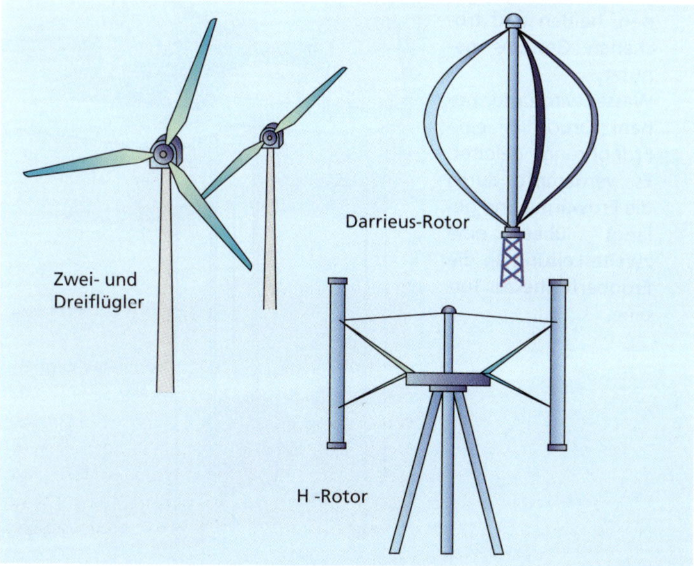

Die Rotorblätter eines Zwei- oder Dreiflüglers bestehen aus **Faserverbundkunststoff** (↗ S. 38), der leicht und stabil ist.

Die Rotorblätter sind nach aerodynamischen Gesichtspunkten aufgebaut. Ihr Querschnitt gleicht dem Profil der Tragflächen von Flugzeugen. Wenn sie vom Wind umströmt werden, entsteht eine Auftriebskraft, die sie bewegt. Über die Verstelleinrichtung werden die Rotorblätter so in den Wind gedreht, dass die Auftriebskraft verstärkt wird und der Rotor sich kräftiger dreht.

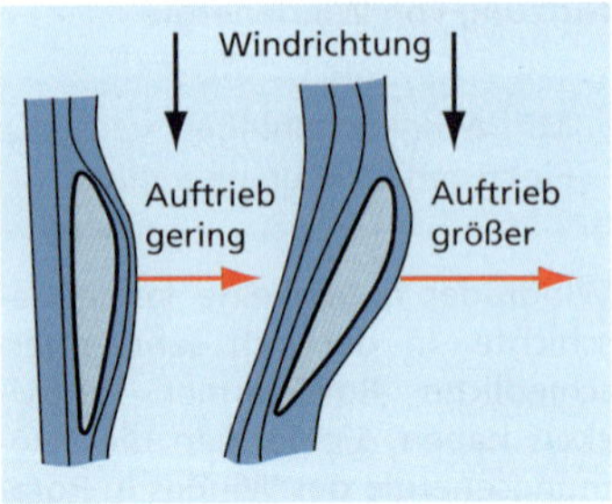

In Richtung der Enden verjüngt sich die Form der Rotorblätter. Es entstehen dadurch weniger Luftwirbel, die Leistungsverluste verringern sich.

Nutzung von Erdwärme

Erdwärme, als erneuerbare Energie, steht in Heißdampf-, Heißwasser- und Heißgesteinlagerstätten zur Verfügung. Verfahren, die die Erdwärme aus dem Erdinneren nutzen, sind **hydrothermale Geothermie**, **geothermische Kraftwerke** und das **Hot-Dry-Rock-Verfahren**.

Mit **Erdwärme** können Wärmekraftwerke und **Fernwärmenetze** versorgt werden. Der Aufwand für die Tiefenbohrungen ist sehr hoch.

Hydrothermale Geothermie nutzt heißes Tiefenwasser. Eine Tauchpumpe hebt das Wasser, ein Wärmetauscher überträgt die Wärmeenergie auf einen Heißwasserkreislauf, z.B. eines Gewächshauses.

Geothermische Kraftwerke sind wie Wärmekraftwerke aufgebaut. Überhitzter Dampf wird auf die Turbinenschaufeln geleitet und treibt die Turbine und die wiederum einen Generator an.

Beim Hot-Dry-Rock-Verfahren wird Energie des tief gelegenen, heißen und trockenen Gesteins genutzt.
Wasser wird unter hohem Druck in eine Erdbohrung geleitet. Es verdampft durch die Erdwärme und gelangt über eine zweite Leitung an die Erdoberfläche zur Turbine.

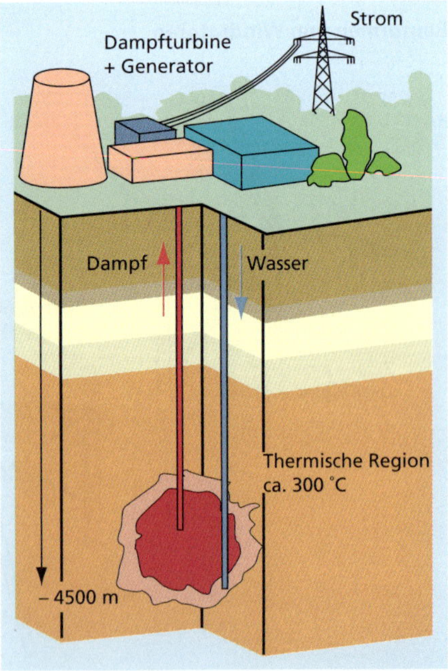

Nutzung der chemischen Energie von Wasserstoff

Wasserstoff erfüllt alle Voraussetzungen eines zukünftigen Energieträgers. Er steht im Wasser nahezu unbegrenzt zur Verfügung, verbrennt annähernd schadstofffrei zu Wasserdampf und lässt sich mit modernen Technologien herstellen. Seine Energie kann in Elektroenergie, Wärmeenergie und mechanische Energie umgewandelt werden.

Wasserstoff kann aus Erdgas, Biogas oder Methanol hergestellt werden.

Solar-Wasserstoff-Anlagen wandeln die Lichtenergie der Sonne in Elektroenergie und danach in chemische Energie von Wasserstoff um.

Auch mit Windenergie oder Wasserkraft ist die Herstellung von Wasserstoff möglich.

In Solar-Wasserstoff-Anlagen kann Wasserstoff gespeichert werden. Dadurch können sie unabhängig von der Tages- und Jahreszeit kontinuierlich arbeiten. Von dort wird der Wasserstoff zum Nutzer transportiert.

Zur Nutzung wird die chemische Energie des Wasserstoffs in Elektroenergie, Wärmeenergie oder mechanische Energie umgewandelt. Die Solar-Wasserstoff-Technik befindet sich noch in der Entwicklung.

Ein **Solargenerator** besteht aus vielen Solarmodulen.

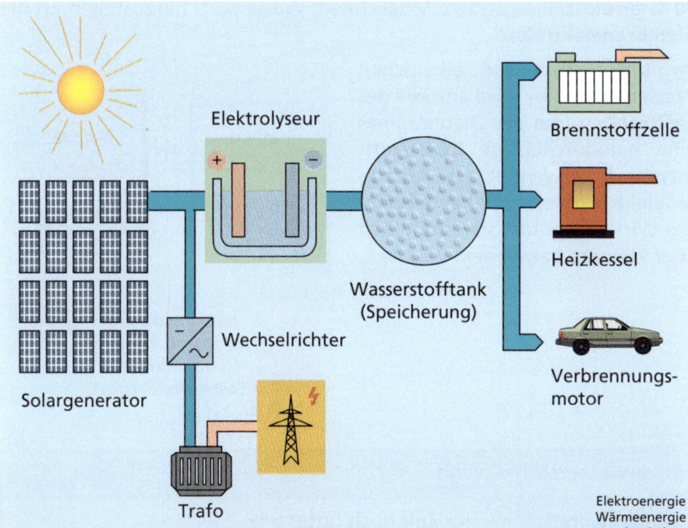

Solar-Wasserstoff-Anlage (Blockschema)

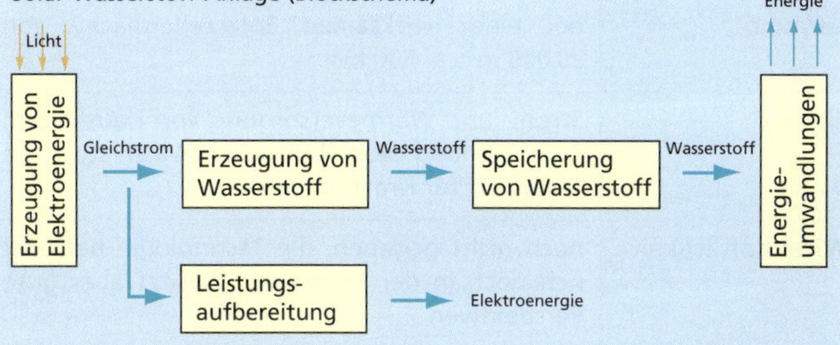

Ein **Eletrolyseur** ist eine Anlage zur Durchführung der **Elektrolyse**. Ein **Elektrolyt** ist eine elektrisch leitende Flüssigkeit, die elektrochemische Vorgänge ermöglicht.

Das zentrale Teilsystem einer Solar-Wasserstoff-Anlage ist der **Elektrolyseur.**

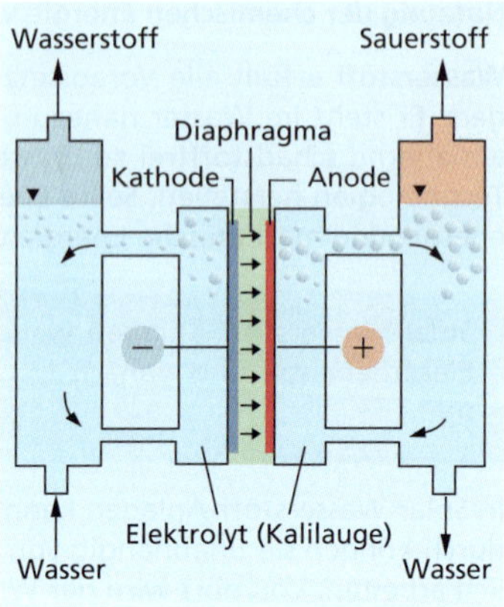

Ein Elektrolyseur besteht aus vielen hintereinander geschalteten Elektrolysezellen. Jede dieser Zellen ist mit einem *Elektrolyten*, meistens Kalilauge, gefüllt. *Anode* und *Kathode* werden von einer *Gleichstromquelle* gespeist. Das *Diaphragma* ist eine ladungsträgerdurchlässige aber gasundurchlässige Scheidewand und trennt Anode und Kathode voneinander. Die **Elektrolyse** verläuft so, dass sich an der Kathode Wasserstoff und an der Anode Sauerstoff bilden. Der so erzeugte Wasserstoff wird abgesaugt und in Tanks gespeichert.

Mit der **alkalischen Wasserelektrolyse** werden Wirkungsgrade bis zu 70 % erreicht. Eine andere Möglichkeit, Wasserstoff herzustellen, ist die **Membranelektrolyse**.

Im Unterschied zur alkalischen Wasserelektrolyse wird anstelle des Elektrolyten und des Diaphragmas eine halbdurchlässige Kunststoffmembran verwendet. Die Membranelektrolyse erreicht keine höheren Wirkungsgrade, sie ermöglicht aber kleinere Bauweisen.

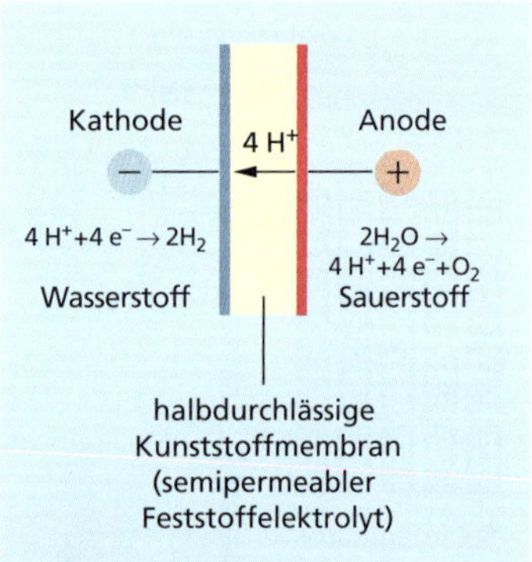

Solar-Wasserstoff-Anlage	
Wirkungsgrad	zur Zeit noch unter 6 %
Leistung	bei einer wirksamen Solarzellenfläche von 20 000 m^2 ca. 500 kW
Einsatz	Strom- und Wärmeversorgung von Haushalten, Bereitstellung von flüssigem Wasserstoff als Treibstoff für Kraftfahrzeuge
Wirtschaftlichkeit	noch nicht gegeben, die Technologie befindet sich noch in der Erprobung, besitzt aber gute Perspektiven

Wichtige Systeme zur Umwandlung der chemischen Energie des Wasserstoffs in Elektroenergie sind **Brennstoffzellen**. Eine Brennstoffzelle ist eine *elektrochemische Stromquelle*, deren Wirkungsweise auf der Umkehrung der Elektrolyse beruht.

Brennstoffzellen sind technische Systeme, in denen z. B. aus Wasserstoff durch elektrochemische Reaktion (Oxidation) Gleichstrom gewonnen wird.

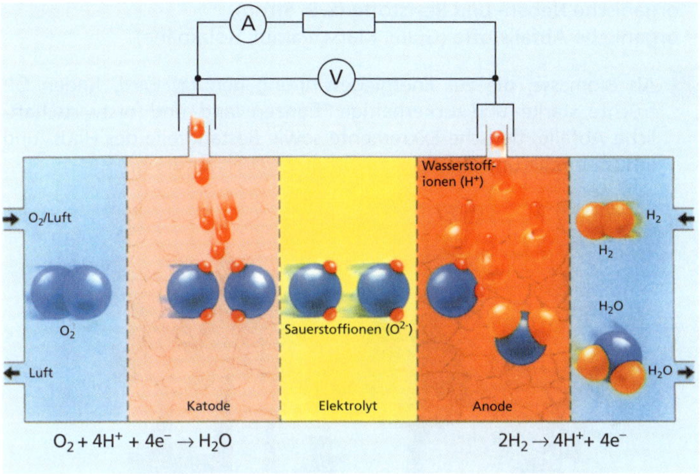

Dem System werden Sauerstoff und Wasserstoff zugeführt. Der Elektrolyt trennt den Sauerstoff vom Wasserstoff. Bei einer Betriebstemperatur von 80 °C gibt der Wasserstoff seine Elektronen an die Anode ab, es entstehen Wasserstoffionen (H^+). Die frei gewordenen Elektronen fließen durch den Verbraucher zur Katode und werden vom Sauerstoff aufgenommen. Es entstehen Sauerstoffionen (O^{2-}). Diese transportieren die Elektronen durch den Elektrolyten zur Anode zurück. Dort vereinigen sich Sauerstoffionen (O^{2-}) mit je zwei Wasserstoffionen (2 H^+) zu Wassermolekülen (H_2O). Ohne den Elektrolyten würden sich beide Gase vermischen.

Bei **Brennstoffzellen** kann der Elektrolyt auch als Feststoffmembran ausgeführt sein.

Zur Beschleunigung der Wasserstoff-Sauerstoff-Reaktion werden z. B. poröse Nickelelektroden verwendet, deren Porendurchmesser etwa 10^{-3} Millimeter beträgt. Ohne Belastung liefert eine Brennstoffzelle eine Spannung von etwa 1,2 V.

Die Entwicklung der PEM (Proton-Exchange-Membran-Brennstoffzelle) wird derzeit am stärksten vorangetrieben. Sie ist universell einsetzbar und einfach aufgebaut.

Es gibt unterschiedliche Brennstoffzellen, z. B. alkalische Brennstoffzellen, Polymer-Elektrolyt-Membran-Brennstoffzellen, phosphorsaure Brennstoffzellen oder oxikeramische Brennstoffzellen. Diese Brennstoffzellen unterscheiden sich nicht nur in ihrem Aufbau, ihrer Leistung, dem verwendeten Elektrolyten und Brennstoff, auch ihr Wirkungsgrad reicht von 36 Prozent bis 65 Prozent. Einsatz finden sie in Blockheizkraftwerken oder in Fahrzeugen.

Biomasse wurde schon im Mittelalter durch den Menschen genutzt. Kuhdung wurde getrocknet und verfeuert.

Nutzung von Biomasse

Biomasse ist die Gesamtheit aller lebenden, toten und zersetzten Organismen und der von ihnen stammenden organischen Substanz.

Sie entsteht durch Fotosynthese. Dabei werden CO_2 und H_2O unter Lichteinwirkung in komplexere organische Moleküle umgewandelt.

Es gibt drei Arten von Biomasse:
- nachwachsende Rohstoffe (z. B. Raps, Mais),
- organische Neben- und Reststoffe (z. B. Stroh),
- organische Abfallstoffe (Gülle, Klärschlamm, Holzspäne).

Als Biomasse, die zur Energiegewinnung genutzt wird, finden Ölfrüchte, stärke- und zuckerhaltige Pflanzen, land- und forstwirtschaftliche Abfälle, tierische Exkremente sowie Bestandteile des Haus- und Industriemülls und der Abwasserreinigung Verwendung.

Hausmüll enthält 40 bis 60 Prozent Biomasseanteile (Pappe, Papier, Gartenabfälle, Küchenabfälle, Baumwolltextilien, Holzreste). Aus Sicht der energetischen Biomasseverwertung wird Hausmüll zur Biomasse gerechnet. **Biodiesel** ist die Bezeichnung für Rapsmethylester (RME oder FRAME). **Biogas** oder **Deponiegas** bestehen hauptsächlich aus Methan und Kohlendioxid. Ihr Anteil an **Methan** liegt zwischen 55 und 75 Prozent. Methan (CH_4) ist eine organische gasförmige Verbindung, die aus Kohlenstoff und Wasserstoff besteht. Methan ist ein gefährliches Treibhausgas. Es kann unschädlich gemacht werden, wenn es in technischen Verbrennungsprozessen **fossile Brennstoffe** ersetzt.

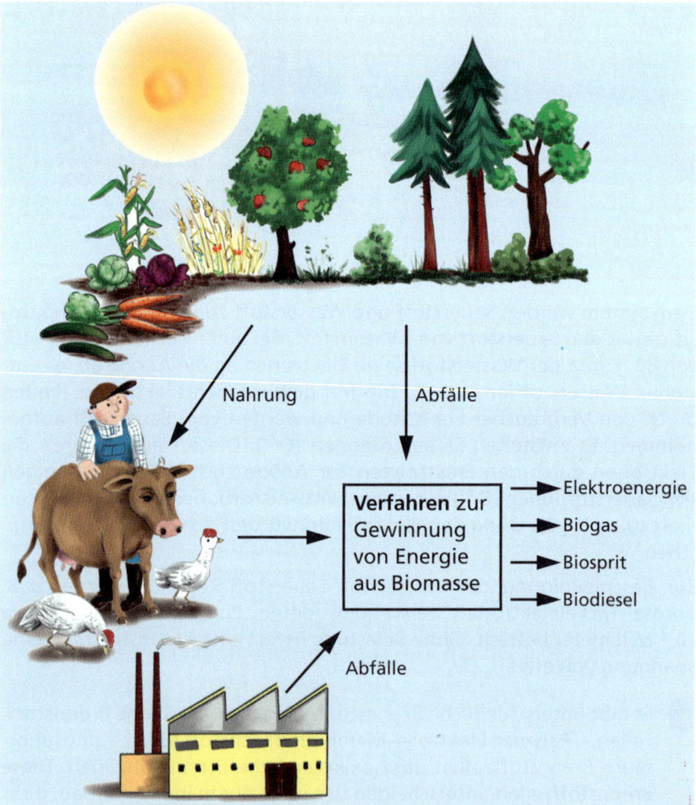

Durch die Nutzung der Verfahren zur Gewinnung von Energie aus Biomasse könnten in Zukunft bis zu 3 % des Energiebedarfs gedeckt werden.

Nutzung von Umgebungswärme

Wärme aus dem Erdreich	... aus dem Grundwasser	... aus der Luft

Die Wärme des Erdreiches, des Grundwassers und der Luft wird mit **Wärmepumpen** für Heizzwecke und Warmwasseraufbereitung nutzbar gemacht.

Mit 1 kWh Elektroenergie kann im Vergleich zu einer elektrischen Heizung mit einer **Wärmepumpe** die 2,5- bis 3fache Wärmemenge erzeugt werden.

Wärmepumpen nutzen als *Arbeitsmittel* (Wärmeträger) eine Flüssigkeit mit niedrigem Siedepunkt. Diese Flüssigkeit zirkuliert, von einem *Verdichter* angetrieben, in einem Rohrsystem. Der Verdichter sorgt für hohen Druck im *Verflüssiger*. Das *Expansionsventil* sorgt für niedrigen Druck im *Verdampfer*. Der Verdampfer einer Wärmepumpenanlage ist im Erdreich, im Grundwasser oder in der Luft angeordnet. In ihm verdampft das Arbeitsmittel wegen seines geringen Drucks. Dabei verringert sich seine Temperatur so weit, dass es Wärme aus der Umgebung aufnimmt und sie als **Verdampfungswärme** speichert. Das jetzt gasförmige Arbeitsmittel wird vom Verdichter abgesaugt und verdichtet. Dadurch erhöhen sich sein Druck und seine Temperatur. Der Verdichter wird von einem *Elektromotor* angetrieben. Das Arbeitsmittel gelangt in den Verflüssiger. Wegen seiner jetzt hohen Temperatur gibt es die gespeicherte Wärme, **Kondensationswärme**, an ein Heizungs- bzw. Warmwasseraufbereitungssystem ab, kondensiert dabei und gelangt wieder zum Verdampfer.

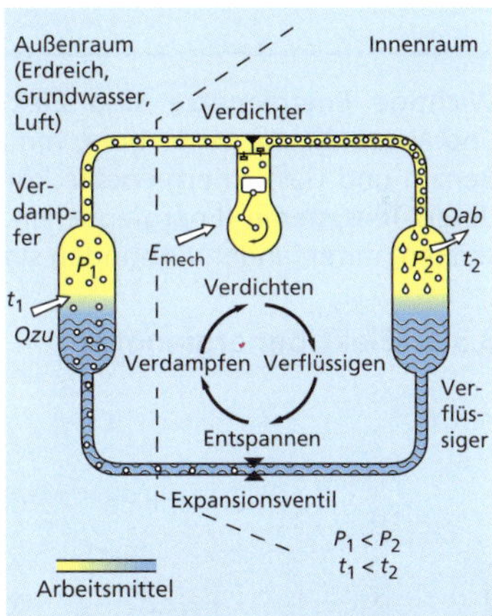

Je geringer der Druck einer Flüssigkeit ist, desto niedriger ist ihre Verdampfungstemperatur.

Die Kondensationswärme hat den selben Betrag wie die Verdampfungswärme.

Ein Kühlschrank nutzt das Prinzip der Wärmepumpe. Der Verdampfer entzieht dem Kühlgut die Wärme. Der Kompressor erhöht die Temperatur des Arbeitsmittels. Das Arbeitsmittel gelangt in den Verflüssiger, der sich an der Rückwand des Kühlschrankes befindet, wird wieder flüssig und gibt dabei Wärme an die Umgebung ab.

3.3 Energietransport und Energieverteilung

Die gesamte technische Welt ist vernetzt. Es gibt Straßen- und Schienennetze, Trink- und Abwassernetze und Kommunikationsnetze.

Der Transport und die Verteilung von Energie erfolgt über Netze.

Energienetze haben die Aufgabe, *Sekundärenergie* von den Energieerzeugern mithilfe von Transportmitteln und Verteilern zu den Energieverbrauchern zu übertragen.

Teilsysteme von Energienetzen	Beispiel
Erzeuger	Kraft- und Heizwerke, Raffinerien
Transportmittel	Elektrische Leitungen, Dampf- und Heißwasserleitungen, Gas- und Ölleitungen, Tankfahrzeuge
Verteiler/Speicher	Umspannwerke, Wärmetauscher, Tankstellen und Gasometer
Verbraucher	Haushalte, Industrie, Gewerbe, öffentliche Einrichtungen, Verkehr

Wichtige Energienetze sind *Elektroenergienetze*, *Fernheizungsnetze* und *Netze für die Versorgung mit Kraft- und Brennstoffen* (z.B. Heizöl, Benzin und Gas). Energienetze können als Systeme betrachtet werden, deren Teilsysteme (Energiequellen, Transportkanäle, Verteiler, Energiesenken) miteinander verbunden sind und eine Netzstruktur bilden.

3.3.1 Elektroenergienetze

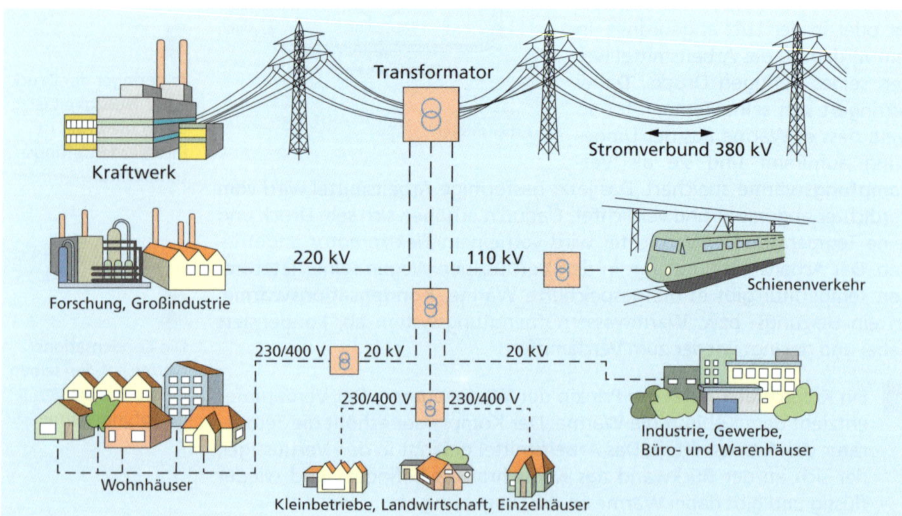

Das **Elektroenergienetz** ist ein *Verbundnetz.* Es überspannt grenzüberschreitend z. B. ganz Europa. Mit ihm werden große Elektroenergiemengen in Form von **Dreiphasenwechselstrom** transportiert. Der Energietransport über weite Strecken erfolgt mit **Höchstspannung**.

Erzeugung von Drehstrom

Kraftwerksgeneratoren (Innenpolmaschine) (↗ S. 123) erzeugen Dreiphasenwechselstrom, auch **Drehstrom** genannt. Diese Stromart hat sich durchgesetzt, weil bei der Übertragung Leiter eingespart werden und elektrische Antriebe einfach realisiert werden können.

Die erste Übertragung von Drehstrom erfolgte 1891 von Lauffen (Neckar) nach Frankfurt (Main). Es wurde eine Leistung von 176 kW übertragen. Sie diente dem Antrieb einer Pumpe und dem Betrieb von 1000 Glühlampen.

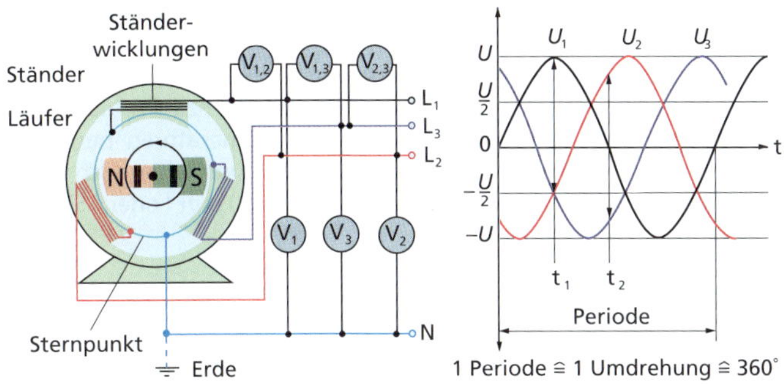

Der Sternpunkt wird im Kraftwerk geerdet.

Im *Ständer* sind drei *Wicklungen* geometrisch um jeweils 120° versetzt angeordnet. Das rotierende Magnetfeld des *Läufers* induziert in jeder Wicklung eine Wechselspannung. Nord- und Südpol erzeugen dabei jeweils positive und negative Halbwellen. Die drei gleich großen Spannungen U_1, U_2 und U_3 sind zeitlich um je 120° gegeneinander verschoben. Die Summe der drei Wechselspannungen ist zu jedem Zeitpunkt null (t_1, t_2). Das erlaubt, die drei Wicklungsenden zum **Sternpunkt** zusammenzuschalten. Diese Schaltungsart wird **Sternschaltung** genannt. Die drei Wicklungsanfänge führen die erzeugte Dreiphasenwechselspannung, die über die Leiter L_1, L_2 und L_3 in das Elektroenergienetz eingespeist wird. Da sich im Sternpunkt die Spannungen ausgleichen, fließt im **Neutralleiter** *N* auch kein Strom.

Gleichspannung und Gleichstrom werden mit den Symbolen *U* und *I* bezeichnet. Für Wechselspannung und Wechselstrom verwendet man die Symbole *u* und *i*.

Der **Neutralleiter** *N* ist spannungs- und stromlos.

In der Sternschaltung besitzt das Drehstromsystem zwei Spannungsebenen. Die erste Spannungsebene bilden die Leiter gegen den Neutralleiter. Hier liegen die **Strangspannungen** U_S (U_1, U_2 und U_3) an. Die zweite Spannungsebene wird zwischen je zwei Leitern gebildet. Es liegen die **Leiterspannungen** U_L ($U_{1,2}$, $U_{1,3}$ und $U_{2,3}$) an.

$U_L = \sqrt{3} \cdot U_S$ $\sqrt{3}$ Verkettungsfaktor bei Dreiphasenwechselspannung und -strom

Haben bei der gleichen Leistung Wechselstrom und Wechselspannung im Mittel dieselben Werte wie der entsprechende Gleichstrom und die Gleichspannung, dann nennt man sie Effektivwerte und verwendet die Symbole *U* und *I*.

Bei Hausanschlüssen beträgt die Strangspannung $U_S = 230$ V und die Leiterspannung $U_L = 400$ V.

Die Übertragung von Drehstrom ist auch mit **Dreieckschaltung** möglich. Im Unterschied zur Sternschaltung hat sie keinen Sternpunkt, keinen Neutralleiter und nur eine Spannungsebene.

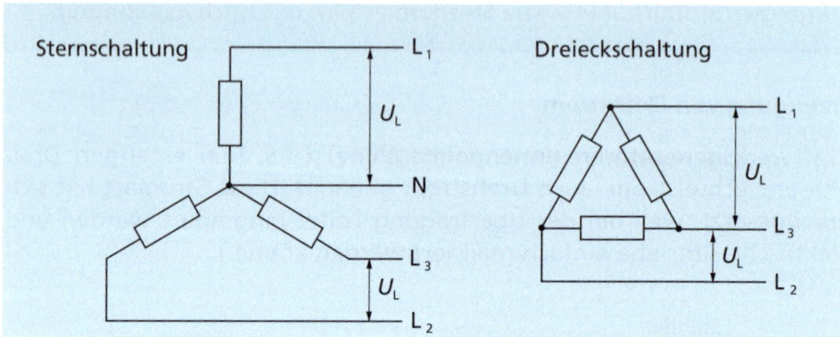

Die **Frequenz** *f* gibt für einen Schwingungsvorgang die Anzahl der Schwingungen pro Zeiteinheit an. Ihre Einheit ist 1 Hz (Hertz).
1 Hz = 1/s = s^{-1}

Die **Frequenz** *f* der erzeugten Dreiphasenwechselspannung beträgt im gesamten europäischen Netz 50 Hz. Sie wird von der Drehzahl n_L des Generatorläufers bestimmt. Bei sehr vielen Kraftwerksgeneratoren beträgt die Drehzahl des Läufers 3 000 min^{-1}. Generatoren können aber auch so konstruiert sein, dass bei Läuferdrehzahlen von z.B. 1000 min^{-1} oder 1500 min^{-1} die Frequenz 50 Hz beträgt.

Übertragung von Elektroenergie

Die **Verlustleistung** ist vom Leitungswiderstand und vom Quadrat der Stromstärke abhängig.
$P_V = R \cdot I^2$
Mit zunehmender Stromstärke muss der Querschnitt der Leitung vergrößert werden.

Ein Gerät (Glühlampe, Motor, Heizung o.Ä.) mit einer Leistung *P* von 100 W soll an eine 20 km entfernte Spannungsquelle angeschlossen werden. Der Leitungswiderstand R_L beträgt für die Hin- und Rückleitung 120 Ω.

Übertragung mit	
Niederspannung $U = 230$ V	**Hochspannung** $U = 2300$ V
Stromstärke *I*	
$I_1 = \frac{P}{U} = \frac{100\ W}{230\ V} = 0{,}43\ A$	$I_2 = \frac{P}{U} = \frac{100\ W}{2300\ V} = 0{,}043\ A$
Spannungsabfälle U_A über den Leitungen	
$U_{A_1} = R_L \cdot I_1 = 120\ W \cdot 0{,}43\ A = 51{,}6\ V$	$U_{A_2} = R_L \cdot I_2 = 120\ W \cdot 0{,}043\ A = 5{,}16\ V$
Verlustleistungen P_V über den Leitungen	
$P_{V_1} = U_{A_1} \cdot I_1 = 51{,}6\ V \cdot 0{,}43\ A = 22{,}2\ W$	$P_{V_2} = U_{A_2} \cdot I = 5{,}16\ V \cdot 0{,}043\ A = 0{,}222\ W$
Die Erhöhung der Übertragungsspannung um den Faktor 10 von 230 V auf 2300 V reduziert die Verlustleistung um den Faktor 100 von 22,2 W auf 0,22 W.	

Zur Verringerung der Übertragungsverluste erfolgt die Übertragung von Elektroenergie mit **Hochspannung**.

Umspannstationen stellen die Verbindung zwischen den Spannungsebenen 380 kV, 220 kV, 110 kV, 20 kV usw. her. Ihre zentralen Teilsysteme sind Transformatoren.

Transformatoren sind elektrische Anlagen zur Energieumformung. Das **Übersetzungsverhältnis** $Ü$ wird von ihren Windungszahlen N_1 und N_2 bestimmt. Es gilt die Beziehung:

$$Ü = \frac{N_1}{N_2} = \frac{U_1}{U_2} = \frac{I_2}{I_1}$$

Bei **Drehstromtransformatoren** liegen die drei Primär- und die drei Sekundärwicklungen auf einem gemeinsamen Eisenkern, der sich in einem mit Öl gefüllten Behälter befindet. Das Öl dient dabei Kühlzwecken. Drehstromtransformatoren haben einen Wirkungsgrad bis zu 98 Prozent. (↗ S. 124)

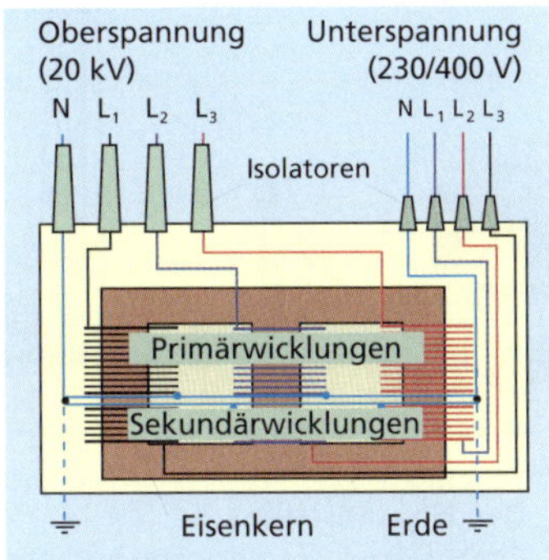

Die gesamten Netzverluste durch Transformatoren und Leitungen betragen in der Bundesrepublik heute weniger als 5 Prozent.
Zur Senkung der **Übertragungsverluste** werden zunehmend **Gleichspannungsnetze** mit Spannungen im Gigavolt-Bereich betrieben.

Schaltsymbole für Einphasentransformatoren:

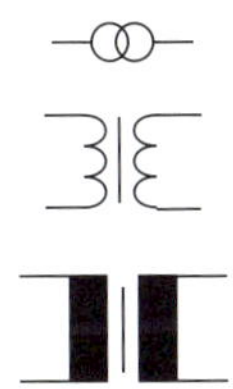

Spannungsebenen des Energieverbundsystems	
Höchstspannungsnetz	**Hochspannungsnetz**
Landesweiter Energietransport von den Großkraftwerken zu den Umspannwerken. (380 kV)	Energietransport von den Wärme- und Wasserkraftwerken zur Versorgung der Regionen und großen Industriebetriebe. (110 kV)

Bei der Hochspannungsübertragung wird der Neutralleiter oft nicht mitgeführt. Die Transformatorwicklungen sind dann in **Dreieckschaltung** miteinander verknüpft.

Die Bereitstellung der Niederspannungsebene 230/400 V erfolgt mit **Ortstransformatoren**. Von dort wird die Energie über Erdkabel verteilt.

Spannungsebenen des Energieverbundsystems	
Mittelspannungsnetz	**Niederspannungsnetz**
Verteilung der Elektroenergie für Gewerbe, Industrie und öffentliche Einrichtungen in den Stadt- und Landbezirken. (20 kV–110 kV)	Verteilung der Elektroenergie an Haushalte, gewerbliche und landwirtschaftliche Betriebe und öffentliche Einrichtungen. (230 V/400 V)

Der **Hausanschluss** ist die Übergabestelle der Elektroenergie vom Energieversorgungsunternehmen an den Nutzer.

PEN-Leiter bedeutet, dass der **Neutralleiter** geerdet ist und gleichzeitig die Funktion des **Schutzleiters** erfüllt.

Der **Hausanschluss** besteht aus einem *Hausanschlusskasten* und einem *Zuleitungserdkabel*, das von dem in der Straße verlegten Ortskabel abgezweigt wird. Im Hausanschlusskasten sind die drei spannungsführenden Leiter L_1, L_2, L_3 mit den Hauptsicherungen abgesichert. Neutral- und Schutzleiter werden nicht abgesichert.

Vom Hausanschlusskasten erfolgt die Verteilung der Elektroenergie über Kabel zunächst zum *Hauptleitungskasten*. Von hier führen Hauptleitungen zu den *Zählerkästen* der Nutzer und weiter zu den Wohnungsverteilungen. In diesen sind die Leitungen nochmals abgesichert.

Bei der **Hausinstallation** fließt im Neutralleiter vom Verbraucher bis zum Sternpunkt Strom.

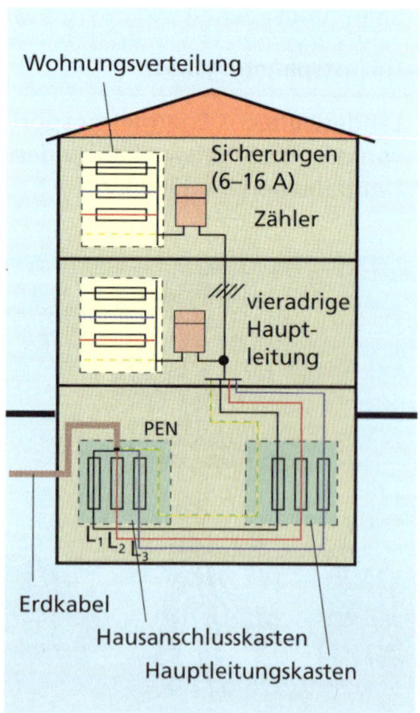

3.3.2 Fernheizungsnetze

Fernheizungsnetze versorgen private Haushalte, öffentliche Einrichtungen und Industriebetriebe mit Wärmeenergie.

Fernheizungsnetze sind Systeme mit einem zentralen Wärmeerzeuger, Rohrleitungen für den Vor- und Rücklauf des Wärmeträgers und den dazugehörigen Verbrauchern. Als Wärmeträger werden Dampf und Heizwasser verwendet. Kraftwerke sind die Wärmeerzeuger in den Netzen mit **Kraft-Wärme-Kopplung**. Solch ein Kraftwerk gibt Elektro- *und* Wärmeenergie ab (↗ S. 122). Durch die bessere Ausnutzung der Brennstoffe erhöht sich bei Kraft-Wärme-Kopplung der Wirkungsgrad. Die Wärmeversorgung erfolgt im Gegensatz zur Elektroenergieversorgung *regional*.

Jede Kfz- Heizung ist eine **Kraft-Wärme-Kopplung.** Die vom Motor abgegebene Verlustwärme wird im Winter über einen Wärmetauscher in den Innenraum des Fahrzeugs geleitet.

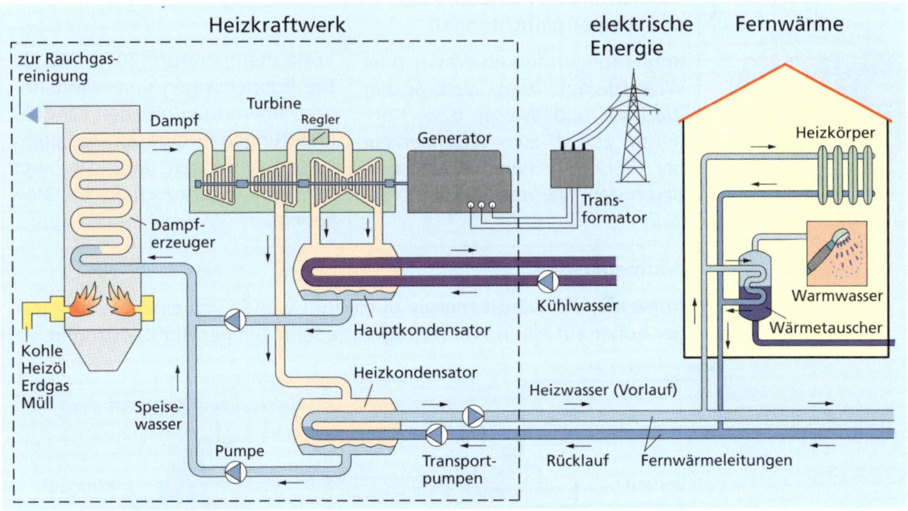

Fernheizungsnetze	
Teilsystem	**Kenngrößen**
Wärmeerzeuger	
Entnahme-Kondensationsturbine Die Dampfturbine wird zur Wärmeentnahme „angezapft". Die Heizwärme wird mit Rohrleitungen bis zu 40 km weit zum Nutzer transportiert. Mit steigender *Wärmeauskopplung* nimmt die Stromerzeugung ab.	Leistung: 100 MW_{el}–300 MW_{el} Temperatur der Wärmeauskopplung: 120 °C–350 °C Nutzenergieanteile: elektrisch: 32 %–40 % thermisch: 0 %–33 % Brennstoffe: Kohle, Heizöl, Erdgas, Müll

Im Sommer kann der Bedarf an Heizwärme gering sein. Überschüssige Wärme muss dann an die Umwelt abgegeben werden.

Als **Wärmeauskopplung** wird die Dampfentnahme aus der Turbine bezeichnet.

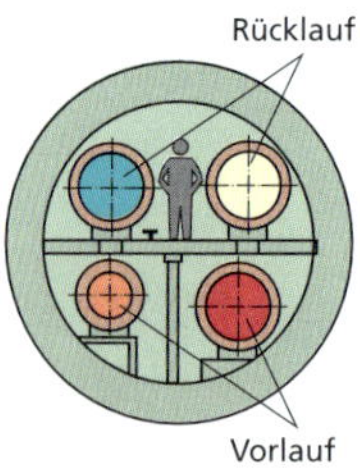

Teilsystem	Kenngrößen
Blockheizkraftwerk (BHKW) Kleinstkraftwerk mit *Verbrennungsmotor und Generator.* Die erzeugte Elektroenergie speist das Niederspannungsnetz; die Motorabwärme speist das Heizungsnetz von Krankenhäusern, Schwimmbädern, Wohn- und Gewerbegebieten.	Leistung: 0,5 MW_{el}–10 MW_{el} Temperatur der Wärmeauskopplung: 80 °C–130 °C Nutzenergieanteile: elektrisch: 25 % – 40 %, thermisch: 45 % – 60 % Brennstoffe: leichtes Heizöl (Diesel), Erdgas, Biogas
Transport	
Rohrleitungen, Pumpen, Regel- und Absperreinrichtungen Rohrleitungen führen Wasser oder Wasserdampf zum Verbraucher (Vorlauf) und Wasser bzw. Kondensat zurück zum Wärmeerzeuger (Rücklauf); Pumpen transportieren den Wärmeträger im Kreislauf.	Vorlauftemperatur: 120 °C–350 °C Die Rohrleitungen sind wärmeisoliert; Rohrbögen gleichen Längenänderungen infolge von Temperaturschwankungen aus. Sie sind meistens unterirdisch in Kanälen verlegt.
Wärmetauscher Apparate, die Wärmeenergie durch Rohrwände von einem Wärmeträger hoher auf einen Wärmeträger niederer Temperatur übertragen.	

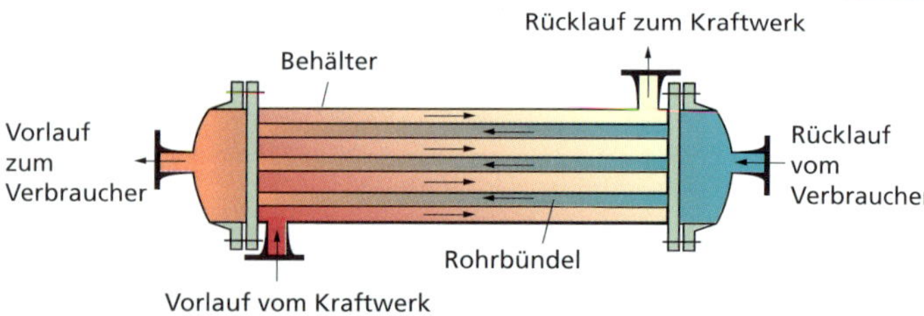

Nutzer: Heizungs- und Warmwasseranlagen

Die Trassenlänge der deutschen Fernwärmenetze beträgt über 8600 km. Allein in Hamburg sind über 500 km Fernwärmeleitungen verlegt. 75 % der Fernwärme kommt aus Wärmekraftwerken.

Zu **Wärmetauschern** gehören Verdampfer und Kondensatoren in Kraftwerken, in Wärmepumpen und in Kühlschränken. Aber auch Kühltürme von Kraftwerken, Kühler von Verbrennungsmotoren, Radiatoren in Wohn- und Arbeitsräumen sind Wärmetauscher (↗ S. 122 ff., 138, 145).

3.4 Anwendungsbereiche Energie umsetzender Systeme

3.4.1 Anwendung von Elektroenergie

Elektroenergie ist die wichtigste Energieart. Sie kann leicht in mechanische Bewegung, Licht und Wärme umgewandelt werden.

Zur Umwandlung von Elektroenergie in *mechanische Bewegungsenergie*, *Rotation* oder *Translation*, gibt es verschiedene technische Lösungen.

Umwandlung von Elektroenergie in mechanische Bewegung

Jeden stromdurchflossenen Leiter umgibt ein magnetisches Leiterfeld. Befindet sich ein stromdurchflossener Leiter in einem Polfeld, wirkt auf ihn eine Kraft. Diese Kraft wirkt senkrecht zur Stromrichtung und senkrecht zur Richtung des Polfeldes. Der Betrag der Kraft ist von der Stärke des Polfeldes und von der Stromstärke und Länge des Leiters abhängig.

Zur Bestimmung der Strom-, Kraft- oder Magnetfeldrichtung kann die **Rechte-Hand-Regel** benutzt werden.

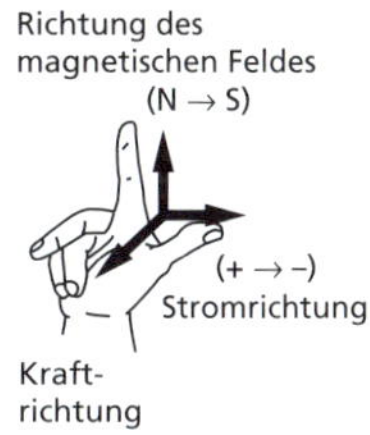

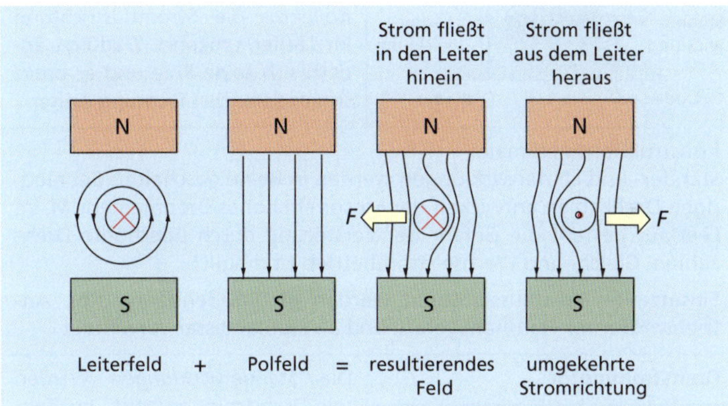

In jeder stromdurchflossenen Spule befindet sich ein Magnetfeld mit einem Nord- und einem Südpol. Die Lage von Nord- und Südpol ist von der Stromrichtung abhängig. Ein Dauermagnet hat ein ähnliches Feld wie eine Spule.

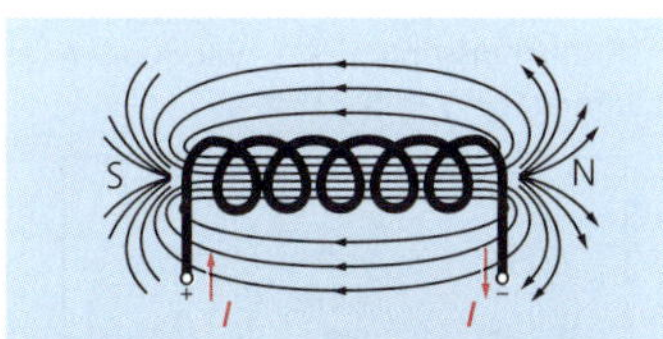

Auf diesen physikalischen Grundlagen beruht die Wirkungsweise aller **Elektromotoren.**

Die Wirkungsgrade von Elektromotoren liegen bei 0,5 bis 0,85. Größere Elektromotoren sind mit Lüftern ausgerüstet, um die Verlustleistung abzuführen.

Elektromotoren bestehen aus **Ständer** (Stator) und **Läufer** (Rotor). Einige Typen haben **Schleifringe** und **Kohlebürsten** (Schleifkontakte).

Der *Ständer* trägt Wicklungen zur Erzeugung und Bündelung eines ruhenden oder umlaufenden Magnetfeldes. Im Inneren des Ständers ist der *Läufer* drehbar gelagert und trägt Wicklungen zur Erzeugung der Kraft bzw. des Drehmomentes. *Schleifringe* und *Kohlebürsten* werden nur bei einigen Motortypen verwendet. Über sie wird der Läufer mit elektrischem Strom gespeist.

Schaltsymbol:
Reihenschlussmotor

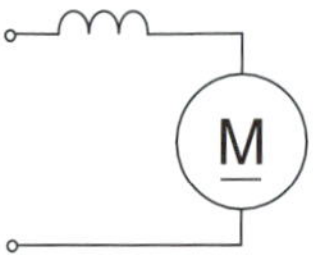

Kennlinie:

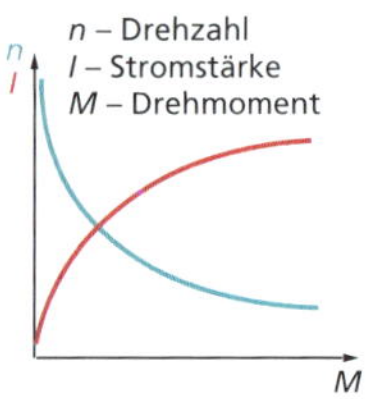

Schaltsymbol:
Drehstrommotor

Diagramm des Drehstromes:

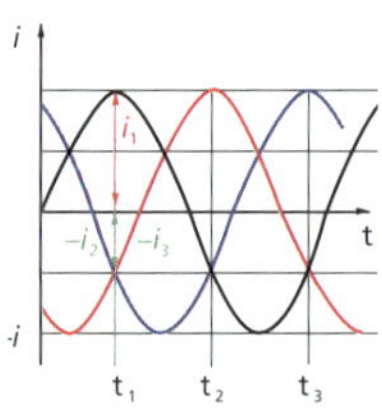

Kennlinie:

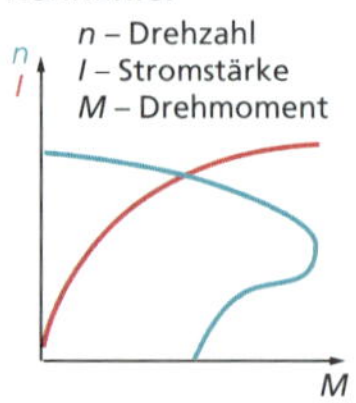

Elektromotoren

<table>
<tr><th>Bauart</th><th>Wirkungsweise</th></tr>
<tr><td>Reihenschlussmotor
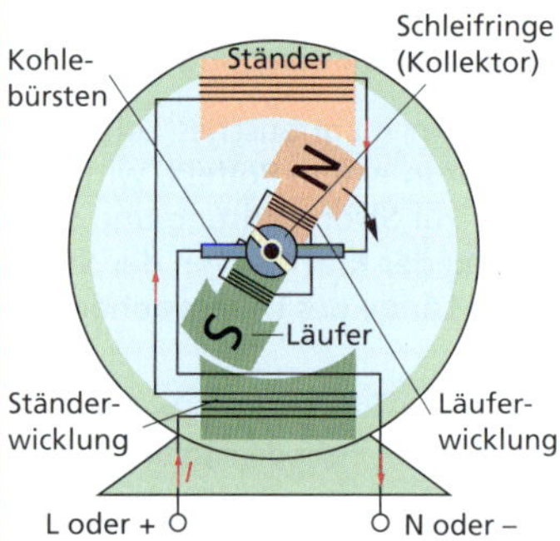
</td><td>Durch die geteilte Ständerwicklung fließt der Strom I und erzeugt das Ständermagnetfeld mit Nord- und Südpol. Über die Schleifringe fließt dieser Strom auch durch die Läuferwicklung und erzeugt dort das Läufermagnetfeld. Gleiche Pole stoßen sich ab, ungleiche ziehen sich an. Die entstehende Kraft dreht den Läufer so weit, bis der Kollektor die Stromflussrichtung im Läufer umkehrt. Dadurch ändern sich seine Pole und er dreht sich in derselben Richtung weiter.</td></tr>
<tr><td colspan="2">Konstruktionsmerkmale:
Ständer- und Läuferwicklungen werden in Reihe geschaltet. Bei niedrigen Drehzahlen entwickelt der Motor ein hohes Drehmoment M. Im Leerlauf besteht die Gefahr der Zerstörung durch überhöhte Drehzahlen. Gleich- und Wechselstrombetrieb ist möglich.
Einsatz: Reihenschlussmotoren werden als Straßenbahnmotor, Antriebsmotor für Haushaltsgeräte und als Autoanlasser verwendet.</td></tr>
<tr><td>Drehstrommotor
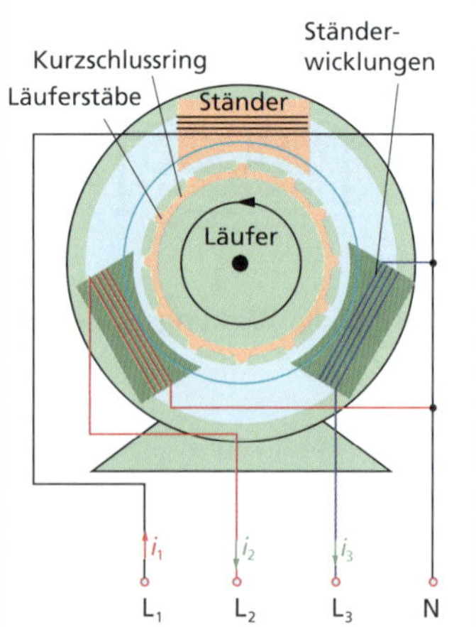
</td><td>Die Ständerwicklungen werden mit Drehstrom gespeist. Im Zeitpunkt t_1 (Diagramm) entsteht in der Wicklung 1 (schwarz) durch i_1 ein Nordpol. In den Wicklungen 2 und 3 entstehen durch $-i_2$ und $-i_3$ Südpole mit halber Feldstärke. Im Zeitpunkt t_2 ist der Nordpol zur Wicklung 2 und in t_3 zur Wicklung 3 gewandert. Die Südpole verhalten sich analog. Im Ständer entsteht entgegen der Uhrzeigerrichtung ein elektromagnetisches Drehfeld. Dieses induziert Spannungen und Ströme in den Läuferstäben und damit das Magnetfeld des Läufers. Durch die Kraftwirkung der Felder rotiert der Läufer in Richtung des Ständerfeldes.</td></tr>
</table>

Bauart	Wirkungsweise

Konstruktionsmerkmale:
Die Ständerwicklungen sind um 120° versetzt angeordnet. Der Läufer besteht aus einem Blechpaket. In ihm befinden sich die Läuferstäbe, die die Kurzschlussringe miteinander verbinden. Die Motoren sind einfach und ohne Schleifringe aufgebaut, wartungsarm und preiswert.

Einsatz: Ihren Einsatz finden sie als Antrieb von Maschinen, Förderbändern, Pumpen, Verdichtern, Fahrstühlen, Kränen und in Verbindung mit Elektronik zur Drehzahlregelung als Fahrzeugantrieb.

Kleinmotor

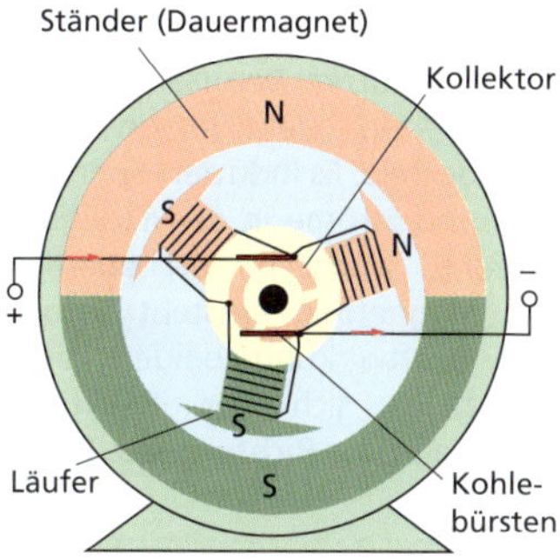

Das Magnetfeld des Ständers wird von einem Dauermagneten erzeugt. Die drei Läuferwicklungen sind so geschaltet, dass in jeder Stellung des Läufers seine Pole vom Ständer angezogen bzw. abgestoßen werden. Der dreiteilige Kollektor schaltet die Stromrichtung in den Läuferwicklungen im richtigen Zeitpunkt in der erforderlichen Weise um. Der dreipolige Läufer ermöglicht den sicheren Anlauf des Motors.

Konstruktionsmerkmale:
Der Betrieb ist nur mit Gleichstrom möglich.

Einsatz: Kleinmotoren finden ihren Einsatz im Spielzeug- und Modellbaubereich.

Schrittmotor

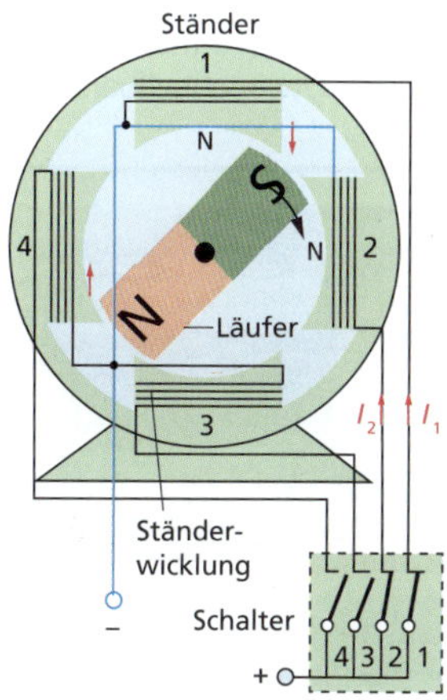

Jede *Ständerwicklung* wird über einen *Schalter* angesteuert. Der *Läufer* richtet sich schrittweise nach den Magnetfeldern der jeweils eingeschalteten Ständerwicklungen aus. Im Schritt 1 sind die Schalter 1 und 2 geschlossen. Die dazugehörigen Ständerwicklungen erzeugen Nordpole. Der Südpol des Läufers richtet sich in der Mitte zwischen beiden Nordpolen aus. Im zweiten Schritt ist nur der Schalter 2 geschlossen. Der Läufer dreht sich mit seinem Südpol genau gegen den Nordpol der zweiten Wicklung. In 8 Schritten vollzieht sich eine Umdrehung des Läufers.

Schaltsymbol: Kleinmotor

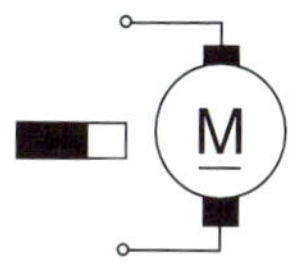

Schaltsymbol: Schrittmotor

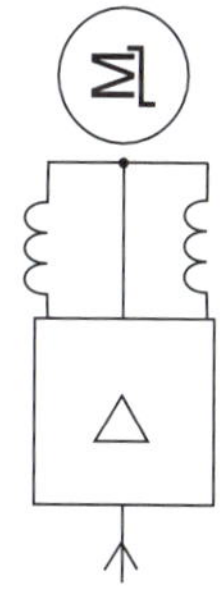

Schalttabelle:

Schritt	Wicklung/Schalter 1	2	3	4
1	1	1	0	0
2	0	1	0	0
3	0	1	1	0
4	0	0	1	0
5	0	0	1	1
6	0	0	0	1
7	1	0	0	1
8	0	0	0	1

Konstruktionsmerkmale:
Innerhalb des Ständers mit 4 Wicklungen ist ein Dauermagnet als Läufer drehbar gelagert. Es sind immer elektronische Schalter erforderlich, die Schaltimpulse für die Wicklungen in der richtigen Reihenfolge liefern. Schrittmotoren sind Bindeglieder zwischen Mechanik und Elektronik, je nach Aufbau und Art der Ansteuerung sind vier bis 5000 Schritte je Umdrehung möglich.

Einsatz: Schrittmotoren werden für den Antrieb von Disketten- und CD-Laufwerken, Druckern und in CNC-Maschinen zur Zustellbewegung eingesetzt.

Schaltsymbol:
Linearmotor

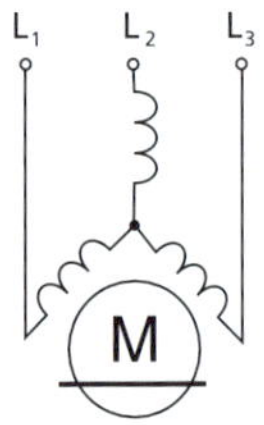

Kennlinie:

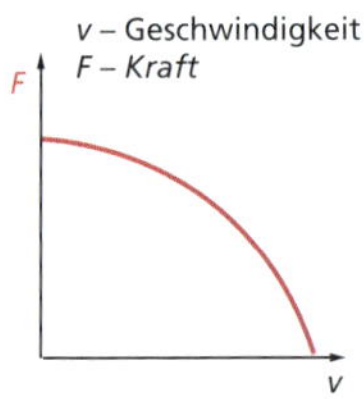

Linearmotor

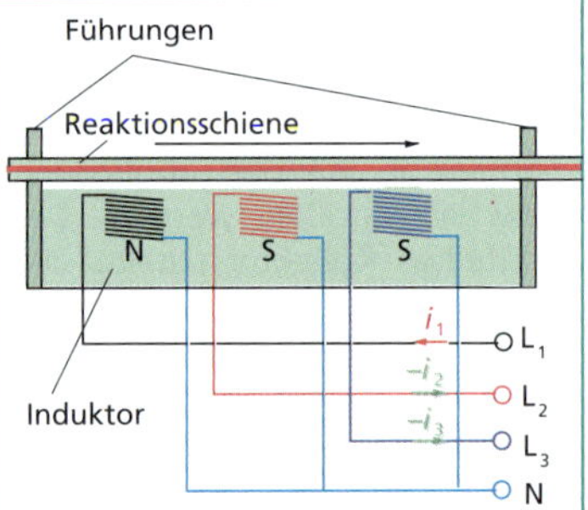

Linearmotoren erzeugen aus Drehstrom keine umlaufenden, sondern geradlinige Bewegungen. Der Drehstrom verursacht im *Induktor* ein elektromagnetisches Wanderfeld. Es induziert Spannungen und Ströme in der *Reaktionsschiene*, wodurch dort ebenfalls ein Magnetfeld entsteht. Infolge der Kraftwirkung beider Felder verschiebt sich die Reaktionsschiene in der Richtung des Induktorfeldes.

Konstruktionsmerkmale:
Der Induktorkamm hat die Form eines aufgeklappten Drehstromständers. Die Reaktionsschiene besteht aus Magneteisen mit Kupfereinlagen. Sie wird geführt. Linearmotoren sind einfach und robust aufgebaut, wartungsarm und betriebssicher. Wirkungsgrad und Schubkraft sind geringer als bei herkömmlichen Antriebsmotoren. Man kann auf Getriebe verzichten.

Einsatz: Linearmotoren werden als Induktionspumpe für flüssige Metalle, Türantriebe, Vorschubantriebe in Maschinen, Antriebe für Kranfahrwerke, innerbetriebliche Transportsysteme sowie Schnellbahnen eingesetzt.

Der Schutzwert legt fest, welche Umgebungseinflüsse (Schmutz, Wasser, Staub), Betriebsweisen (Dauerbetrieb, Kurzzeitbetrieb) und Unfallvorschriften beachtet werden müssen.

Elektromotoren sind sich äußerlich oft ähnlich, obwohl ihr innerer Aufbau, ihre Anschlusswerte, ihr Anwendungsgebiet und ihr Betriebsverhalten sehr unterschiedlich sein können. Deshalb ist jeder Motor mit einem **Leistungsschild** versehen.

Ein **Leistungsschild** enthält Angaben zu Hersteller, Motortyp, Schaltungsart der Wicklungen, Nennwerte für Spannung, Stromstärke, Drehzahl, abgegebene Leistung und Schutzart.

Umwandlung von Elektroenergie in Licht

> Die Umwandlung von Elektroenergie in Licht für Beleuchtungszwecke erfolgt mit **Lampen.**

Leuchten sollen das von den Lampen ausgestrahlte Licht in eine zweckmäßige Richtung lenken. Dazu werden Reflektoren oder Abschlussgläser verwendet. Leuchten tragen die Lampen und das Zubehör (z. B. Vorschaltgeräte und Kondensatoren).

Prinzipien für die Erzeugung von Licht

Temperaturstrahlung	Gasentladung
Ein Körper wird so weit erwärmt, bis er glüht und Licht aussendet. Metalle wie Wolfram können auf Temperaturen bis zu 3000 °C erwärmt werden, ohne dass sie schmelzen.	Elektronen stoßen mit den Atomen eines Gases zusammen. Sie werden durch ein elektrisches Feld so stark beschleunigt, dass die Atome beim Zusammenprall Licht aussenden.
Lumineszenz	**Fluoreszenz**
Werden pn-Übergänge von Halbleiterdioden in Durchlassrichtung betrieben, so senden die Ladungsträger bei Rekombination Licht aus.	Atome nehmen für kurze Zeit ultraviolette Strahlung in ihrer Hülle auf. Bei der Abgabe dieser Energie entsteht sichtbares Licht.

Licht – das sind elektromagnetische Wellen.

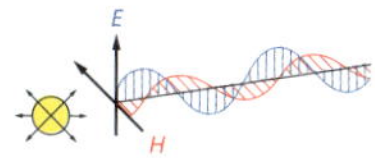

Rekombination ist die Vereinigung positiver und negativer Ladungsträger.

> Lampen, Leuchten und Laser sind **technische Lichtquellen.**

Schaltsymbol:

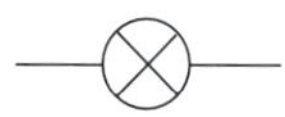

Lampen und Leuchten

Bauart	Wirkungsweise
Glühlampen 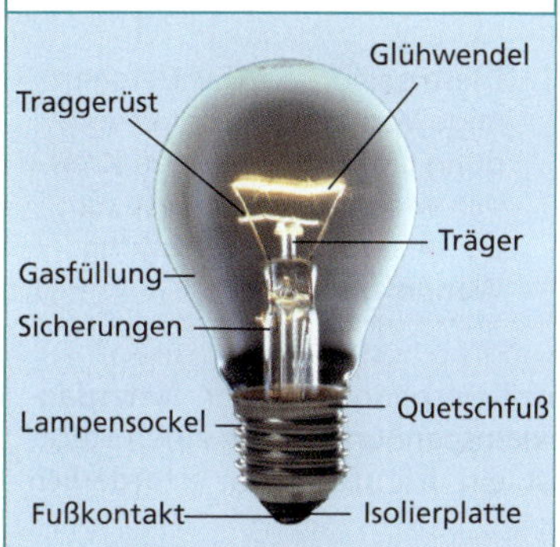	Glühlampen sind Temperaturstrahler. Über den Lampensockel fließt ein Strom, der die Glühwendel aus Wolfram auf bis zu 3 000 K (Weißglut) erwärmt. 95 Prozent der Elektroenergie werden in Wärme und nur 5 Prozent in Licht umgewandelt. Während des Betriebs verdampft infolge der hohen Temperatur die Wolframglühwendel und schlägt sich als dunkler metallischer Belag an der Unterseite des Kolbens nieder.

Die Lebensdauer von Glüh- und Leuchtstofflampen hängt wesentlich von der Einschalthäufigkeit ab.

Bauart	Wirkungsweise
Konstruktionsmerkmale: Der Glaskolben ist mit einem Edelgas (z. B. Argon) gefüllt, um die Oxidation und Verdampfung der Wendel zu vermindern. Wirkungsgrad: ca. 5 % Lebensdauer: ca. 1000 h Preis: gering Betriebskosten: hoch Nennspannungen: in Stufen von 1,5 V–230 V Einsatz: Allgebrauchslampen für einfache Beleuchtungszwecke	
Halogenlampen 	Halogenlampen sind Temperaturstrahler, deren Gasfüllung Halogenzusätze enthält. Halogene gehen mit verdampften Wolframatomen unterhalb von 1900 °C Verbindungen ein. In der Nähe der Wendel zerfällt die Verbindung wegen der höheren Temperatur wieder und das Wolfram lagert sich an der Wendel ab. Dieser **Halogenkreisprozess** ermöglicht höhere Temperaturen der Wendel und damit eine bessere Lichtqualität und höhere Lebensdauer.

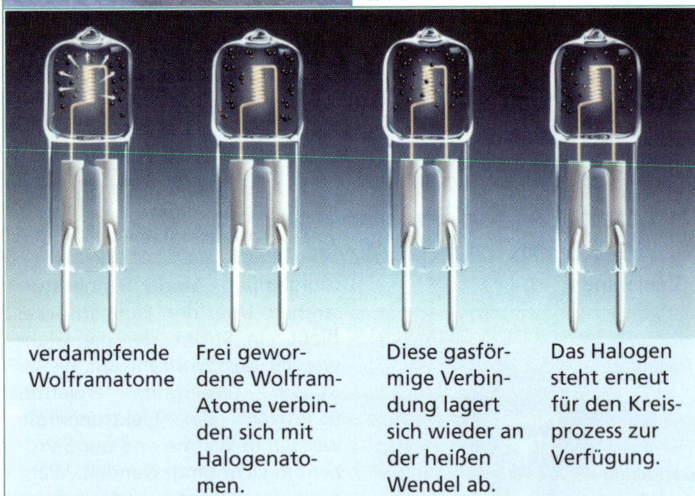

Konstruktionsmerkmale:
Halogenlampen werden für Schutzkleinspannung oder Netzspannung ausgelegt. Lampen für Schutzkleinspannung haben einen Stecksockel. Bei Schutzkleinspannung ist ein Transformator erforderlich (↗ S. 169).

Halogenlampen beim Auswechseln niemals mit bloßen Händen berühren, weil sich die Fingerabdrücke wegen der hohen Temperatur bei Betrieb in den Kolben einbrennen.

Schaltsymbol:

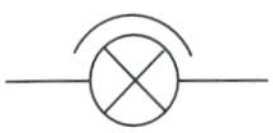

Bauart	Wirkungsweise

Konstruktionsmerkmale:
Wirkungsgrad: bis 10 %
Lebensdauer: ca. 2500 h
Preis: wegen des Transformators höher
Betriebskosten: geringer
Nennspannungen: 6 V, 12 V, 24 V, 230 V

Einsatz: Autoscheinwerfer, Projektoren, Raumbeleuchtung

Niederspannungsleuchtstofflampen

Niederspannungsleuchtstofflampen sind Gasentladungslampen. An den Enden des Rohres befindet sich je eine Elektrode. Das Rohr ist mit Gas (Ne, Ar oder Kr) unter geringem Druck gefüllt und mit einer Leuchtstoffschicht versehen.

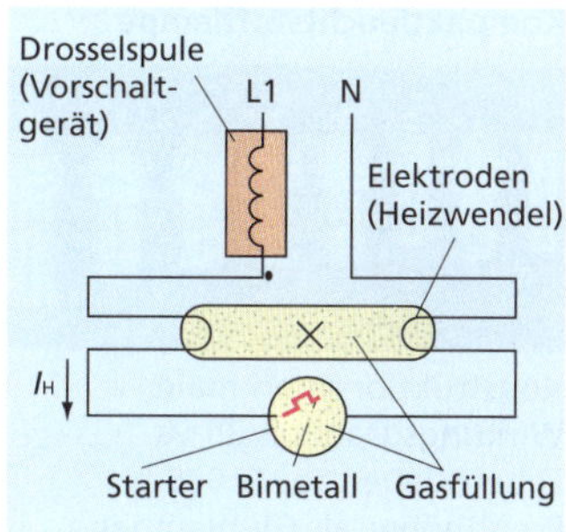

Das Starten der Lampe erfolgt in vier Stufen:
Glimmen: Nach dem Einschalten glimmen die Elektroden des Starters, sein Bimetall erwärmt sich und schließt den Kontakt.
Heizen: Durch den Heizstrom I_H glühen die Heizwendeln und emittieren Elektronen in das Gas.
Zünden: Das Bimetall kühlt ab, der Kontakt öffnet. Dadurch wird der Heizstrom I_H abgeschaltet. Die Drosselspule erzeugt einen hohen Zündspannungsimpuls, die Gassäule im Rohr zündet.
Brennen: Strom durchfließt das Rohr und erzeugt UV-Licht. Die Leuchtschicht formt es in sichtbares Licht um (Fluoreszenz). Die Drosselspule wirkt jetzt als Widerstand. Sie dient als Induktionsspule zur Erzeugung des Zündimpulses und danach zur Begrenzung des Stromes als Widerstand.
Der Starter ist eine Glimmlampe, die als Bimetallschalter arbeitet. Starter und Drosselspule leiten die Zündung des Gases ein.

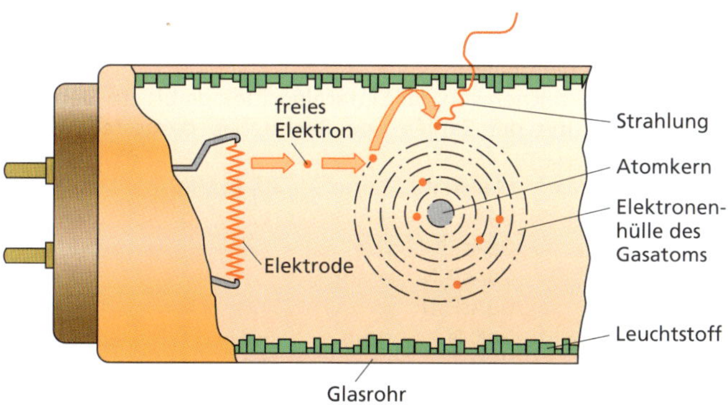

Die Umformung der UV-Strahlung in sichtbares Licht erfolgt an der inneren Beschichtung des Rohres. Diese Beschichtung verringert die Frequenz der Strahlung. Das Leuchten der Schicht nennt man **Fluoreszenz** (↗ S. 157).

Schaltsymbol:

Drosselspulen haben einen induktiven Blindwiderstand X_L (↗ S. 199).

Bauart	Wirkungsweise

Konstruktionsmerkmale:
Wirkungsgrad: bis 30 %
Lebensdauer: ca. 8000 h
Preis: wegen des Zubehörs hoch
Betriebskosten: gering
Nennspannung: 230 V

Einsatz: blendarme Langzeitbeleuchtung in Arbeits- und Lagerräumen

Kompaktleuchtstofflampe

Kompaktleuchtstofflampen sind Gasentladungslampen. Sie ersetzen als „Energiesparlampen" zunehmend Glühlampen. Zum Starten wird ein integriertes elektronisches Vorschaltgerät verwendet.

Konstruktionsmerkmale:
Wirkungsgrad: bis 30 %
Lebensdauer: ca. 12000 h
Preis: höher als Glühlampen
Betriebskosten: gering
Nennspannung: 230 V

Einsatz: blendarme Langzeitbeleuchtung, Wohnraumbeleuchtung

Leuchtdioden

Leuchtdioden (**L**ight **E**mitting **D**iode, LED) erzeugen Licht durch Lumineszens (↗ S. 157). Über den Vorwiderstand R_V durchfließt der Durchlass-Strom I_F die Diode und erzeugt das Licht. Lichtfarbe und Durchlass-Spannung U_F werden vom Halbleitermaterial bestimmt.

$$R_V = \frac{U - U_F}{I_F}$$

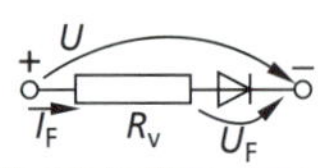

Konstruktionsmerkmale:
Die Bauweisen reichen von der Einfachleuchtdiode bis zur Siebensegmentanzeige, mit der Zahlen und Buchstaben dargestellt werden können.

Werkstoffe:

Material	Farbe	U_F in V
GaAs, Si	infrarot	1,2
GaAs, P	rot	1,6
GaAsP, N	orange	1,6
GaAsP, N	gelb	1,8
GaP, N	grün	1,8
GaN	blau	3,0

Einsatz: Displayanzeige, Signal- und Kontroll-Leuchten

LEDs müssen zum Schutz vor Zerstörung wegen ihrer geringen Durchlass-Spannung immer mit einem Vorwiderstand betrieben werden.

Lampenschaltungen

Zur Lösung von Beleuchtungsaufgaben werden entsprechend den jeweiligen Anforderungen **Lampenschaltungen** verwendet.

<table>
<tr><th>Lampenschaltung</th><th>Stromlaufplan</th><th>Installationsschaltplan</th></tr>
<tr><td>Ausschaltung
Mit einem Schalter wird eine Lampe bzw. eine Lampengruppe ein- und ausgeschaltet.</td><td>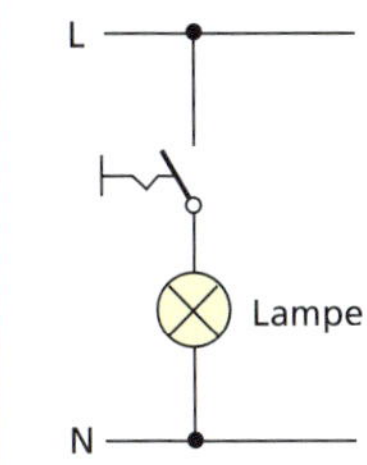
</td><td>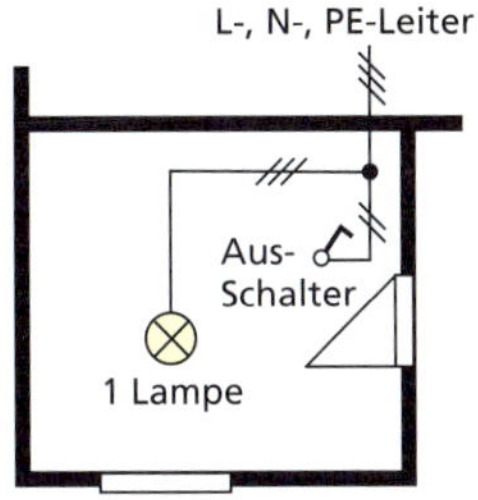
</td></tr>
<tr><td>Serienschaltung
Mit zwei voneinander unabhängigen Schaltern werden zwei Lampen bzw. Lampengruppen von einem Ort aus ein- und ausgeschaltet.</td><td>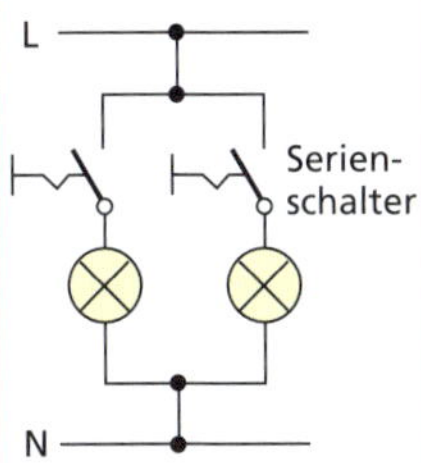
</td><td>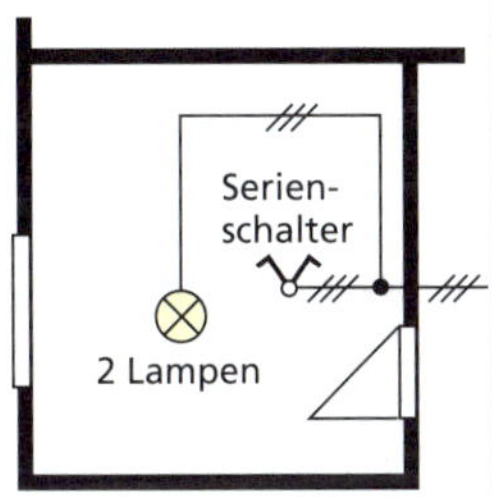
</td></tr>
<tr><td>Wechselschaltung
Mit zwei Schaltern werden von zwei verschiedenen Orten aus eine Lampe bzw. Lampengruppe unabhängig voneinander ein- und ausgeschaltet.</td><td>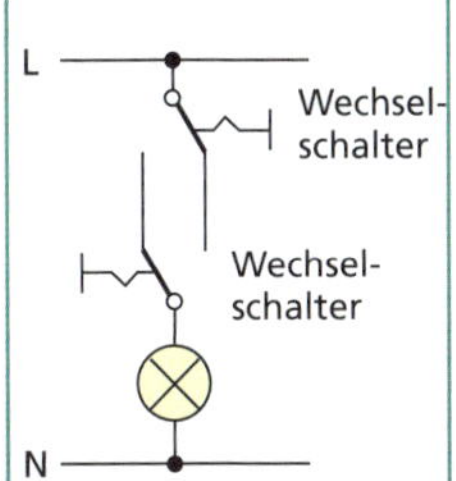
</td><td>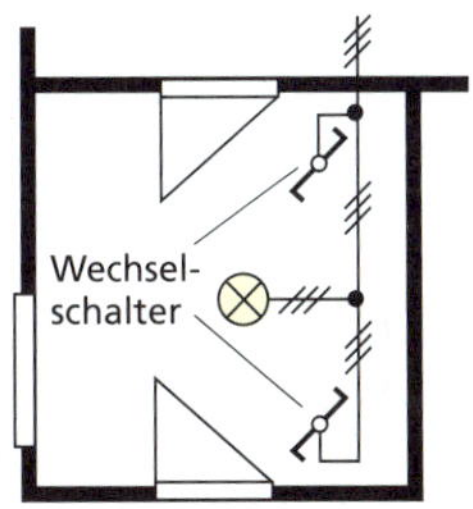
</td></tr>
</table>

Ausschaltung: Bad, Wirtschaftsraum, Küche
Serienschaltung: Wohn- und Gästezimmer
Wechselschaltung: Diele, Flur, Durchgangszimmer
Treppenhauszeitschaltung: Treppenaufgang eines Mehrfamilienhauses

Für die Anbringung der Lampen und Schalter und die Verlegung der Leitungen gibt es Vorschriften. Die notwendigen Lampen für Wohn- und Arbeitsräume werden mit Richtwerten berechnet.

Ein **Stromlaufplan** stellt die Stromkreise einer Anlage mit allen Einzelheiten dar. Größe, Form und Lage der Einzelteile bleiben unberücksichtigt. Sie werden mit genormten Schaltzeichen dargestellt.
Ein **Installationsschaltplan** ist meist ein maßstäblicher Plan, der die Lage der Einzelteile und Leitungen einer Anlage enthält.

Die Steuerung der Helligkeit von Lampen erfolgt mit **Dimmern**. Dimmer sind elektronisch gesteuerte Schalter, mit denen die Stromstärke so eingestellt wird, dass die Lampe die gewünschte Helligkeit erzeugt (↗ S. 234).

Lampenschaltung	Stromlaufplan	Installationsschaltplan
Treppenhauszeitschaltung Mit mehreren Tastern werden von verschiedenen Stellen (Etagen) aus alle Lampen des Treppenhauses eingeschaltet. Das Ausschalten erfolgt automatisch mit Zeitverzögerung. Als Schalter wird ein elektronisches Stromstoßrelais mit Zeitverzögerung verwendet. Schalter Q_1 ermöglicht Dauerbeleuchtung.	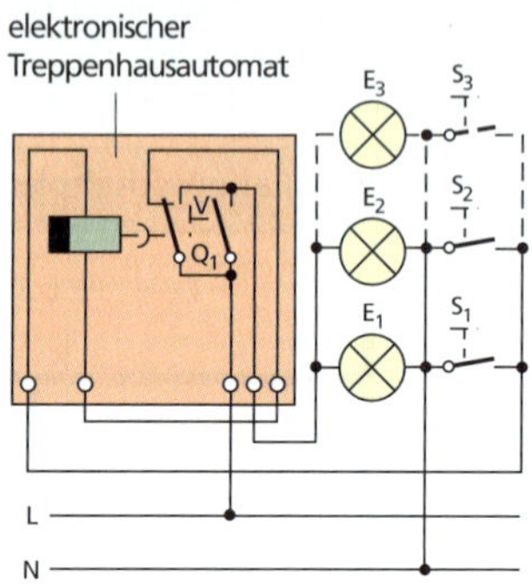	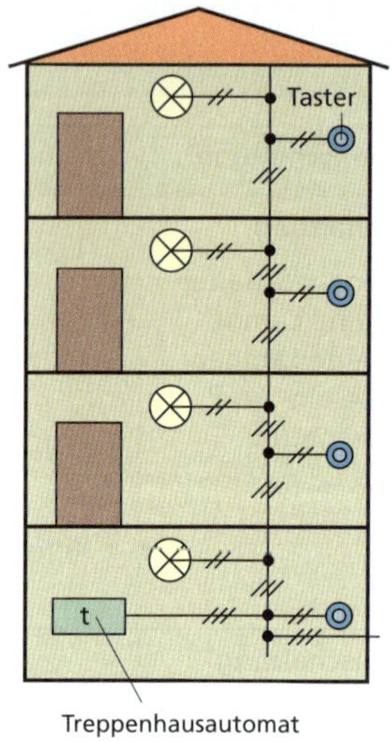

Laser bedeutet **L**ight **A**mplification by **S**timulated **E**mission of **R**adiation (Lichtverstärkung durch induzierte Strahlungsemission).

Laser

Das **Laserlicht** unterscheidet sich vom „normalen" Licht. Wegen ihrer Eigenschaften ist Laserstrahlung energiereicher als weißes Licht.

Laserlicht	Lampenlicht
– Der Laser erzeugt *monochromatisches* Licht, d.h., er hat genau eine Wellenlänge und damit nur eine Farbe.	– Lampen erzeugen *weißes* Licht aus einem Gemisch von Wellenlängen, das *spektral* zerlegbar ist.
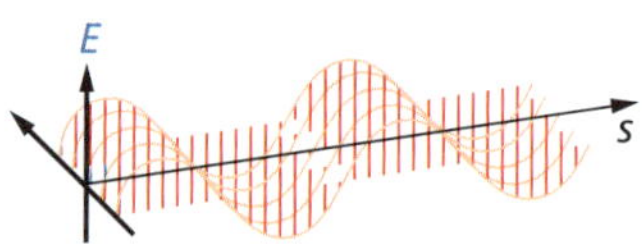	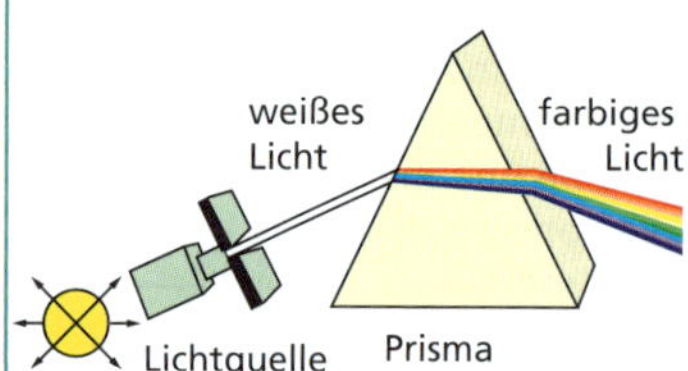
– Laserstrahlen verlaufen *parallel*. – Laserstrahlen sind *kohärent*, d.h., die Amplituden aller abgestrahlten Wellen erreichen zeitgleich ihr Maximum bzw. Minimum.	– Lampen strahlen ihr Licht *in alle Richtungen* ab. – Die Wellen des weißen Lampenlichts sind *zeitlich gegeneinander verschoben* und haben unterschiedliche Wellenlängen (Farben), Frequenzen und Amplituden.

Ein **Laser** besteht aus einem *laseraktiven Medium* (Erzeugung der Laserstrahlung), einer *Energiequelle* (Elektronen- oder Pumpstrahlung) und einem *Resonator* (Aufbau und Verstärkung der Laserstrahlung). Laser gibt es als Festkörper-, Gas-, Flüssigkeits-, Halbleiter- (Dioden) und Plasmaröntgenlaser.

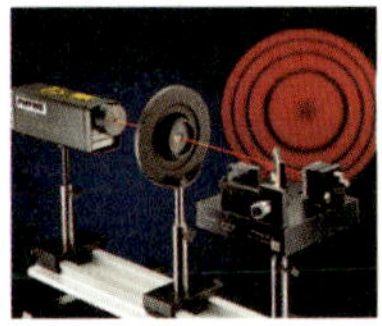

Laserstrahlung entsteht in der Atomhülle. Durch die Zufuhr von Licht oder elektrischem Strom nehmen die Atome Energie auf. Ihre äußeren Elektronen wechseln zeitweilig von einem niederen auf ein höheres *Energieniveau*. Beim Rückgang auf ihr ursprüngliches Energieniveau strahlen sie durch die Wirkung des Resonators die aufgenommene Energie als monochromatisches und kohärentes Licht ab.

Wichtige Prozesse bei der Anregung von Atomen sind **Absorption**, **spontane Emission** und **stimulierte Emission**.

Aufbau	Wirkungsweise
Laserdiode 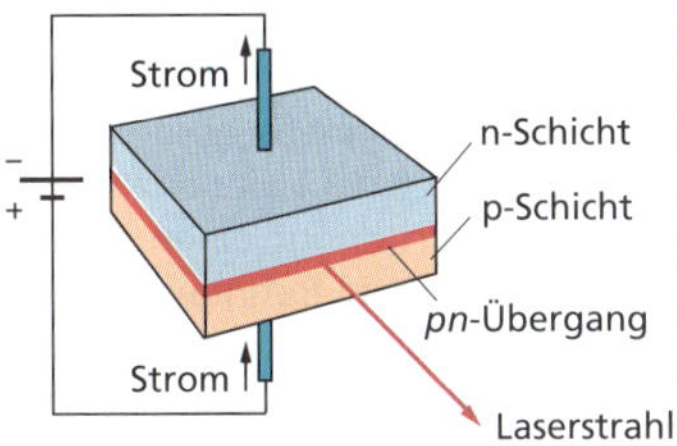 	Ein elektrischer Gleichstrom durchfließt den *pn-Übergang*. Dabei entsteht infolge der *Rekombination* (↗ S. 157) der Ladungsträger monochromatisches Licht. Die senkrecht zum *pn*-Übergang stehenden Flächen sind als *Resonator* ausgebildet. Die Zone, in der die Laserstrahlung entsteht, ist 0,002 mm dick.
Rubinlaser 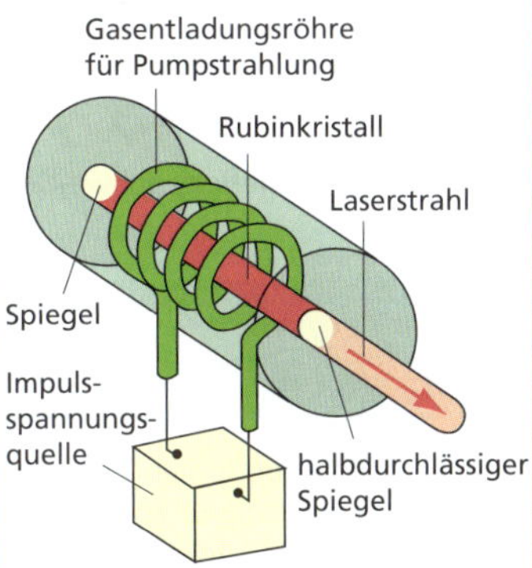 	Die Gasentladungsröhre erzeugt als *Pumpstrahlung* grünes Licht. Es durchdringt den *Rubinkristall* und wird dort von Chromionen absorbiert. Diese geben es nach kurzer Verweilzeit als rotes Licht wieder ab. Zwischen beiden *Spiegeln* entsteht eine stehende Welle. Der Abstand der Spiegel beträgt ca. 10 cm. Er muss genau das Vielfache der Wellenlänge des roten Lichts sein. Durch den halbdurchlässigen Spiegel wird das Laserlicht nach außen abgestrahlt.

Den ersten Rubinlaser entwickelte der Amerikaner **THEODOR HAROLD MAIMAN** im Jahre 1960.
Ein Rubinkristall besteht aus Aluminiumoxid (Al_2O_3) und erhält seine rote Farbe durch einen geringen Anteil von Chromatomen (Cr). Die Chromatome können grünes und blaues Licht absorbieren.

Anwendungsbereiche von Laserstrahlung:
- Längenmessungen, Justierhilfe, Herstellung von Hologrammen;
- Bearbeitung von sehr harten oder feinen Werkstoffen, Bohren kleinster Löcher, Schweißen feinster Nähte, Abtragen von Material;
- Behandlung von Patienten in der Augen- und Zahnmedizin sowie in der Chirurgie;
- Datenübertragung mit Glasfaserkabeln, durch die Luft oder den Weltraum.

Umwandlung von Elektroenergie in Wärme

Die Umwandlung von Elektroenergie in Wärme erfolgt mit **Elektrowärmegeräten.**

Weitere Verfahren zur Wärmeerzeugung sind die **Elektronen- und Laserstrahlerwärmung.**

Prinzipien für die Erzeugung von Wärme

Widerstandserwärmung	Induktionserwärmung
Ein *Widerstandsheizleiter* wird von elektrischem Strom durchflossen. Die zugeführte Elektroenergie wird vollständig in Stromwärme umgewandelt. Dabei werden Temperaturen über 3000 °C erreicht.	Metalle werden von einem wechselnden Magnetfeld mit Frequenzen von 50 Hz bis zu 10 kHz durchsetzt. Die induzierten Wechselströme werden restlos in Stromwärme umgewandelt. Es entstehen Temperaturen bis zu 1500 °C.
Lichtbogenerwärmung	**Mikrowellenerwärmung**
Durch ein elektrisches Feld werden Ionen und Elektronen eines Gases so stark beschleunigt, dass sie beim Zusammenprall Wärme abstrahlen. Es werden Temperaturen bis zu 7000 °C erreicht. Die Lichtbogenerwärmung beruht auf der *Gasentladung* (↗ S. 157).	Ein elektromagnetisches Strahlungsfeld mit einer Frequenz bis zu 300 GHz durchdringt einen zu erwärmenden Stoff. Befinden sich im Stoff Dipolmoleküle, werden sie zu Drehschwingungen angeregt, wodurch Reibungswärme entsteht.

Dipolmoleküle sind elektrisch neutrale Moleküle aus unterschiedlichen Atomen. Sie besitzen einen positiven und einen negativen Pol, weil ihre Ladungsschwerpunkte durch die Lage ihrer Atome zueinander getrennt liegen. Das Wassermolekül ist ein Dipolmolekül.

Elektrowärmegeräte haben folgende Funktionen zu erfüllen:
- Raumheizung, Warmwasseraufbereitung und Kochen,
- Textilpflege durch Waschen, Trocknen und Bügeln,
- Erwärmung von Metallen und Kunststoffen zum Gießen, Schweißen, Löten, Walzen und Schmieden.

Die Wärmeerzeugung mit Elektrowärmegeräten ist sehr energieaufwändig.

Für die Erwärmung von Stoffen werden große Energiemengen benötigt. Um ein Kilogramm Wasser um 10 Zentimeter anzuheben, benötigt man die Energie von etwa 1 Newtonmeter bzw. 1 Joule. Soll dagegen dieselbe Wassermenge von 20 °C auf 21 °C erwärmt werden, benötigt man über 4000 Joule.

Hubarbeit: $W = m \cdot g \cdot h$

$W = 1\ \text{kg} \cdot 9{,}81\ \text{m} \cdot \text{s}^{-1} \cdot 0{,}1\ \text{m}$

$W = 0{,}981\ \text{Nm} \approx 1\ \text{J}$

Erwärmung: $Q = m \cdot c \cdot \Delta T$

$Q = 1\ \text{kg} \cdot 4{,}19\ \frac{\text{kJ}}{\text{kg} \cdot \text{K}} \cdot 1\text{K}$

$Q = 4\,190\ \text{J}$

Moderne Elektrowärmegeräte besitzen eine Energieverbrauchskennzeichnung. Sie informiert den Verbraucher mithilfe von sieben Energieeffizienzklassen (A bis G) über den Energieverbrauch des jeweiligen Gerätes.

Elektrowärmegeräte

<table>
<tr><th>Bauart</th><th>Wirkungsweise</th></tr>
<tr><td>Toaster
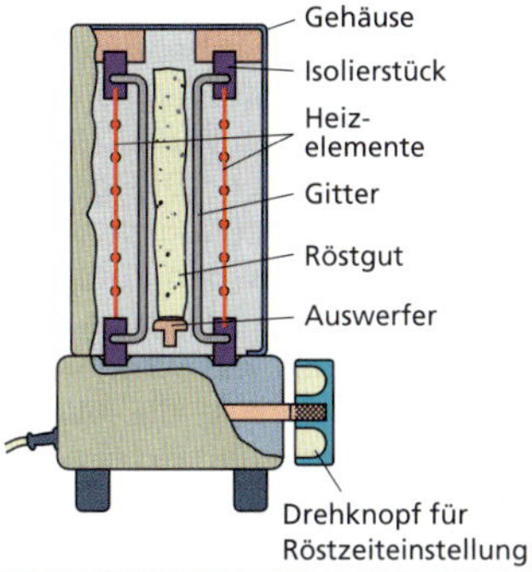
</td><td>Das Röstgut wird zwischen die beiden Heizelemente geschoben. Durch Widerstandserwärmung glühen die Heizelemente und strahlen die Wärme auf das Röstgut ab. Ein Bimetallschalter schaltet beim Erreichen der eingestellten Röstzeit den Heizstrom ab und ein Mechanismus wirft das Röstgut aus.</td></tr>
<tr><td colspan="2">Konstruktionsmerkmale:
Der Heizkörper wird mit Netzspannung betrieben. Die Heizelemente bestehen aus Heizleitern, die auf zwei wärmebeständige Glimmerplatten aufgewickelt sind. Die Einstellung der Röstzeit erfolgt durch mechanische Einwirkung auf das Bimetall.
Leistung: ca. 1 kW</td></tr>
<tr><td>Haartrockner
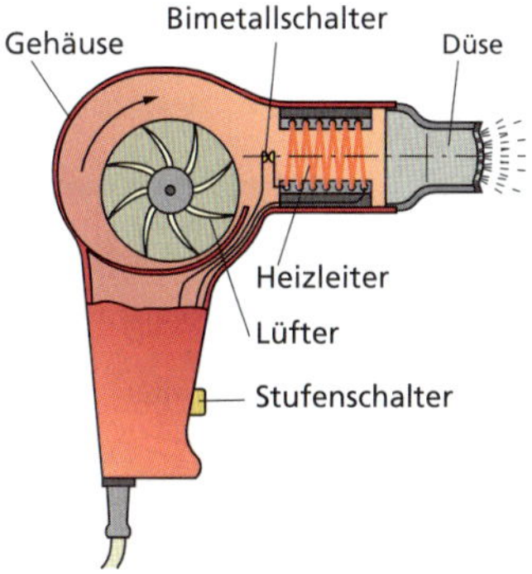
</td><td>Im Gehäuse befindet sich ein Lüfter, der aus der Umgebung kalte Luft ansaugt. Sie umströmt den aufgespannten Widerstandsheizleiter. Heizleiter und Lüftermotor werden mit Netzspannung betrieben. Die entstehende Stromwärme geht auf den Luftstrom über und strömt durch die Düse aus dem Haartrockner heraus. Ein Bimetallschalter schaltet beim Überschreiten des Sollwertes der Lufttemperatur den Heizstrom ab. Nach Abkühlung schaltet er den Heizstrom erneut ein.</td></tr>
<tr><td colspan="2">Konstruktionsmerkmale:
Das Gehäuse besteht aus Kunststoff. Als Lüftermotor wird meistens ein Reihenschlussmotor (↗ S. 154) verwendet. Der Heizleiter, ein dünner Draht, ist auf einem keramischen Träger aufgespannt. Er wird in seiner gesamten Länge vom Volumenstrom der Luft umströmt. Der Bimetallschalter schützt das Gerät vor Überhitzung und den Menschen vor Verbrennungen. Über einen Stufenschalter werden Lüfter und Heizleiter in mehreren Stufen ein-, um- und ausgeschaltet.
Leistung: 0,25 kW bis 1,5 kW</td></tr>
</table>

Nach dem Prinzip der Wärmeübertragung durch Strahlung arbeiten Elektrogrills, Infrarotlampen und Kochfelder.

Raumheizer und Wäschetrockner arbeiten nach dem gleichen Prinzip wie Haartrockner. Die Stromwärme wird auf den Luftstrom übertragen und so zum Anwendungsort transportiert.

Mikrowellenerwärmung wird auch in der Medizin zur Therapie, in der Nahrungsmittelindustrie zur Haltbarmachung, Trocknung und zum Backen, aber auch in anderen Industriezweigen, z. B. Vulkanisieren von Gummi und Aushärten von Kunststoffen, eingesetzt.

Ein **Magnetron** ist eine Elektronenröhre zur Erzeugung höchstfrequenter elektromagnetischer Wellen (**Mikrowellen**).

Bei Elektroherden mit Kochfeldern verwendet man Strahlungsheizkörper. Die Wärme wird durch Glaskeramik auf den Topfboden gestrahlt. Einbaukochfelder bestehen aus Glaskeramikscheiben mit eingebauten Strahlungsheizkörpern.

<table>
<tr><th>Bauart</th><th>Wirkungsweise</th></tr>
<tr><td>

Mikrowellengerät

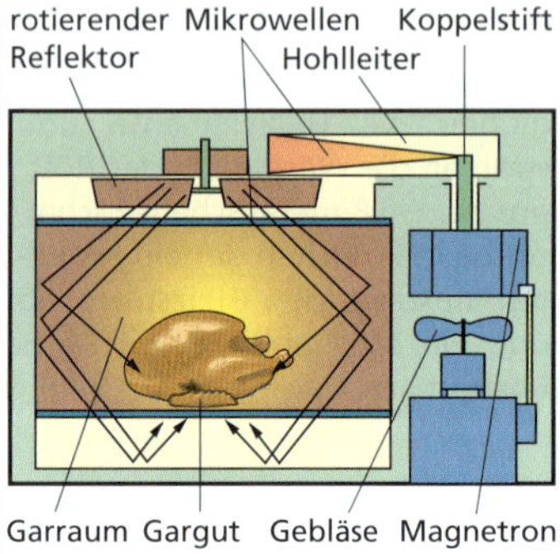

</td><td>Die vom Magnetron ausgestrahlten Mikrowellen werden über den Koppelstift durch den Hohlleiter in den Garraum geleitet. Dort verteilt der rotierende Reflektor die Mikrowellen so, dass sie von allen Seiten in das Gargut eindringen können. Die gleichmäßige Durchdringung des Gargutes wird durch den rotierenden Drehteller unterstützt. Im Gargut wandeln die schwingenden Wassermoleküle die Mikrowellen in Wärme um. Ein Gebläse kühlt das Magnetron.</td></tr>
<tr><td colspan="2">Konstruktionsmerkmale:
Die Erwärmungszeit beim Auftauen und Garen ist wesentlich kürzer als mit anderen Elektrowärmegeräten. Die Größe des Garraumes ist auf die Wellenlänge der Mikrowellen abgestimmt. Der Drehteller und das Geschirr müssen aus Glas, Kunststoff oder Keramik sein, weil diese Materialien verlustarm durchstrahlt werden. Garraum und Gehäuse sind zur Reflexion der Mikrowellen aus Stahl hergestellt.
Frequenz: 2450 MHz,
Anschlussleistung: 1 kW bis 1,4 kW
Wirkungsgrad ca. 50 %</td></tr>
<tr><td colspan="2">

Elektroherd mit Kochplatten

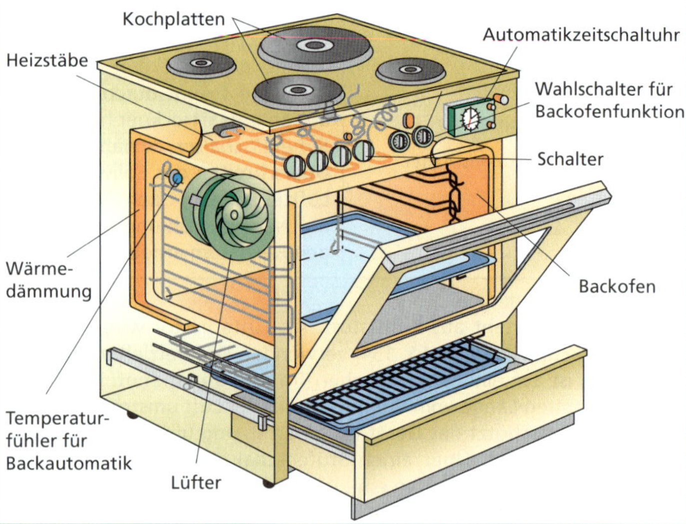

</td></tr>
</table>

<table>
<tr><th>Bauart</th><th>Wirkungsweise</th></tr>
<tr><td colspan="2">In Kochplatten wird die Stromwärme mit Heizleitern erzeugt und durch Wärmeleitung auf die Kochtöpfe übertragen. Die drei Heizleiter jeder Kochplatte werden über Schalter zu sechs Leistungsstufen geschaltet und so dem Wärmebedarf angepasst. Bei modernen Herden wird die Heizleistung elektronisch gesteuert.</td></tr>
<tr><td colspan="2">Konstruktionsmerkmale:
Elektroherde haben zwei bis vier Kochplatten und meist einen Backofen. In die Kochplatten sind isolierte Heizleiter eingepresst. Der Backofen wird mit Heizstäben beheizt. Beim Umluftherd wälzt im Inneren ein Lüfter die Warmluft um. Viele Herde haben eine Blitzkochplatte mit einer Leistung bis zu 2,6 kW.
Gesamtleistung: oft über 4,4 kW
Temperatur: bis 400 °C</td></tr>
<tr><td>Warmwasserspeicher
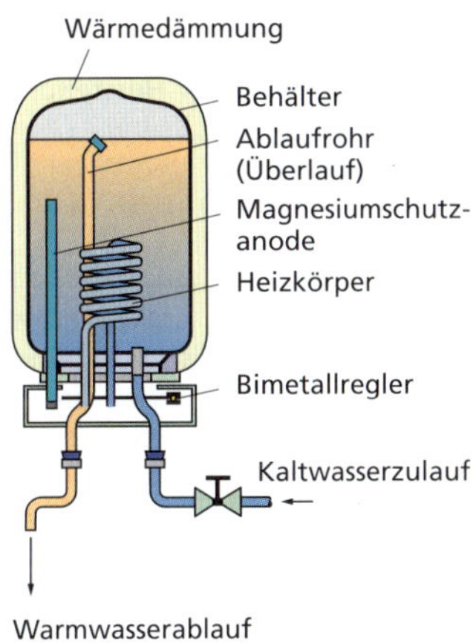
</td><td>Der Behälter ist bis zum Überlauf mit kaltem Wasser gefüllt. Der Heizkörper wird mit Netzspannung betrieben. Durch Widerstandserwärmung entsteht im Heizkörper Stromwärme, die durch Wärmeleitung auf das Wasser übergeht. Ein Bimetallregler schaltet bei Erreichen des Sollwertes der Wassertemperatur den Heizstrom ab. Die Entnahme von Warmwasser erfolgt durch Öffnung des Kaltwasserzulaufs. Das Leitungswasser verdrängt dabei von unten das Warmwasser durch das Ablaufrohr. Der Bimetallregler schaltet den Heizkörper erneut ein.</td></tr>
<tr><td colspan="2">Konstruktionsmerkmale/Einsatz:
Das Ventil zur Wasserentnahme liegt vor dem drucklosen Behälter. Das Behälterablaufrohr ist immer offen. Der Heizkörper besteht aus einem keramisch isolierten Widerstandsheizleiter, der sich in einem wasserdichten Metallrohr befindet. Die Magnesiumschutzanode verringert die Korrosion des Behälters. Kalkablagerungen können den Wärmeübergang vom Heizkörper auf das Wasser stören. Sie werden durch Einstellen einer niedrigeren Temperatur verringert. Auftretende Wärmeverluste an den Behälterwänden werden durch eine Wärmedämmung verringert.
Leistung: 1 kW bis 6 kW
Wassermenge: 5 l bis 80 l
Temperaturbereich: 35 °C bis 85 °C
Die Geräte eignen sich für eine Entnahmestelle in Bädern, Küchen, Büros und Werkstätten.</td></tr>
</table>

Tauchsieder und Lötkolben arbeiten ebenfalls nach dem Prinzip der Widerstandserwärmung. Auch bei ihnen wird die Stromwärme auf einen anderen Stoff (Wasser, Lötzinn) übergeleitet. Beim Löten wird die Wärme zur Herstellung elektrischer und mechanischer Verbindungen benötigt (↗ S. 164).

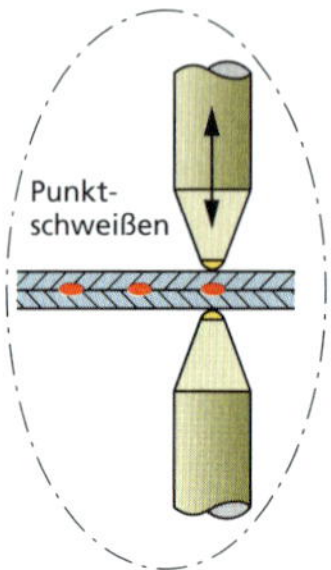

<table>
<tr><th>Bauart</th><th>Wirkungsweise</th></tr>
<tr><td>Punktschweißgerät
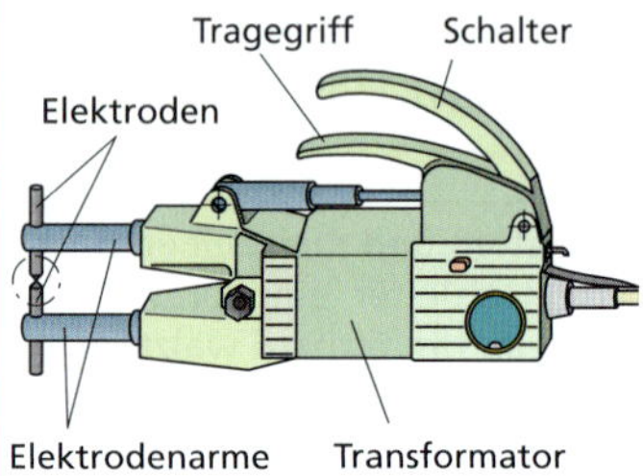
</td><td>Zwei Bleche werden auf die feste untere Elektrode gelegt. Die obere bewegliche Elektrode wird auf die Bleche gepresst und zeitgleich wird der Strom eingeschaltet. Über die Elektroden fließt eine hohe Stromstärke durch die Bleche. Durch die Stromwärme schmilzt das Metall. Die Bleche werden durch die Wärme und den Anpressdruck verschweißt. Druck, Stromstärke und Schweißzeit müssen aufeinander abgestimmt sein.</td></tr>
<tr><td colspan="2">Konstruktionsmerkmale/Einsatz:
Punktschweißgeräte benötigen einen Transformator, der die Spannung herab- und die Stromstärke auf das erforderliche Maß heraufsetzt (↗ S. 124, 149). Punktschweißen wird immer dort, wo Bleche verbunden werden müssen, angewendet, vor allem bei der Herstellung von Fahrzeugkarossen. Hier werden Roboter eingesetzt.
Spannung: < 40 V
Stromstärke: bis zu 100 kA
Schweißzeit: 0,05 s bis 3 s</td></tr>
<tr><td>Induktionsschmelzofen
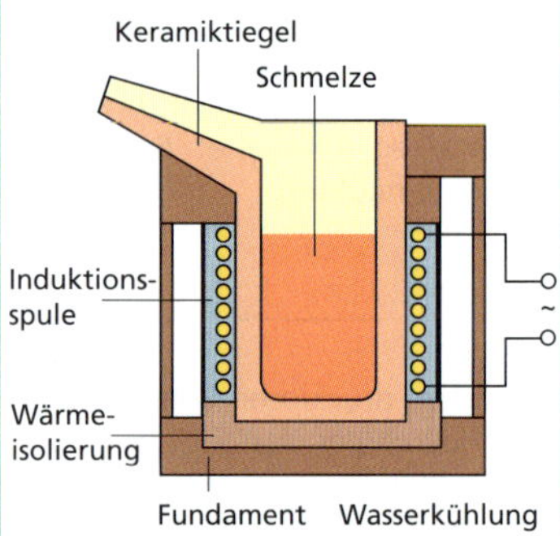
</td><td>Der Tiegel besteht aus feuerfester Keramik und ist von einer wassergekühlten Spule umgeben. In ihm befindet sich das metallische Schmelzmaterial. Die mit Wechselstrom betriebene Spule erzeugt ein wechselndes Magnetfeld. Dieses induziert im Schmelzmaterial Wirbelströme, deren Stromstärke so groß ist, dass die entstehende Stromwärme das Schmelzgut schmilzt.</td></tr>
<tr><td colspan="2">Konstruktionsmerkmale/Einsatz:
Induktionsschmelzen wird vorrangig in Eisengießereien zum Schmelzen von Roheisen, Schrott und Kreislaufmaterial angewendet. Die Öfen sind einfach zu bedienen. Da keine Verbrennungsgase und wenig Staub entstehen, sind sie umweltfreundlich.
Leistung: 100 kW bis 20 MW
Frequenz: 50 Hz bis 10 kHz
Temperatur der Schmelze: bis 1500 °C</td></tr>
</table>

Induktionsschmelzöfen eignen sich zum Schmelzen vieler Metalle und Legierungen. Es können aber auch Glas und Quarz, die im glühenden Zustand elektrisch leitfähig sind, geschmolzen werden.

Bauart	Wirkungsweise
Lichtbogenschweißgerät 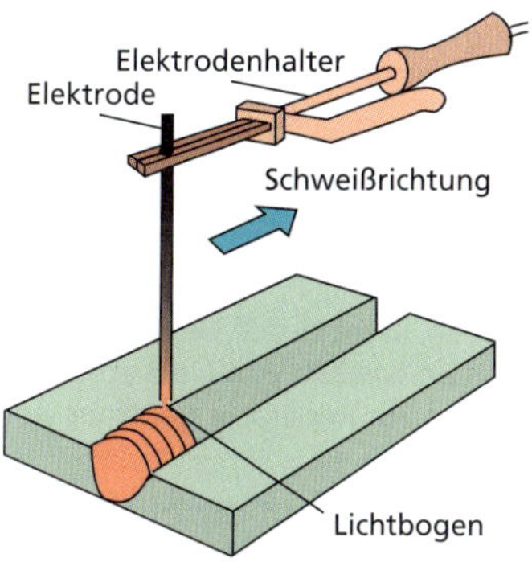	Infolge der hohen Temperatur des *Lichtbogens* wird von der *Elektrode* Material abgeschmolzen und in die Schweißfuge zwischen den zu verbindenden Werkstücken transportiert. Dabei schmelzen die Teile an der Naht zusammen. Das von der Elektrode abschmelzende Material wird durch Schutzgas oder -pulver vor der oxidierenden Einwirkung der Atmosphäre geschützt.
Konstruktionsmerkmale/Einsatz: Das Lichtbogenschweißen ist für Konstruktionsschweißungen, z. B. im Rohrleitungs-, Behälter-, Fahrzeug- oder Schiffbau anwendbar. Es können Stahl, legierte Stähle oder Aluminium verschweißt werden. Die Energiezufuhr erfolgt mit Gleich- oder Wechselspannung von 15 V bis 35 V. Die Stromstärke kann 10 A bis 600 A betragen. Dazu wird die Elektroenergie meistens mit Transformatoren umgeformt. Die Materialart und -dicke bestimmen die notwendige Stromstärke.	

Die Lichtbogenerwärmung wird auch in der Stahlverarbeitung in Dreh- und Gleichstromlichtbogenöfen zum Schmelzen von Stahl eingesetzt.

Sicherheitsbewusster Umgang mit Elektroenergie

Elektroenergie ist dann für Menschen, Tiere und Gegenstände sehr gefährlich, wenn ihre Anwendung nicht *sicherheitsgerecht* erfolgt.

Wirkungen von elektrischem Strom auf den Menschen

Bei der Berührung eines spannungsführenden Leiters kann der menschliche Körper von elektrischem Strom durchflossen werden. Er wirkt dann als leitende Verbindung z. B. zur Erde.

Bei einer Stromstärke von mehr als 10 mA besteht bereits Lebensgefahr, die sich mit der Dauer der Stromeinwirkung noch erhöht.

Die sicherste Maßnahme zur Vermeidung von gefährlichen Körperströmen ist die Anwendung von **Schutzkleinspannung.**

Durch Schutzkleinspannung sind gefährliche Körperströme unmöglich. Sie beträgt bei Wechselspannung höchstens 50 V und bei Gleichspannung höchstens 120 V. In Schulen werden 24 V Wechselspannung nicht überschritten.

Ein weiterer Faktor der Gefahrenerhöhung ist z. B. das Schwitzen. Dadurch wird der Strom besser durch den Menschen geleitet. Auch feuchter Untergrund sowie die Beschaffenheit der Schuhsohlen können die Gefahr eines Stromschlags erhöhen.

Geräte für Netzbetrieb

Die **Sicherheitsrichtlinien** für den Bau und den Umgang mit elektrischen Bauteilen und Geräten hat der Verband Deutscher Elektrotechniker (VDE) erarbeitet. Geräte, die diese Richtlinien erfüllen, tragen das VDE- und das GS-Prüfzeichen. Das CE-Zeichen gibt an, dass das Gerät europäischen Sicherheitsnormen entspricht.

> Sämtliche Geräte dürfen nur nach ihrer **Gebrauchsanweisung** benutzt werden.

Netz- und Ladegeräte, Kleintransformatoren, Geräte der Heimelektronik und Haushaltsgeräte, die für den Anschluss an das 230-Volt-Netz ausgelegt sind, dürfen grundsätzlich nur vom Fachmann zur Reparatur geöffnet werden.

Bei Netzgeräten darf die zugelassene Stromstärke auf der Abgabeseite nicht überschritten werden. Die Sicherungen dieser Geräte sind zu ihrem und zu unserem Schutz da und dürfen nur in der vorgeschriebenen Größe ersetzt werden.

3.4.2 Anwendung von Kraftstoffen

Verbrennungsmotoren sind die wichtigsten Antriebssysteme für Straßenfahrzeuge und Schiffe. Aber auch zum Antrieb von Schienenfahrzeugen und kleinen Flugzeugen werden sie verwendet.

In **Blockheizkraftwerken** (↗ S. 152) werden Verbrennungsmotoren zum Antrieb von Generatoren eingesetzt.

> **Verbrennungsmotoren** erzeugen Rotationsenergie aus der chemischen Energie von Kraftstoffen. Die Energieumwandlung verläuft in zwei Stufen:
> 1. die Wärmeerzeugung durch Verbrennung des Kraftstoffes;
> 2. die Umwandlung von Wärme in mechanische Arbeit.

Verbrennungsmotoren sind komplexe Systeme. Ihr zentrales Teilsystem dient der Energieumwandlung und besteht aus Zylinder, Kolben und Kurbelgetriebe. Zu ihrem zuverlässigen, effektiven und umweltgerechten Betrieb ist das Zusammenwirken mit weiteren Teilsystemen erforderlich. Die wichtigsten Typen sind der **Otto-Viertaktmotor** und der **Diesel-Viertaktmotor**. Dieselmotoren sind prinzipiell wie Ottomotoren aufgebaut. Sie arbeiten nach dem Zwei- oder Viertaktprinzip und haben einen höheren Wirkungsgrad als Ottomotoren.

75 % aller Pkw werden mit **Otto-Viertaktmotoren** und 25 % mit **Diesel-Viertaktmotoren** ausgerüstet. **Zweitaktmotoren** werden wegen ihres einfachen Aufbaus, ihres geringeren Gewichts und niedrigen Preises für Mofas, Mopeds, Krafträder, Außenbordmotoren, Motorsägen, Pumpen usw. verwendet.

Beim **Dieselmotor** wird der Kraftstoff unter hohem Druck über die Einspritzdüse direkt in den Verbrennungsraum eingespritzt. Die verdichtete Luft hat eine Temperatur von 500 °C bis 800 °C und entzündet den Kraftstoff. Deshalb benötigen Dieselmotoren keine Zündanlage. Den Einspritzdruck von 15 bis 500 bar erzeugt eine Einspritzpumpe.

Es gibt auch andere Konzepte für Verbrennungsmotoren, die sich bisher jedoch nicht durchsetzen konnten. Dazu gehören der **Sterlingmotor** und der **Wankelmotor**.

Teilsysteme des Otto-Viertaktmotors	
Motorgehäuse und Kurbeltrieb	**Umwandlung chemischer Energie in Rotationsenergie**

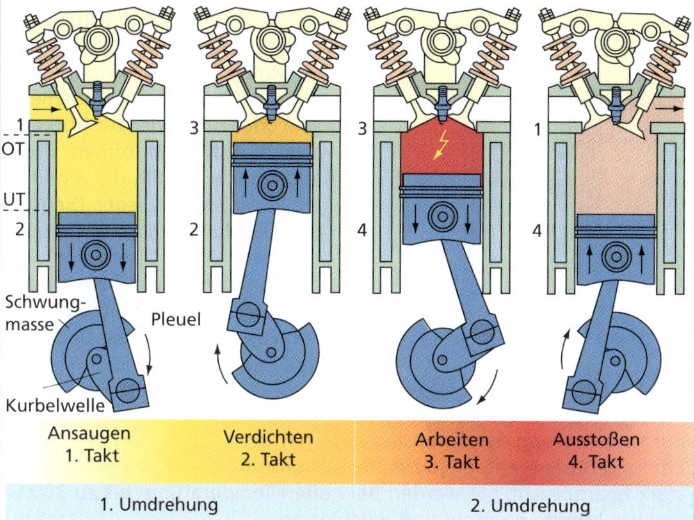

Ansaugen: Der sich abwärts bewegende Kolben (1 → 2) saugt durch das geöffnete Einlassventil das Kraftstoff-Luft-Gemisch in den Zylinder.
Verdichten: Der sich aufwärts bewegende Kolben (2 → 3) verdichtet das Kraftstoff-Luft-Gemisch. Druck und Temperatur erhöhen sich. Kurz vor dem OT erfolgt die Zündung.
Arbeiten: Der Kraftstoff verbrennt, Druck und Temperatur des Gases steigen sprunghaft an. Der Kolben wird nach unten verdrängt (3 → 4), das Gas dehnt sich aus und gibt mechanische Arbeit an das Kurbelgetriebe ab.
Ausstoßen: Der sich aufwärts bewegende Kolben (4 → 1) drückt durch das geöffnete Auslassventil das Abgas aus dem Zylinder heraus.

Kenngrößen/Konstruktionsmerkmale:
Nur bei jeder zweiten Umdrehung wirkt die Antriebskraft des Kolbens über das Pleuel auf die Kurbelwelle. Diese besitzt eine Schwungmasse, die die Energie für das Ansaugen, Verdichten und Ausstoßen speichert. Die Zylinderwände sind mit Wasser gekühlt. Der Kolben besteht aus einer Leichtmetall-Legierung und besitzt zur besseren Abdichtung Kolbenringe.

Verbrennungstemperatur ϑ: bis zu 2500 °C
Verbrennungsdruck p: 30 bis 60 bar
Ausstoßtemperatur ϑ: bis zu 900 °C
Ausstoßdruck p: bis 4 bar
Drehzahl der Kurbelwelle n: bis zu 6000 min^{-1}

Arbeitsdiagramm

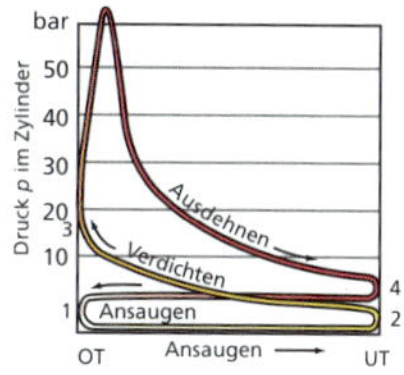

OT bedeutet oberer Totpunkt, UT unterer Totpunkt. In diesen Punkten ändert der Kolben seine Bewegungsrichtung. Das Volumen zwischen beiden Punkten ist der **Hubraum** des Motors.

Der Kraftstoff wird im Zylinder verbrannt:
$C_7H_{16} + 11\ O_2 \rightarrow$
$7\ CO_2 + 8\ H_2O + \Delta W$
ΔW bedeutet Abgabe der mechanischen Arbeit.

Mit der **Ventilüberschneidung** (Ein- und Auslassventil sind gleichzeitig geöffnet) wird ein besserer Gasaustausch erreicht.
Steuerdiagramm:

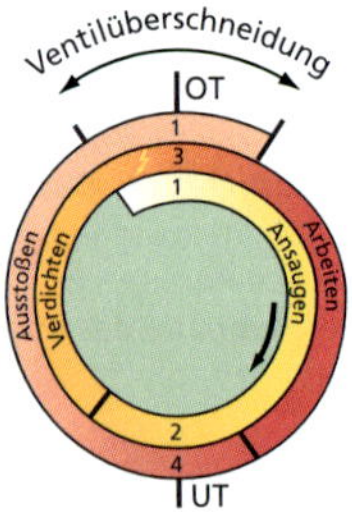

Bis vor einigen Jahren erfolgte die Gemischaufbereitung mit Vergasern. Im **Vergaser** riss der Volumenstrom der Ansaugluft Kraftstofftröpfchen mit sich. Heute werden Vergaser nur noch bei kleinen Motoren verwendet.

Motorsteuerung

Steuerung der Öffnung der Ein- und -auslasskanäle mit Ventilen

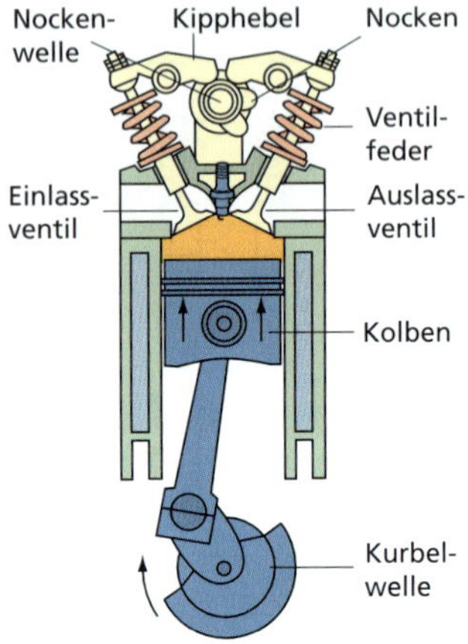

Zeitpunkt und Dauer des Ansaugens der Frischgase und des Ausstoßens der Abgase werden mechanisch gesteuert. Der Antrieb der Motorsteuerung erfolgt von der Kurbelwelle über Zahnriemen, Kette oder Zahnräder zur Nockenwelle. Die Nocken öffnen über Kipphebel die Ventile, die Ventilfedern schließen sie wieder. Die Nockenwelle dreht sich zur Steuerung des Ein- und Auslassens pro Arbeitsspiel einmal, die Kurbelwelle zweimal. Das Übersetzungsverhältnis zwischen Kurbel- und Nockenwelle beträgt 2 : 1.

Kenngrößen/Konstruktionsmerkmale:
Zur Verbesserung des Gasaustausches werden Motoren mit mehreren Ein- und Auslassventilen je Zylinder ausgestattet. Ventile werden sehr stark beansprucht. Sie werden bei hohen Temperaturen bis zu 3000-mal pro Minute geöffnet und geschlossen.

Gemischbildungsanlage

Herstellung eines brennbaren Kraftstoff-Luft-Gemisches

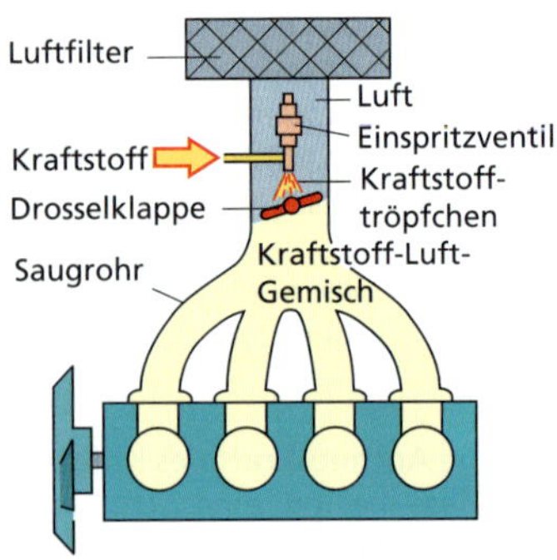

Die zugemessene Kraftstoffmenge wird mit der Einspritzdüse des Einspritzventils fein zerstäubt in die angesaugte Luft eingespritzt. Das Mischungsverhältnis von Kraftstoff und Luft wird jedem Betriebszustand des Motors entsprechend seiner Temperatur, Belastung, Drehzahl u.a. Größen angepasst. Sein Wirkungsgrad ist dadurch hoch und die Schadstoffanteile im Abgas werden gering gehalten.

Kenngrößen/Konstruktionsmerkmale:
Der Kraftstoff wird in das Ansaugrohr eingespritzt. Einspritzventile werden elektromagnetisch betätigt.
Die Einspritzmenge des Kraftstoffs wird elektronisch berechnet. Hochwertige Motoren sind in jedem Saugrohr mit einem Einspritzventil ausgerüstet.
Im Bild ist eine Zentraleinspritzung dargestellt. Sie unterscheidet sich von der verteilten Einspritzung.

Zündanlage	**Entzündung des Kraftstoff-Luft-Gemischs zum richtigen Zeitpunkt**

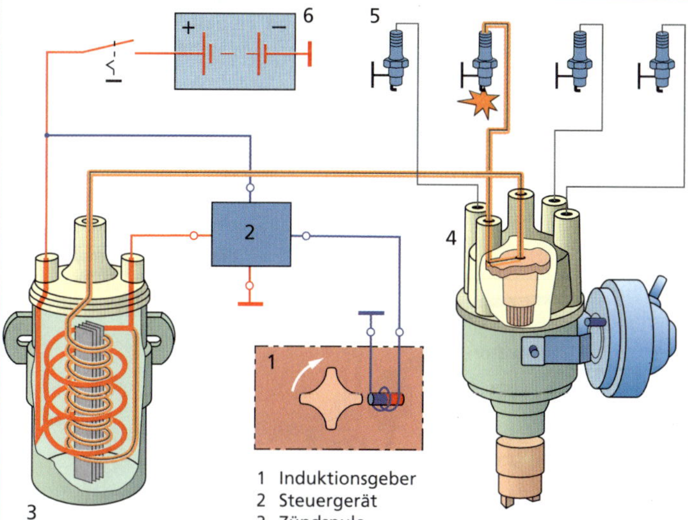

1 Induktionsgeber
2 Steuergerät
3 Zündspule
4 Verteiler
5 Zündkerzen
6 Batterie

Der *Induktionsgeber* wird von der Kurbelwelle gesteuert und erzeugt kurz vor Ende des Verdichtens einen Steuerimpuls. Das *Steuergerät* schaltet den Strom durch die Primärwicklung (rot) der *Zündspule* ein und aus. In der Sekundärwicklung (braun) entsteht beim Ausschalten die Zündspannung. Der *Verteiler* überträgt die Zündspannung nacheinander auf die *Zündkerzen*. Sie erzeugen einen Lichtbogen, der das Kraftstoff-Luft-Gemisch entzündet.

Kenngrößen/Konstruktionsmerkmale:
Die Zündanlage muss unter allen Betriebsbedingungen zuverlässig arbeiten. Sie muss die Batteriespannung von 12 V mithilfe der Zündspule bis auf 24 000 V herauftransformieren, einen Zündfunken mit ausreichender Zündenergie zur Verfügung stellen und den Zündzeitpunkt der jeweiligen Motordrehzahl, -last und -temperatur anpassen.

Schmiersystem	**Verringerung der Reibung zwischen den gleitenden Teilen**

Die Ölpumpe saugt das Öl aus der Ölwanne und fördert es über das Ölfilter durch Ölkanäle zu den Schmierstellen wie Kurbelwellen, Pleuel-, Kipphebel und Nockenwellenlagern. Die rotierende Kurbelwelle schleudert Öl in das gesamte Motorinnere und schmiert so auch die Zylindergleitbahnen. Nach dem Umlauf sammelt es sich wieder in der Ölwanne.

Zündspulen sind Transformatoren.

Ein **Induktionsgeber** arbeitet wie ein Generator. Er erzeugt die Impulse zur Steuerung der Zündung.

Nach 15 000 km oder einmal im Jahr muss das Motoröl ausgetauscht werden, weil es Feinabrieb und Verbrennungsrückstände enthält.

Kenngrößen/Konstruktionsmerkmale:
Der Öldruck beträgt ca. 3,5 bar. Das Schmieröl kühlt alle Motorteile, die nicht vom Kühlsystem erfasst werden, übernimmt die Feinabdichtung zwischen Kolben und Zylinder, spült Feinabrieb und Verbrennungsrückstände fort und verhindert Korrosionsschäden an Motorteilen.

Kühlsystem	**Abführung nicht nutzbarer Wärme an die Umgebungsluft**

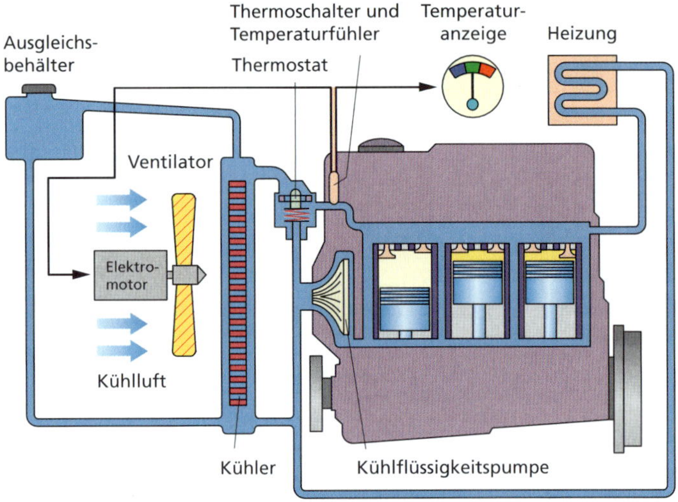

Die Kühlflüssigkeitspumpe fördert das Kühlmittel an den Zylinderwänden entlang, nimmt überschüssige Wärme auf und gibt diese im Kühler an die Umwelt ab. Ein thermostatisch gesteuertes *Dreiwegeventil* lässt bei kaltem Motor die Kühlflüssigkeit nur den Motor umströmen. Wenn der Motor warm ist, schaltet es auf den Kühlerkreislauf um. Bei hoher Motortemperatur sorgt der Ventilator automatisch für zusätzliche Wärmeabführung.

Kenngrößen/Konstruktionsmerkmale:
Die Temperatur der Kühlflüssigkeit beträgt bei Voll-Last 100 °C bis 120 °C, ihr Druck 1,3 bar bis 2 bar. Ungefähr 30 % der Energie des zugeführten Kraftstoffs stehen als Nutzenergie an der Kurbelwelle zur Verfügung, ca. 33 % werden mit der Kühlflüssigkeit und 31 % mit den Abgasen in die Umwelt transportiert, ca. 6 % strahlt der Motor als Wärme ab. Bei Winterbetrieb wird der Kühlkreislauf zur Beheizung des Fahrzeuginnenraumes genutzt.

Kühlflüssigkeit setzt sich aus Wasser und Frostschutzmittel zusammen.

Otto-Viertaktmotoren haben meistens mehrere Zylinder (z.B. beim Pkw vier). Bei jedem Zylinder steuern mindestens zwei, oft jedoch mehrere Ventile das Einlassen des Gemisches und das Ausstoßen der Verbrennungsgase.

Motormanagement	Elektronische Steuerung von Benzineinspritzung und Zündung
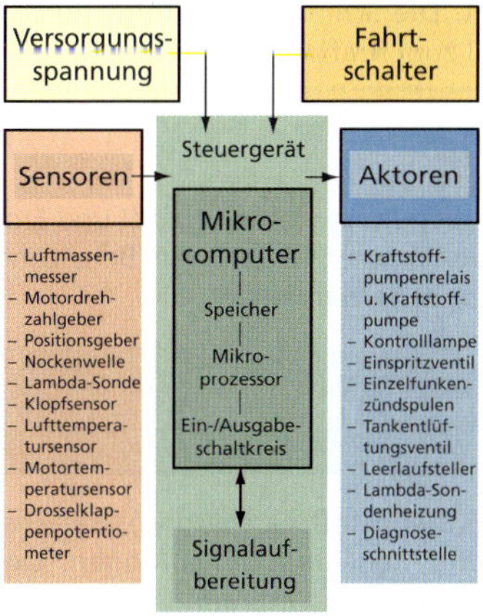	Die Sensoren erfassen alle Zustände des Motors. Alle Kennwerte für den Motorbetrieb bei verschiedenen Betriebsbedingungen sind im Speicher des Mikrocomputers gespeichert. Mit den Sensoren wird der augenblickliche Betriebszustand des Motors erfasst. Die gemessenen Werte werden mit den gespeicherten Kennwerten verglichen. Anhand der gespeicherten Daten werden z.B. automatisch die Einspritzzeit und der Zündzeitpunkt ermittelt. Über Leistungsstufen werden die Aktoren angesteuert.

Kenngrößen/Konstruktionsmerkmale:
Teilsystem Einspritzung: Ein Induktionsgeber an der Kurbelwelle erfasst die Drehzahl. Ein Luftmassenmesser ermittelt die angesaugte Luftmasse. Der Mikrocomputer berechnet die Kraftstoffgrundmenge. Der Positionsgeber Nockenwelle erkennt die Lage des Kolbens vor OT. Einspritzbeginn und Zündzeitpunkt werden vom Steuergerät errechnet. Korrektursignale, z.B. Motortemperatur, Ansauglufttemperatur, Drosselklappenstellung, λ-Sondensignal werden zusätzlich berücksichtig.

Mit der λ-Sonde wird der Restsauerstoff im Abgas gemessen. Mit diesen Daten wird die zugemessene Kraftstoffmenge bei der Einspritzung korrigiert.

Otto-Zweitaktmotor

Zweitaktprinzip des Otto-Zweitaktmotors

Beim **Zweitaktprinzip** erfolgen Ansaugen, Verdichten, Arbeiten und Ausstoßen während nur einer Kurbelwellenumdrehung.

1. Takt: Überströmen/Ausströmen/ Verdichten/Ansaugen

Der Kolben befindet sich unten, das vorverdichtete Kraftstoff-Luft-Gemisch strömt aus der Kurbelkammer in den Zylinder und verdrängt die restlichen Abgase. Der sich nach oben bewegende Kolben verschließt den Überströmkanal, das Gemisch wird verdichtet, der Einlasskanal wird frei, neues Gemisch strömt in die Kurbelkammer.

2. Takt: Arbeiten/Vorverdichten/Ausströmen

Das Gemisch wird gezündet, der Kolben bewegt sich nach unten, verschließt den Einlasskanal und verdichtet das Gemisch in der Kurbelkammer vor. Die Kolbenoberkante öffnet den Auslasskanal, die Abgase entweichen. Durch den nun geöffneten Überströmkanal strömt das Gemisch erneut in den Zylinder.

Das **Viertaktprinzip** wird bei Verbrennungsmotoren am häufigsten angewendet.

Kenngrößen/Konstruktionsmerkmale:
Bei Zweitaktmotoren kann der Gasaustausch ohne Ventile erfolgen. Sie haben einen höheren Kraftstoff- und Ölverbrauch als Viertaktmotoren und sind meistens luftgekühlt. Die Schmierung erfolgt durch Zugabe von 1,5 % bis 4 % Motorenöl zum Kraftstoff.

3.4.3 Anwendung von Brennstoffen

Zur **Gebäudeheizung** und Warmwasserbereitung werden Heizöl und Erdgas eingesetzt. **Heizungssysteme** werden meistens als zentrale Beheizung ausgeführt. Als Wärmeträger wird Warmwasser verwendet.

Moderne Heizungssysteme haben einen hohen Wirkungsgrad bei einem geringen CO_2-Ausstoß.

Heizungssysteme erzeugen Wärme aus der chemischen Energie von Brennstoffen.

Ein Heizungssystem besteht aus Tank (Brennstoffspeicherung), Heizkessel, Rohrsystem, Raumheizkörpern und Regelungseinrichtungen. Der Brennstoff wird im Heizkessel mit Luftsauerstoff verbrannt. Oft werden bei modernen Heizsystemen auch die Sonnenstrahlung und die Erdwärme genutzt (↗ S. 137, S. 144).

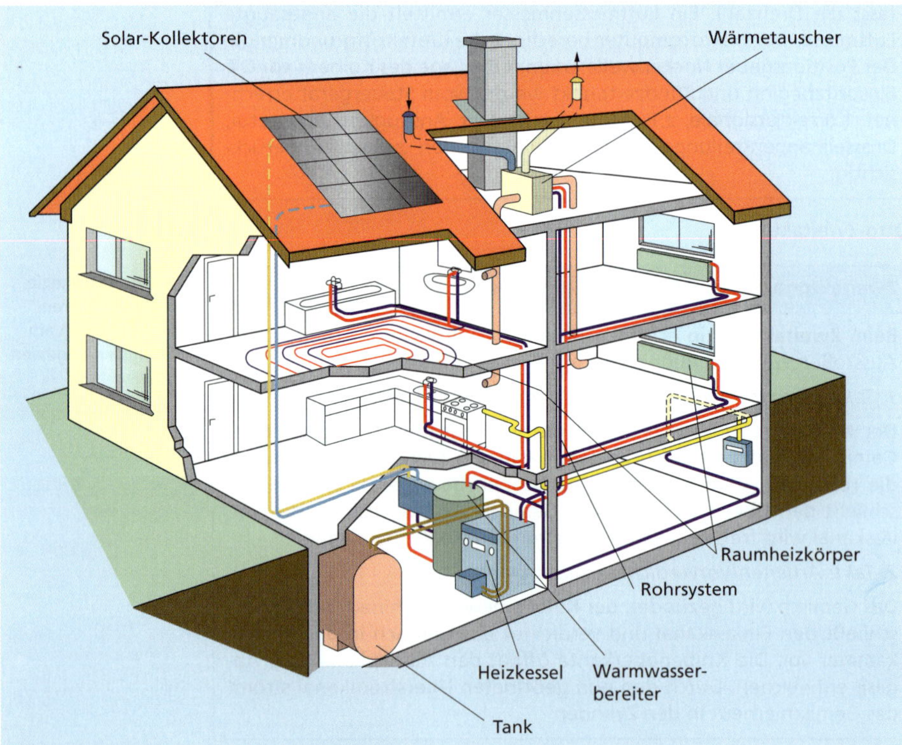

Teilsysteme einer Zentralheizung

Heizkessel	**Umwandlung chemischer Energie in Wärme**
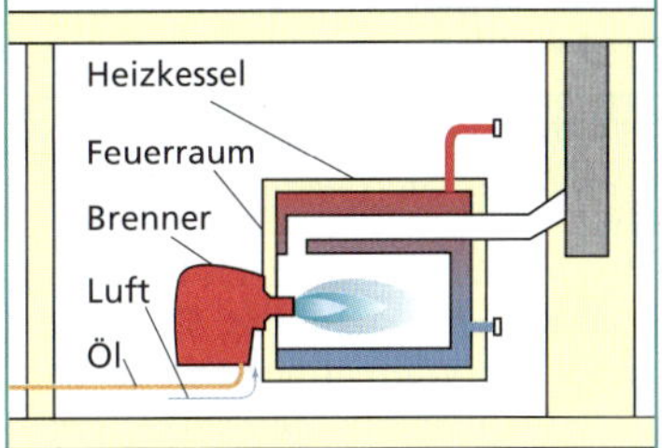	Heizöl wird vom Speicher zum Brenner gepumpt. Es wird verdampft bzw. zerstäubt, mit Luft vermischt und entzündet. Im Feuerraum verbrennt es. Im Heizkessel geht die erzeugte Wärme auf den Wärmeträger über. Die Abgase entweichen über den Schornstein.
Kenngrößen/Konstruktionsmerkmale: Nennwärmeleistung: bis 400 kW, Vorlauftemperatur: 70 °C; Wirkungsgrad: bis über 90 %	
Rohrsystem	**Wärmetransport zum Nutzungsort**
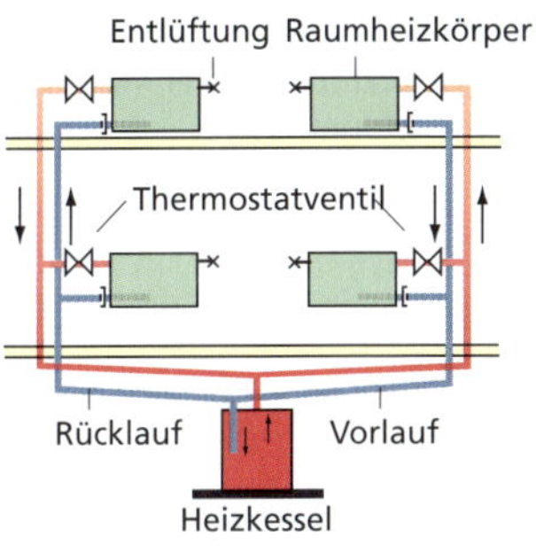	Aus dem Kessel wird das Warmwasser im *Vorlauf* zu den Raumheizkörpern gepumpt. Dort gibt es die Nutzwärme ab und gelangt über den *Rücklauf* zum Kessel zurück.
Kenngrößen/Konstruktionsmerkmale: Heizungsrohre werden vorrangig aus Kupfer hergestellt. Ihr Durchmesser ist von der Leistung der Heizanlage abhängig. Zur Verringerung der Wärmeverluste werden sie mit Dämmschichten umgeben.	
Raumheizkörper	**Abgabe der Nutzwärme**
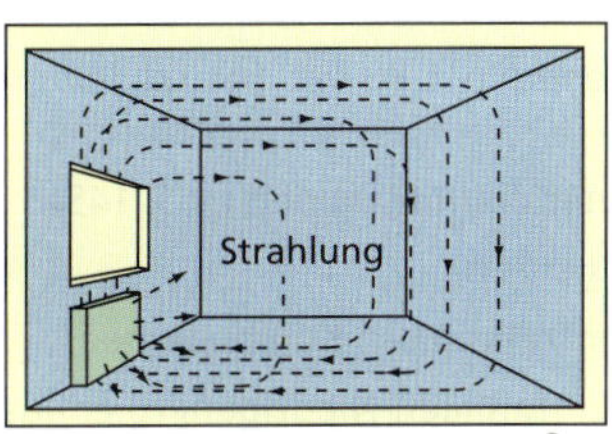	Raumheizkörper sind Wärmetauscher. Der Raumheizkörper sollte unterhalb des Fensters angeordnet werden und so breit wie das Fenster sein. Er bewirkt im Raum eine Umwälzströmung (Konvektion) der Luft, durch die der Raum erwärmt wird. Gleichzeitig gibt er Wärmestrahlung ab (↗ S. 113).

Bei der Lagerung von Heizöl werden hohe Anforderungen an den **Umweltschutz** gestellt. 1 Liter Heizöl ist in der Lage, 1 000 000 Liter Trinkwasser zu verunreinigen.

Durch die Wärmeabgabe am Raumheizkörper ist die Temperatur des Rücklaufwassers einer Heizungsanlage kleiner als die des Vorlaufwassers.

Kenngrößen/Konstruktionsmerkmale:
Normtemperaturen sind: Vorlauftemperatur: 75 °C, Rücklauftemperatur: 65 °C, Raumtemperatur: 20 °C. Bauarten von Raumheizkörpern sind Radiatoren, das sind Gliederheizkörper oder Plattenheizkörper. Flächenheizkörper bestehen aus Rohrleitungen, die spiralförmig in Fußboden, Wand oder Decke eingelegt werden.

Regelungseinrichtung	*Einstellung der Nutzungstemperatur und Energieeinsparung*
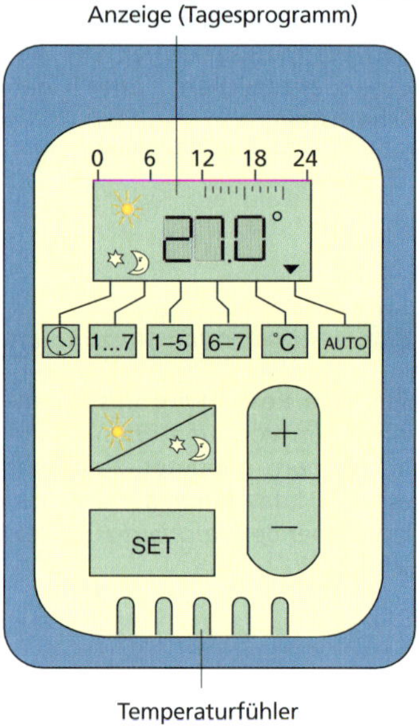	Raumheizkörper sind mit Thermostatventilen ausgestattet. Sie regeln über die Wärmeträgermenge die Raumtemperatur. Moderne Thermostatventile sind programmierbar, so dass die Raumtemperatur für jeden Wochentag und zu bestimmten Zeiten festgelegt werden kann. Auch die Kessel besitzen Regeleinrichtungen, die in Abhängigkeit von der Wärmeanforderung den Brennstoffzufluss und den Verbrennungsvorgang steuern. Zusätzlich übernehmen sie Sicherheitsfunktionen.

Jedes in Deutschland neu gebaute Haus muss in Zukunft der **Energie-Einsparverordnung-2000** entsprechen.

Ein Niedrigenergiehaus (NEH) vereinigt in sich Maßnahmen zur Senkung des Brennstoffverbrauchs durch Wärmedämmung und Nutzung regenerativer Energieträger (↗ S. 135 ff.).

Wichtige Konstruktionsmerkmale eines NEH sind:

- sehr guter Wärmeschutz für alle Bauteile der Gebäudehülle,
- große Dichtheit der Gebäudehülle,
- kontrollierte Wohnungslüftung,
- maximale Nutzung der Sonnenenergie z.B. mit Solarkollektoren (↗ S. 138),
- Nutzung der Umgebungswärme mit Wärmepumpen (↗ S. 145),
- schnelles Reagieren des Heizungssystems,
- nutzerfreundliche Bedienung aller technischen Komponenten.

Die verbrauchte Heizwärme eines Einfamilien-Niedrigenergiehauses darf in einem Jahr 70 kWh pro Quadratmeter nicht überschreiten.

4 DATEN UMSETZENDE SYSTEME

4.1 Begriffe und Zusammenhänge

4.1.1 Signale, Daten und Informationen

Die Menschen sind in der Lage, aus ihrer Umwelt die unterschiedlichsten Signale aufzunehmen, sie zu verstehen und auf sie zu reagieren. Um Signale zu verstehen, muss ihre Bedeutung bekannt sein.

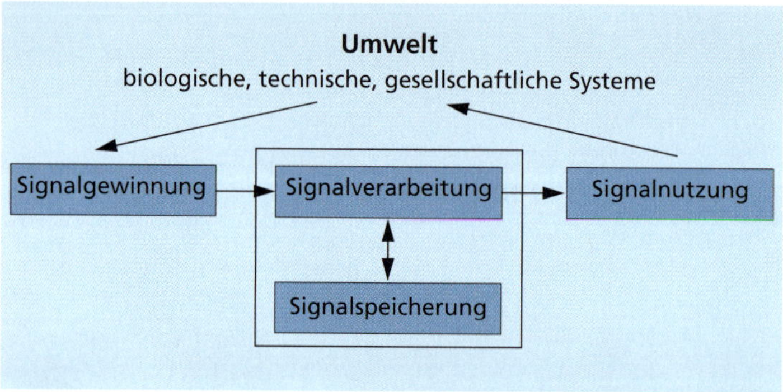

Signale sind physikalische *Größen*. Sie besitzen einen Wert, zu dem eine Einheit gehört.

Signalträger können stofflich, energetisch oder beides sein.

Einteilung von Signalen nach der *Art des Trägers:*

Signal	Träger	physikalische Größe	Einheit	Beispiel
thermisch	Wärme	Temperatur *T*	K, °C	Temperatur messen
optisch	Licht	Wellenlänge λ Beleuchtungsstärke *E*	nm lx	Ampel schalten Helligkeit steuern
mechanisch	Gas Nockenwelle	Druck *p* Radius *r*	Pa m	Druck messen Ventile steuern
akustisch	Schall	Frequenz *f*	Hz	menschliche Sprache hören
elektrisch	Elektrizität	Spannung *U* Stromstärke *I*	V A	Spannung messen Strom schalten
chemisch	Stoffe	Konzentration *k*	%	Salzgehalt messen

Einteilung von Signalen nach dem *Wertevorrat* und der *Verfügbarkeit:*

Verfügbarkeit / Wertevorrat	**kontinuierlich** Der Wert des Signals wird ständig (kontinuierlich) abgefragt.	**diskontinuierlich** Der Wert des Signals wird nur zu bestimmten Zeitpunkten (diskontinuierlich) abgefragt.
analog Innerhalb der gegebenen Grenzen kann das Signal jeden beliebigen Wert annehmen.	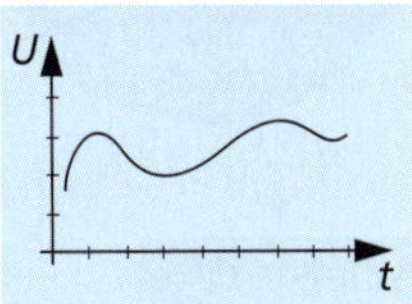	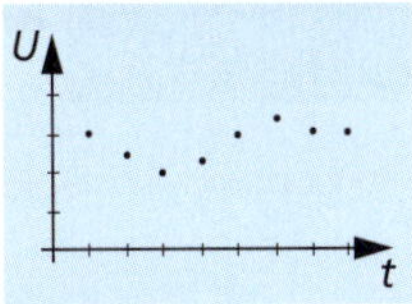
digital Das Signal kann nur eine festgelegte Anzahl von Werten annehmen.	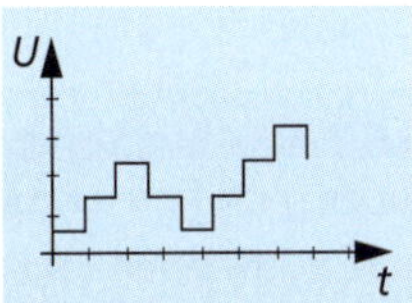	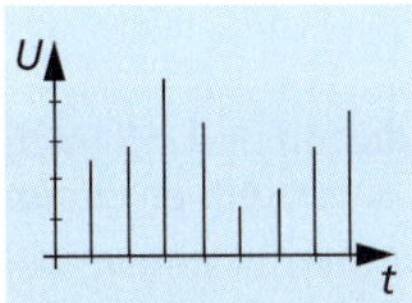

> Signale lassen sich nach ihrem Wertevorrat, ihrer Verfügbarkeit und ihrem Signalträger einteilen.

Technische Systeme werden nach der Art der Signale, die sie verarbeiten, in **Analog**- und **Digitaltechnik** eingeteilt. Für die technische Signalverarbeitung ist eine ständige Umwandlung der Signale analog → digital und digital → analog notwendig.

Die meisten elektronischen Systeme arbeiten digital. In der Digitaltechnik wird zwischen den zwei Signalpegeln L (low, niedriges Potential) und H (high, hohes Potential) unterschieden.

Signalwandlung in einem Tonstudio:

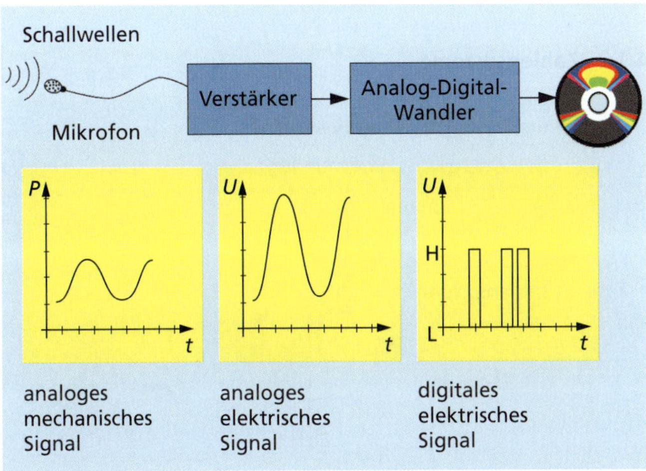

Es ist durchaus möglich, dass Informationen vom Empfänger falsch oder nicht verstanden werden. Informationen können unkorrekt sein. Technische Systeme verarbeiten Signale und Daten.

Informationen sind Mitteilungen, die die Menschen verstehen.

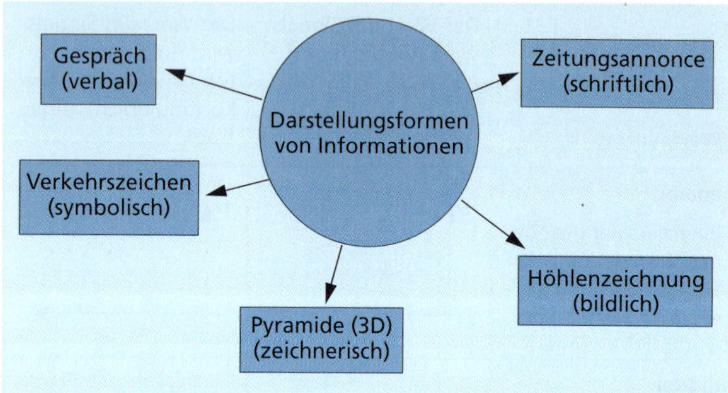

Daten sind Informationen, die *codiert* (verschlüsselt) wurden. Erst dadurch können Informationen nach festen Regeln verarbeitet werden.

Daten bestehen meist aus Buchstaben (*alphabetische* Daten) oder Ziffern (*numerische* Daten). Kombinationen aus Buchstaben, Ziffern und Sonderzeichen bezeichnet man als *alphanumerische* Daten.

Ein Telefonbuch auf CD-ROM enthält alphanumerische Daten in digitalisierter Form.

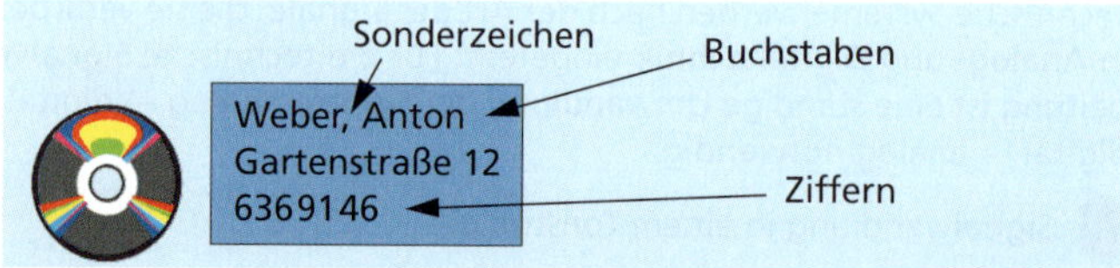

4.1.2 Zahlensysteme

Anfangs benutzten die Menschen zum Zählen und Rechnen ihre Finger. Daraus ergibt sich die Bedeutung der Zahl 10. Der arabische Mathematiker AL-CHWÂRÍZMÎ führte die Null ein.

Allgemeine Form von Zahlensystemen:

Zahl im Zahlensystem $z = \sum_{i=1}^{n} Z_i \cdot B^i$

Summe: $\sum$; Endwert für i: n; Exponent: i; Ziffer: Z_i; Basis: B

$B \in \mathbb{N};\ B > 1$

$Z_i \in \mathbb{N};\ Z_i \leq B - 1$

$n \in \mathbb{Z}$

Zahlensysteme unterscheiden sich nach der **Basis** B.
Das **Dezimalsystem** hat die Basis B = 10 und verwendet die zehn (arabischen) Ziffern von 0 bis 9.
Für eine beliebige Dezimalzahl gilt:

$$z_D = Z_n \cdot 10^n + Z_{n-1} \cdot 10^{n-1} + \ldots + Z_2 \cdot 10^2 + Z_1 \cdot 10^1 + Z_0 \cdot 10^0$$

$z_D = 1753$
$z_D = 1000 + 700 + 50 + 3$
$z_D = 1 \cdot 1000 + 7 \cdot 100 + 5 \cdot 10 + 3 \cdot 1$
$z_D = 1 \cdot 10^3 + 7 \cdot 10^2 + 5 \cdot 10^1 + 3 \cdot 10^0$
$z_D = 1753$

Tausender-, Hunderter-, Zehner-, Einer-Stelle

Zur Kennzeichnung von Zahlen in unterschiedlichen Zahlensystemen werden **Indizes** verwendet.

Indizes (Plural von **Index**): Buchstaben oder Zahlen zur Kennzeichnung gleichartiger Größen

z_D – Dezimalzahl $\quad$ z_B – Binärzahl
2567_D – Dezimalzahl $\quad$ 101000000111_B – Binärzahl

In der Rechentechnik wird ein anderes Zahlensystem – das Dualsystem – verwendet. Computer sind *Digitalrechner*, sie arbeiten mit nur zwei Zuständen, die den Ziffern 0 oder 1 entsprechen. Damit reduziert sich der Vorrat an verfügbaren Zeichen auf diese 2 Ziffern.

Schon bei der Erfindung des Schreibtelegrafen durch den Amerikaner SAMUEL MORSE wurden alle Buchstaben und Ziffern mit nur zwei Zeichen (binär) codiert.

Morsealphabet

a	· –	r	· – ·
ä	· – · –	s	· · ·
b	– · · ·	t	–
c	– · – ·	u	· · –
ch	– – – –	ü	· · – –
d	– · ·	v	· · · –
e	·	w	· – –
f	· · – ·	x	– · · –
g	– – ·	y	– · – –
h	· · · ·	z	– – · ·
i	· ·	0	– – – – –
j	· – – –	1	· – – – –
k	– · –	2	· · – – –
l	· – · ·	3	· · · – –
m	– –	4	· · · · –
n	– ·	5	· · · · ·
o	– – –	6	– · · · ·
ö	– – – ·	7	– – · · ·
p	· – – ·	8	– – – · ·
q	– – · –	9	– – – – ·

Das **Dualsystem,** auch als **Binärsystem** bezeichnet, hat die Basis B = 2 und verwendet die Ziffern 0 und 1. Eine Dualzahl wird mit dem Index B (Binärzahl) gekennzeichnet.

Für eine beliebige **Dualzahl** gilt:

$$z_B = Z_n \cdot 2^n + Z_{n-1} \cdot 2^{n-1} + \ldots + Z_2 \cdot 2^2 + Z_1 \cdot 2^1 + Z_0 \cdot 2^0$$

$z_B = 1 \cdot 2^5 + 1 \cdot 2^4 + 0 \cdot 2^3 + 1 \cdot 2^2 + 0 \cdot 2^1 + 0 \cdot 2^0 = 110100_B$
Für die Darstellung dieser Dualzahl im Dezimalsystem ergibt sich:
$z_D = 1 \cdot 32 + 1 \cdot 16 + 0 \cdot 8 + 1 \cdot 4 + 0 \cdot 2 + 0 \cdot 1 = 52_D$
Durch dieses Beispiel wird deutlich, dass eine zweistellige Dezimalzahl im Dualsystem sechs Stellen erfordern kann.

In der Rechentechnik wird jede der beiden Ziffern einer Dualzahl als **Bit** (Abkürzung für binary digit; *dt.* binäre Ziffer) bezeichnet. Ein Bit ist die kleinste Informationseinheit. Ein **Byte** ist die Zusammenfassung von 8 Bit. Byte wird auch als Maßeinheit für die Speicherkapazität verwendet. Es gilt:
1 **MByte** = 2^{20} Byte = 1048576 Byte
1 **KByte** = 2^{10} Byte = 1024 Byte

Der erste Mikroprozessor arbeitete auf dieser Basis (INTEL 4004, 1971). Bereits ein Jahr später war es möglich, acht Bit parallel zu verarbeiten (INTEL 8008).

Für die Darstellung der dezimalen Ziffern von 0 bis 9 werden vier Bit, die als *Tetrade* bezeichnet werden, benötigt.

Dezimalziffer	**4. Bit ($2^3 = 8$)**	**3. Bit ($2^2 = 4$)**	**2. Bit ($2^1 = 2$)**	**1. Bit ($2^0 = 1$)**
0	0	0	0	0
1	0	0	0	1
2	0	0	1	0
3	0	0	1	1
4	0	1	0	0
5	0	1	0	1
6	0	1	1	0
7	0	1	1	1
8	1	0	0	0
9	1	0	0	1

Das **Hexadezimalsystem** hat die Basis B = 16 und verwendet 16 verschiedene Zeichen – die Ziffern von 0 bis 9 sowie die Buchstaben von A bis F. Im Hexadezimalsystem werden die mit 4 Bit darstellbaren Zahlen 10 bis 15 durch die Buchstaben von A bis F ersetzt.

Für eine beliebige **Hexadezimalzahl** gilt:

$$z_H = Z_n \cdot 16^n + Z_{n-1} \cdot 16^{n-1} + ... + Z_2 \cdot 16^2 + Z_1 \cdot 16^1 + Z_0 \cdot 16^0$$

Dezimalzahl = Hexadezimalziffer	**4. Bit ($2^3 = 8$)**	**3. Bit ($2^2 = 4$)**	**2. Bit ($2^1 = 2$)**	**1. Bit ($2^0 = 1$)**
0 = 0	0	0	0	0
1 = 1	0	0	0	1
2 = 2	0	0	1	0
3 = 3	0	0	1	1
4 = 4	0	1	0	0
5 = 5	0	1	0	1
6 = 6	0	1	1	0
7 = 7	0	1	1	1
8 = 8	1	0	0	0
9 = 9	1	0	0	1
10 = A	1	0	1	0
11 = B	1	0	1	1
12 = C	1	1	0	0
13 = D	1	1	0	1
14 = E	1	1	1	0
15 = F	1	1	1	1

$z_H = 10 \cdot 16^2 + 3 \cdot 16^1 + 6 \cdot 16^0$
$z = A36_H$
Im Dezimalsystem entspricht diese Hexadezimalzahl:
$z_D = 10 \cdot 256 + 3 \cdot 16 + 6 \cdot 1$ $\quad z = 2614_D$

Das **Oktalsystem** hat die Basis B = 8 und nutzt die Ziffern von 0 bis 7.
Für eine beliebige **Oktalzahl** gilt:
$z_O = Z_n \cdot 8^n + Z_{n-1} \cdot 8^{n-1} + \ldots + Z_2 \cdot 8^2 + Z_1 \cdot 8^1 + Z_0 \cdot 8^0$

Das Oktalsystem hat sich in seiner Nutzung (z. B. in der Rechentechnik) nicht als effektiv erwiesen.

Bei der **Konvertierung** von Zahlen eines Zahlensystems in ein anderes wird die Ausgangszahl durch die Zahlenbasis des Zielsystems dividiert.

Konvertierung (lat.): Umwandlung

Konvertierung einer Dezimalzahl z_D in eine Dualzahl z_B

$z_D = 35$

35 : 2 = 17	Rest 1
17 : 2 = 8	Rest 1
8 : 2 = 4	Rest 0
4 : 2 = 2	Rest 0
2 : 2 = 1	Rest 0
1 : 2 = 0	Rest 1

$z_B = 1\,0\,0\,0\,1\,1$

Zahl eines beliebigen Zahlensystems mit der Basis B

Ausgangszahl
↓
Division durch B
Rest
↓
Ziffernfolge

Bei der Konvertierung von Dezimalzahlen in das Hexadezimalsystem wird durch 16 dividiert. Aus dem jeweiligen Rest ergibt sich die gesuchte Zeichenfolge.
Die Konvertierung einer Dualzahl in eine Dezimalzahl erfolgt in der Regel mit einem anderen Verfahren. Die Summe der berechneten dualen Stellen ergibt die Dezimalzahl.

$z_B = 1\,1\,0\,1$ $\quad z_D = 1 \cdot 2^3 + 1 \cdot 2^2 + 0 \cdot 2^1 + 1 \cdot 2^0$
$z_D = 8 + 4 + 0 + 1 = 13_D$

Soll eine Dualzahl in eine Hexadezimalzahl konvertiert werden, geht man davon aus, dass jeweils 4 Bit, 1 Tetrade, eine Stelle der Hexadezimalzahl bilden.

$z_B = 1110\ 0110$
Diese Dualzahl besteht aus zwei Tetraden und ergibt eine zweistellige Hexadezimalzahl.

2. Tetrade → 2. Stelle	1. Tetrade → 1. Stelle
1 1 1 0	0 1 1 0
$1 \cdot 2^3 + 1 \cdot 2^2 + 1 \cdot 2^1 + 0 \cdot 2^0$	$0 \cdot 2^3 + 1 \cdot 2^2 + 1 \cdot 2^1 + 0 \cdot 2^0$
8 + 4 + 2 + 0	0 + 4 + 2 + 0
E (dezimal 14)	6 (dezimal 6)

$z = E6_H$

Die Konvertierung einer Hexadezimalzahl in eine Dualzahl erfolgt einfach in umgekehrter Richtung.

Die **Rechenoperationen in den verschiedenen Zahlensystemen** unterliegen gleichen Regeln. Eine wesentliche Rolle spielt bei allen Grundrechenarten der **Übertrag.**

Es gelten folgende **Rechenregeln für Dualzahlen:**

Addition	*Subtraktion*
0 + 0 = 0	0 – 0 = 0
1 + 0 = 1	1 – 0 = 1
0 + 1 = 1	0 – 1 = 1 (Übertrag 1)
1 + 1 = 0 (Übertrag 1)	1 – 1 = 0
Multiplikation	*Division*
0 · 0 = 0	0 : 0 nicht definiert
1 · 0 = 0	1 : 0 nicht definiert
0 · 1 = 0	0 : 1 = 0
1 · 1 = 1	1 : 1 = 1

Die Multiplikation im Computer erfolgt durch schrittweise Verschiebung und Addition. Die Division wird auf wiederholte Subtraktion zurückgeführt.

	dezimale Addition	*duale Addition*
	12	0000 1100
	+ 39	+ 0010 0111
Übertrag	1	0001 1000
Ergebnis	51	0011 0011

	dezimale Subtraktion	*duale Subtraktion*
	39	0010 0111
	– 12	– 0000 1100
Übertrag		0011 0000
Ergebnis	27	0001 1011

	dezimale Multiplikation		*duale Multiplikation*	
	14 · 7		1110 · 0111	
	7	(7 · 1)	0000	(0111 · 0)
	28	(7 · 4)	1110	(0111 · 1)
			1110	(0111 · 1)
			1110	(0111 · 1)
Übertrag			(111)	
			(1)	
	98		1100010	

Unter **Codierung** versteht man die Zuordnung von Zeichen eines Systems zu den Zeichen eines anderen Systems.

In der Datenverarbeitung verwendet man nicht immer einen reinen Dualcode. Bei einer Codierung können unterschiedliche Codesymbole benutzt werden, um ein und dieselbe Information darzustellen. Diese Symbole werden allgemein als **Alphabet** bezeichnet.

Durch die Notenschrift ist es möglich, Musik schriftlich darzustellen.

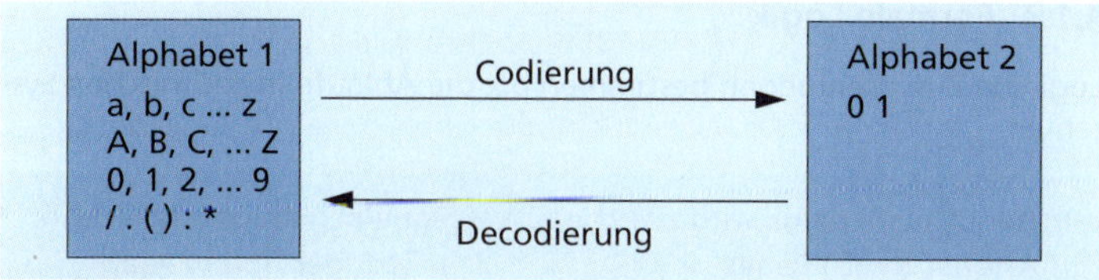

Im **BCD-Code** werden Dezimalsystem und Dualsystem kombiniert. Die dezimalen Stellen werden beibehalten und die Ziffern statt dezimal dual dargestellt. Jede Dezimalstelle umfasst 4 Dualstellen (4 Bit = 1 Tetrade). Die Darstellung von Zahlen im BCD-Code ist damit nicht identisch mit deren dualer Codierung.

BCD-Code:
Abkürzung für **B**inary **C**oded **D**ecimal (dual verschlüsselter Dezimalcode).
Er hat praktische Bedeutung bei der Anzeige von Zahlen.

Die Dezimalzahl 593_D soll im BCD-Code dargestellt werden:

500 + 90 + 3
0101 1001 0011

Im Dualcode sieht die gleiche Dezimalzahl ganz anders aus:

512 + 0 + 0 + 64 + 0 + 16 + 0 + 0 + 0 + 1
1 0 0 1 0 1 0 0 0 1

Mit jeder Tetrade im BCD-Code lassen sich nur die Ziffern 0 bis 9 darstellen. Um alle Daten darstellen zu können, muss dieser Code erweitert werden.

Der **ASCII-Code** enthält neben den Ziffern auch Buchstaben, Sonderzeichen und eine Vielzahl von Steuerzeichen. Mit diesem Code lassen sich $2^8 = 256$ Zeichen darstellen.

ASCII-Code:
Abkürzung für **A**merican **S**tandard **C**ode for **I**nformation **I**nterchange (amerikanischer Standard-Code für Informationsaustausch)

ASCII-Code (Auswahl):

dez	hex	Mnemonic	Bedeutung
Steuerzeichen			
0	00	NULL	Null
1	01	SOH	start of heading (Anfang des Kopftextes)
2	02	STX	start of text (Anfang des Textes)
3	03	ETX	end of text (Ende des Textes)
Sonderzeichen			
38	26	&	
39	27	'	
Ziffern			
48	30	0	
49	31	1	
Großbuchstaben			
65	41	A	
66	42	B	

Eine **mnemonische Codierung** lässt die codierte Aussage erkennen.

Die ersten $128 = 2^7$ (Bit 0 bis 7) Zeichen des ASCII-Codes sind genormt. Der **erweiterte ASCII-Code** umfasst die Zeichen 129 bis 256. Diese Zeichen sind international nicht genormt und können je nach Land voneinander abweichen.

4.1.3 Formale Logik

Logische Entscheidungen bestimmen oft die Abläufe in technischen Systemen.

In der Digitaltechnik wird zwischen zwei **Signalpegeln** unterschieden:
H – hoher (high) Pegel, L – niedriger (low) Pegel.

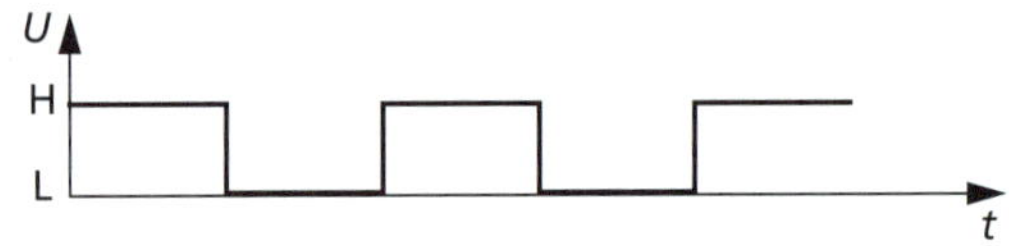

Bei elektrischen Schaltungen wird unterschieden zwischen:
L – Schalter geschlossen, 0 – Schalter geöffnet.

Einfache Lampenschaltung

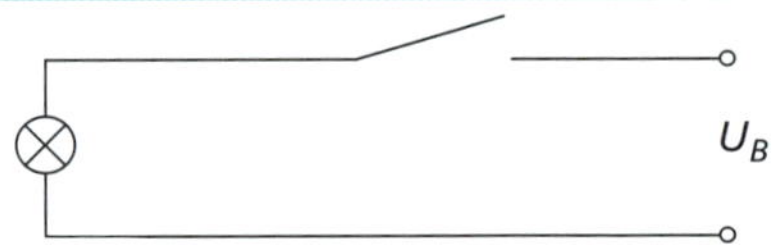

Bei Digitalrechnern wird zwischen den Zuständen eines Bits unterschieden:
1 – Bit ist gesetzt, 0 – Bit ist nicht gesetzt.

Bei Computerprogrammen ist oft eine ENTWEDER-ODER-Entscheidung zu treffen, die den weiteren Programmablauf bestimmt (zweiwertige *Aussagelogik)*.
T – true (wahr) F – false (falsch)

Vergleich zweier Werte von Variablen (a, b) durch eine vollständige Alternative (Programmverzweigung):

Programmablaufplan	**Beschreibung**	**Struktogramm**
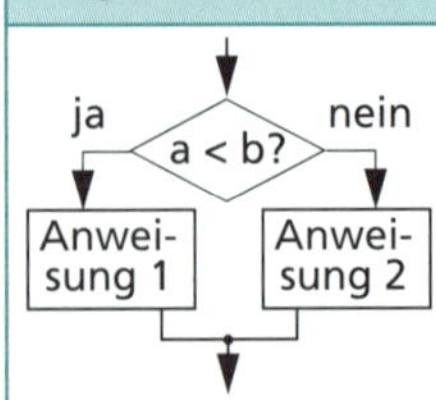	WENN Bedingung DANN Anw.1 SONST Anw.2	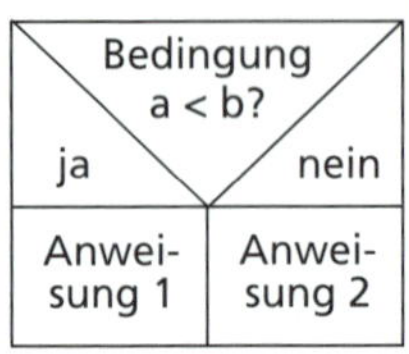

In vielen Fällen treten diese logischen Entscheidungen in bestimmten Kombinationen auf.

Die Grundlage für die mathematische Beschreibung der Beziehungen zwischen dualen Variablen, auch als binäre Variablen bezeichnet, ist die **boolesche Algebra.** Diese ermöglicht es, das Verhalten von Stromkreisen mit Schaltern zu beschreiben. SHANNON entwickelte 1938 die **Schaltalgebra** als Methode zur algebraischen Behandlung von Relaisschaltungen.

Die „Boolesche Algebra" wurde nach GEORGE BOOLE („The Mathematical Analysis of Logic", 1848) benannt.

Eine **logische Funktion** beschreibt den Zusammenhang, der zwischen der Erfüllung einer oder mehrerer Bedingungen und dem Ergebnis besteht. In technischen Systemen spricht man von den Eingangsgrößen E_1 bis E_n und der Ausgangsgröße A.
Die Verknüpfung dieser Größen erfolgt durch das logische UND oder das logische ODER. Durch Negation werden Größen bzw. Aussagen umgekehrt.

Für die Beschreibung logischer Funktionen gibt es mehrere Möglichkeiten:

Beschreibung	Erläuterung
Funktionstabelle	enthält alle Werte der Eingangsgrößen und den Wert der daraus resultierenden Ausgangsgröße
logische Gleichung	stellt den Zusammenhang zwischen Eingangsgrößen und Ausgangsgröße mithilfe von Verknüpfungssymbolen dar, die mit mathematischen Operatoren vergleichbar sind
Schaltzeichen	Darstellung einer logischen Funktion mit einem Symbol
Schalterrealisierung	einfachste Realisierung einer logischen Funktion mit Schaltern

mathematische Operatoren:
+ (plus)
– (minus)

AND-Funktion (UND, AND, Konjunktion, Verknüpfungssymbol $\wedge$)

Ein **AND-Glied** führt am Ausgang nur dann zum Wert A = 1, wenn *alle* Eingangssignale E_1, E_2, ... E_n den Wert 1 haben.

Eine Alarmanlage ist an einen Bewegungsmelder gekoppelt. Sie wird erst eingeschaltet, wenn alle das Gebäude verlassen haben. Ein Alarm wird also nur dann ausgelöst, wenn zwei Zustände gleichzeitig eintreten: Die Anlage ist eingeschaltet UND es wird eine Bewegung registriert.

<table>
<tr><th>Funktionstabelle</th><th>Gleichung</th><th>Schaltzeichen</th><th>Schalterrealisierung</th></tr>
<tr><td><table><tr><th>E_1</th><th>E_2</th><th>A</th></tr><tr><td>0</td><td>0</td><td>0</td></tr><tr><td>0</td><td>1</td><td>0</td></tr><tr><td>1</td><td>0</td><td>0</td></tr><tr><td>1</td><td>1</td><td>1</td></tr></table></td><td>$A = E_1 \wedge E_2$</td><td>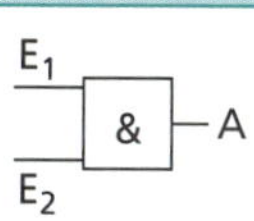</td><td>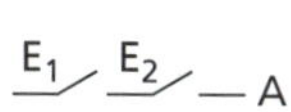</td></tr>
</table>

Die Schaltzeichen für die logischen Funktionen sind hier und im Folgenden nach DIN 40900 angegeben.

OR-Funktion (ODER, OR, Disjunktion, Verknüpfungssymbol ∨)

Ein **OR-Glied** führt am Ausgang dann den Wert A = 1, wenn *mindestens ein* Eingangssignal E_1, E_2, ... E_n den Wert 1 hat.

Eine Alarmanlage überwacht in einem Haus die Terrassen- und die Eingangstür. Ein Alarm soll ausgelöst werden, wenn eine dieser Türen geöffnet wird. Das heißt, das Eintreten eines dieser Zustände, „Terrassentür offen" ODER „Eingangstür offen" bewirkt ein Ausgangssignal.

Funktionstabelle	Gleichung	Schaltzeichen	Schalterrealisierung
E_1 | E_2 | A 0 | 0 | 0 0 | 1 | 1 1 | 0 | 1 1 | 1 | 1	$A = E_1 \vee E_2$	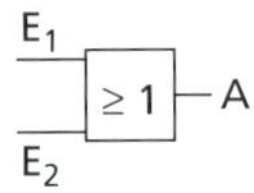	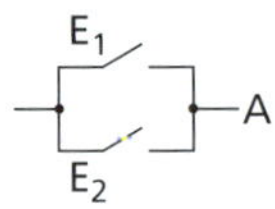

Die Umkehrung eines Signals wird auch als **Negation, Invertierung** oder **Komplementierung** bezeichnet.

NOT-Funktion (NICHT, NOT, NEG, Negation, Verneinung; Verknüpfungssymbol „‾" über der Variablen oder ¬)

Ein **NOT-Glied** bewirkt die Umkehrung eines Signals.

Eine Lichtschranke überwacht den Eingang eines Gebäudes. Solange der Lichtstrahl nicht unterbrochen wird, liegt ein Eingangssignal an, das zu keiner Reaktion führt, das Ausgangssignal hat den Wert 0. Wird der Lichtstrahl unterbrochen, d. h. das Eingangssignal nimmt den Wert 0 an, soll ein Alarm ausgelöst werden. Das wird durch eine Signalumkehrung realisiert.

Funktionstabelle	Gleichung	Schaltzeichen	Schalterrealisierung
E | A 0 | 1 1 | 0	$A = \overline{E}$ oder $A = \neg E$	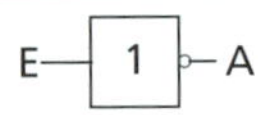	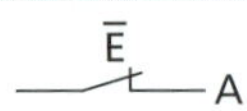

Aus der Kombination der Grundfunktionen können weitere Funktionen abgeleitet werden.

NAND-Funktion (NICHT-UND)

Ein **NAND-Glied** führt am Ausgang nur dann den Wert A = 0, wenn seine Eingänge den Wert E = 1 haben.

Eine Beleuchtungsanlage soll automatisch ausgeschaltet werden. Dafür müssen zwei Bedingungen erfüllt sein. Es muss eine bestimmte Helligkeit und eine vorgegebene Uhrzeit erreicht sein. Damit stellt man sicher, dass die Anlage nicht zu früh ausgeschaltet wird, es aber auch schon ausreichend hell ist.

Funktionstabelle	Gleichung	Schaltzeichen	Schalterrealisierung
E1 E2 A 0 0 1 0 1 1 1 0 1 1 1 0	$A = \overline{E_1 \wedge E_2}$ oder $\overline{A} = E_1 \wedge E_2$	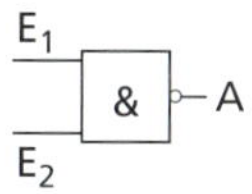	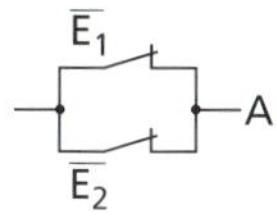

NOR-Funktion (NICHT-ODER)

Ein NOR-Glied führt am Ausgang den Wert A = 0, wenn mindestens ein Eingangssignal den Wert E = 1 hat.

In einem Gebäude wird die Anwesenheit von Personen über verschiedene Sensoren registriert. Erst wenn keiner dieser Sensoren ein Signal liefert, wird der Ausgang automatisch geschlossen.

Funktionstabelle	Gleichung	Schaltzeichen	Schalterrealisierung
E1 E2 A 0 0 1 0 1 0 1 0 0 1 1 0	$A = \overline{E_1 \vee E_2}$ oder $\overline{A} = E_1 \vee E_2$	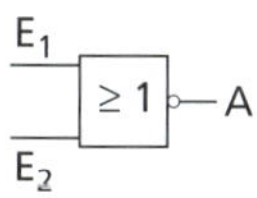	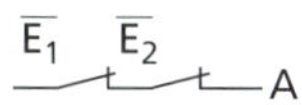

XOR-Funktion (Exklusiv-ODER, Alternative)

Ein **XOR-Glied** führt am Ausgang nur dann den Wert A = 1, wenn die Eingangssignale verschieden sind.

Die XOR-Funktion wird auch als **ausschließendes ODER, ENTWEDER-ODER** bzw. **EXOR** bezeichnet.

Eine Maschine muss aus Sicherheitsgründen immer von zwei Personen bedient werden. Die Anmeldung erfolgt über Schlüsselschalter. Wird nur einer dieser Schalter betätigt, wird automatisch über eine Zentrale ein zweiter Mitarbeiter angefordert.

Funktionstabelle	Gleichung	Schaltzeichen	Schalterrealisierung
E1 E2 A 0 0 0 0 1 1 1 0 1 1 1 0	$A = (E_1 \wedge \overline{E_2}) \vee$ $(\overline{E_1} \wedge E_2)$	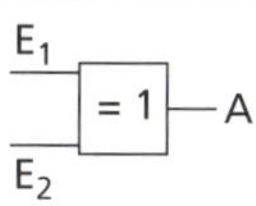	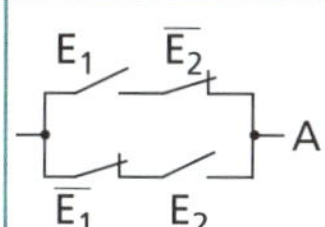

Rechengesetze für logische Funktionen:

Kommutativgesetze (Vertauschungsgesetze)

Innerhalb eines AND- bzw. OR-Terms dürfen die Variablen vertauscht werden: $a \wedge b = b \wedge a$ bzw. $a \vee b = b \vee a$

$a \wedge b = b \wedge a$

$a \vee b = b \vee a$

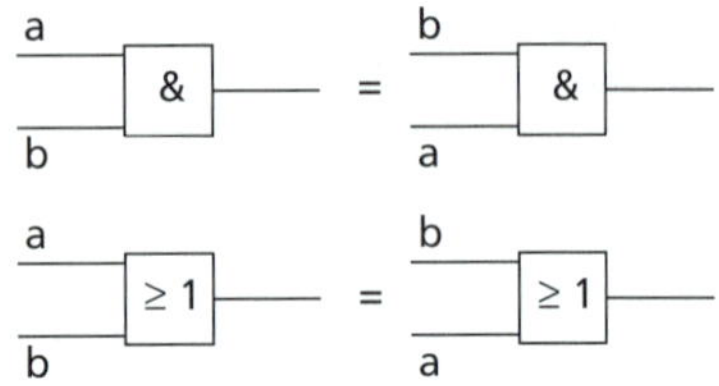

Assoziativgesetze (Verbindungsgesetze)

Die Variablen einer Funktion dürfen durch Klammern zusammengefasst werden.

$$a \wedge b \wedge c = (a \wedge b) \wedge c = a \wedge (b \wedge c) = (a \wedge c) \wedge b$$

$$a \vee b \vee c = (a \vee b) \vee c = a \vee (b \vee c) = (a \vee c) \vee b$$

Gatter (↗ S. 193)

Gatterrealisierung des Assoziativgesetzes für die UND-Funktion

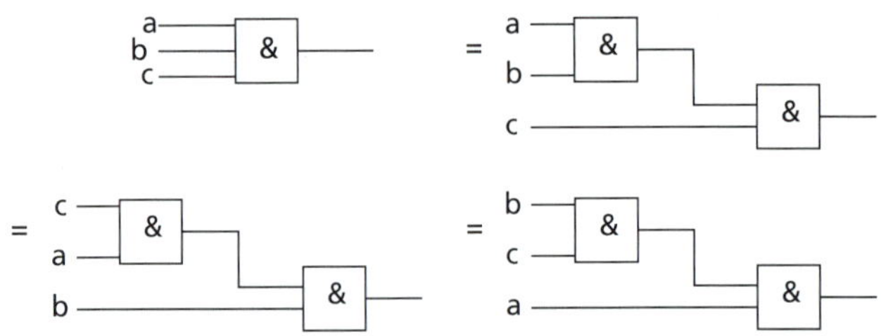

Distributivgesetze (Verteilungsgesetze)

Die Verknüpfung von Klammerausdrücken führt zu neuen Klammerausdrücken.

$a \wedge (b \vee c) = (a \wedge b) \vee (a \wedge c)$ $a \vee (b \wedge c) = (a \vee b) \wedge (a \vee c)$

Gatterrealisierung der Distributivgesetze

$a \wedge (b \vee c) = (a \wedge b) \vee (a \wedge c)$

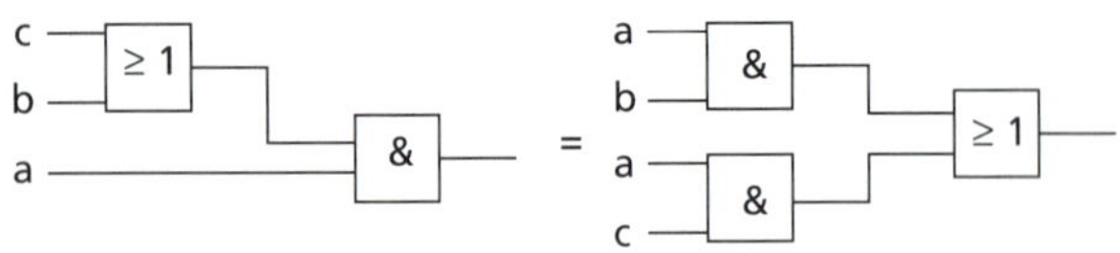

$a \vee (b \wedge c) = (a \vee b) \wedge (a \vee c)$

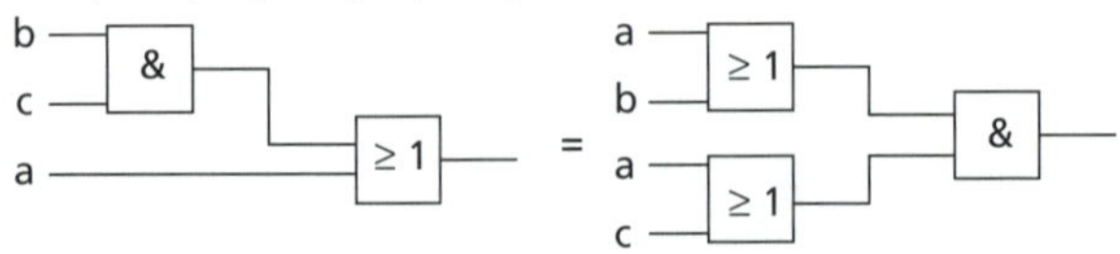

Morgansche Gesetze (Umkehrgesetze)

Die Verneinung eines Terms ist gleich der Verneinung der Variablen, wenn die OR-Verknüpfung durch die AND-Verknüpfung getauscht wird und umgekehrt.

$$\overline{\mathbf{a} \wedge \mathbf{b}} = \bar{a} \vee \bar{b}$$

$$\overline{\mathbf{a} \vee \mathbf{b}} = \bar{a} \wedge \bar{b}$$

Die morganschen Gesetze wurden nach dem englischen Mathematiker AUGUSTUS DE MORGAN (1806–1873) benannt.

Diese Gesetze ermöglichen es praktisch, logische Funktionen mit verschiedenen Gattern zu realisieren.

Gatter sind mikroelektronische Einheiten zur Realisierung logischer Funktionen.

Gegeben ist die Funktion $x = (a \wedge b) \vee (c \wedge d)$, die mit NAND-Gattern realisiert werden soll.

Durch Negation entsteht $\bar{x} = \overline{(a \wedge b) \vee (c \wedge d)}$.

Das logische OR wird nun zum AND $\bar{x} = \overline{(a \wedge b)} \wedge \overline{(c \wedge d)}$.

Um den Wert x zu erhalten, wird nochmals negiert:

$$x = \bar{\bar{x}} = \overline{\overline{(a \wedge b)} \wedge \overline{(c \wedge d)}}$$

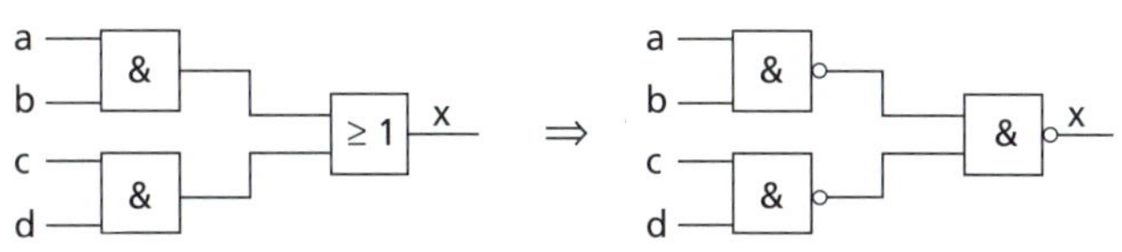

Für die Verknüpfung einer Variablen mit den Konstanten 0 und 1 sowie die Verknüpfung der Variablen mit sich selbst gelten folgende Regeln, mit deren Hilfe Lösungen vereinfacht werden können.

UND-Verknüpfung	*ODER-Verknüpfung*
$0 \wedge a = 0$	$0 \vee a = a$
$1 \wedge a = a$	$1 \vee a = 1$
$a \wedge a = a$	$a \vee a = a$
$a \wedge a \wedge \ldots \wedge a = a$	$a \vee a \vee \ldots \vee a = a$
$a \wedge \bar{a} = 0$	$a \vee \bar{a} = 1$

$$\bar{\bar{a}} = a$$

Schalterrealisierung von Rechenregeln

$1 \vee a = 1$

$a \vee a = a$

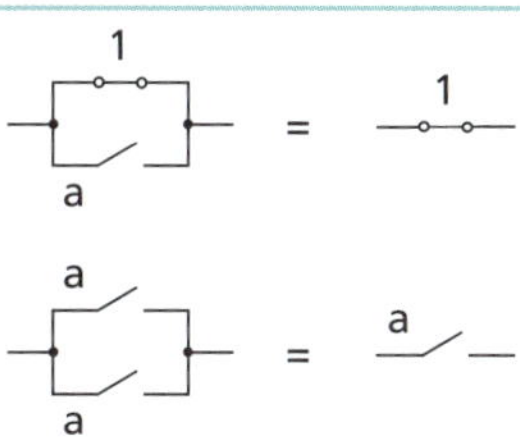

4.2 Grundlagen Daten umsetzender Systeme

4.2.1 Bauelemente und Baugruppen

Die Funktion und die Kennwerte elektronischer Bauelemente sind an ihrer Form nicht erkennbar. Anhand ihrer Kennzeichnung kann man diese Daten aus Tabellenbüchern erfahren.
Die Funktion elektronischer Bauelemente kann auch mit Versuchsschaltungen ermittelt werden.

Bei der Erfüllung komplexer technischer Funktionen laufen viele Einzelvorgänge ab.

Elektronische Bauelemente sind die kleinsten Funktionseinheiten elektronischer Baugruppen.

elektronische Bauelemente

- **Diskrete Bauelemente** haben Widerstandsverhalten, z. B. technische Widerstände, Transistoren, Kondensatoren, Dioden.
- **Integrierte Schaltkreise** erfüllen komplexe technische Funktionen, z. B. logische Verknüpfungsglieder, Zähler, Speicher.
- **Kontakt- und Verbindungselemente** sichern Signal- und Datenflüsse, z. B. Leiterplatten, Schalter und Stecker.

Diskrete Bauelemente

Widerstände sind Bauelemente, die Ströme begrenzen und Spannungsabfälle erzeugen. Dabei wandeln sie elektrische Energie in Wärme um.

integriert (lat.): zusammengefasst zu einer Einheit;
diskret (lat.): einzeln, gleichberechtigt

Das Maß für die Wärmeumwandlung ist die Verlustleistung P_V. Sie tritt bei allen Bauelementen auf.

$$P_V = U \cdot I = I^2 \cdot R = \frac{U^2}{R}$$

Widerstandswerkstoffe sind temperaturabhängig. Ihr Nennwert bezieht sich auf 20 °C. Bei ohmschen Widerständen sind die Abweichungen sehr gering.

Ohmsche Widerstände sind Bauelemente mit konstantem Widerstandswert.
Symbol: R Einheit: $1\,\frac{V}{A} = 1\,\Omega$
weitere Einheiten: $1\,M\Omega = 10^3\,k\Omega = 10^6\,\Omega = 10^9\,m\Omega$

Ohmsche Widerstände	
Bauart	**Drahtwiderstand:** Ein Leiterdraht ist auf einen Keramikkörper gewickelt und wärmefest umhüllt. 
	Schichtwiderstand: Eine Kohle- oder Metallschicht wird auf Keramikkörper aufgedampft und lackiert. 
	Ein **einstellbarer Widerstand** besitzt einen Schleifkontakt als Abgriff. 

Wirkungsweise	Da ihr Widerstandswert konstant ist, sind Spannung und Stromstärke zueinander proportional. 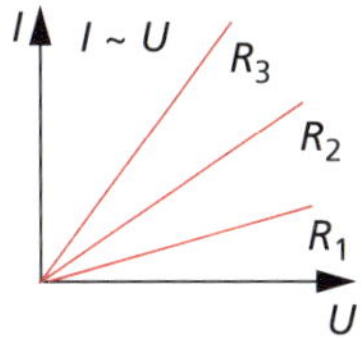	Schaltsymbol des Festwiderstands: 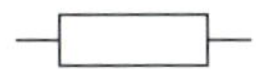
Konstruktionsweise / Einsatz	Spannungsteiler R_1; R_2 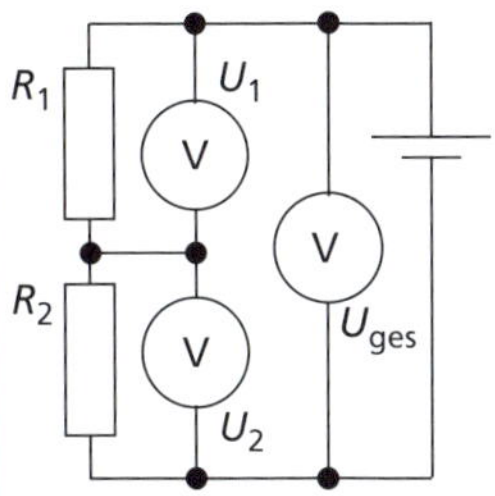 $U_{ges} = U_1 + U_2$	Potentiometer  einstellbarer Widerstand 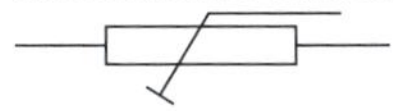 Strombegrenzer 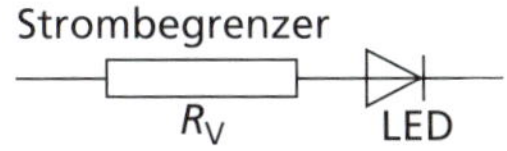 Heizwiderstand 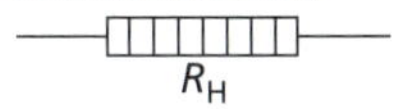

Ein **Potentiometer** kann ständig neu eingestellt werden, ein einstellbarer Widerstand wird einmal auf einen bestimmten Wert fest eingestellt.

Widerstände stehen nach Widerstandswerten und Verlustleistung gestuft zur Verfügung. Die Widerstandswerte sind mit einem Farbcode oder durch Aufdruck von Zahlenwerten angegeben.

Internationaler Farbcode für Widerstände der Reihen E6, E12, E24:

Farbe	1. und 2. Ziffer		Multiplikator	Toleranz	Beispiel
Schwarz	0	0	× 1 Ω	–	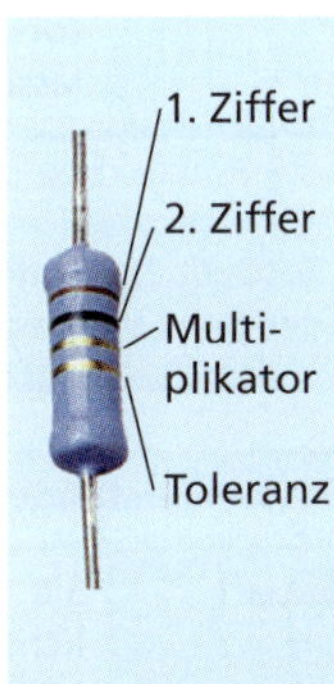
Braun	1	1	× 10 Ω	± 1 %	
Rot	2	2	× 100 Ω	± 2 %	
Orange	3	3	× 1000 Ω	–	
Gelb	4	4	× 10000 Ω	–	
Grün	5	5	× 100000 Ω	–	
Blau	6	6	× 1000000 Ω	–	
Violett	7	7	–	–	
Grau	8	8	–	–	
Weiß	9	9	–	–	
Gold	–	–	× 0,1 Ω	± 5 %	
Silber	–	–	× 0,01 Ω	± 10 %	

Thermistoren sind Bauelemente, deren Widerstandswert von der Temperatur abhängt.

Thermistoren	
Bauart	**Heißleiter** bestehen aus *Sinterkeramiken* oxidischer Halbleiter.  **Kaltleiter** bestehen aus Metallen oder Metallverbindungen.  Der Temperaturkoeffizient TC ist das Maß für die Temperaturabhängigkeit. NTC: negativer TC, der Thermistor ist ein Heißleiter. PTC: positiver TC, der Thermistor ist ein Kaltleiter.
Wirkungsweise	Sie ändern ihren Widerstandswert R in Abhängigkeit von der Temperatur ϑ. 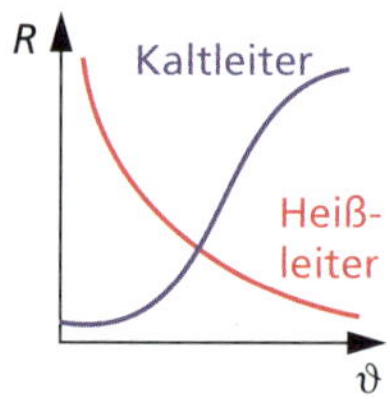 Schaltsymbole: 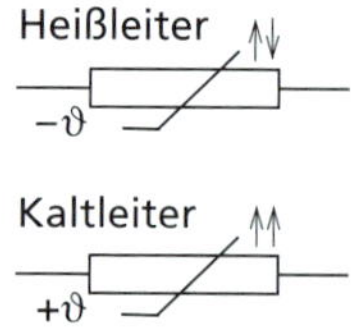
Konstruktionsweise / Einsatz	Sie werden als Temperaturfühler (Sensoren) zur Umwandlung thermischer Signale in elektrische Signale verwendet. Erhöht sich die Temperatur von R_T, so verringert sich sein Widerstand und damit der Spannungsabfall U_a. 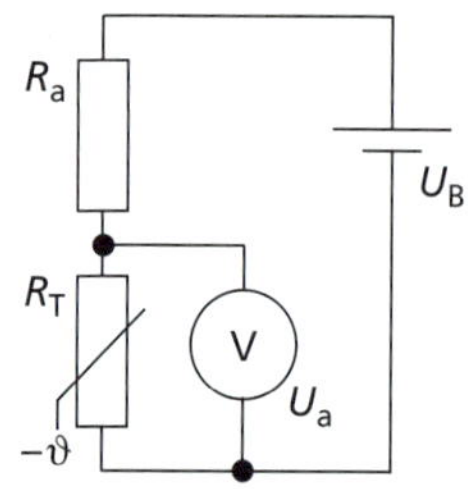 Weitere Anwendungen: Sensoren zur Messung der Motor- und Lufttemperatur in Verbrennungsmotoren, Anlassheißleiter und zur Stromstabilisierung.

Fotowiderstände sind Bauelemente, deren Widerstandswert von der Beleuchtungsstärke abhängt.

Fotowiderstände	
Bauart	Sie bestehen aus einem lichtdurchlässigen Gehäuse, in dem sich eine mäanderförmig ausgebildete Schicht aus Bleisulfid (PbS) oder Kadmiumsulfid (CdS) befindet. 

Wirkungsweise	Sie ändern ihren Widerstandswert *R* in Abhängigkeit von der Beleuchtungsstärke *E*. 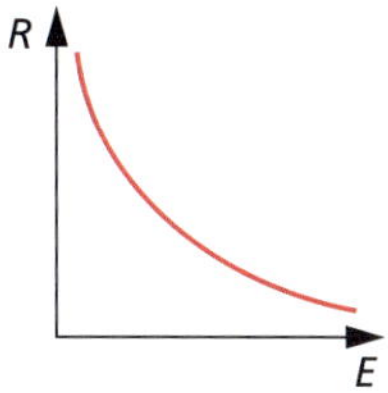 Schaltsymbol: 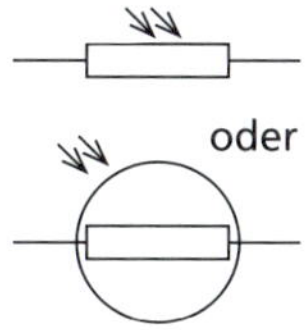 oder
Konstruktionsweise / Einsatz	Sie werden als Lichtsensoren zur Umwandlung optischer Signale in elektrische Signale verwendet. Erhöht sich die Beleuchtungsstärke *E* auf R_F, so verringert sich sein Widerstand und der Spannungsabfall U_a über ihm. 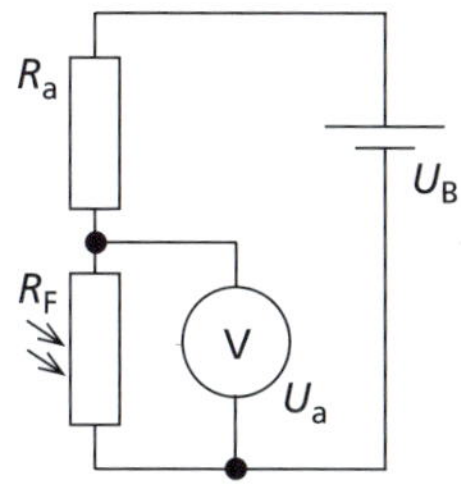 Anwendungen: Sensor in Lichtschranken und Dämmerungsschaltern.

Kondensatoren sind Bauelemente, deren Widerstandswert von der Frequenz und von der Kapazität abhängt. Sie können eine bestimmte Menge elektrischer Energie speichern.

Das Maß für die Speicherfähigkeit ist die **Kapazität** *C*. Sie bestimmt, welche **Ladungsmenge** *Q* ein Kondensator bei einer bestimmten Spannung *U* aufnehmen kann.

$C = \frac{Q}{U}$ Einheit der Kapazität: $\frac{1\,A \cdot s}{1\,V} = 1\,F$

weitere Einheiten: $1\,F = 10^6\,\mu F = 10^9\,nF = 10^{12}\,pF$

F ist die Abkürzung für **Farad**.
Benannt ist diese Einheit nach dem englischen Physiker MICHAEL FARADAY (1791–1867).

Kondensatoren	
Bauart	Sie bestehen aus zwei metallischen Platten, zwischen denen sich ein Isolator (Dielektrikum) befindet. Als Dielektrikum können viele Werkstoffe verwendet werden, z. B. Kunststoff-Folien, Keramikschichten, Elektrolyte. 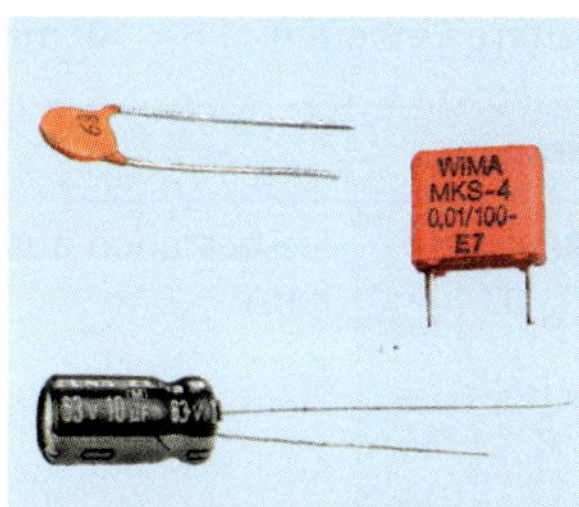 Die Kapazität ist von der Plattengröße *A*, dem Abstand *d* der Platten und der Dielektrizitätskonstanten ε abhängig. $C = \varepsilon \cdot \frac{A}{d}$

Wirkungsweise	Für Gleichstrom ist der Widerstand praktisch unendlich groß. Bei Wechselstrom verringert sich der Blindwiderstand X_C mit wachsender Frequenz f. $X_C = \frac{1}{2\pi \cdot f \cdot C}$	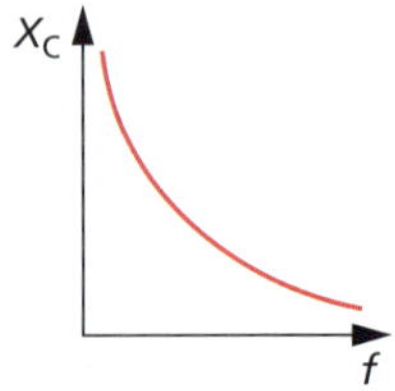 Schaltsymbole: ungepolter Kondensator  gepolter Kondensator (Elektrolytkondensator) 
Konstruktionsweise / Einsatz	Sie werden als Kurzzeitspeicher für kleine Mengen von Elektroenergie verwendet. Man nutzt sie als frequenzabhängige Widerstände. Erhöht sich die Frequenz f, so verringert sich der Blindwiderstand X_C und mit ihm der Spannungsabfall u_a. Kondensatoren sind Elemente von Schwingkreisen.	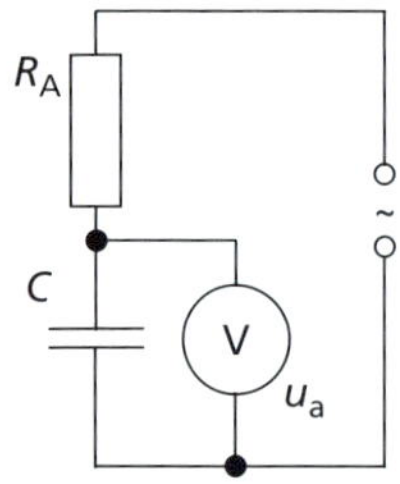

Um den frequenzabhängigen Wechselstromwiderstand eines Kondensators vom ohmschen Widerstand zu unterscheiden, verwendet man das Symbol X_C. Man bezeichnet ihn als **kapazitiven Blindwiderstand.**

Spulen sind Bauelemente, deren Widerstandswert von der Frequenz abhängt. Sie bauen Magnetfelder auf und können kurzzeitig eine bestimmte Menge elektrischer Energie im Magnetfeld speichern.

Spulen wirken infolge von Selbstinduktion auf sich ändernde Ströme wie Widerstände. Das Maß dafür ist die **Induktivität** L der Spule.

Selbstinduktion tritt in jeder Spule bei Veränderung der Stromstärke auf. Nach dem Induktionsgesetz entsteht in der Spule eine Gegenspannung, die auf die Stromstärke wie ein Widerstand wirkt.

Einheit der Induktivität: $\frac{1\,V \cdot s}{1\,A} = 1\,H$ (Henry)

weitere Einheiten: $1\,H = 10^3\,mH = 10^6\,\mu H$

Die Einheit ist benannt nach dem amerikanischen Physiker JOSEPH HENRY (1797–1878).

Spulen	
Bauart	Sie bestehen aus Drahtwindungen mit oder ohne Eisenkern. 

Wirkungs weise	Ihren Gleichstromwiderstand *R* bestimmt der Windungsdraht. Bei Wechselstrom vergrößert sich ihr Blindwiderstand X_L mit wachsender Frequenz *f*. 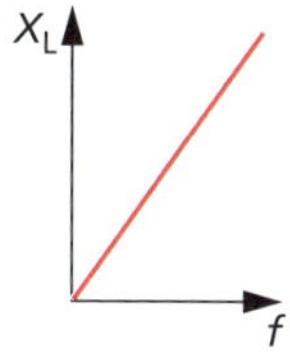 $X_L = 2\pi \cdot f \cdot L$ Schaltsymbole: Spule ohne Eisenkern  Spule mit Eisenkern 
Konstruktions-weise / Einsatz	Sie werden in Sensoren für die Änderungen magnetischer Felder als Induktionsspulen verwendet. Weiterhin nutzt man sie als frequenzabhängige Widerstände und als Elemente von Schwingkreisen.

Um den frequenzabhängigen Wechselstromwiderstand einer Spule vom ohmschen Widerstand zu unterscheiden, verwendet man das Symbol X_L. Man bezeichnet ihn als **induktiven Blindwiderstand.**

Halbleiterdioden sind Bauelemente, deren Widerstand von der Richtung der Spannung, die auf sie wirkt, abhängt. Sie bestehen aus p- und n-leitendem Halbleitermaterial mit einem pn-Übergang.

Gleichrichterdioden	
Bauart	In einem Kunststoff-, Metall- oder Glasgehäuse befindet sich ein pn-Übergang aus Silicium oder Germanium. Die beiden Anschlüsse werden als **Anode** und **Katode** bezeichnet. 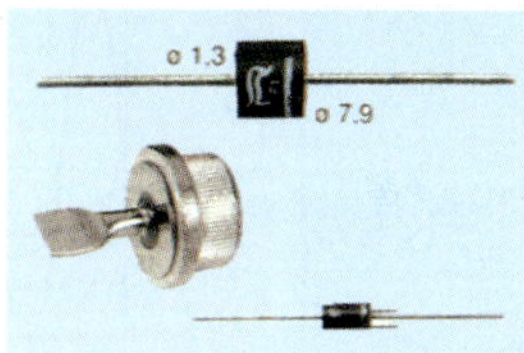
Wirkungs weise	Aus der Kennlinie ist ersichtlich, dass nach Überschreitung der Schleusenspannung U_S der Fluss-Strom I_F einsetzt. Die Diode wird leitend. 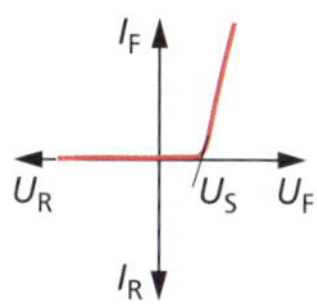 I_F: Strom in Flussrichtung 150 mA bis 3 kA U_F: Spannung in Flussrichtung bis 1,5 V U_S: Schleusenspannung 0,7 V Si-Dioden, 0,3 V Ge-Dioden I_R: Strom in Sperr-Richtung im nA- bis µA-Bereich U_R: Spannung in Sperr-Richtung 100 V bis 3,5 kV Schaltsymbol: Anode 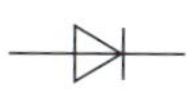 Katode Betriebsarten: Durchlassrichtung 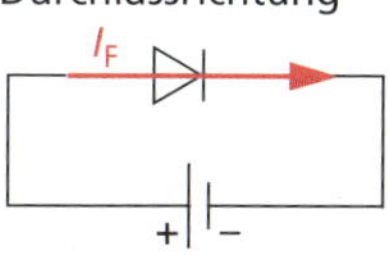 Es fließt der Durchlass-Strom. Sperr-Richtung 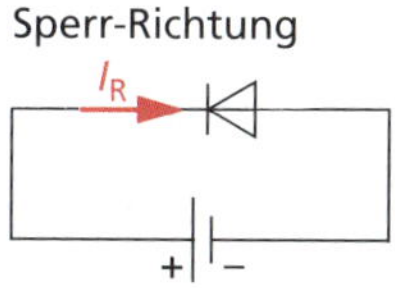 Der Sperrstrom ist sehr klein.

Beim Überschreiten einer bestimmten Sperrspannung U_R wird der pn-Übergang der Diode zerstört (Durchbruch). Sie verliert ihren Sperrwiderstand.

Für Gleichrichterschaltungen werden meistens vier Dioden in einer Brückenschaltung verwendet.

Konstruktionsweise / Einsatz	Gleichrichterdioden dienen zur Gleichrichtung von Wechselstrom und Wechselspannung Einweggleichrichtung 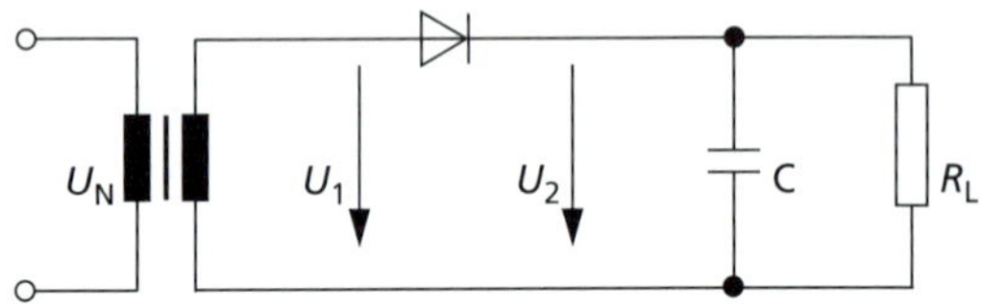 R_L: Lastwiderstand (wird von Gleichstrom I_L durchflossen) C: Glättungskondensator (glättet durch Speicherung die pulsierende Gleichspannung) U_N: Netzspannung U_1: transformierte Wechselspannung U_2: pulsierende Gleichspannung (roter Verlauf mit Glättungskondensator C) 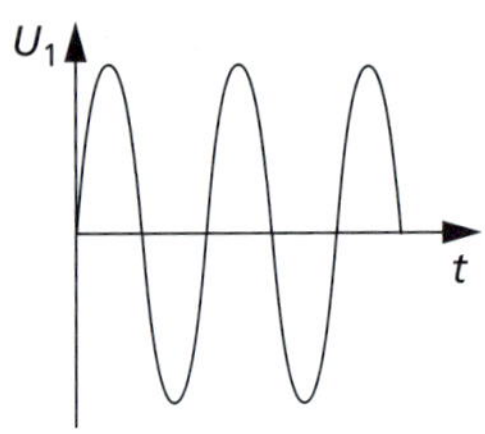 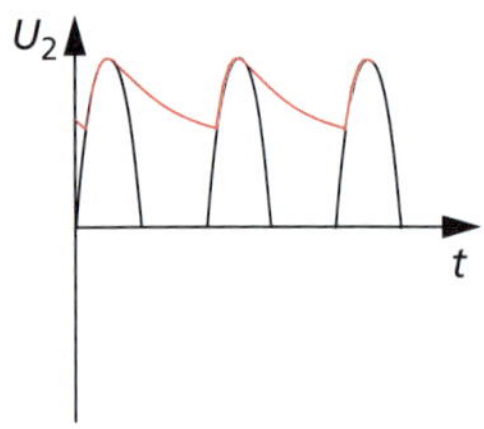

Optokoppler sind Bauelemente zur galvanischen Trennung von elektrischen Stromkreisen. Das elektrische Signal wird am Eingang einer LED zugeführt und in Lichtsignale gewandelt. Die Lichtsignale werden durch eine Fotodiode am Ausgang in elektrische Signale zurückgewandelt.

galvanisch (lat.): elektrisch leitend

Weitere Dioden	
Zenerdioden	Zenerdioden sind Halbleiterdioden, deren Sperrwiderstand sich beim Erreichen der Zenerspannung U_Z stark verringert. Sie werden zur Spannungsstabilisierung verwendet.
Fotodioden	Fotodioden sind Halbleiterdioden, die je nach Betriebsart bei Beleuchtung Spannung erzeugen oder deren Widerstand von der Beleuchtungsstärke abhängig ist. 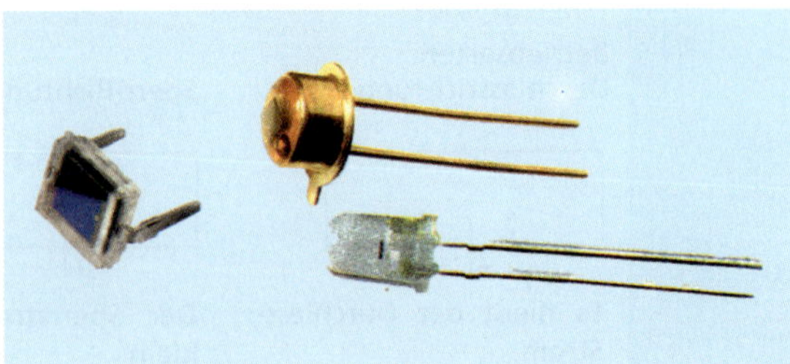

Thyristoren

Thyristoren sind Bauelemente, die sich wie steuerbare Gleichrichterdioden verhalten. Sie werden als elektronische Schalter für elektrische Energieflüsse verwendet.

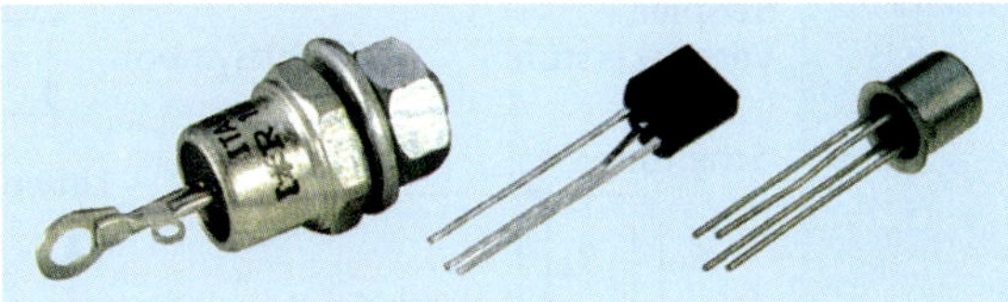

Transistoren sind verstärkende Halbleiterbauelemente, deren Widerstandswert von einem Steuerstrom oder einer Steuerspannung abhängt.

Bipolare Transistoren

Bauart

In einem Metall- oder Kunststoffgehäuse befinden sich drei Zonen von dotiertem Halbleitermaterial mit zwei pn-Übergängen. Es sind die Zonenfolgen npn und pnp mit ihren Anschlüssen **Basis** (B), **Emitter** (E) und **Kollektor** (K) möglich.

Wirkungsweise

Mit wachsendem Basisstrom I_B verringert sich der Widerstandswert der Kollektor-Emitter-Strecke R_{KE} des Transistors. Dadurch erhöht sich der Kollektorstrom I_K proportional zum Basisstrom I_B.

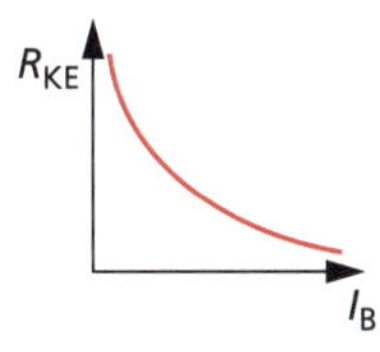

Das Verhältnis von Kollektor- und Basisstrom wird als Stromverstärkungsfaktor $B = \frac{I_K}{I_B}$ bezeichnet.

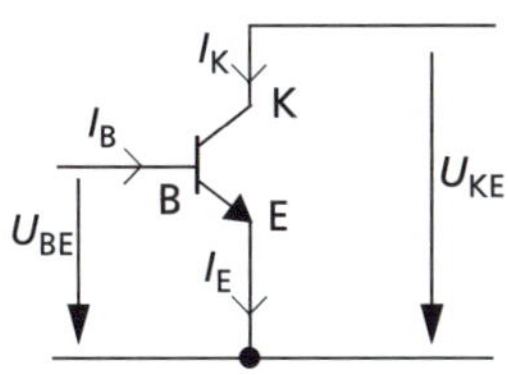

Für die Ströme des Transistors gilt: $I_E = I_K + I_B$

Schaltsymbole:

npn-Typ — pnp-Typ

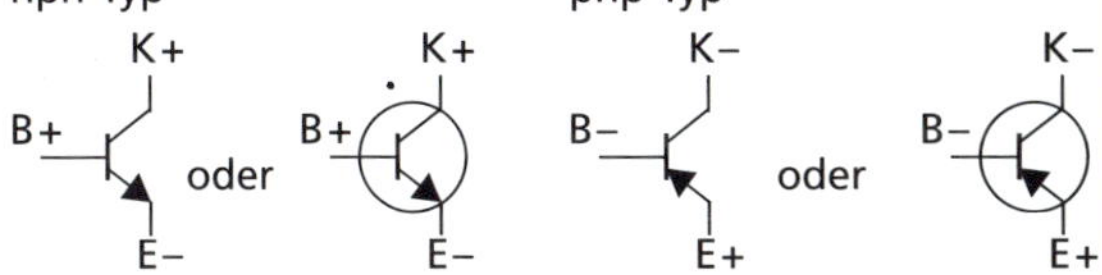

bipolar (lat./gr.): zweipolig

Kollektor (lat.): Sammler

Emitter (lat.): Aussender

Basis (gr.): Grundlage

Kennwerte:
B: 50 bis 700;
I_K: 10 mA bis 30 A;
U_{KE}: 1V bis über 500 V

In Abhängigkeit von der Zonenfolge muss die Polarität der Betriebsspannung beachtet werden.

Zum Betrieb eines Verstärkers benötigt man eine Betriebsspannung U_B.

invertieren (gr.): umkehren

unipolar (lat./gr.): einpolig

Gate, Source, Drain (engl.): Tor, Quelle, Abfluss

Fototransistoren besitzen eine lichtempfindliche Basis. Ihr Kollektorstrom ist der Beleuchtungsstärke der Basis proportional. Sie werden wie Fotodioden als lichtabhängige Widerstände verwendet. Wegen ihrer Verstärkung besitzen sie eine höhere Empfindlichkeit.

Konstruktionsweise / Einsatz

Transistoren sind die wesentlichen Bauelemente zum Verstärken anologer Signale und zum Schalten digitaler Signale.

Beispiel:
Verstärkerstufe

Schaltsymbol:

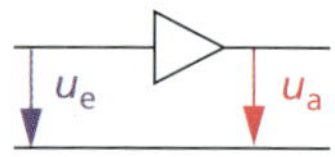

Schaltung:

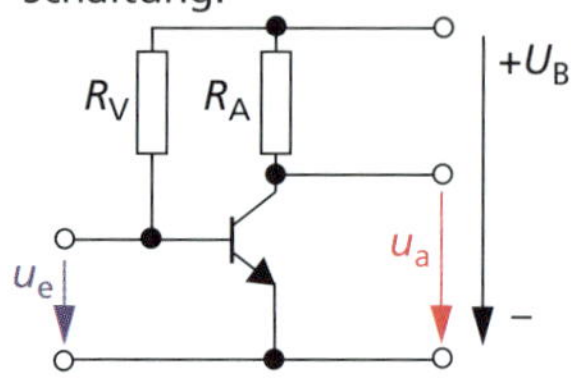

Liniendiagramm:

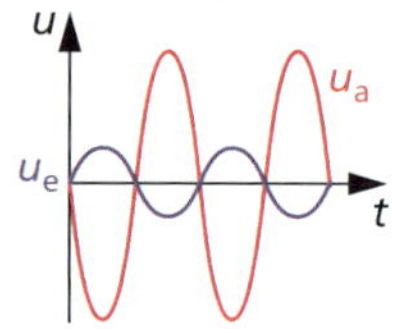

R_V: Vorwiderstand; R_A: Arbeitswiderstand; U_B: Betriebsspannung; u_e: Eingangsspannung; u_a: Ausgangsspannung

Mit dem Vorwiderstand R_V werden Basis- und Kollektorstrom auf die Hälfte ihres in der Schaltung möglichen Maximalwertes eingestellt. Bei Vergrößerung der Eingangssignalspannung u_e vergrößert sich der Basisstrom I_B. Der Widerstand der Kollektor-Emitter-Strecke des Transistors R_{KE} verringert sich stark und mit ihm die Ausgangssignalspannung u_a. Das Liniendiagramm zeigt, dass der Verstärker gleichzeitig das Signal verstärkt und invertiert. Die gleiche Schaltung kann für digitale Signale verwendet werden.

Weitere Anwendungen: Verstärkerbauelement in Signal- und HF-Generatoren, Stellglieder in elektronischen Reglern und Schalterbauelement in Digitalschaltungen.

Unipolare Transistoren (Feldeffekttransistoren)

Bauart

In einem Metall- oder Kunststoffgehäuse befindet sich p- oder n-dotiertes Halbleitermaterial, in dem bei Betrieb ein spannungsgesteuerter Leitungskanal entsteht. Die Anschlüsse werden mit **Gate** (G), **Source** (S) und **Drain** (D) bezeichnet.

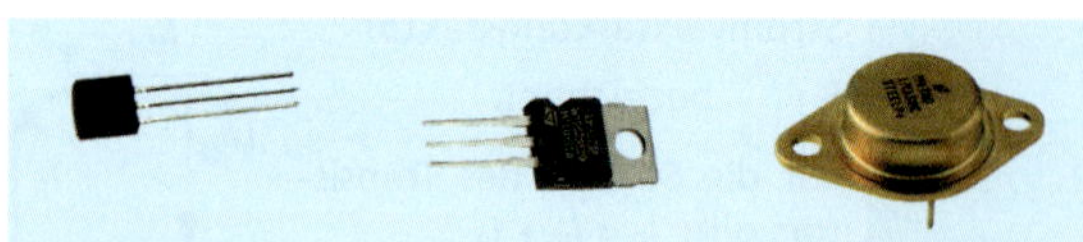

Wirkungsweise

Es gibt sechs unterschiedliche Typen von Feldeffekttransistoren.

Schaltsymbole: n-Kanal-Typ p-Kanal-Typ

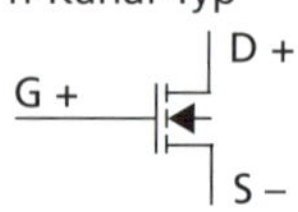

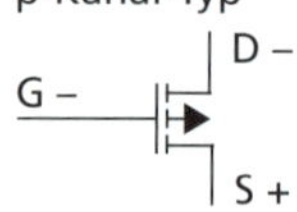

Konstruktionsweise / Einsatz	Feldeffekttransistoren können wie bipolare Transistoren verwendet werden. Wegen ihrer leistungslosen Steuerung haben sie eine kleinere Verlustleistung als bipolare Transistoren.

Integrierte Schaltkreise

Integrierte Schaltungen (ICs) sind Bauelemente, die auf einem Chip bis zu Millionen einzelner Bauelemente vereinigen. Sie verarbeiten analoge oder digitale Signale.

Nach der Art der verarbeiteten Signale unterscheidet man:
- Analogschaltkreise,
- Digitalschaltkreise,
- Analog-Digital-Wandler und Digital-Analog-Wandler.

Schaltkreisfamilien sind Gruppen integrierter Schaltkreise, die nach ihrem Herstellungsverfahren zusammengefasst werden. Sie bestehen aus gleichen Bauelementen und haben gleiche Kennwerte.

TTL-Schaltkreise sind überwiegend aus bipolaren Transistoren aufgebaut.

MOS-Schaltkreise sind aus Feldeffekttransistoren eines Leitungstyps, p oder n, aufgebaut.

CMOS-Schaltkreise sind aus Feldeffekttransistoren beider Leitungstypen, p und n, aufgebaut.

Analogschaltkreise sind Bauelemente, die analoge Signale verarbeiten.

Operationsverstärker (OPs)	
Bauart	OPs haben zwei Eingänge und einen Ausgang. Sie haben eine sehr hohe Spannungsverstärkung v_i. Die Spannungsverstärkung ist 10 000- bis 1 000 000 fach. OPs sind vielseitig anwendbar. Ihre Funktion hängt nur von ihrer äußeren Beschaltung ab. 
Wirkungsweise	Schaltsymbol: 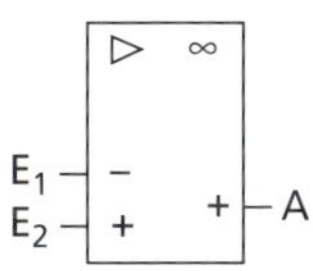 E_1: Eingang 1 (invertierend, Umkehrung des Eingangssignals) E_2: Eingang 2 (nicht invertierend, keine Umkehrung des Eingangssignals) A: Ausgang

Chip (engl.): Schnipsel; Halbleiterplättchen, in das eine vollständige elektronische Schaltung eingearbeitet ist

IC: **I**ntegrated **C**ircuit (engl.): integrierter Schaltkreis

TTL bedeutet Transistor-Transistor-Logik.

MOS: **m**etall **o**xid **s**emicoductor (Metall-Oxid-Halbleiter)

CMOS: **c**omplimentary MOS (gegensätzliche Metall-Oxid-Halbleiter)

Die Betriebsspannung für OPs muss mit zwei Spannungsquellen bereitgestellt werden.

Konstruktionsweise / Einsatz	Mit OPs werden Verstärker aufgebaut. Es sind mathematische Operationen realisierbar wie Addieren, Subtrahieren, Multiplizieren und Dividieren. Es können auch *Schmitt-Trigger* (↗ S. 205 und S. 206) und andere Baugruppen aufgebaut werden. OPs sind Elemente vieler anderer ICs. Sie sind in fast alle ICs der Unterhaltungselektronik und in Analog- Digital-Wandler integriert.

Digitalschaltkreise sind Bauelemente, die digitale Signale verarbeiten.

Die Pegel (Beträge) der Ein- und Ausgangsspannungen von Digitalschaltkreisen sind festgelegt.

Eine Übertragungskennlinie zeigt, wie sich die Ausgangsspannung eines Systems in Abhängigkeit von seiner Eingangsspannung verändert.

TTL -Pegel:

Die Übertragungskennlinie eines Negators zeigt die Pegelbereiche.

Eingangsspannung
0 entspricht L: 0 bis 0,8 V
1 entspricht H: 2 bis 5 V
verbotener Bereich: 0,8 bis 2 V

Ausgangsspannug
L: 0 bis 1,5 V
H: 2,4 bis 5 V
verbotener Bereich: 1,5 bis 2,4 V

Betriebsspannung 5 V

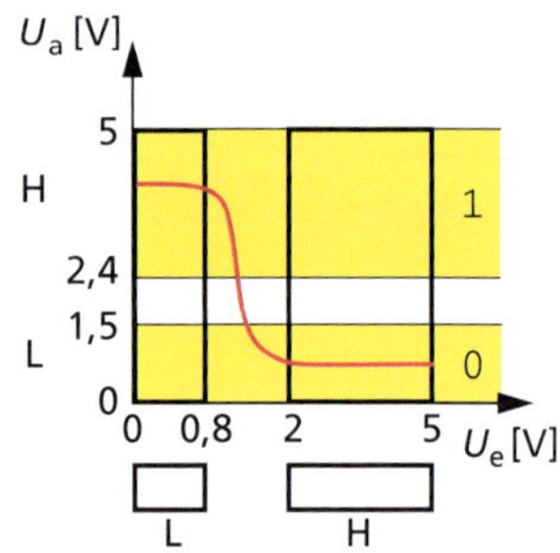

Der Pegel eines Digitalsignals darf wegen der Eindeutigkeit der Signale nicht im verbotenen Bereich liegen. Die ICs können mit nicht definierten Signalen nicht arbeiten.

Logische Verknüpfungsglieder	
Bauart	Logische Funktionen werden mit logischen Verknüpfungsgliedern realisiert (↗ S. 188 ff.).  4 NAND-Glieder mit je zwei Eingängen: Eingänge, Ausgänge der logischen Verknüpfungsglieder und die Betriebsspannung sind auf die Anschlüsse des ICs gelegt. 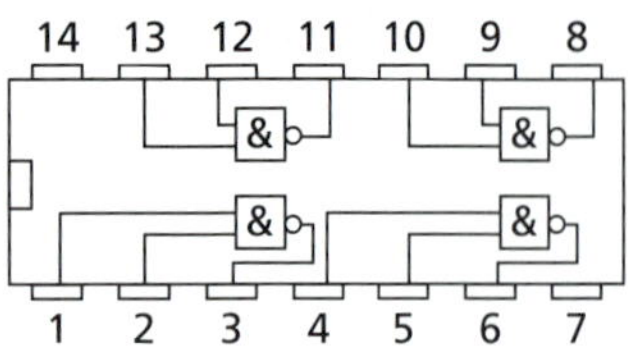
Wirkungsweise	Beim Anlegen der Signale auf die Eingänge der Verknüpfungsglieder zeigen die Ausgänge die entsprechende Reaktion, in diesem Fall das NAND-Verhalten (↗ S. 190).

Konstruktionsweise / Einsatz	Mit NAND-Gliedern lassen sich durch Anwendung der Regeln der formalen Logik alle logischen Verknüpfungen realisieren. Mit NAND-Gliedern können Flipflops und Schmitt-Trigger aufgebaut werden. Ein **Flipflop** ist eine Kippschaltung mit zwei stabilen Zuständen. Sie kann 1 Bit speichern (↗ S. 206). Ein **Schmitt-Trigger** ist ein Schwellwertschalter. Er wandelt ein analoges Signal in ein digitales Signal um.

Flipflop (engl.): Wippe

Realisierung einer OR-Funktion mit NAND-Gliedern:

Operationsschritte:

$A = E_1 \vee E_2$	←	OR-Funktion
$\overline{A} = \overline{E_1 \vee E_2}$	←	Negation beider Seiten
$\overline{A} = \overline{E_1} \wedge \overline{E_2}$	←	Regel von DE MORGAN
$A = \overline{\overline{E_1} \wedge \overline{E_2}}$	←	Negation beider Seiten

Logikplan:

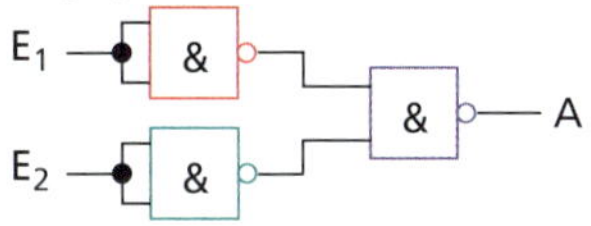

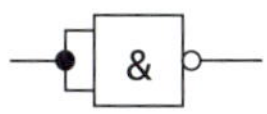

NAND als NEG geschaltet

Realisierung eines Flipflops mit NAND-Gliedern:

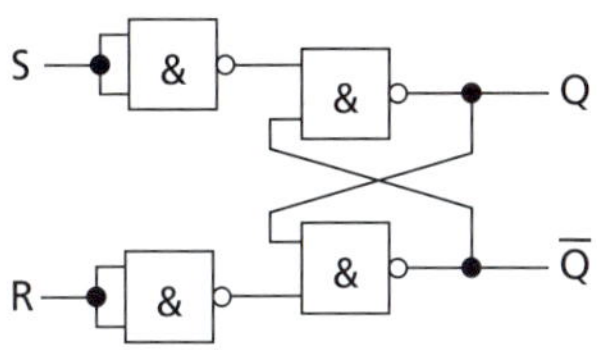

Funktionstabelle:

S	R	Q	$\overline{Q}$	Vorgang
1	0	1	0	Setzen
0	0	1	0	Speichern
0	1	0	1	Rücksetzen
0	0	0	1	Speichern
1	0	1	0	Setzen

S: Eingang setzen; R: Eingang rücksetzen;
Q: Ausgang; $\overline{Q}$: invertierter Ausgang

Wirkungsweise:

Setzen: Eingang S wird mit 1 belegt. Ausgang Q führt eine 1, Ausgang $\overline{Q}$ eine 0. Das Flipflop kippt in den ersten stabilen Zustand.

Speichern: Kein Eingang wird mit 1 belegt, keine Zustandsänderung.

Rücksetzen: Eingang R wird mit 1 belegt. Ausgang $\overline{Q}$ führt eine 1, Ausgang Q eine 0. Das Flipflop kippt in den zweiten stabilen Zustand.

Speichern: Kein Eingang wird mit 1 belegt, keine Zustandsänderung.

Setzen: Eingang S wird mit 1 belegt. Ausgang Q führt eine 1, Ausgang $\overline{Q}$ eine 0. Das Flipflop kippt in den ersten stabilen Zustand zurück. usw.

Belegung eines Eingangs mit 1 bedeutet Anlegen einer Spannung mit H-Pegel. Belegung eines Eingangs mit 0 bedeutet Anlegen einer Spannung mit L-Pegel.

Schmitt-Trigger werden als Signalumformer z. B. in Dämmerungsschaltern, Temperaturreglern, vor Zählern verwendet.

Realisierung eines Schmitt-Triggers mit NAND-Gliedern:

Aus der Übertragungskennlinie erkennt man, dass beim Erreichen der Einschaltspannung u_{eEin} die Ausgangsspannung u_a sprunghaft den H-Pegel annimmt. Beim Erreichen der Ausschaltspannung u_{eAus} fällt die Ausgangsspannung u_a sprunghaft ab.

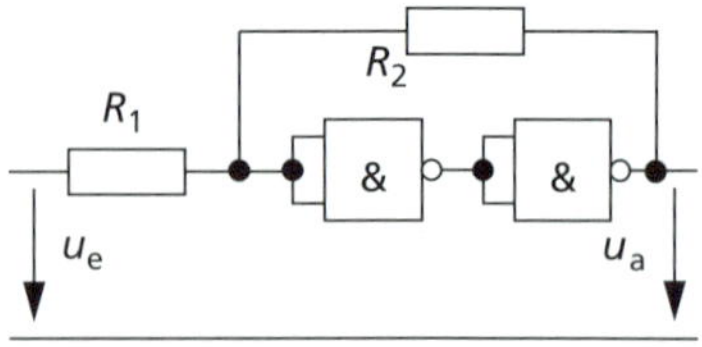

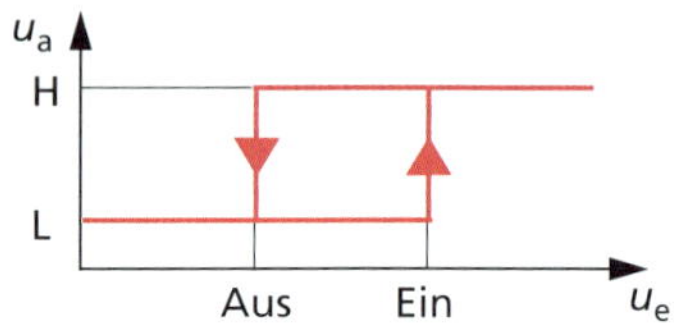

Weitere Digitalschaltkreise		
Bauart	**Wirkungsweise**	**Konstruktionsweise / Einsatz**
Flipflop	Flipflops speichern 1 Bit, eine 1 oder eine 0, indem sie gesetzt oder rückgesetzt werden.	Es gibt viele Ausführungsformen wie taktgesteuerte oder verzögert schaltende Flipflops, Flipflops mit Zwischenspeichern u. a.
Codierer/ Decodierer	Sie wandeln nach einer Vorschrift Zahlen von einem Zahlensystem in ein anderes um. (↗ S. 185).	Sie setzen sich aus logischen Verknüpfungsgliedern zusammen.
Zähler	Sie werden mit Impulsfolgen angesteuert und zählen diese im Binär-Code.	Sie setzen sich aus hintereinander geschalteten Flipflops zusammen und können in verschiedenen Zählbereichen vor- oder rückwärts zählen.
ADU (Analog-Digital-Umsetzer)	Sie wandeln analoge in digitale Signale um. Das erfolgt z. B. durch die Erzeugung einer Impulsmenge, die einer analogen Spannung proportional ist.	Sie bestehen aus OPs, logischen Verknüpfungsgliedern, Oszillatoren, Zählschaltungen usw. Sie bilden die Schnittstellen zwischen analoger Messung und digitaler Auswertung. Sie sind in jedem Digitalmessgerät enthalten und beim Messen mit dem PC unverzichtbar.
DAU (Digital-Analog-Umsetzer)	Sie wandeln digitale in analoge Signale um. Das erfolgt z. B. durch das elektronische Kombinieren von Widerständen. Über ihnen entstehen dem Digitalsignal entsprechende Spannungsabfälle.	Sie bestehen aus elektronischen Schaltern, Verstärkern und Widerstandsketten. Sie bilden die Schnittstellen zwischen digitaler Datenverarbeitung und analoger Anwendung und sind z. B. in jedem CD-Player enthalten.

Weitere Digitalschaltkreise sind Addierer, Multiplizierer, Multiplexer und Demultiplexer, Schieberegister, ROMs, RAMs und Prozessoren.

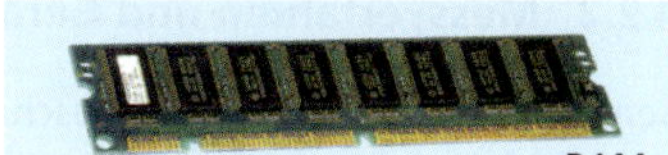
RAM

Prozessoren

Kontakt- und Verbindungselemente

Leiterplatten tragen elektronische Bauelemente und stellen die elektrischen Verbindungen zwischen ihnen her.

Leiterplatten bestehen aus Kunststoff. Die Leiterzüge können ein- oder zweiseitig aufgebracht sein.
Die Bauelemente werden durch Bohrungen oder direkt auf die Leiterzüge aufgelötet.

Schalter sind elektromechanische Bauelemente, die mit Schaltkontakten Energie- oder Signalflüsse ein-, aus- oder umschalten.

Schalter

Von Hand betätigte Schalter sind als Kipp-, Schiebe- und Druckschalter ausgelegt. Ihre Kontakte können durch Betätigung geschlossen, geöffnet oder gewechselt werden.

Schaltsymbole (Taster):

Schließer:  Öffner:  Wechsler: 

Relais sind elektromagnetische Schalter. Sie werden mit einer stromdurchflossenen Erregerspule geschaltet. Ein Mechanismus schließt und öffnet Kontakte.

Schaltsymbol:

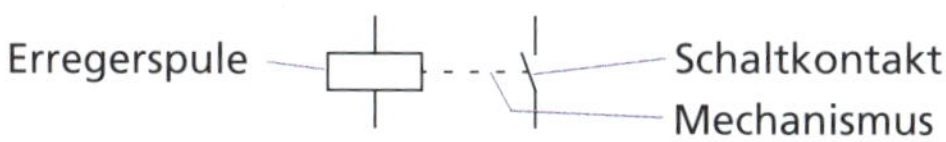

Relais

Steckverbinder sind lösbare Verbindungen zwischen Bauelementen, Baugruppen und Geräten zur Herstellung von Energie- und Signalflüssen.

Die einfachste Steckverbindung besteht aus **Bananenstecker** und **Buchse.** Sie wird zur Verbindung einzelner Leitungen verwendet.

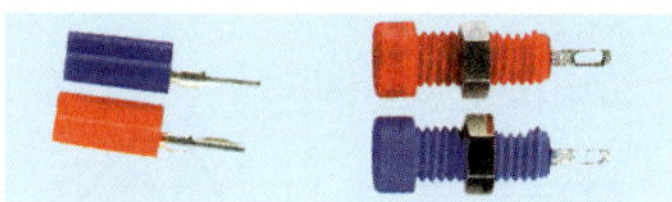

Beispiele: Messen von Stromstärke und Spannung, Anschluss der Stromversorgung

Zur Verbindung vieler Leitungen werden **Stift-** und **Buchsenleisten** verwendet.

Beispiel: Anschluss von Maus und Drucker an den PC

Zur Verbindung von integrierten Schaltkreisen und Leiterplatten werden oft **IC-Fassungen** verwendet. Dadurch wird das Auswechseln der Bauelemente einfach.

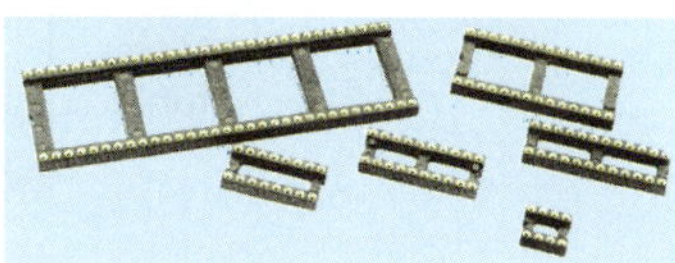

4.2.2 Messverfahren und Geräte

Seit Beginn der Menschheitsgeschichte wurde versucht zu messen. Die ersten Messungen beschränkten sich auf einfache Sinneswahrnehmungen.

Entfernungen wurden danach beschrieben, in wie viel Tagen sie zurückgelegt werden konnten.

Zeitangaben wurden nach dem Stand der Sonne oder des Mondes gemacht.

Im Handel nutzte jeder Marktflecken seine eigenen Mengeneinheiten, z. B. Fuder und Eimer.

Die Notwendigkeit zu genaueren Maßangaben beim Bau oder der Landvermessung führte zur Einführung von Hilfsmitteln und Maßeinheiten wie Fuß und Elle.

Heute gibt es ein international gültiges System von Maßeinheiten, das **SI-System.** In ihm sind alle Maßeinheiten definiert.
SI (frz): Systéme International d´Unitées.

Messgrößen und Messgeräte

Jede **Messgröße** besteht aus einer Maßzahl und der dazugehörigen Einheit.

Beim **Messen** wird nach einer Messvorschrift ermittelt, wie oft die Einheit in der gemessenen Größe enthalten ist.

Zum Messen wird eine Messeinrichtung benötigt. Diese kann als **Messkette** dargestellt werden.

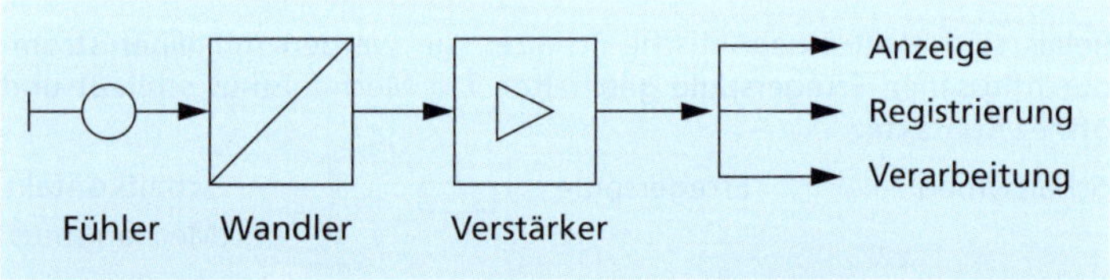

Nicht für jede Messung sind alle Bauglieder der Messkette erforderlich.

Messgeräte unterscheidet man auch nach der Art der Anzeige des Messwertes.

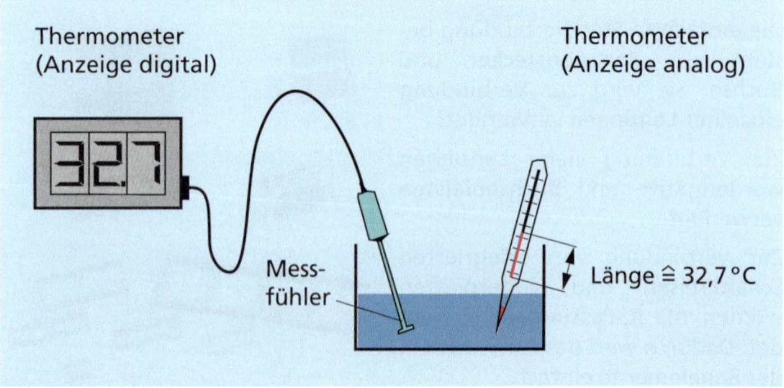

Analogmessgerät:
Die Anzeige des Messwertes an einer Skala ändert sich analog zur Änderung des gemessenen Wertes.

Die Genauigkeit der Messung wird von dem gewählten Messbereich, der Skaleneinteilung und dem Ablesen beeinflusst.

Die meisten Analogmessgeräte haben ein Zeigermesswerk wie bei dem im Bild dargestellten Vielfachmessgerät

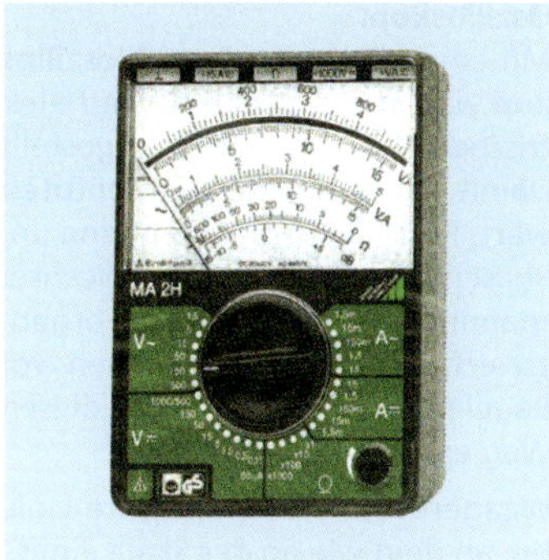

Mit **Vielfachmessgeräten** können Spannung, Stromstärke, Widerstand, Leistung u. a. gemessen werden.

Digitalmessgerät:
Die Anzeige des Messwertes erfolgt durch Zahlen. Werden analoge Messwerte erfasst, muss das analoge Signal in ein digitales umgewandelt werden. Dazu verwendet man Analog-Digital-Wandler.

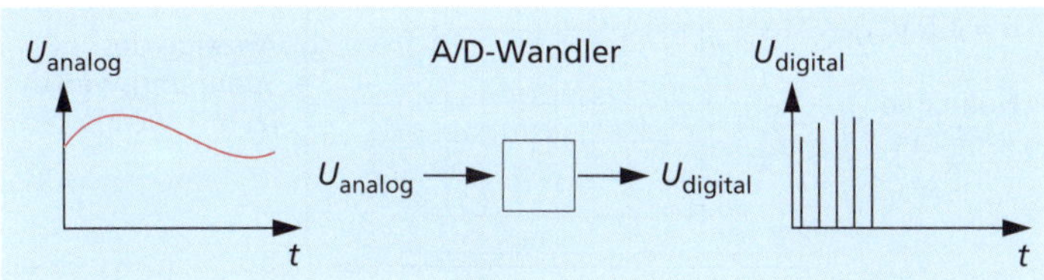

Die Darstellung der Zahlen auf dem Display kann mit unterschiedlichem Aufwand realisiert werden.

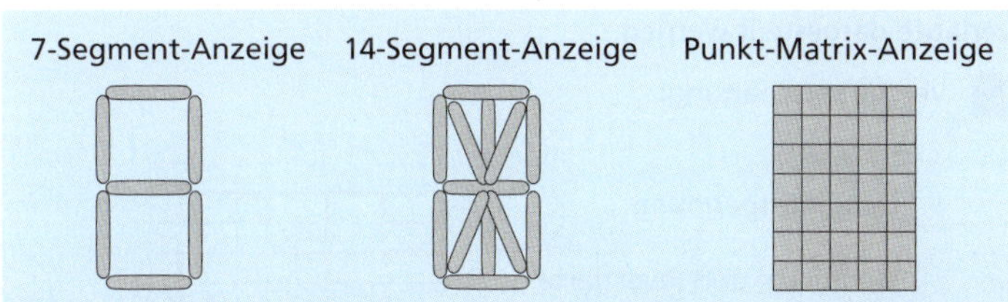

Darstellung der Zahl 7:

Mit den Segment-Anzeigen können nur die Ziffern von 0 bis 9 sowie das Minuszeichen dargestellt werden. Sollen auch Symbole oder Buchstaben, z. B. Maßeinheiten, angezeigt werden, verwendet man die Punkt-Matrix.

Für Dezimalzahlen wird anstelle des Kommas ein Punkt angezeigt.

Oszilloskop:
Mit einem **Elektronenstrahloszilloskop** wird der zeitliche Verlauf elektrischer Spannungen dargestellt. Damit ist es möglich, Amplitutenwert, Periodendauer, Frequenz und Phasenverschiebung bei Wechselspannungen in einem Messvorgang zu erfassen. Auch Kennlinien von Bauelementen können auf diesem Weg ermittelt werden.

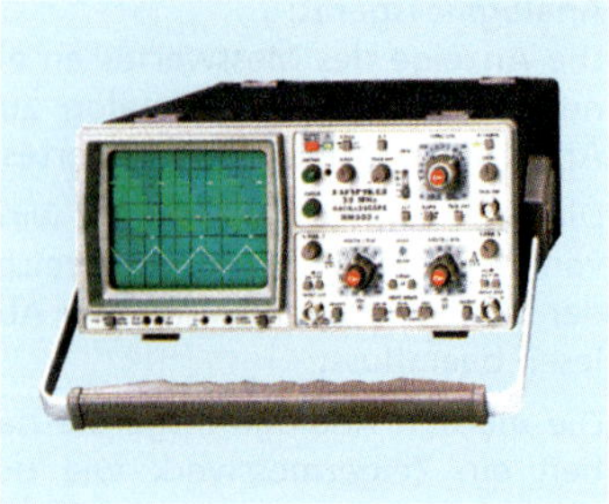

Waagerechte und senkrechte Linien bilden auf dem Bildschirm ein Raster, an dem wie an der Skala eines Analogmessgerätes die Grössen abgelesen werden können. Ebenso können Messbereiche gewählt werden.

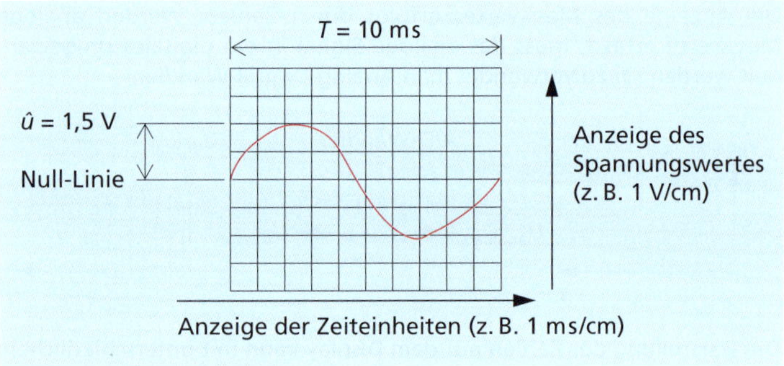

Beim Zweikanal-Oszilloskop kann das Zusammenwirken zweier Signalverläufe dargestellt werden.

Verstärkerschaltung:

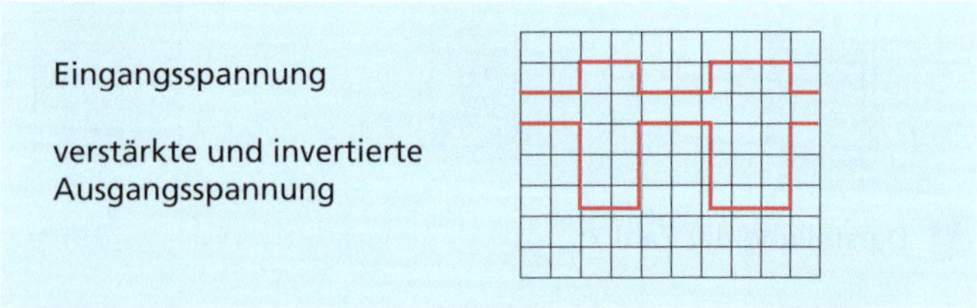

Bei **direkter Messung** hat der Messfühler unmittelbaren Kontakt zum Messobjekt, z. B. beim Fiebermessen. Ist kein direkter Kontakt möglich, muss **indirekt** gemessen werden, z. B. beim Messen der Temperatur auf der Sonnenoberfläche.

Messverfahren

Wenn Messwerte nicht weiter verarbeitet werden, verwendet man einfache mechanische Messeinrichtungen wie Lineal, Balkenwaage und Sanduhr.

Meistens müssen die Messgrössen jedoch gewandelt werden.

Temperaturmessung mit **Ausdehnungsthermometern:**
Einfache Flüssigkeitsausdehnungsthermometer finden sich in nahezu allen Haushalten als Zimmer-, Kühlschrank- oder Badethermometer.

Druckmessung:
Für die Messung von Drücken werden Manometer in verschiedenen Bauformen verwendet.

In einem **U-Rohr-Manometer** wird die Flüssigkeitssäule im U-Rohr durch den einwirkenden Druck verschoben. An einer direkt am Rohr angebrachten Skala kann der Messwert abgelesen werden.

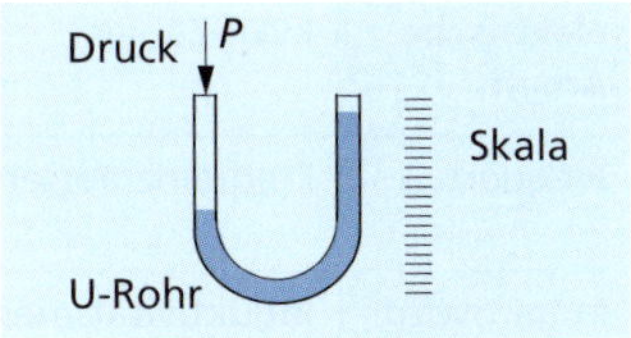

Volumenstrommessung:
Volumenstrom ist die Durchflussmenge einer Flüssigkeit pro Zeiteinheit.
Durchflussmengen können mit einem Schwebekörper bestimmt werden, wobei sein Auftrieb genutzt wird.

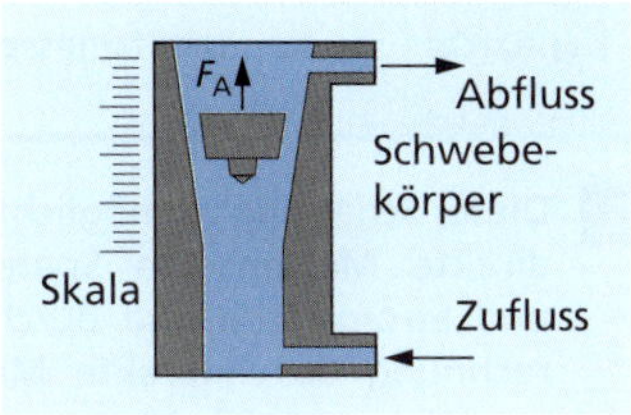

Füllstandsmessung:
Füllstände können mit Schwimmern ermittelt werden.
Beim Ansteigen des Grundwassers über einen Grenzwert soll eine Pumpe eingeschaltet werden. Dazu wird der Wasserstand in einem Brunnen gemessen.

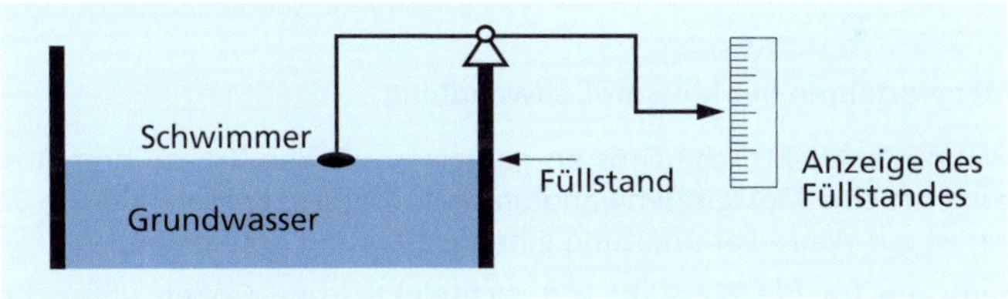

Elektrische Messverfahren

Elektrische Größen können direkt und indirekt gemessen werden.

Messgröße	Messgerät – direkte Messung	Symbol	Messgerät – indirekte Messung
Spannung	Spannungsmesser (Voltmeter) Oszilloskop	–(V)–	
Stromstärke	Stromstärkemesser (Amperemeter)	–(A)–	
Widerstand	Widerstandsmesser (Ohmmeter)	–(Ω)–	Strom- und Spannungsmesser
Leistung	Leistungsmesser (Wattmeter)	–(W)–	Strom- und Spannungsmesser

Messgröße	Messgerät – direkte Messung	Symbol	Messgerät – indirekte Messung
elektrische Arbeit	kWh-Zähler	kWh	Leistungs- und Zeitmesser
Frequenz	Frequenzmesser	–(Hz)–	
Induktivität	Induktivitätsmesser	–(H)–	
Kapazität	Kapazitätsmesser	–(F)–	

Diese Schaltung ermöglicht das direkte Messen von Spannung und Stromstärke und durch Berechnung das indirekte Messen von Widerstand, Leistung und Arbeit.
Amperemeter zum Messen von Strömen werden in Reihe zum Verbraucher geschaltet, Voltmeter zur Spannungsmessung parallel.

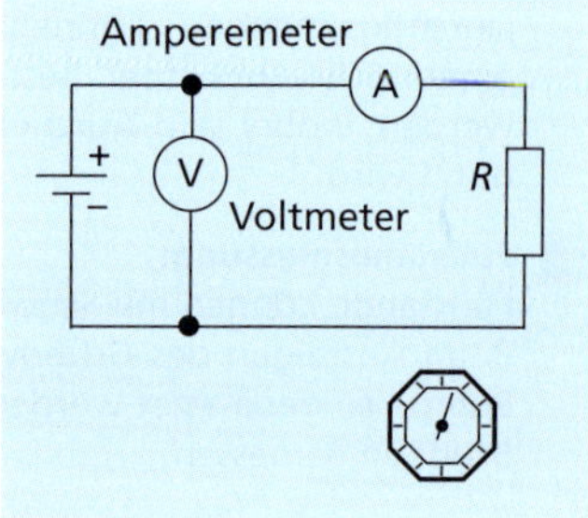

Messverfahren mit Messgrößenwandlung

Wenn nichtelektrische Grössen gemessen werden, ist zu ihrer Auswertung oft eine Messgrößenwandlung erforderlich. Bei sehr kleinen Signalen ist zur Weiterverarbeitung eine Verstärkung notwendig.

Sensoren für die Messung von nichtelektrischen Gößen unterscheidet man nach ihrer Wirkungsweise bei der Wandlung in elektrische Größen. Es gibt aktive und passive Sensoren.

Aktive Sensoren wandeln mechanische Energie, Wärmeenergie, chemische Energie oder Lichtenergie durch Ausnutzung physikalischer Effekte direkt in elektrische Energie um.

Den **Thermoeffekt** entdeckte der Physiker SEEBECK 1821 und nannte ihn **Thermoelektrizität.**

Wärmeenergie wird durch die Nutzung des *Thermoeffekts* in elektrische Energie umgewandelt. Dazu werden **Thermoelemente** verwendet. Diese bestehen aus zwei verschiedenen Metalldrähten, die an einer Stelle miteinander fest verbunden sind. Bei Erwärmung der Verbindungsstelle entsteht eine elektrische Spannung, die *Thermospannung*.

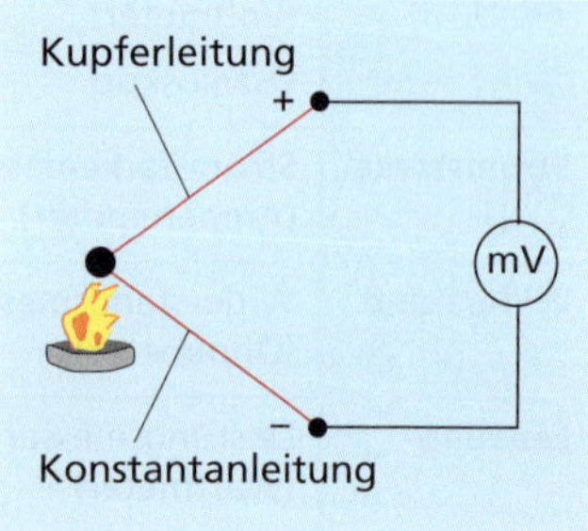

Bei der Messung sehr hoher Temperaturen bis zu 2000 °C verwendet man **Strahlungspyrometer.** Mit Thermoelementen wird die Strahlungstemperatur erfasst. Die Entfernung zum Messobjekt kann sehr groß sein.

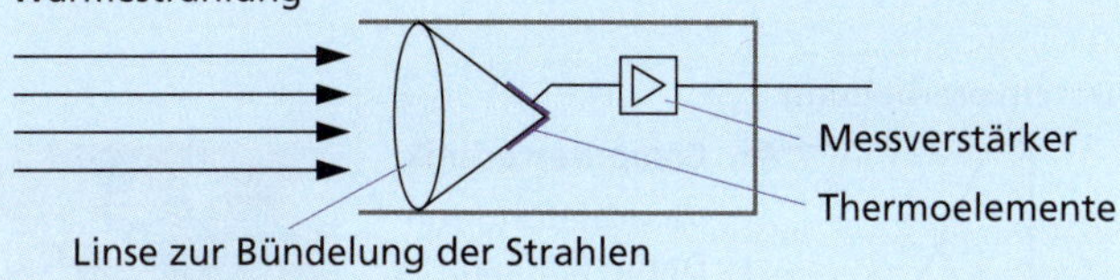

Fotoelemente nutzen den **Fotoeffekt.** Bei Lichteinfall wird eine kleine Gleichspannung zwischen Grundplatte und Kontaktring erzeugt. Es wird die Beleuchtungsstärke gemessen.

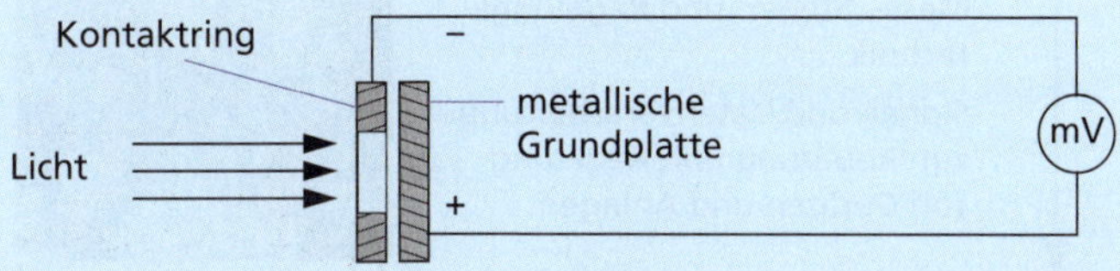

Zur Messung von Druck- und Zugkräften wird der **Piezoeffekt** genutzt. Bei einigen Kristallen, z. B. Quarz, treten beim Einwirken von Kräften im Inneren Ladungsverschiebungen auf. Dadurch kann an der Oberfläche mit metallischen Kontakten eine elektrische Spannung abgenommen werden.

Passive Sensoren ändern zur Messung einer nichtelektrischen Größe ihren Widerstand, ihre Kapazität oder Induktivität. Sie benötigen dazu Hilfsenergie.

Sensoren mit Widerstandsänderung:
Für Längen-, Weg- und Winkelmessungen verwendet man **Potentiometer.** Proportional der Änderung der mechanischen Grösse ändert sich der Spannungswert am Schleifer des Potentiometers.

Schiebepotentiometer

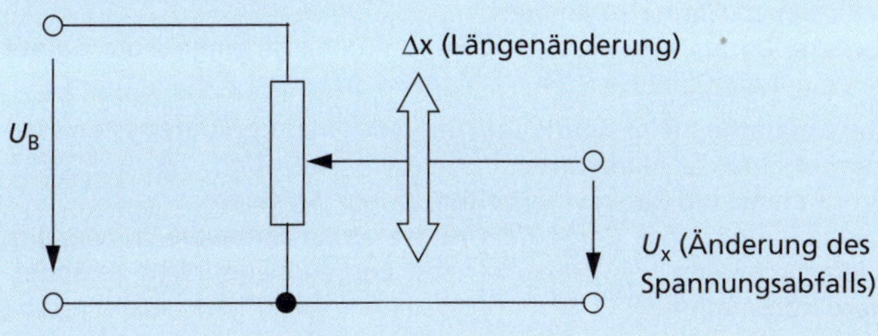

4.2.3 Bereiche der Datenverarbeitung

Das Ziel, Arbeitsabläufe effektiver zu gestalten, führte schon sehr früh zu dem Bedürfnis, Prozesse zu automatisieren. *Rechentechnik*, *Mess-, Steuer- und Regelungstechnik* und *Nachrichtentechnik* entwickelten sich zunächst relativ eigenständig.

Datenverarbeitung

Computertechnik
Verarbeitung von Daten (Zahlen, Texte, Grafiken, Bilder, Sounds, Videos usw.)

Mess-, Steuer- und Regelungstechnik
Signal- und Datenverarbeitung zur Steuerung und Regelung von Geräten und Anlagen

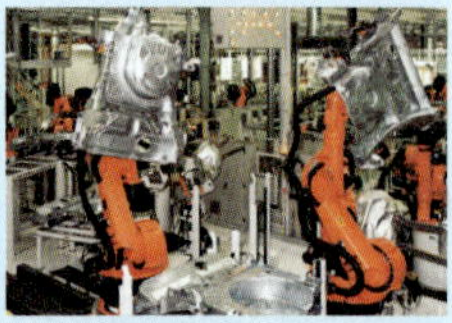

Datenfernübertragung
Übertragung von Daten zum Informationsaustausch

Die drei Bereiche der Datenverarbeitung werden heute wesentlich von leistungsfähigen Computersystemen unterstützt.

Computertechnik

Computer von engl. „to compute" (berechnen)

Ein **Computer** ist ein universeller, elektronisch arbeitender Automat.
Ein **Computersystem** ist die Kopplung von Computer, externen Geräten und Peripherie.
Mit **Peripherie** fasst man die von außen an den Computer angeschlossenen Geräte zusammen.
Externe Geräte sind meist im Computergehäuse eingebaute Geräte mit eigenem Gehäuse.

Die Gesamtheit aller Geräte und Bauteile eines Computersystems bezeichnet man als **Hardware**.
Programme, die Daten verarbeiten, heißen **Software.**
Zur Funktion eines Computers ist weiterhin **Firmware** notwendig. Diese beinhaltet vom Hersteller fest vorgegebene, nicht veränderbare Informationen.

Nur durch ein optimales Zusammenwirken von Hard-, Soft- und Firmware kann ein **Computersystem** zuverlässig arbeiten.

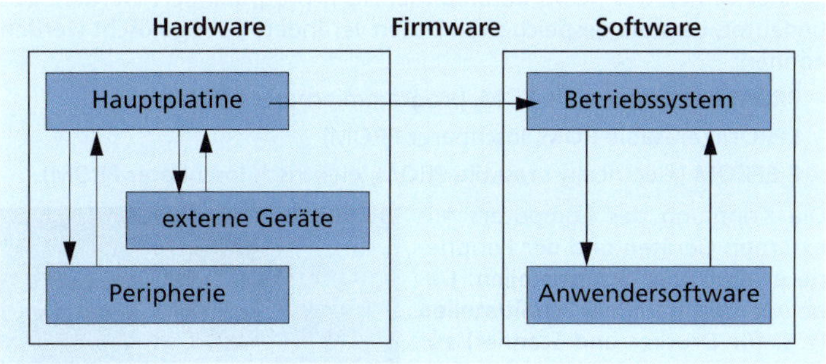

In der Datenverarbeitung gilt das **EVA-Prinzip:**

Eingabe von Daten → **V**erarbeitung von Daten → **A**usgabe von Daten

Das Grundprinzip der Rechenmaschine von CHARLES BABBAGE (1833) mit *Steuerwerk, Rechenwerk, internem Speicher* sowie den *Ein- und Ausgabekanälen* findet noch heute seine Anwendung.

Man kann die „Analytical Engine" von CHARLES BABBAGE (1792–1871) als den ersten digitalen programmgesteuerten Rechenautomaten auffassen. Gesteuert werden sollte die Maschine über Lochkarten. Der Entwurf war revolutionär. Die rein mechanische Arbeitsweise verhinderte aber ein einwandfreies Funktionieren, auch bestand für den Einsatz kaum Bedarf.

Die Verbindung zwischen den einzelnen Bauteilen und Geräten wird über das **Bussystem**, einer Sammelleitung zum Senden und Empfangen von Daten, hergestellt:

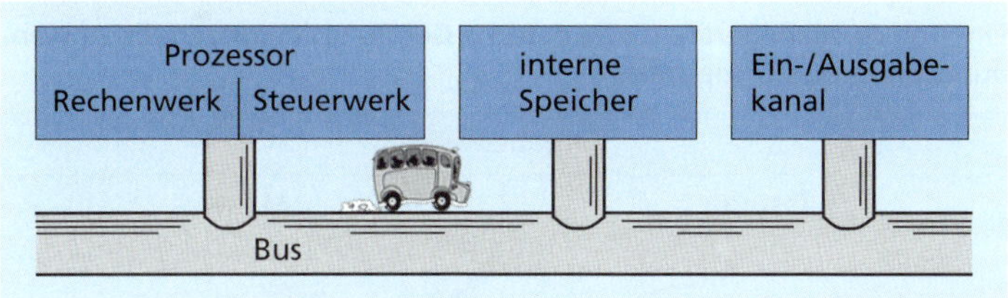

Die Architektur moderner Computer wurde durch JOHN VON NEUMANN (1903–1957) definiert (Rechnerarchitektur = Hardwarestruktur + Organisationsprinzip):

Der **Prozessor (CPU)** ist die zentrale Verarbeitungseinheit mit Rechenwerk und Steuerwerk. Er befindet sich auf der **Hauptplatine** des Computers, die auch **Mainboard** oder **Motherboard** genannt wird. Darauf sind außerdem alle wichtigen Bausteine zur Funktion des Prozessors untergebracht. Dazu zählen der *Hauptspeicher*, der *Festwertspeicher*, *Zwischenspeicher* (Cache) und der *Taktgenerator*. Prozessoren sind getaktete Schaltkreise. Die Taktfrequenz gibt an, wie schnell der Prozessor arbeitet.

CPU ist die Abkürzung für **C**entral **P**rocessing **U**nit (Zentrale Verarbeitungseinheit).

Der **Hauptspeicher** kann direkt von der CPU angesprochen werden. Der Teil des Hauptspeichers, der für Programme und Daten zur Verfügung steht, ist der **Arbeitsspeicher (RAM).** Das ist ein Schreib-Lese-Speicher mit wahlfreiem Zugriff, in dem alle für den aktuellen Auftrag notwendigen Daten zur Verfügung stehen müssen. Dieser Speicher wird beim Ausschalten gelöscht. Bei Störungen können Daten verloren gehen.

RAM ist die Abkürzung für **r**andom **ac**cess **m**emory (Speicher mit wahlfreiem Zugriff).

ROM ist die Abkürzung für **r**ead **o**nly **m**emory (Nur-Lese-Speicher).

Der **Festwertspeicher (ROM)** enthält Daten, die beliebig oft gelesen werden können, aber nicht veränderbar sind.
Sonderformen des ROMs können mehrfach programmiert werden. Das bedeutet, dass die gespeicherten Daten verändert oder gelöscht werden können:

- **PROM** (programmable ROM, programmierbarer ROM)
- **EPROM** (erasable ROM, löschbarer PROM)
- **E-EPROM** (electrically erasable PROM, elektrisch löschbarer PROM)

parallele Schnittstelle

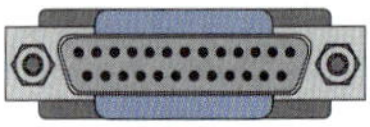

Rechnerseite

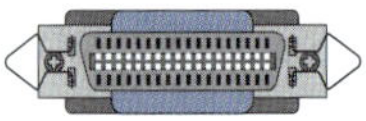

Druckerseite

serielle Schnittstellen

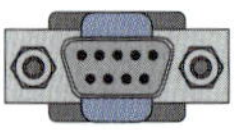

9 Pins

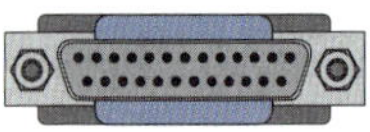

25 Pins

Die Kopplung des Computers mit externen Geräten und der Peripherie erfolgt über **Schnittstellen.** Dabei werden **parallele Schnittstellen** (z. B. für Drucker und Scanner) zur Übertragung großer Datenmengen und **serielle Schnittstellen** (z. B. für Tastatur und Maus) bei entsprechend kleinen Datenmengen benutzt.

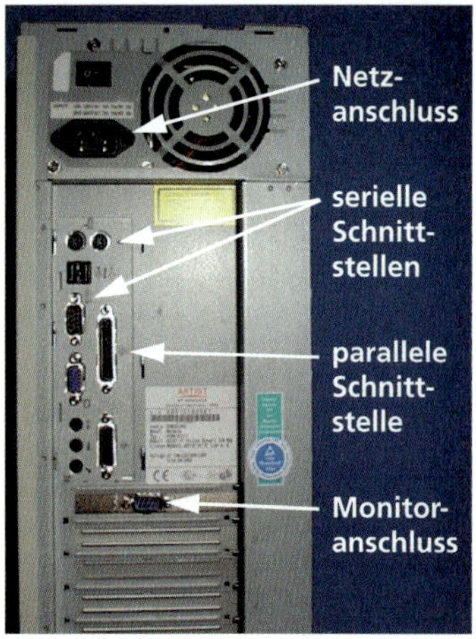

Ein- und Ausgabegeräte sowie **externe Geräte** unterstützen die Anwendungsbreite des Computers.

Eingabegeräte	
Tastatur	**Maus**
	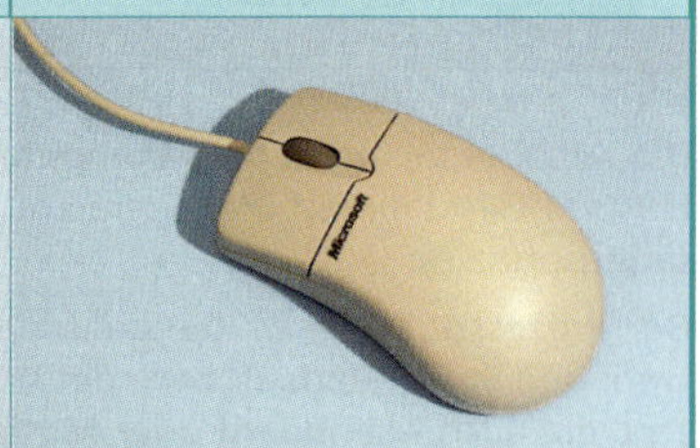
Scanner	**Grafiktablett**
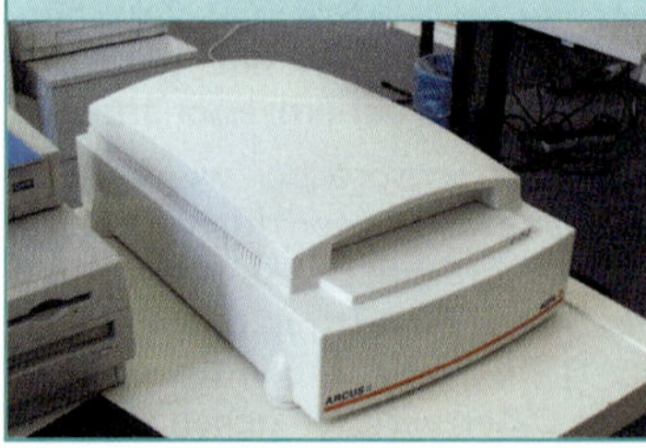	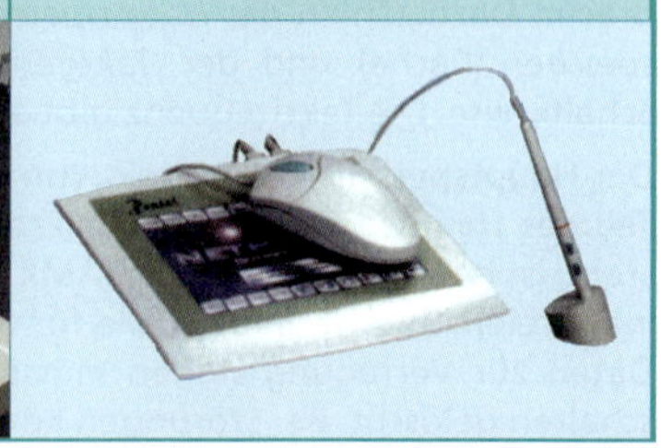

Weitere **Eingabegeräte** sind: **Mikrofon, Trackball, Digitalkamera, Gamepad** und **Joystick.**

Trackball

Ausgabegeräte	
Monitor	Drucker
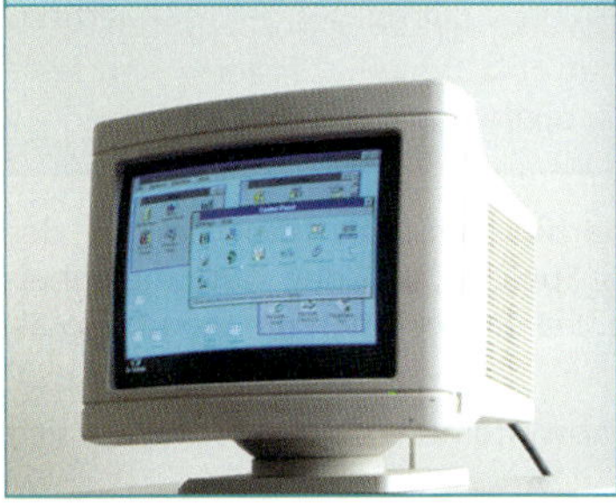	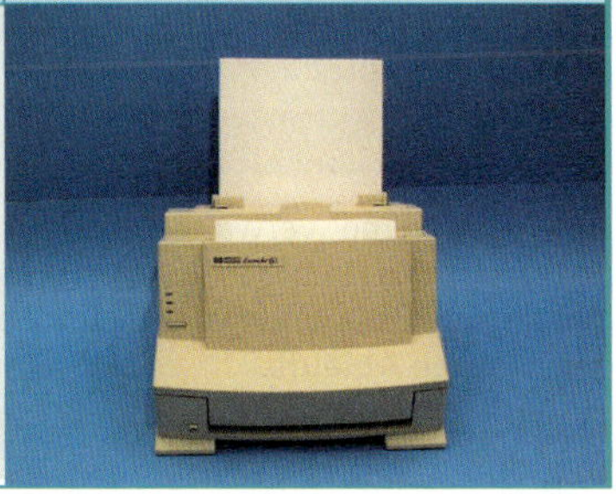

externe Geräte	
CD-ROM-Laufwerk	Festplatte

Um die Leistungsfähigkeit von Rechnern zu erhöhen, wurde diese Grundstruktur mit einigen Erweiterungen versehen:

- zusätzliche **Steckkarten** (z. B.: Grafikkarte, Soundkarte, Netzkarte), die in dafür vorgesehene Steckplätze, Slots, einfach eingesetzt werden;
- schnelle **Zwischenspeicher (Cache)** um die relativ langsamen Datentransporte über den Standardbus zu vermeiden;
- schnelle **lokale Busse** (z.B.: **PCI-Bus)** für den Transport großer Datenmengen wie zum Beispiel bei der Bildverarbeitung;
- leistungsfähige **Schnittstellen (SCSI, USB);**
- **Mehrprozessorsysteme (Parallelrechner).**

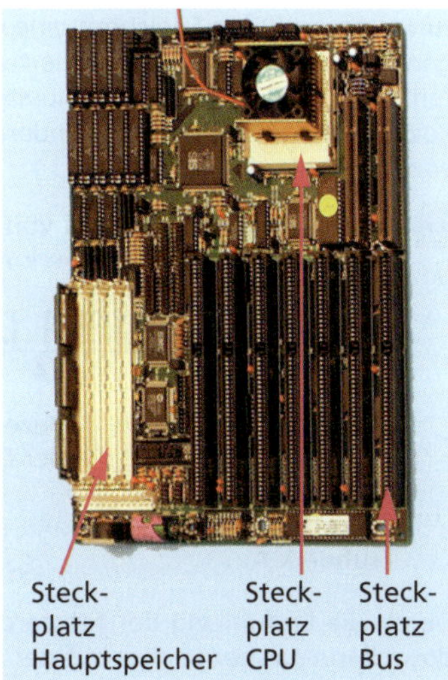

Weitere **Ausgabegeräte** sind: **Lautsprecher** und **Plotter.**

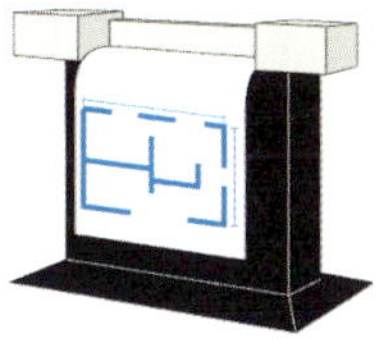

Plotter

Weitere **externe Geräte:**

Diskettenlaufwerke (einschließlich Zip-Laufwerke)

Modems zur Modulation und Demodulation von digitalen Computersignalen und analogen Telefonsignalen

Modem

SCSI (**s**mall **c**omputer **s**ystems **i**nterface, „skasi" gesprochen): parallele Schnittstelle mit hohen Datenübertragungsraten

USB (**u**niversal **s**erial **b**us): Nachfolger von paralleler und serieller Schnittstelle mit hoher Datenübertragungsrate

Außer der Hardware ist für die Leistungsfähigkeit eines Rechners das Betriebssystem von Bedeutung.

Das **Betriebssystem** (die **Systemsoftware)** dient der Nutzerunterstützung. Es koordiniert alle im Rechner ablaufenden Prozesse und erschließt die rechentechnischen Ressourcen.

Betriebssysteme verwalten und koordinieren die Betriebsmittel des Rechners. Das sind Mikroprozessoren, Speicher, Ein- und Ausgabeeinheiten, Programme und Datenbestände. Sie übernehmen die Steuerung aller internen Abläufe.

Es gibt verschiedene Arten von Betriebssystemen. Sie unterscheiden sich nach ihren speziellen Aufgaben.

Ein Computer soll die *Regelung* eines sehr schnell arbeitenden *Roboters* übernehmen. Die spezielle Anforderung an sein Betriebssystem ist die unmittelbare, schnelle Reaktion. Das bezeichnet man als *Echtzeitverhalten*. Diese Betriebssysteme heißen dementsprechend **Echtzeit-Betriebssysteme.**

Bei Computern, die für Standardanwendungen wie Textverarbeitung, Kalkulation oder Verwaltung von Datenbeständen verwendet werden, sind andere Anforderungen wichtiger. Hier kommt es auf eine gut zu bedienende Benutzeroberfläche an. Die Fähigkeit, in einem Netz zu arbeiten, kann ebenso von Bedeutung sein.

CP/M ist die Abkürzung für **C**ontrol **Pro**gram for **M**icrocomputers (Steuerprogramm für Mikrorechner).

DOS ist die Abkürzung für **D**isk **O**perating **S**ystem, diskettenorientiertes System.

CP/M war eines der ersten Betriebssysteme für 8-Bit-Rechner. Es ermöglichte einem Nutzer eine Aufgabe abzuarbeiten. Diese Betriebsart wird als single-user/single-tasking bezeichnet.

DOS als Nachfolger ähnelte seinem Vorgänger zunächst sehr stark. Es wurde aber ständig erweitert, um mit der schnellen Entwicklung der Hardware Schritt halten zu können. Dabei spielte vor allem die Verwaltung von größeren Speichern eine wichtige Rolle. Weiterhin war es dringend erforderlich, die Bedienerfreundlichkeit zu verbessern. Alle Befehle an das Betriebssystem mussten von Hand eingetippt werden. Das kostete nicht nur viel Zeit, sondern es bestand auch immer die Gefahr von Tippfehlern.

Das Kopieren einer Datei von der Diskette auf ein Verzeichnis der Festplatte erforderte einen kompletten Befehlssatz.

```
A:\>copy BRIEF1.DOC C:\TEXTE\BRIEFE
```

- A: – Name des Quellverzeichnisses Diskettenlaufwerk A:
- copy – Kopierbefehl
- BRIEF1.DOC – Bezeichnung der Datei
- C: – Name der Festplatte
- BRIEFE – Name des Zielverzeichnisses

Durch die Einführung der fensterorientierten Benutzeroberfläche Windows kann das heute alles mit der Maus erledigt werden.

Windows besteht aus einigen wenigen grafischen Grundelementen, die auch in den dazugehörigen Anwenderprogrammen zu finden sind. Heute ist Windows ein eigenständiges Betriebssystem.

Windows-Explorer

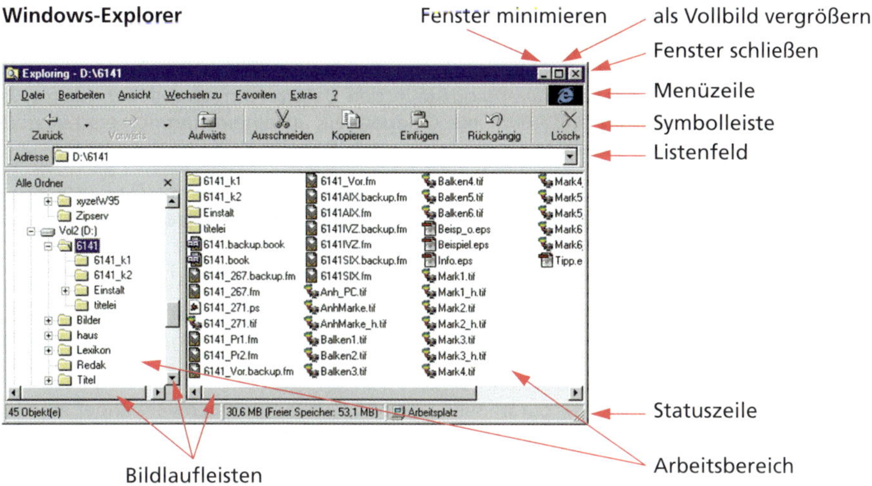

Anwenderprogramme können sehr unterschiedliche Aufgaben haben. Typische Standardanwendungen dienen der Bearbeitung von Texten, Grafiken und Bildern. Für die Erfassung und Auswertung von Zahlen eignen sich Kalkulationsprogramme. Bei der Verwaltung von Datenbeständen werden Datenbankprogramme verwendet. Dieser Art Software ist gemeinsam, dass sie eine Entwicklungsumgebung anbietet, die eine Vielzahl von Funktionen zur Lösung von Aufgaben zur Verfügung stellt. Es ist in der Regel möglich, sehr einfach auf Funktionen anderer Anwendungen zuzugreifen.

In einem Text, der mit Word erstellt wird, muss eine Tabelle eingefügt werden, in der Berechnungen notwendig sind. Auch Word bietet diese Möglichkeit an. Bessere Voraussetzungen findet man jedoch im Kalkulationsprogramm Excel. Mit einem Mausklick auf das entsprechende Symbol kann ganz einfach eine Excel-Tabelle in den Text eingefügt werden.

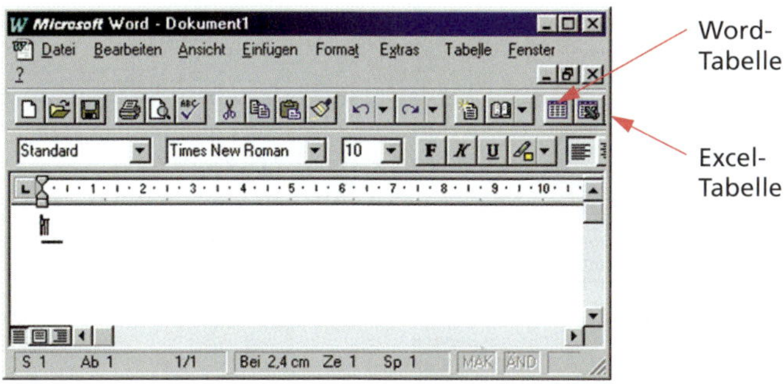

Mithilfe einer in der Anwendung integrierten Programmiersprache können immer wiederkehrende gleiche Arbeitsabläufe in einem **Makro** zusammengefasst werden.

Für das Programmpaket MS Office 97 steht die Sprache Visual Basic für Applikationen (VBA) zur Verfügung. Dieses Basic hat fast nichts mehr mit der ursprünglichen, sehr einfach zu erlernenden Programmiersprache gemeinsam. Es ist ein relativ hoher Einarbeitungsaufwand notwendig. Die in den Dateien eingebundenen Makros bieten außerdem die Gelegenheit, in einem harmlos erscheinenden Text einen Computervirus zu verstecken.

Sollen mit dem Computer sehr spezielle Aufgaben gelöst werden, muss die Software dafür erstellt werden. Es stehen **Programmiersprachen** mit verschiedenen Eigenschaften zur Verfügung. Die Wahl der Sprache hängt von den Anforderungen an die Funktion der Programme ab.

- *Steuerprogramme in Industrieanlagen* müssen in Alarmsituationen sehr schnell reagieren können. Der Progammablauf darf somit nicht viel Zeit in Anspruch nehmen.
- Zur Programmierung von *Expertensystemen* verwendet man logische Programmiersprachen. Diese Systeme sollen dem menschlichen Denken vergleichbare Fähigkeiten entwickeln.
- Bei der Programmierung von *Computerspielen* sind gute Voraussetzungen zur Bild- und Tonbearbeitung wichtig. Von den Spielen wird gerade in dieser Hinsicht Qualität erwartet.

Mess-, Steuer- und Regelungstechnik

Mikrorechner in Haushaltsgeräten, Heimelektronik und Fahrzeugtechnik benötigen spezielle Programme.

An einem Waschautomaten kann je nach Verschmutzungsgrad ein Waschprogramm gewählt werden. Danach läuft das Programm ab, unabhängig davon, ob überhaupt schmutzige Wäsche in der Trommel ist. Manche Waschmaschinen erkennen den notwendigen Wasserverbrauch aufgrund der eingelegten Wäschemenge, aber auch dann läuft ein fest vorgegebenes Programm ab. Es handelt sich um eine typische *Steuerung.*

Beim **Steuern** beeinflussen Eingangsgrößen eines technischen Systems die Ausgangsgrößen.

Die gesteuerten Größen werden einer vorgegebenen Führungsgröße angepasst. Handelt es sich um einen festen Wert, spricht man vom **Sollwert.** Der Wert der gesteuerten Größe heißt **Istwert.**

Der Wirkungsablauf findet in einer offenen **Steuerkette** statt.

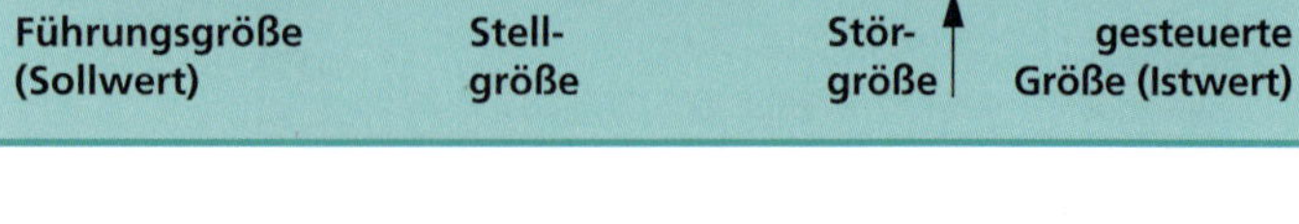

Die Steuereinrichtung beeinflusst die Steuerstrecke über das Stellglied. Es greift in den Stoff- oder Energiefluss ein.

In Abhängigkeit von der Außentemperatur und der gewünschten Raumtemperatur wird ein Heizungsventil betätigt. Das kann von Hand oder automatisch erfolgen. Die Raumtemperatur hat selbst keinen Einfluss auf die Steuerung. Somit können Störungen, beispielsweise eine geöffnete Tür, nicht ausgeglichen werden.

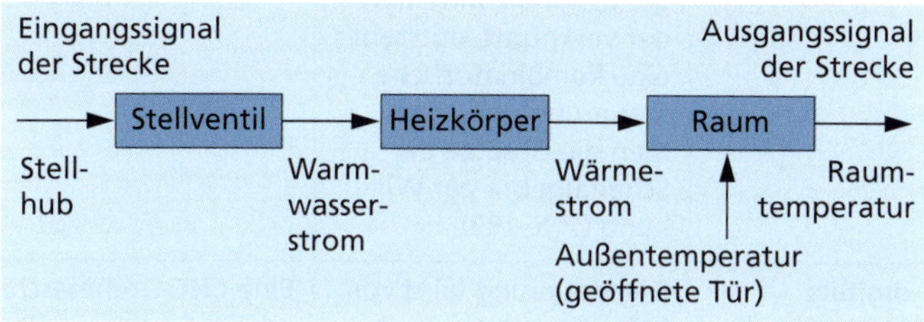

Steuerungen können danach unterschieden werden, nach welchen Vorgaben sie ablaufen.

Steuerungsart			Beispiel
Handsteuerung			Steuerung einer Wassermenge durch die Betätigung eines Ventils
automatische Steuerungen	**Ablaufsteuerung**		Steuerung eines Aufzugs
	Führungs- oder **Folgesteuerung**		von der Außentemperatur abhängige Steuerung einer Raumtemperatur
	Programmsteuerung	**Zeitplansteuerung**	Ampelschaltung an einer Straßenkreuzung (↗ S. 234)
		Wegplansteuerung	Bearbeitung eines Werkstücks nach einer Schablone an einer Kopierdrehmaschine

In der MSR-Technik spricht man ganz allgemein von Größen, die das System beeinflussen. Da es sich hierbei um Signale handelt, kann man Steuerungen auch nach der Art der Signalverarbeitung unterscheiden.

MSR-Technik: **M**ess-, **S**teuer- und **R**egelungstechnik

Steuerungsart	Kennzeichen	Beispiel
analoge Steuerung	Zur Erzeugung des Ausgangssignals wird ein analoger Signalumformer benötigt. Bei einer Änderung der Steuerungsaufgabe muss dieser komplett ausgetauscht werden.	Kurvenscheiben zur Steuerung von Werkzeugmaschinen

Steuerungsart	Kennzeichen	Beispiel
binäre Steuerung	Diese Steuerungen erfolgen ausschließlich durch die Schaltsignale EIN/AUS bzw. 1 oder 0. Werden binäre Eingangssignale miteinander verknüpft, entsteht eine kombinatorische Steuerung. Hier kommen die Gesetze der Schaltalgebra zur Wirkung (↗ S. 189).	Die Drehrichtung eines Elektromotors wird über einen Umschalter mit einer positiven und einer negativen Spannung gesteuert.
digitale Steuerung	Die Steuerung wird von Mikroprozessoren oder Mikrorechnern übernommen.	Eine CNC-Drehmaschine arbeitet automatisch nach einem Computerprogramm.

CNC ist die Abkürzung für **c**omputerized **n**umerical **c**ontrol.

Die Art der Verwirklichung von Steuerprogrammen führt zu einer weiteren Unterscheidung.

Steuerungsart	Kennzeichen	Beispiel
verbindungsprogrammierte Steuerungen (VPS)	Die für die Steueraufgabe notwendigen Bauelemente sind fest verbunden.	fest verdrahtete Relaissteuerung
speicherprogrammierte Steuerungen (SPS)	Das Steuerprogramm befindet sich in einem Festwertspeicher.	Ein PROM erfordert den Austausch des ganzen Programms bei einer Änderung der Steueraufgabe. Ein E-EPROM kann über spezielle Programmiergeräte elektrisch gelöscht und neu programmiert werden.
frei programmierbare Steuerungen	Das Programm befindet sich in einem Schreib-Lese-Speicher, es kann jederzeit bearbeitet werden.	Steuerung mit einem PC

Die Grundlage für Steuerprogramme sind **Ablaufdiagramme,** in denen alle Vorgänge und die dazugehörigen Zeitintervalle erfasst werden. Erst dann erfolgt die Codierung in einer geeigneten Programmiersprache.

Das **Regeln** ist ein Vorgang, bei dem der Istwert als Eingangsgröße des technischen Systems fortlaufend gemessen wird. Abhängig von der Differenz zwischen Soll- und Istwert versucht der Regler, den Sollwert wieder herzustellen.

Bei Regelungen ist der Wirkungsablauf ein geschlossener Kreis, der **Regelkreis.**

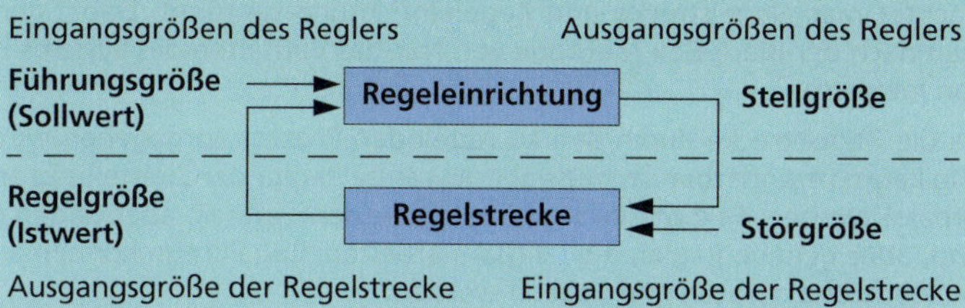

Zum Duschen benutzt man Wasser mit einer bestimmten Temperatur.

Ist keine automatische Temperaturregelung vorhanden, muss von Hand geregelt werden. Es findet ein Vergleich zwischen Soll- und Istwert statt, der dann beendet ist, wenn die richtige Temperatur erreicht wird.

Schwankungen im Wasserdruck können diesen Zustand stören. Es wird wieder ein Regelvorgang ausgelöst.

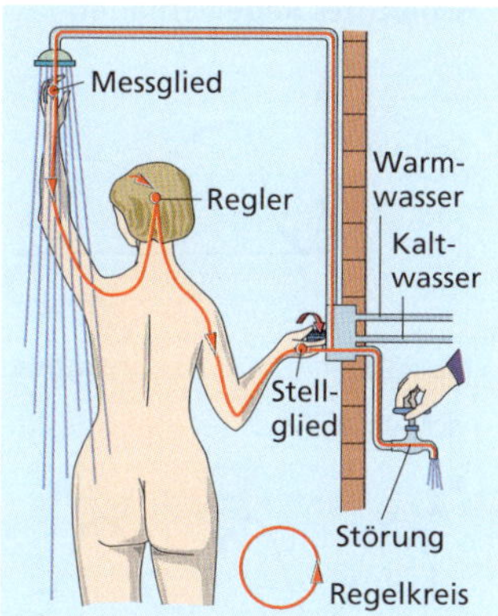

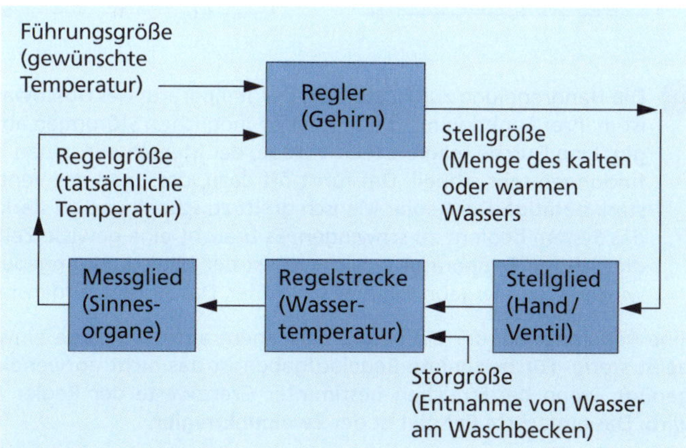

In technischen Systemen können diese Funktionen mechanisch, elektronisch, pneumatisch, hydraulisch oder auch biologisch erfolgen.

Pneumatik ist ein Teilgebiet der Mechanik, das sich mit dem Verhalten von Gasen befasst. In der Technik werden Geräte und Anlagen, die mit Druckluft arbeiten, so bezeichnet.

Hydraulik ist das Teilgebiet der Physik, das sich mit dem Verhalten von Flüssigkeiten befasst. Entsprechend werden Geräte und Anlagen, die der Übertragung von Kräften durch Flüssigkeiten dienen, bezeichnet.

Regelkreise setzen sich aus vielen Elementen zusammen, die Regelkreisglieder genannt werden. Ihr Zusammenwirken kann mit mathematischen Modellen beschrieben werden, auf deren Grundlage die Regelung optimiert werden kann. In der Praxis fehlen oft ausreichend genaue Kennwerte, um mathematisch exakt vorgehen zu können. Es gibt „Faustformeln“ für Ingenieure, die auf Erfahrungen beruhen.

Als **Blackbox** (schwarzer Kasten) betrachtet man ein System nur dann, wenn sein Verhalten wichtig ist, nicht aber seine Struktur.

Um eine systematische Analyse eines Regelkreises zu ermöglichen, betrachtet man Regelstrecke und Regeleinrichtung getrennt. Dabei geht man nach der Black-Box-Methode vor. Nur das Verhalten des Systems ist von Interesse.

Da die Regelstrecke durch den zu regelnden Prozess vorgegeben wird, also kaum veränderbar ist, muss der gewählte Regler der Zielstellung angepasst werden. Es gibt einfache Regler, die sehr schnell, aber ungenau sind, oder genaue Regler, die langsam arbeiten. Regelkreise können außer Kontrolle geraten und instabil werden.

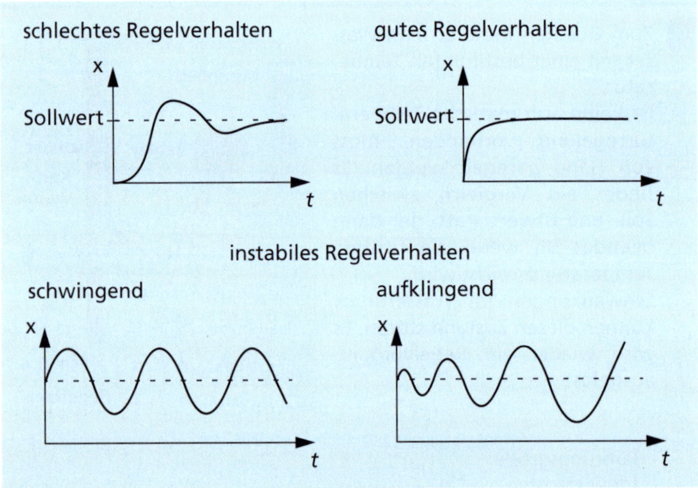

Die Handregelung zur Einstellung der Temperatur des Duschwassers ist in ihrer Funktion nicht nur von den möglichen Störungen abhängig. Eine Dusche reagiert relativ träge, der Mensch mit seinen Empfindungen sehr schnell. Das führt oft dazu, dass man das Ventil zu stark betätigt. Der Regler Mensch greift zu schnell und zu stark ein, das System beginnt zu schwingen. Es braucht eine gewisse Zeit, bis die richtige Temperatur erreicht ist. Ist der Mensch zu ungeduldig, wird das Regelergebnis immer schlechter. Das System wird instabil.

Eine Regelung, bei der ein Regler permanent auf die Strecke einwirkt, heißt *stetig.* Für bestimmte Regelaufgaben ist das nicht notwendig. Es genügt, wenn bei Erreichen bestimmter Grenzwerte der Regler aktiv wird. Das einfachste Beispiel ist der **Zweipunktregler.**

Unstetige Regler lassen sich durch Kennlinien charakterisieren. Der Übergang zwischen den beiden möglichen Zuständen der Stellgröße erfolgt sprunghaft.

Zweipunktregler mit Schaltdifferenz U_{sd} beim Bügeleisen:

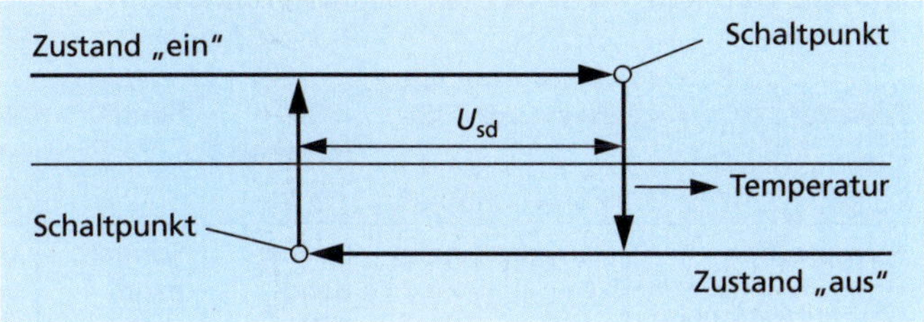

Bei manchen Regelungen sind drei Schaltzustände notwendig. Dann verwendet man **Dreipunktregler.** Ein Beispiel dafür ist eine Klimaanlage mit den drei Zuständen „heizen" – „aus" – „kühlen".

Wird ein Computer als Regler eingesetzt, ist das Ausgangssignal digital. Dann bezeichnet man diese Regelung als *quasistetig.*

Messen ist die Feststellung des Ist-Zustandes einer physikalischen Größe.

Man unterscheidet:
- **Einzelmessungen** im Bedarfsfall,
- **Messreihen** für statistische Auswertungen,
- **permanente Messungen** als Bestandteil von Regelungen und
- **registrierende Messungen** zur Dokumentation von Prozessen.

Die Sinnesorgane des Menschen können nur physikalische oder chemische Reize wahrnehmen (Wärme, Licht, Feuchtigkeit, Schall, Konzentrationen usw.). Durch die Weiterverarbeitung im Zentralnervensystem entstehen Sinneseindrücke. Technische Systeme mit der Fähigkeit der Sinneswahrnehmung auszustatten heißt, sie mit künstlichen Sinnesorganen auszurüsten (↗ S. 212).

In den 70er Jahren entstand der Begriff Sensor (lat. sensus: Gefühl, Empfindung). Entsprechend entstand für die ausführenden Elemente von Steuerungen der Begriff Aktor.

Sensoren sind vereinfachte, auf konkrete Messgrößen reduzierte Fühler.

Datenfernübertragung

Datenfernübertragung (DFÜ) erfolgt mit Netzwerken. Netzwerke sind die Grundlage zum Austausch von Daten und die gemeinsame Nutzung von Ressourcen.

Für die Datenfernübertragung, werden die Strukturen des Fernsprechnetzes genutzt.

Für die meisten Netzwerke werden drei Kabeltypen eingesetzt: Koaxialkabel, Twisted-Pair-Kabel, Glasfaserkabel.

Im analogen Netz wurden neben dem reinen Fernsprechnetz weitere Dienste in getrennten Netzen angeboten. 1985 wurde die Einrichtung eines einheitlichen digitalen Netzes zur Übertragung von Texten, Bildern und Sprache für die Bundespost und private Anbieter beschlossen. Das ISDN-Netz wird stufenweise zu einem digitalen Universalnetz aufgebaut (↗ S. 251).

<table>
<tr><th>Dienste</th><th>Netze vor 1988</th><th>ISDN-Netze ab 1988</th><th>heute</th><th>Zielstellung</th></tr>
<tr><td>Fernsprechen</td><td rowspan="4">Fernsprechnetz</td><td rowspan="7">Schmalband-ISDN</td><td rowspan="9">Schmalband- und Breitband-ISDN</td><td rowspan="11">Universalnetz</td></tr>
<tr><td>Datenübertragung</td></tr>
<tr><td>Telefax</td></tr>
<tr><td>Bildschirmtext</td></tr>
<tr><td>Telex</td><td rowspan="3">Integriertes Fernschreib- und Datennetz (IDN)</td></tr>
<tr><td>Teletex</td></tr>
<tr><td>Telefax</td></tr>
<tr><td>Bildfernsprechen</td><td rowspan="2">Breitbandiges Integriertes Glasfaserfernmelde-Orts-Netz (BIGFON)</td><td rowspan="2">Videokonferenz-Versuchsnetz</td></tr>
<tr><td>Videokonferenz</td></tr>
<tr><td>Hörfunk</td><td rowspan="2">Gemeinschafts-Antennenanlagen</td><td rowspan="2">analoges Breitband-Kommunikations-Netz</td><td rowspan="2">analoges Breitband-Kommunikations-Netz</td></tr>
<tr><td>Fernsehen</td></tr>
</table>

Digitale Schmalband- und Breitbandnetze unterscheiden sich durch die Anzahl der parallel übertragenen Bits.
Von **Schmalband** spricht man bei einer Datenübertragungsrate von 64 KBit/s. In einem **Breitbandnetz** werden n x 64 KBit/s übertragen.

Der **Bildschirmtext (Btx)** ist ein dialogfähiges Informationssystem. Über eine Zentrale können Informationen abgerufen oder eingegeben werden.

Mit **Telefaxgeräten** werden Texte und Bilder übermittelt, man spricht von **fernkopieren.**

Teletex ist der Nachfolgedienst von **Telex.** Eingehende Texte werden gespeichert und können bearbeitet und weitergegeben werden.

Bilddienste ermöglichen die Übermittlung von festen und bewegten Bildern.

Das **Mobilfunknetz** bietet die Möglichkeit der Fernsprech- und Datenübertragung zwischen ortsveränderlichen Sendern und Empfängern, die mobile Stationen genannt werden. Diese können sowohl untereinander als auch mit Teilnehmern im öffentlichen Netz verbunden werden.
Das Funknetz C ist in Deutschland flächendeckend. Die Sprach- und Dateiübertragung erfolgt analog.

Die **digitalen Funknetze** D1 und D2 verfügen über Basisstationen in Deutschland und Europa. Das System der Basisstationen verfügt über ein eigenes Wählnetz mit Vermittlungsstellen.

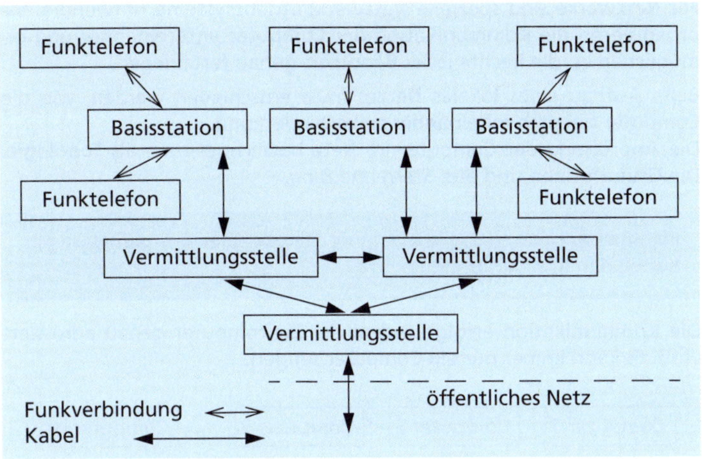

Computernetze

Die ersten Computernetze waren klein. Es konnten nicht beliebig viele Computer miteinander verbunden werden. Diese räumlich eingeschränkten Netzwerke werden als **lokale Netze (LAN)** bezeichnet.

LAN: local area network (lokales Netz)

WAN: wide area network (Weitverkehrsnetz)

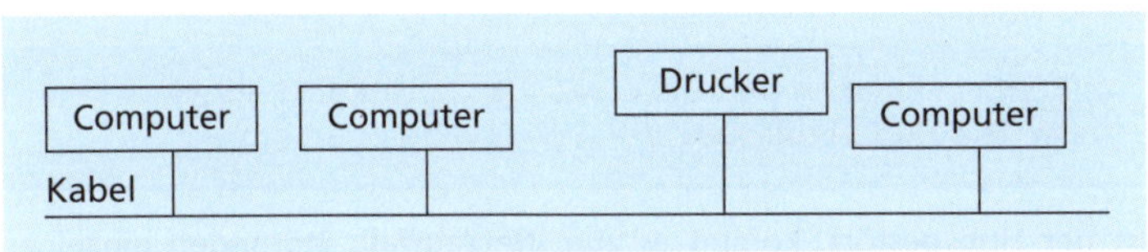

Um die Vorteile des Netzwerkbetriebs auch über große Entfernungen zu nutzen, wurden die **Weitverkehrsnetzwerke (WAN)** entwickelt.

Heute sind die LANs Elemente von umfangreichen vernetzten Systemen.

Es gibt zwei Typen von Computernetzen:

1. In **serverbasierten Netzwerken** stellt ein Server allen Benutzern Ressourcen zur Verfügung.

Die Computer, die auf einen Server zugreifen, bezeichnet man als **Clients.**

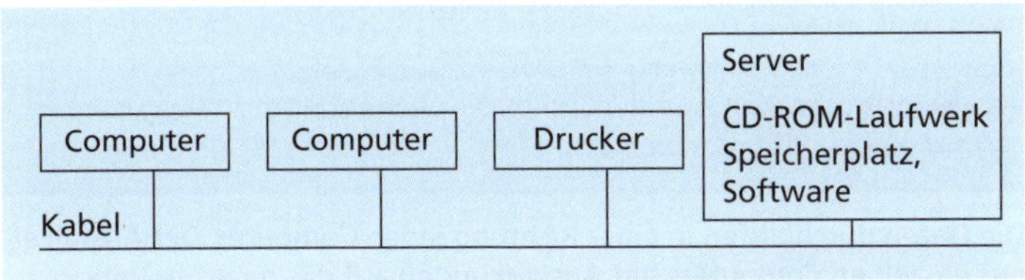

Die Betreuung solcher Netze übernimmt ein **Administrator.** Dieser bestimmt die Zugriffsrechte für Benutzer und ist für die Sicherheit des Netzes zuständig.

2. In **Peer-to-Peer-Netzwerken** sind alle Computer gleichrangig. Jeder Benutzer bestimmt selbst, welche Daten und Geräte er für Zugriffe anderer freigibt.

Für Netzwerke sind spezielle **Netzwerkbetriebssysteme** notwendig. Sie organisieren die Kommunikation der Computer untereinander und ermöglichen es, die Rechte jedes Benutzers genau festzulegen.

Beim Aufbau eines lokales Netzes muss entschieden werden, wie die Computer physisch miteinander zu verbinden sind.
Die Anordnung der Computer im Netz bezeichnet man als **Topologie.** Die Grundformen sind *Bus, Stern* und *Ring.*

Im **Busnetzwerk** sind alle Computer linear über ein gemeinsames Kabel, den Bus, verbunden.

Signale unterliegen bei der Übertragung durch ein Kabel einer Abschwächung. Diese kann ab einer bestimmten Kabellänge dazu führen, dass die Signale nicht mehr erkennbar sind. **Repeater** setzt man ein, um Signale zu verstärken und zu regenerieren.

Die Kommunikation erfolgt, indem der Zielcomputer genau adressiert wird. Es kann immer nur ein Computer senden.

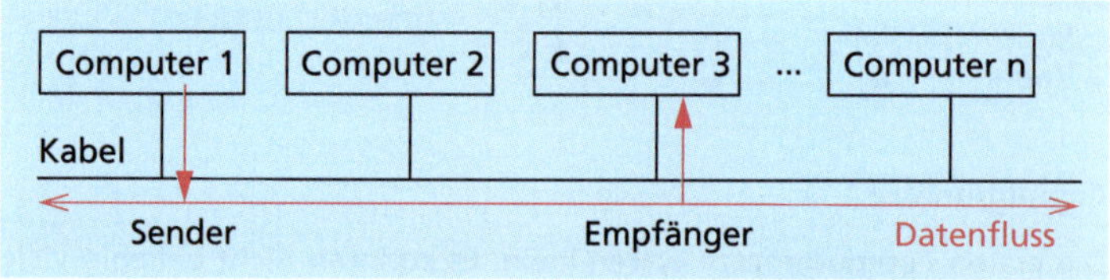

Die Daten durchlaufen das ganze Netzwerk. Ist die Zieladresse erreicht, wird der Datenfluss gestoppt.

In **Sternnetzwerken** sind die Computer durch Kabel mit einer Zentrale, dem **Hub,** verbunden.

Ist der Hub gestört, kommt es zum Netzausfall. Störungen einzelner Computer wirken sich nicht auf das Netz aus.

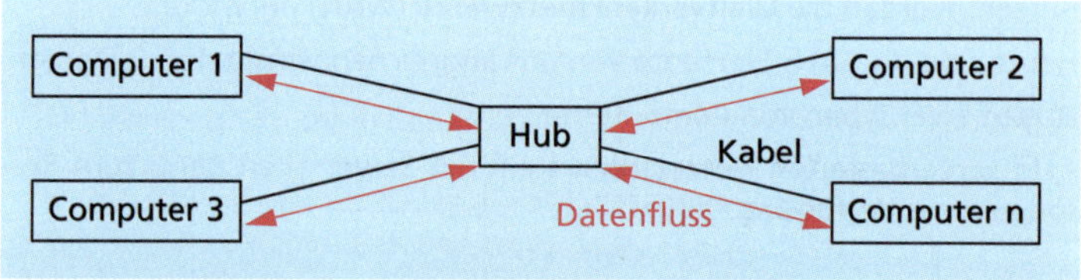

In **Ringnetzwerken** sind die Computer über ein ringförmig geschlossenes Kabel miteinander verbunden.

Netzwerktopologien können miteinander kombiniert werden.

Die Daten durchlaufen in einer Richtung jeden Computer. Der Ausfall eines einzelnen Computers hat Auswirkungen auf das gesamte Netz.

Im **Token-Ring** wird ein spezielles Verfahren verwendet. Dabei wird das Token, ein spezielles Bitmuster zur Datensteuerung, ständig von einem Computer zum anderen weitergegeben. Sollen Daten gesendet werden, entnimmt der entsprechende Computer das Token und markiert es. Die Zieladresse und die Daten werden angefügt und übertragen. Nach einer Empfangsbestätigung wird das Token wieder freigegeben.

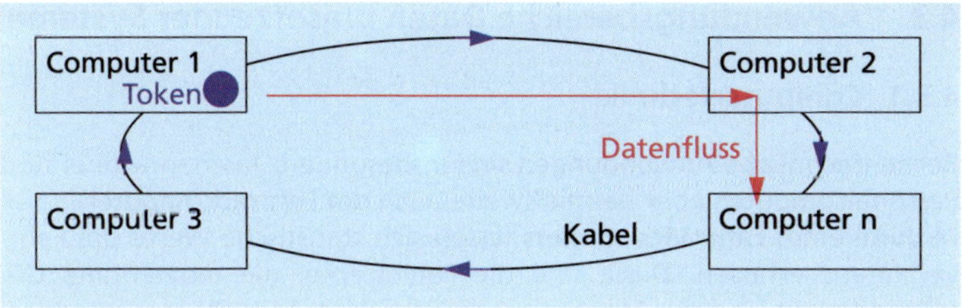

Drahtlose Datenübertragung wählt man in Bereichen, in denen eine drahtgebundene Kommunikation schwierig ist. Zum Senden und Empfangen werden **Tranceiver** verwendet.

Die **Netzwerkkarte** ist das physische Bindeglied zwischen Computer und Netzkabel. Ihre Aufgabe besteht darin, die im Computer parallel transportierten Daten so aufzubereiten, dass sie im Kabel seriell übertragen werden können. Sie ist außerdem für das Senden und Empfangen der Daten zuständig.

Jedem Hersteller werden Adressen zugewiesen, die festverdrahtet in einem Schaltkreis gespeichert werden. Dadurch hat jede Karte und somit jeder Computer eine einmalige Adresse.

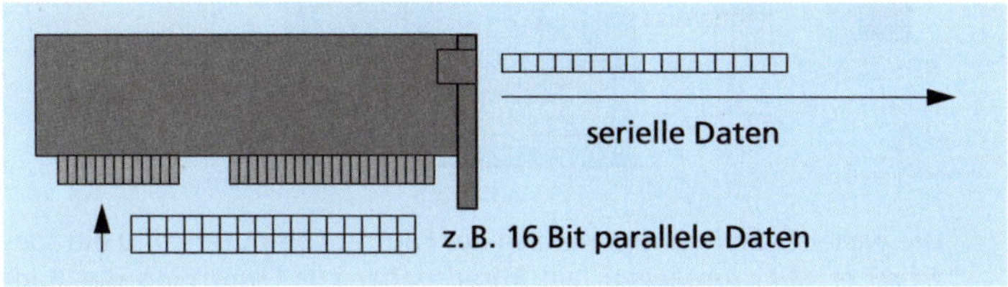

Jede Netzwerkkarte liefert eine eindeutige Adresse zur Unterscheidung von Computern im Netz.

Der Zugang zum Internet über das Telefon erfordert ein **Modem** oder eine **ISDN-Karte.**

Modem (**Mo**dulator/**Dem**odulator): Es wandelt digitale Signale in analoge Signale um und umgekehrt.

Das **Internet** hat sich als großes und wichtiges WAN etabliert. Es ist ein weltweiter Zusammenschluss von Computern und bietet viele Dienste an.

WWW	Das WWW bietet **Hypertext-Dokumente** an, in denen Text, Bild, Video und Sound miteinander verknüpft werden können. Durch **Hyperlinks** kann beliebig von einer Web-Seite zu einer anderen gewechselt werden.
E-Mail	Diese elektronische Post ermöglicht den Austausch von Mitteilungen, an die beliebige Dateien angebunden werden können.
News	Vergleichbar zur E-Mail werden Mitteilungen ausgetauscht. Sie sind in **Newsgroups** öffentlich zugänglich.
FTP	FTP ermöglicht die Übertragung von Dateien.

WWW: Abkürzung für **W**orld **W**ide **W**eb

Hypertext: hierarchisch organisierte Informationseinheiten

Hyperlink: Verknüpfungsstelle zwischen Web-Seiten

E-Mail: elektronische Nachricht

FTP (**F**ile **T**ransfer **P**rotokoll): Dateiübermittlungsprotokoll (Protokoll: hier im Sinne von Übereinkunft zum Senden und Empfangen von Daten)

Aus Datenschutzgründen wird von Unternehmen oft ein vom öffentlichen Netz getrenntes Netzwerk betrieben, ein **Intranet.** Der Einsatz erfolgt in der gewohnten Internet-Umgebung. Das Intranet ist aber von außen nicht zugänglich.

4.3 Anwendungsbereiche Daten umsetzender Systeme

4.3.1 Computertechnik

Rechentechnische Anwendungen sind insbesondere Taschenrechner und Personalcomputer, aber beispielsweise auch der Fahrradcomputer.
Mithilfe eines **Fahrradcomputers** lassen sich statistische Werte des Fahrverhaltens erfassen. Diese sind die Fahrstrecke, die momentane Geschwindigkeit und die Maximalgeschwindigkeit. Mithilfe der integrierten Stoppuhr können weiterhin die Durchschnittsgeschwindigkeit und die Fahrzeit abgelesen werden.

Aufbau und Funktion eines Fahrradcomputers:

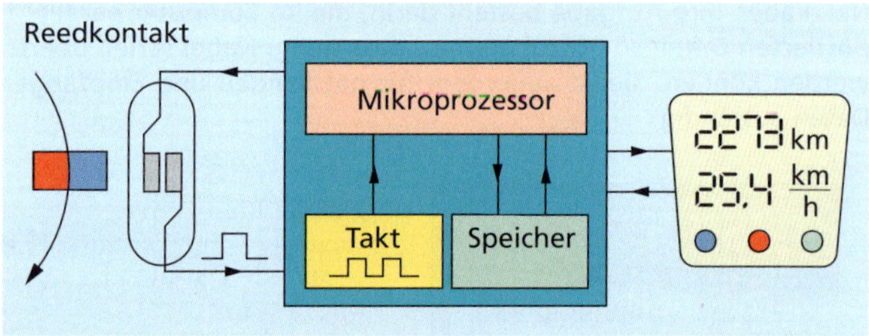

Die wesentlichen Komponenten des Fahrradcomputers sind ein spezifischer *Mikroprozessor*, ein *Impulsgeber* zur Ermittlung der Radumdrehungen und ein *Anzeigedisplay*. Im Mikroprozessor werden sämtliche Funktionen durch die *Firmware* realisiert. Die Taktfrequenz ist durch einen *Schwingquarz* genau definiert und dient als Basis für alle zeitverknüpften Funktionen. Ein *E-EPROM* enthält die durch den Nutzer eingegebene Raddurchmesserkonstante, die Maximal- und Minimaldaten und die Fahrstrecke.
Zur Erfassung der Radumdrehungen dient ein an der Vorderradgabel befestigter *Reedkontakt* (Magnetkontakt), welcher von einem im Vorderrad befindlichen *Permanentmagneten* einmal pro Umdrehung geschaltet wird. Die daraus abgeleiteten Impulse bilden das Eingabesignal des Prozessors. Die kleinste messbare Strecke ist der Radumfang. Nach jedem Eingangsimpuls addiert der Prozessor den Radumfang zur gespeicherten Fahrstrecke dazu.

$U = \pi \cdot d$
1" ≈ 2,54 cm
1" ≈ 1 Zoll

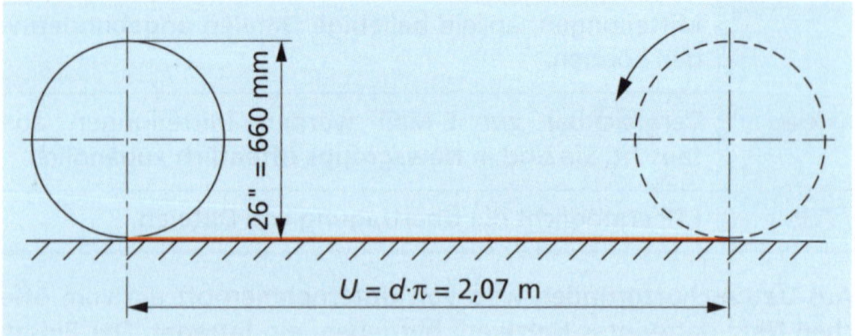

Mithilfe des *Systemtaktes* berechnet der Prozessor die *Drehzahl* und die momentane Geschwindigkeit.

Die berechneten Werte werden mit den maximalen und minimalen Speicherwerten verglichen und bei Über- bzw. Unterschreitung überschrieben. Der Systemtakt dient gleichzeitig der Zeitanzeige und innerhalb eines Zeitintervalls der Berechnung der Durchschnittsgeschwindigkeit.

Modernere Fahrradcomputer werden mit der Gangschaltung gekoppelt, schlagen die günstigste Übersetzung vor oder greifen direkt in den Schaltvorgang ein. Sogenannte **Cardiometer** bestimmen mithilfe eines Pulsmessers den Energieverbrauch und schlagen das optimale Fahrverhalten vor.

4.3.2 Mess-, Steuer- und Regelungstechnik

Mess- und Meldesysteme

Zum Erfassen von *Zuständen* werden viele technische Möglichkeiten angewendet. Bei **Bewegungssensoren** wird dies besonders deutlich.

Sensoren für Hausalarmanlagen:

Sensortyp	erfasste Größe
Trittschallsensor	Druckimpuls
Lichtempfänger	Beleuchtungsstärke
passiver Infrarotsensor	Körpertemperatur
Ultraschallbewegungsmelder	Dopplerfrequenz (↗ S. 232)
Mikrowellenbewegungsmelder	Dopplerfrequenz

PIR-Bewegungsmelder sind die am häufigsten benutzten Bewegungsmelder. Mit seiner durchschnittlichen Körpertemperatur von 37 °C gibt der Mensch ständig Energie in Form von Infrarotstrahlung ab. Der Infrarotsensor wandelt diese Strahlung in eine auswertbare Spannung.

PIR steht für **p**assiv **I**nfrarot.

Zur Erhöhung der Funktionssicherheit reagieren gute Bewegungsmelder ausschließlich auf Bewegung. Dazu wird der Erfassungsbereich mit einer vorgesetzten Fresnel-Linse aufgesplittet. Dadurch ist ein sich im Raum bewegender Mensch für den Sensor abwechselnd sichtbar oder unsichtbar.

Eine **Fresnel-Linse** ist eine dünne Linse, die aufgrund ihrer Krümmung eine ebenso starke Lichtbrechung erreicht wie eine dicke Linse.

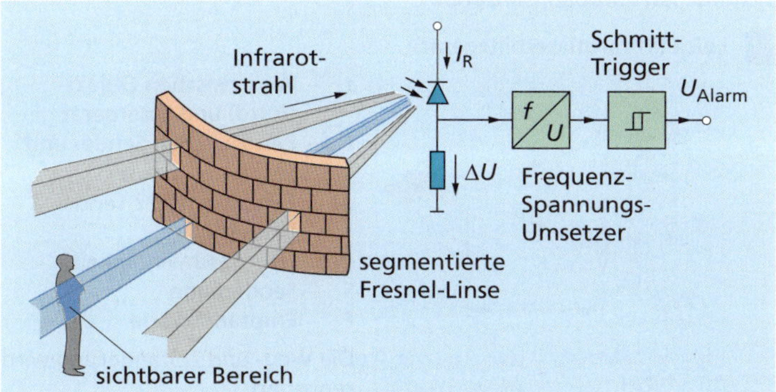

Mikrowellen- und Ultraschallbewegungsmelder nutzen den **Dopplereffekt.** Ähnlich dem Orientierungssystem von Fledermäusen werden Hochfrequenzwellen von einem Sender abgegeben und die reflektierten Wellen empfangen. Bei einer Bewegung des Reflexionskörpers kommt es zu einer Frequenzverschiebung, die zur Alarmauslösung genutzt wird. Der Vorteil gegenüber dem PIR-Melder ist das Ansprechen auf eine Bewegung unabhängig von der Körperwärme.

Radargeschwindigkeitsmesser:
Da die Frequenzverschiebung infolge des Dopplereffekts von der Geschwindigkeit des Reflexionskörpers abhängig ist, kann man mit einem **Mikrowellenradar** die Geschwindigkeit von Fahrzeugen sehr genau bestimmen. Bei Überschreitung der Maximalgeschwindigkeit und der damit verbundenen maximalen Frequenzverschiebung werden die Fotoaufnahme und der Belichtungsblitz ausgelöst.

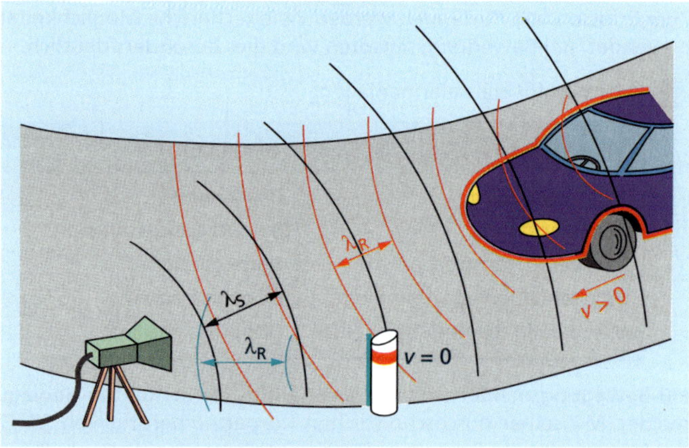

Objekt (Straßenbegrenzung) steht
$\Rightarrow \lambda_S = \lambda_R$ (gesendete Wellenlänge = Reflexionswellenlänge)

Objekt (Auto) bewegt sich
$\Rightarrow \lambda_S > \lambda_R$ (gesendete Wellenlänge > Reflexionswellenlänge)

Eine jeweils andere technische Lösung nutzen die **Laserblitzgeräte** und **Systeme mit Fahrbahnsensoren.**

Leica (Infrarotlaserblitzgerät):

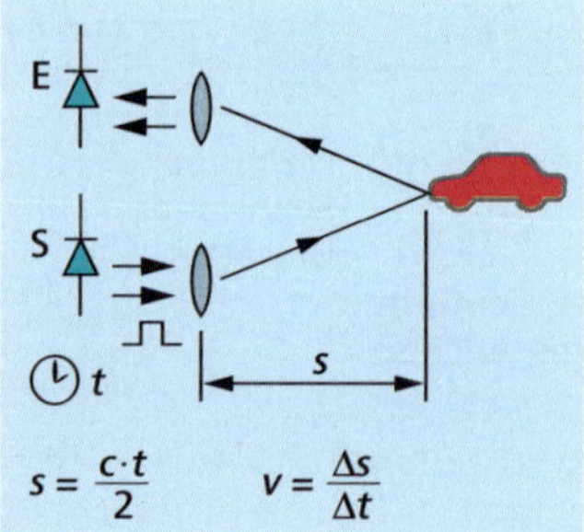

- s – Weg zwischen Objekt (Auto) und Lasergerät
- t – Zeit zwischen Sende- und Empfangsimpuls
- Δt – Zeit zwischen 2 Sendeimpulsen
- c – Lichtgeschwindigkeit
- S – Sendediode
- E – Empfangsdiode

Die Weg- und Zeitänderung wird registriert.

Die Wellenlänge λ ist der Abstand zweier benachbarter, gleich schwingender Teilchen einer Welle.
Die Frequenz f gibt die Anzahl der Schwingungen eines Teilchens pro Sekunde an.
Die Änderung der Ausbreitungsgeschwindigkeit einer Welle hat eine Änderung der Wellenlänge zur Folge: $v = \lambda \cdot f$

Traffiphot (System mit Fahrbahnsensoren):

3 Piezofahrbahnsensoren im Abstand von jeweils s = 1 m

$v = \frac{s}{\Delta t}$

Δt – Zeit zwischen den Impulsen

Die Zeit für den festgelegten Weg wird ausgewertet.

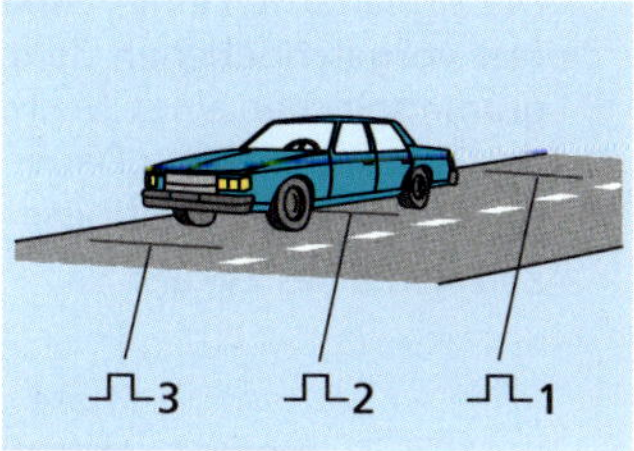

Steuersysteme

Oft besteht der Wunsch, den *Energieumsatz* (Leistung) eines elektrischen Gerätes *manuell* zu steuern. So will man die *Drehzahl* der Bohrmaschine dem Werkstoff und Durchmesser des Bohrers anpassen oder die Helligkeit einer Glühlampe nach dem eigenen Empfinden einstellen.
Dies wird z. B. mit der *Phasenanschnittssteuerung* des **Lichtdimmers** realisiert. Diese Schaltung nutzt die Eigenschaft der sinusförmigen Schwingung der *Wechselspannung* aus. Der Verbraucher wird nur in bestimmten Abschnitten im Verlauf der Wechselspannungsperiode mit der *Netzspannung* verbunden. Nur in dieser Zeit kann *Elektroenergie* übertragen werden.

Zum Schalten der Netzspannung werden Thyristoren oder Triacs benutzt. Diese Bauelemente werden durch einen Zündimpuls leitend. Nach dem Nulldurchgang der Wechselspannung sperren sie bis zum nächsten Zündimpuls. Mit dem Zeitpunkt des Zündimpulses wird die Energiemenge gesteuert.

Ein Triac ist ein doppelter Thyristor, der beide Halbwellen des Wechselstroms schalten kann.

Für die Ansteuerung existieren vielfältige Lösungen. Die Verwendung von *Optokopplern* erlaubt auch die Ansteuerung mit dem Computer.

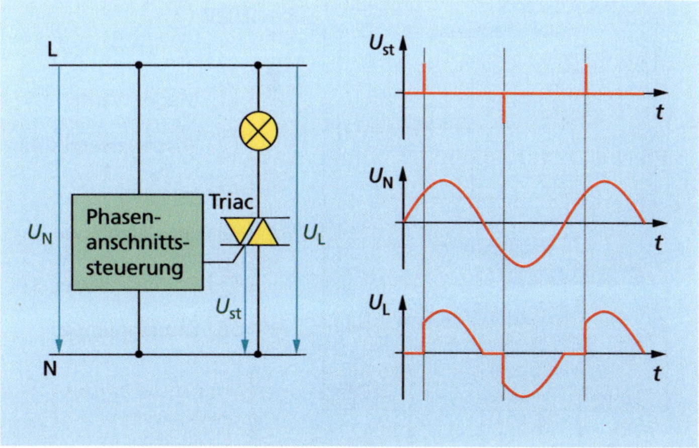

u_{St}: Zündspannung
u_N: Netzspannung
u_L: Lampenspannung

Neben den freien (manuellen) Steuersystemen gibt es Steuersysteme mit **Programmsteuerung.**

Ampelsteuerung (Zeitplansteuerung, ↗ S. 221**):**

Die Signalfarben einer Verkehrsampel leuchten zumeist nach einem fest vorgeschriebenen *Zeitplan*. Dieser wird zyklisch aus dem Programmspeicher eines Mikrorechners ausgelesen. Mit Veränderung der Taktzeit wird die Dauer des gesamten *Zyklus* gesteuert. Die optimalen Phasenverhältnisse werden im Probelauf ermittelt.

Zeitplan eines Zyklus:

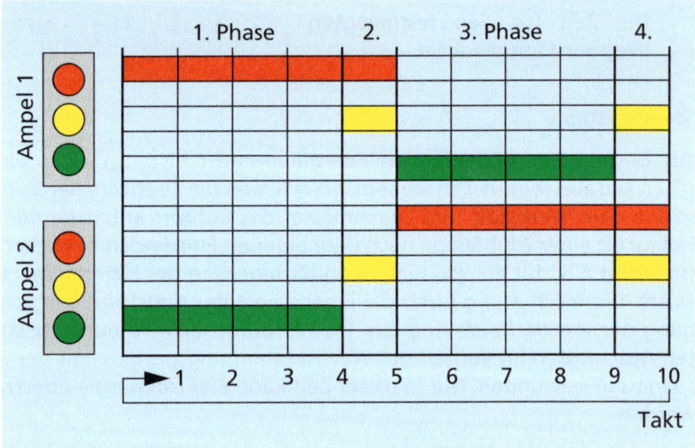

Takt: kleinstes Zeitmaß

Phase: Leuchtdauer der Signalfarbe

Zyklus: einmaliger Durchlauf aller Phasen

Auch ein **Geschirrspüler** wird mit Programmen gesteuert. Je nach Verschmutzungsgrad wählt der Benutzer das geeignete Programm aus. Die Programme unterscheiden sich in der Waschtemperatur, den Spülvorgängen, der Trocknung und damit in der Prozessdauer.

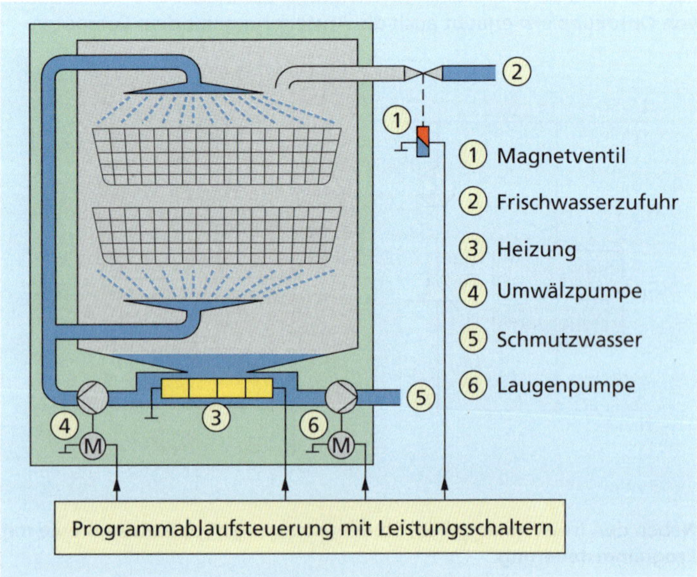

Programmablauf für 55° Normal:

Jedem Programmteil ist wiederum ein *Unterprogrammablauf* zugeordnet.
So wird beim Vorspülen (↗ S. 234) über ein Magnetventil (1) die Frischwasserzufuhr (2) gesteuert. Bei dem eigentlichen Reinigungsvorgang werden die Heizung (3) und die Umwälzpumpe (4) zugeschaltet, welche das Reinigungswasser ständig wieder in den Umlauf bringt.
Vor und nach den Spülvorgängen wird das Schmutzwasser (5) mit einer Laugenpumpe (6) abgepumpt.

Bei den meisten Geschirrspülern ist das Ablaufprogramm in den Spuren einer Programmwalze gespeichert. Neue Geräte besitzen *Mikrorechner*, die heute schon den Verschmutzungsgrad und die Wasserhärte selbstständig erkennen und das notwendige und ökologisch zweckmäßige Programm auswählen.

Regelsysteme

Ein Bügeleisen muss die vorgegebene Temperatur konstant halten. Diese Anforderung erfüllt ein Temperaturregelkreis mit Zweipunktverhalten (↗ S. 224), auch als **Thermostat** bezeichnet.

Der Messfühler ist hierbei ein Bimetall, dessen Krümmung von der Temperatur abhängig ist. Bei Erreichen der Solltemperatur drückt das Bimetall gegen einen Öffnerkontakt. Die Heizung wird abgeschaltet, bis das Bimetall sich wieder abgekühlt hat.
Mit dem Temperaturwähler wird die Solltemperatur durch die Vorspannung des Federkontaktes eingestellt.

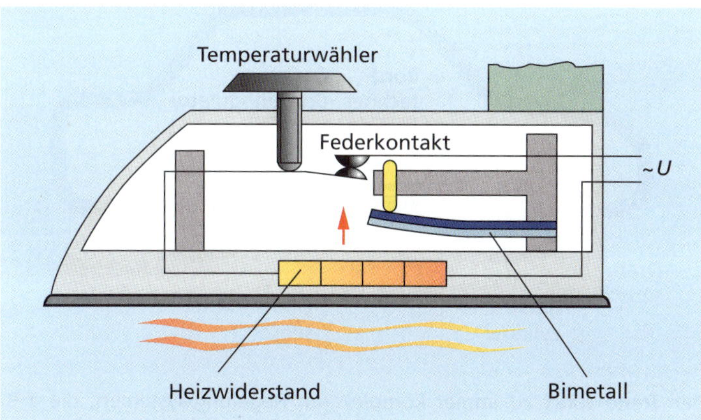

Thermostate werden auch als Thermostatventil an Heizkörpern oder als elektronische Variante in Verbindung mit dem CPU-Lüfter genutzt.

MSR steht für **M**essen, **S**teuern und **Re**geln.

Komplexe MSR-Systeme

Um ein Auto sicher auf der Fahrbahn zu halten, ist es notwendig, dass alle Räder die gleiche *Haftreibung* zur Fahrbahn haben. Jedoch kommt es immer wieder vor, dass durch unterschiedliche Straßenverhältnisse, sich die Reibung an den einzelnen Rädern unterscheidet. Gerade bei Beschleunigungsvorgängen kann die Haftreibung überwunden werden und in *Gleitreibung* übergehen. Die Kraftübertragung wird einseitig geringer und das Auto kann seine Spur nicht mehr halten. Um dies zu verhindern, kommen zahlreiche Regelungen zum Einsatz, die den jeweiligen Fahrzustand erfassen und korrigieren.

Die folgende Tabelle gibt eine Übersicht über die **Fahrwerksregelung am Kraftfahrzeug.**

Regelkreis	Fahrsituation	Messwerte	Beeinflussung
Antiblockiersystem (ABS)	Bremsen	Drehzahl jedes Rades; Bremskraft	zyklische Entlastung der Bremse
Antischlupfregelung (ASR)	Beschleunigen	Drehzahl jedes Rades; Motordrehzahl	Einzelradbremsung
Fahrdynamikregelung	Kurvenfahrten	Drehzahl jedes Rades; Motordrehzahl; Lenkwinkel; Querbeschleunigung	Einzelradbremsung; Motordrehzahlregulierung

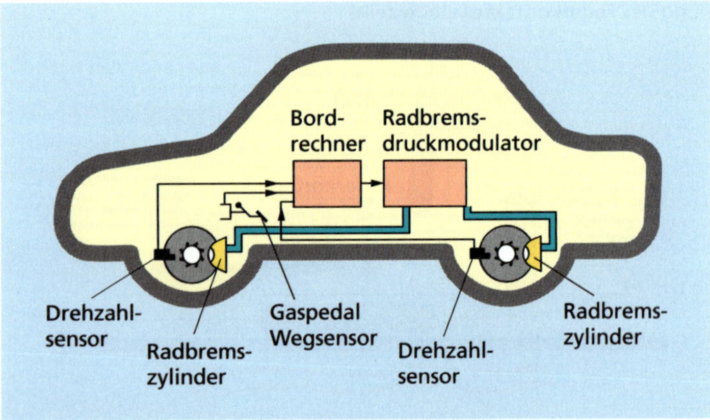

In den USA hat sich die Anwendung automatischer Getriebe durchgesetzt. Die Betätigung der Kupplung und das Wechseln der Gänge erfolgt mit einer Regelung.

Der Trend führt zu immer komplexeren Regelungssystemen, die z. B. auch die Fahrzeuglage erfassen und die Stoßdämpfer hydraulisch anpassen. So können auch Autos mit technisch ungünstigem Design optimale Fahrleistungen erbringen.

4.3.3 Funk- und Fernsehtechnik

Funk- und Fernsehtechnik dient der Übertragung von Tönen und Bildern.

Ton- und Bildübertragung

Im Zeitalter von Multimedia hat die Bild- und Tonübertragung eine bedeutende Rolle erlangt. Dabei muss die Wiedergabe der Bild- und Tonsignale ständig wachsende Qualitätsansprüche erfüllen. Anfangs wurden die Signale noch analog übertragen, jetzt geht der Trend immer mehr zur Digitalübertragung.

Die ersten Rundfunkübertragungen erfolgten in den 20er Jahren des 20. Jahrhunderts, die ersten Schwarz-Weiß-Fernsehübertragungen in den 30er Jahren, regelmäßige Farbfernsehsendungen in Deutschland ab 1967.

Die **Signalübertragung** erfolgt mithilfe einer hochfrequenten Trägerschwingung U_{HF}.

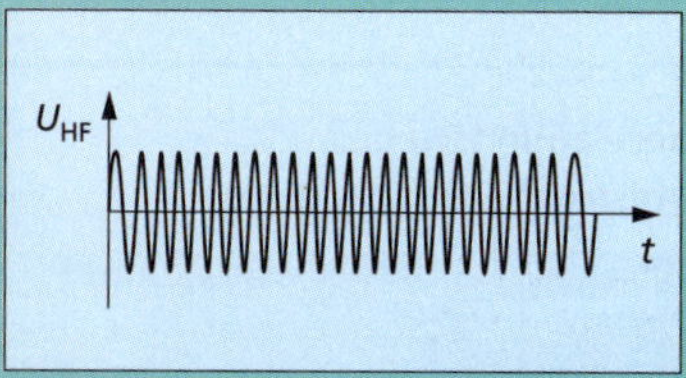

Auf diese wird die niederfrequente Signalschwingung aufmoduliert.

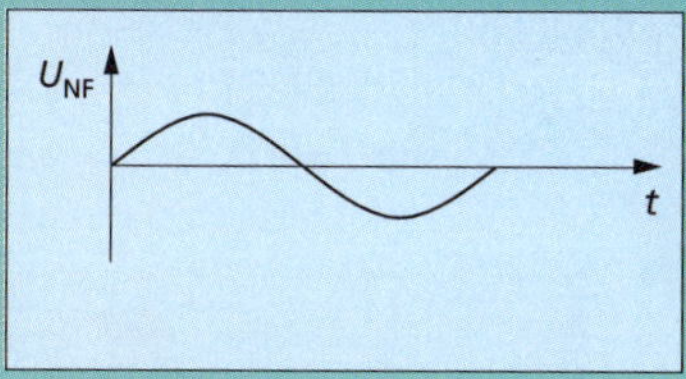

Amplitudenmodulation:

Die Amplitude der hochfrequenten Trägerschwingung ändert sich im Rhythmus der niederfrequenten Signalschwingung.

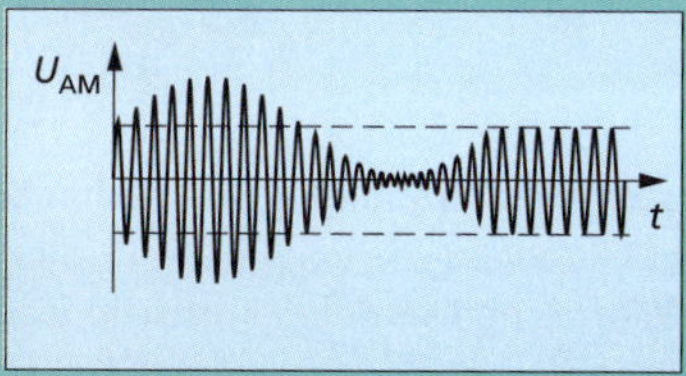

Frequenzmodulation:

Die Frequenz der hochfrequenten Trägerschwingung ändert sich im Rhythmus der niederfrequenten Signalschwingung.

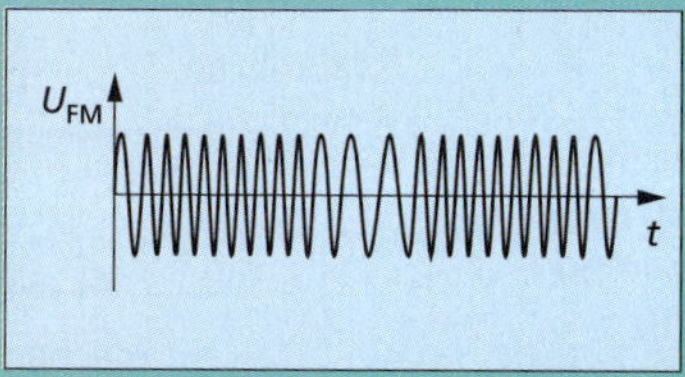

Modulation ist die Überlagerung der vom Sender erzeugten Trägerfrequenz mit den zu übertragenden niederfrequenten Signalen.

Je höher die Trägerfrequenz ist, desto gerichteter erfolgt die Übertragung. So werden Mikrowellen, ähnlich dem Licht, mithilfe von Hohlspiegeln (Satellitenspiegel) gebündelt und ausgerichtet.

Frequenzbereich	Trägerfrequenz *f* in Hz	Ausbreitung	Anwendung
Langwellen	$3 \cdot 10^4$ bis $3 \cdot 10^5$	direkt oder durch Reflexion an Schichten der Atmosphäre	Radio
Mittelwellen	$3 \cdot 10^5$ bis $3 \cdot 10^6$		Radio
Kurzwellen	$3 \cdot 10^6$ bis $3 \cdot 10^7$		Radio
Ultrakurzwellen	$3 \cdot 10^7$ bis $3 \cdot 10^9$		Fernsehen, Radar, Mobilfunk
Mikrowellen	$3 \cdot 10^9$ bis $3 \cdot 10^{13}$	direkt	Richtfunk, Handy, Navigationssysteme

terrestrisch (lat.): irdisch

Übertragungswege:

terrestrische Übertragung

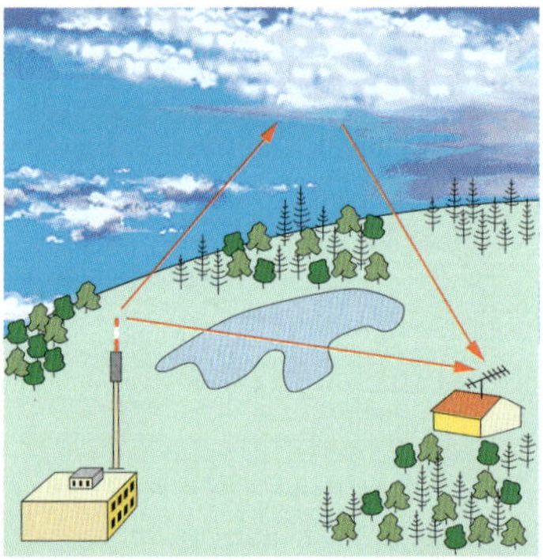

Satellitenübertragung

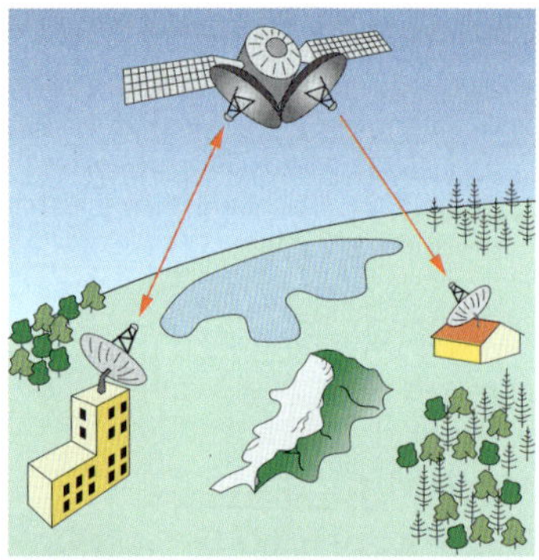

Tonsignale werden auch als **akustische Signale** bezeichnet.

Akustik (gr.): Lehre vom Schall

Systeme zur Wandlung akustischer Signale

Mikrofone wandeln akustische Signale in elektrische Signale um.

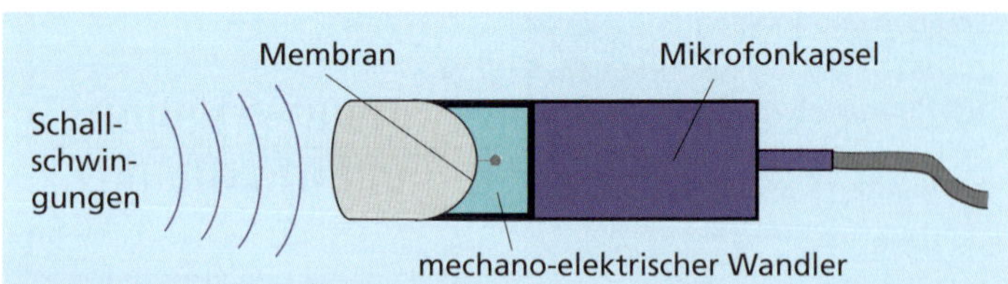

Schallschwingungen versetzen die Membran in mechanische Schwingungen, die sie an den Signalwandler weitergibt. Der Frequenzbereich der elektrischen Signale beträgt 20 Hz bis 20 kHz, die Amplitude einige Millivolt.

Mikrofontyp	Schaltzeichen	Wirkungsweise
Kohlemikrofon	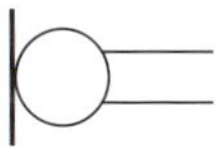	Druckwellen pressen Kohlekörner hinter einer Membran zusammen und verändern den Widerstand des Mikrofons.
dynamisches Mikrofon	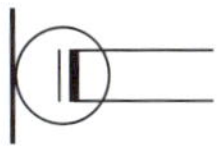	Druckwellen bringen eine Membran, die eine Induktionsspule trägt, zum Schwingen und erzeugen Induktionsspannungen.
Kondensatormikrofon	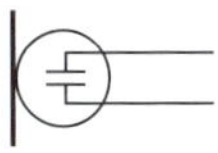	Druckwellen bringen eine Kondensatorplatte (Membran) zum Schwingen und bewirken Kapazitätsänderungen.

Optik: Lehre vom Licht

Systeme zur Wandlung optischer Signale

Fotoelemente wandeln optische Signale in elektrische Signale um.

Als Fotoelemente werden lichtempfindliche Dioden, Transistoren, Widerstände und Kondensatoren verwendet. Sie wandeln Helligkeitsänderungen in Spannungsänderungen um.

Bildzerlegung und Bildaufbau:
Bevor Bilder durch Funk übertragen werden können, müssen sie in elektrische Signale umgewandelt werden.

Um ein Bild zu zerlegen, müssen sehr viele Fotoelemente in einem Raster, ähnlich dem menschlichen Auge, angeordnet werden. Das wird in der Fernsehkamera realisiert. Neben dem optischen Linsensystem besitzt sie eine Bildaufnahmeröhre (Vidikon) in der die lichtempfindlichen Elemente rasterförmig als *Fotokatode* angeordnet sind. Eine Speicherplatte speichert das Bild in Form elektrischer Ladungen. Diese werden von einem Elektronenstrahl abgetastet und können am Lastwiderstand R_L als elektrische Spannungen abgegriffen werden.

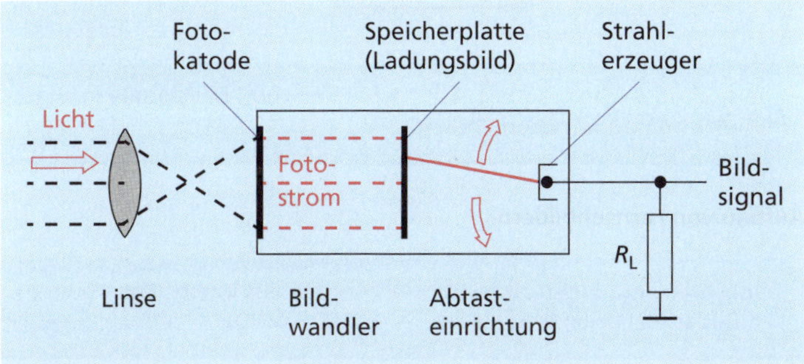

Auf der Funkausstellung 1935 in Berlin erfasste die Firma Telefunken Bilder mit einem Raster von 100 x 100. Daraus ergaben sich 10000 Bildpunkte. Diese wurden über einen Kabelbaum mit 10001 Leitungen mit einer Leuchttafel der Fläche von 2 m x 2 m verbunden. Bei heutigen Auflösungen von bis zu 1 Million Bildpunkten wäre diese Art der Signalübertragung nicht mehr möglich.

Die Anzahl der Fotoelemente entspricht der Anzahl der Bildpunkte.

Bei einem Raster von 30 x 18 ergeben sich 540 Bildpunkte.

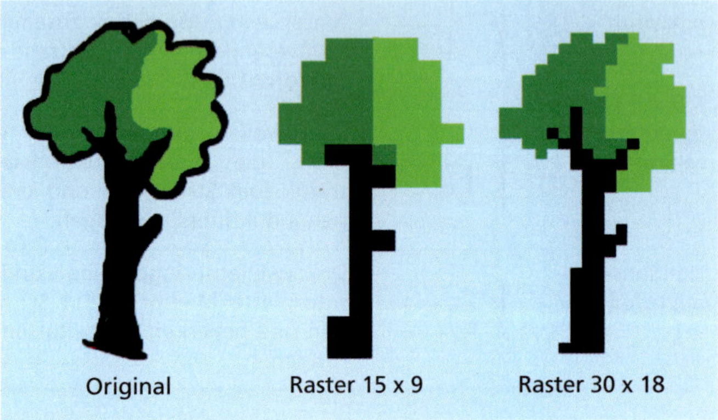

Bildsignale werden **seriell** übertragen. Dabei wird zeilenweise Bildpunkt für Bildpunkt abgetastet. Fernsehbilder bestehen heute aus 625 Zeilen.

Das menschliche Auge ist träge. Wenn 25 Bilder pro Sekunde aufgenommen und wiedergegeben werden, dann nimmt der Betrachter diese als gleichmäßigen Bewegungsablauf wahr.

25 Bilder pro Sekunde entsprechen einer Bildfolgefrequenz von 25 Hz.

Zerlegung von Farbbildern:
Um neben den Helligkeitsstufen auch Farben zu erfassen, wird das Bild in seine Grundfarben Rot, Grün und Blau zerlegt.

Dazu dient ein Farbzerlegungssystem. Die drei Farbbestandteile werden nach der Zerlegung mit je einer separaten Aufnahmeröhre erfasst.

Farbkamera mit Strahlenteiler und Farbfiltern:

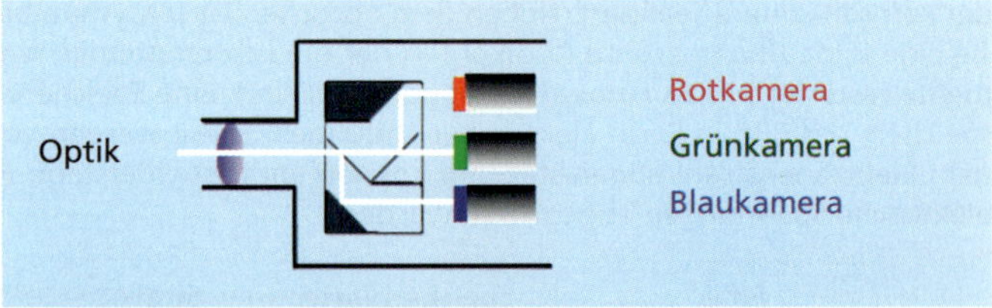

Die drahtlose Übertragung elektrischer Ton- und Bildsignale erfolgt mit elektromagnetischen Wellen.

Aufbau von Fernsehbildern

Bildröhren sind Elektronenstrahlröhren, die aus elektrischen Signalen Bilder erzeugen.

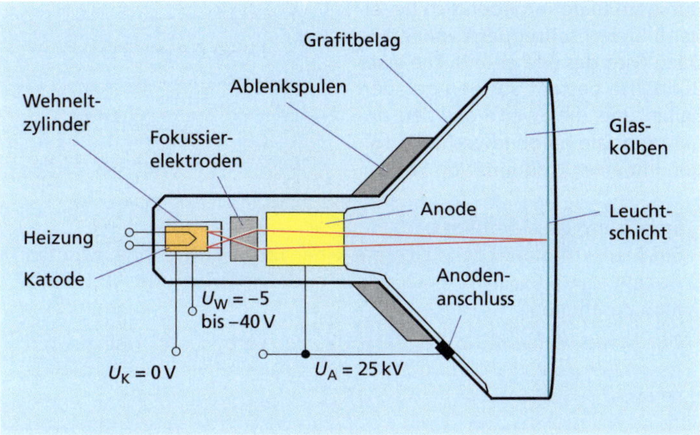

Die Elektronenstrahlröhre wird auch **braunsche Röhre** genannt.

In jeder Elektronenstrahlröhre wird die Intensität und Bewegungsrichtung eines Elektronenstrahls vom Bildsignal gesteuert. Wenn Elektronen auf einen Bildschirm treffen, regen sie eine Leuchtpartikelschicht aus Phosphor an und bringen diese zum Leuchten.

Aus der *Katode* treten infolge von Glühemission frei bewegliche Elektronen aus. Sie werden durch eine sehr hohe Anodenspannung, 25 kV, beschleunigt und bilden so den Elektronenstrahl. Zur Steuerung der Intensität des Elektronenstrahls dient der *Wehneltzylinder*. Die negative Gegenspannung an ihm beträgt –5 bis –40 V. Sie drängt die Elektronen je nach Höhe der Spannung zurück und steuert damit die Helligkeit des Leuchtpunktes. Die *Fokussierelektroden* bündeln den Elektronenstrahl wie Linsen einen Lichtstrahl, so dass auf der Leuchtschicht ein sehr kleiner Leuchtpunkt erzeugt wird. Die Ablenkspulen lenken den Elektronenstrahl auf den jeweiligen Bildpunkt.

Zur Glühemission muss die Katode ähnlich wie eine Glühlampe elektrisch beheizt werden.

Aufbau des Schwarz-Weiß-Bildes:
Der Aufbau des Schwarz-Weiß-Bildes ist auch die Grundlage für den Aufbau des Farbbildes.

Der Elektronenstrahl schreibt jede Zeile nacheinander von links nach rechts auf den Bildschirm. Zum Rücksprung auf den Zeilenanfang der nächsten Zeile muss der Elektronenstrahl abgeschaltet werden.

Die Steuerung des Bildaufbaus erfolgt mit dem **BAS-Signal.**

B: **B**ildsignal enthält den Bildinhalt und entsteht bei der Abtastung der Speicherplatte im Vidikon.

A: **A**ustastsignal schaltet den Elektronenstrahl beim Zeilenrücklauf aus.

S: **S**ynchronisiersignal dient der Zeilensteuerung beim Bildaufbau und wird in der Fernsehkamera erzeugt.

Synchronisierung (gr.): Herstellung des Gleichlaufs zwischen zwei Vorgängen

Pro Sekunde werden so 25 Bilder dargestellt (Bildfrequenz 25 Hz). Die vertikale und horizontale Bildablenkung muss zeitlich genau abgestimmt sein. 25 Bilder pro Sekunde flimmern sehr stark und ermüden schnell die Augen.

Moderne Fernsehgeräte arbeiten mit einer Bildwechselfrequenz von 100 Hz. Dazu wird das gesamte Bild in einem Speicher zwischengespeichert und zwei mal auf die Leuchtschicht geschrieben.

Ruhigere Bilder ergeben sich bei einer Bildwechselfrequenz von 50 Hz. Dazu wird das Bild geteilt. Die erste Bildhälfte besteht aus den geraden Zeilen und die zweite aus den ungeraden. Die Halbbildwechsel erfolgen mit einer Frequenz von 50 Hz.

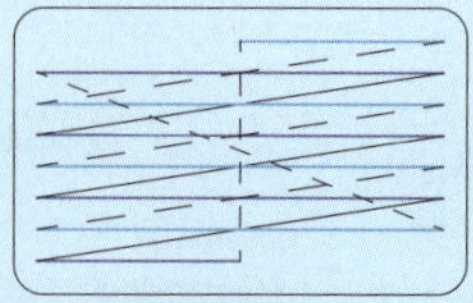

Erzeugung des Farbbildes:
Ein Farbfernsehbild setzt sich aus einer mosaikartig angeordneten Anzahl von Bildpunkten aus den drei Grundfarben Rot, Grün und Blau zusammen.

Durch unterschiedliche Kombination der Farben und Helligkeiten lassen sich durch Farbaddition aus Rot, Grün und Blau alle Farben erzeugen.

Die drei Grundfarben werden durch Elektronenstrahlen in drei unterschiedlichen Leuchtsubstanzen der Leuchtschicht erzeugt. Für jede Farbe ist ein eigener Elektronenstrahler erforderlich. Je nach Röhrentyp sind diese in Linie oder Dreieck angeordnet.

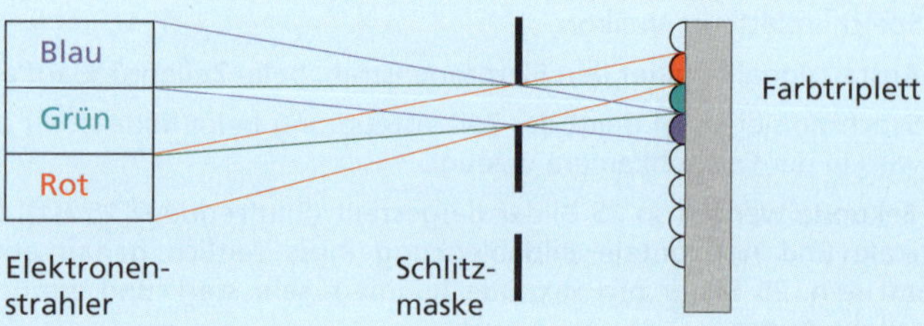

Alle drei Elektronenstrahlen werden gemeinsam abgelenkt. Die Farbtrennung übernimmt die Schlitzmaske. Durch sie trifft der jeweilige Elektronenstrahl während eines Zeilenschreibvorganges nur auf seine zugehörige Farbe.

Die Herstellung von Farbbildröhren erfordert hohen technischen Aufwand und Präzision.

Luminanz und **Chrominanz:**
Zur Übertragung der drei Grundfarben als getrennte Signale wären 3 Fernsehkanäle erforderlich. Durch die Verknüpfung der drei Farbsignale zu einem Helligkeitssignal (Luminanz (Y)) und einem Mischfarbsignal (Chrominanz (C)) ist die Übertragung mit einem Kanal möglich. Zusammen ergeben das Chrominanz- und das Luminanzsignal das Farbbildaustastsignal (FBAS).

Lumen (lat.) bedeutet Licht, **Chrome** (gr.) bedeutet Farbe.

Chrominanz + Luminanz (Schwarz-Weiß-Fernsehen) = Farbbildaustastsignal (FBAS) (Farbfernsehen)

Die Umwandlung des RGB-Signals in ein FBAS-Signal ermöglicht die Nutzung dieses Signals für das Schwarz-Weiß- und für das Farbfernsehen.

Stereofonie und Dolby Surround

Stereofonie ist ein Übertragungsverfahren, das neben der Lautstärke den Raumeindruck mit überträgt.

Ermöglicht wird dies durch die zweikanalige Aufzeichnung und Wiedergabe von Tonsignalen. Ähnlich dem menschlichen Hörsinn erfassen zwei nach rechts und links gerichtete Mikrofone den Raumschall.
Bei der Wiedergabe über zwei getrennte Lautsprecher lässt sich die Schallquelle im Raum reproduzieren.

Zur Übertragung beider Stereokanäle mit nur einer Trägerfrequenz müssen das linke und das rechte Signal codiert werden. Nach dem Empfang ist zur Trennung beider Signale eine Decodierung notwendig.

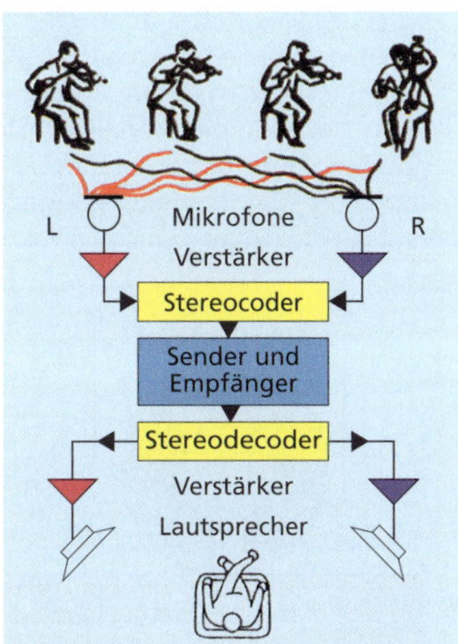

Die stereofone Wahrnehmung von Schallquellen beruht auf den unterschiedlichen Laufzeiten der Schallwellen zu unseren beiden Ohren. Mit einer unbewussten Kontrollbewegung des Kopfes und erneuter Wahrnehmung ist eine genaue Ortung der Schallquelle möglich.

Mit **Dolby Surround** ist im Vergleich zur Stereofonie die Ortung einer Schallquelle im Raum genauer möglich. Dazu wird mit einem zusätzlichen Signal auch der Raumhall erfasst. Bei der Wiedergabe geben zusätzliche Rücklautsprecher mit einer einstellbaren Verzögerung den Raumklang wieder, wodurch der Raum akustisch in der Größe variiert werden kann.

Ton- und Bildspeicherung

Um Ton- und Bildinformationen zu speichern, müssen diese als Signale an einen geeigneten Signalträger gebunden werden. Dazu müssen Signale erfasst, verstärkt, verarbeitet und auf das Speichermedium geprägt werden.

Art der Speicherung	Speichermedium	Speicherprinzip
analog	Schallplatte Film Magnetband	mechanisch chemisch magnetisch
digital	Compaktdisk (CD) Magnetdisk (MD) Diskette Festplatte Magnetband Halbleiterspeicher	optisch magneto-optisch magnetisch magnetisch magnetisch elektrostatisch

Magnetische Speicherung: Auf eine Trägerschicht, z. B. Folienband, ist eine sehr dünne, magnetisierbare Schicht aufgebracht. Sie besteht aus einer ungeordneten Ausrichtung von kleinsten Magnetteilchen, auch als Elementarmagneten bezeichnet. Zum Speichern wird das Magnetband an einer Magnetspule, dem Aufnahmekopf, vorbeigeführt. Dabei werden die Elementarmagneten ausgerichtet und speichern in ihrer Ausrichtung das Abbild des Signals.
Beim Auslesen des Signals wird das magnetisierte Band am Wiedergabekopf vorbeigeführt, wo die Felder der Elementarmagneten durch die Bandbewegung eine Spannung induzieren.

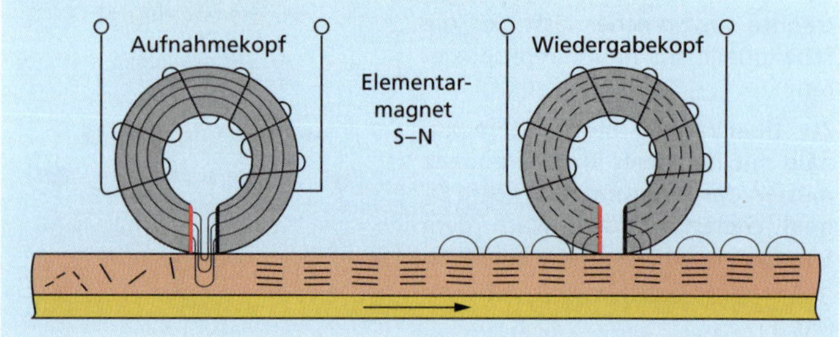

magnetische Speichermedien:

Speichermedium	Art der Speicherung
Tonband, Musikkassette (MC)	analoge Tonsignalspeicherung
DAT-Kassette (digital audio tape)	digitale Tonsignalspeicherung
Streamer-Kassette	digitale Datenspeicherung

Eine Musikkassette mit einer Bandgeschwindigkeit von $9{,}53\ cm \cdot s^{-1}$ kann Signale mit Frequenzen bis zu 20 kHz speichern. Diese Bandbreite ist vollkommen ausreichend, da sie dem Hörbereich des Menschen entspricht.

Die optische Wahrnehmung des Menschen ist wesentlich empfindlicher als seine akustische. Er unterscheidet Helligkeitsunterschiede und Farben.

Mit Einführung des Videoformates S-VHS sind für das Helligkeitssignal 4 MHz und für das Farbsignal 1,2 MHz Bandbreite gewählt worden. Das Farbsignal besteht aus den 3 Grundfarbanteilen Rot, Grün und Blau. Pro Sekunde werden 25 Bilder dargestellt. Für diese Datenmengen muss die Bandgeschwindigkeit $487\ cm \cdot s^{-1}$ betragen. Solch eine hohe Geschwindigkeit erreicht man nur mit einen technischen Trick:

Die Aufnahme- und Wiedergabeköpfe sind auf einer Kopftrommel befestigt. Diese rotiert unter einem genauen Winkel schräg zur Längsachse des Magnetbandes mit einer Drehzahl von $1500\ U \cdot min^{-1}$. Die Daten werden in Schrägspuren nebeneinander auf dem Magnetband gespeichert.

Bandbreite: möglicher Frequenzumfang eines Signals

S-VHS: **S**uper **V**ideo-**H**ome-**S**ystem

additive Farbmischung:

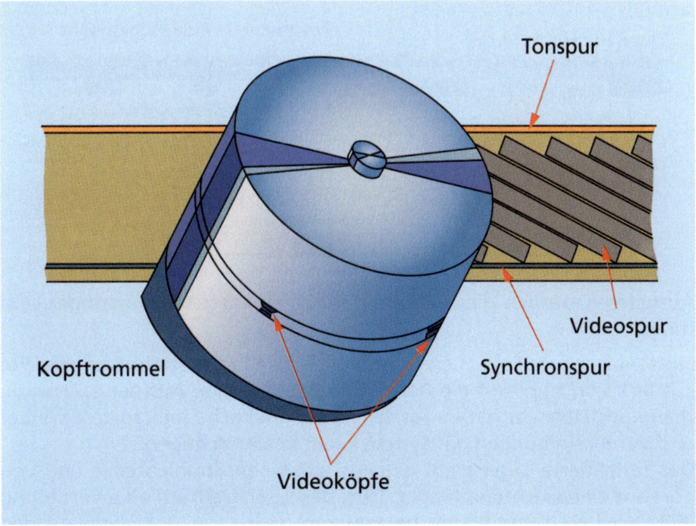

Dieses **Schrägspurverfahren** wird für Videobänder und Digitalbänder verwendet.

Die Synchronspur sichert den Gleichlauf von Videokopf und Band.

Ein 240-Minuten-Videoband hat eine Bandlänge von 343 m.

Bei Festplatten und Disketten sind die Daten kreisförmig auf Magnetscheiben angeordnet. Der Schreib- und Lesekopf kann radial bewegt werden und mit hoher Geschwindigkeit auf jeden Speicherplatz zugreifen.

Optische Speicherung: Optische Speicher sind beschichtete, rotierende Kunststoffplatten, die in Spuren und Sektoren eingeteilt sind. Die Informationen werden mithilfe eines stark fokussierten Laserstrahls geschrieben bzw. gelesen.

CD-ROM: Nur-Lese-Speicher-CD

Die **Compaktdisk (CD)** ist das heute meistverbreitete Speichermedium. Sie kann große Datenmengen speichern und ist unempfindlich gegen äußere Einflüsse. Ursprünglich diente die CD der Speicherung von Audio- und Videosignalen. Mit 650 MB Speichervermögen ist sie als CD-ROM inzwischen ein wichtiger Datenspeicher von Computersystemen.

Die CD ist in ihrer Grundversion eine durchsichtige Kunststoffscheibe mit einer Reflexionsschicht.

Die binär codierten Daten sind in einer von innen nach außen verlaufenden Spiralspur mit Vertiefungen unterschiedlicher Länge (Pits) gespeichert.

Mit einem Spurabstand von 1,6 µm befinden sich auf 1 mm Radius ca. 600 Spuren nebeneinander.

Das „Land" sind die nicht vertieften Bereiche der Reflexionsschicht.
Die Pits verschlüsseln die Daten durch kleine Vertiefungen auf der Reflexionsschicht.

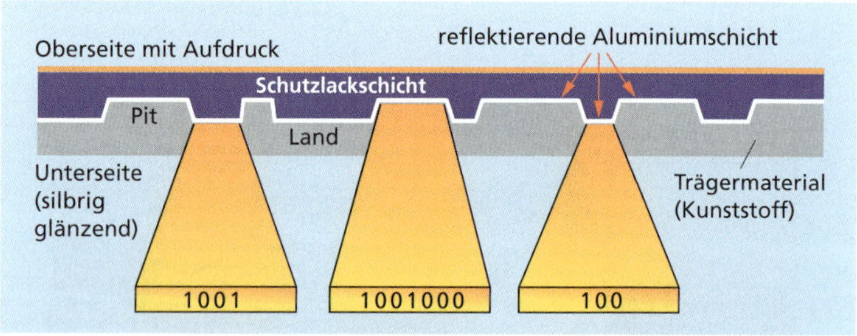

Ausgelesen werden die Daten mithilfe eines Laserstrahls geringer Leistung.

Ein sehr genaues Fokussiersystem bündelt den Laserstrahl zu einem Fokusfleck von 1 µm auf die Reflexionsschicht (Land). Auf der 1,2 mm dicken Kunststoffschicht beträgt der Fokusfleck noch 1 mm, so dass Kratzer und Verunreinigungen das System kaum beeinträchtigen.
Der reflektierte Laserstrahl gelangt auf einen Strahlenteiler und von dort auf einen Lichtempfänger. Trifft der Laserstrahl auf eine Vertiefung (Pit), wird er gestreut und gelangt mit geringerer Helligkeit auf den Lichtempfänger. Aus diesem Helligkeitsunterschied wird das binäre Signal gebildet.

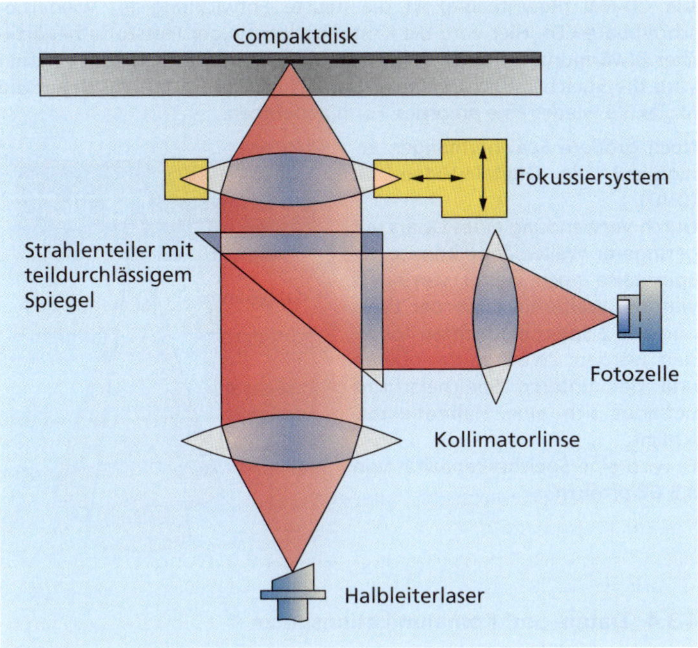

Einmalig beschreibbare CDs **(CD-R)** werden mit einem energiereicheren Laserstrahl beschrieben. Dieser erhitzt den Kunststoffträger an der Stelle eines Pits, wodurch sich dort eine Blase bildet. Trifft der Laserstrahl auf diese Blase, ändert sich sein Reflexionsverhalten.

Mehrfach beschreibbare CDs **(MD)** basieren auf einem magneto-optischen Prinzip. Der Schreiblaserstrahl erhitzt eine spezielle Aufzeichnungsschicht bis über die Curietemperatur, wodurch sie magnetisierbar wird. Zum Auslesen nutzt man den Kerreffekt aus. Trifft ein polarisierter Laserstrahl auf eine magnetisierte Stelle (Pit), wird dessen Polarisationsebene gedreht und er wird nicht vom polarisierten Strahlenteiler reflektiert.

Curietemperatur: spezifische Temperatur zur Änderung des Magnetisierverhaltens von Stoffen

Kerreffekt: Drehung der Polarisationsebene durch Magnetfeld

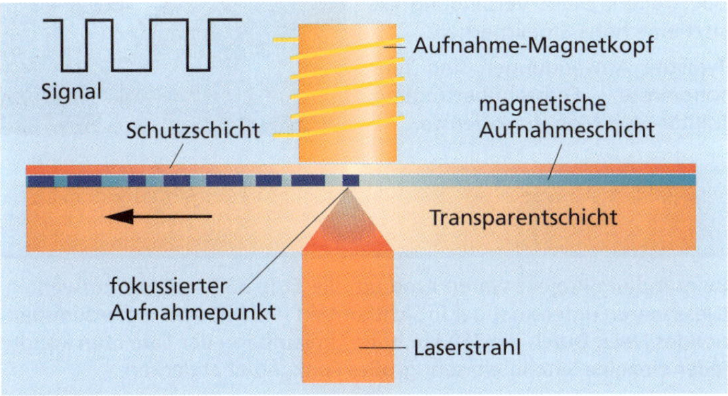

amorph (griech.): gestaltlos

Die Teilchen amorpher Festkörper bilden keine geordnete Struktur.

Die **CD-RW** (Rewriteable) ist die neuste Entwicklung für wiederbeschreibbare CDs. Hier wird die Kristallisation einiger Feststoffe bei örtlicher Erwärmung bis unter den Schmelzpunkt ausgenutzt. Zum Löschen wird die Speicherschicht bis über den Schmelzpunkt erhitzt, damit die Moleküle wieder eine amorphe Form annehmen.

Noch größere Speichermengen ermöglicht die **Digitale-Video-Disk (DVD).**

Durch Verwendung eines Lasers mit geringerer Wellenlänge konnte die Spurbreite noch weiter verringert werden. Weiterhin kann der Laser nun auf 2 Speicherschichten fokussiert werden. Zwischen der oberen und der unteren Speicherschicht befindet sich eine Halbreflektorschicht.

Es wird eine Speicherkapazität von 8,5 GB erreicht.

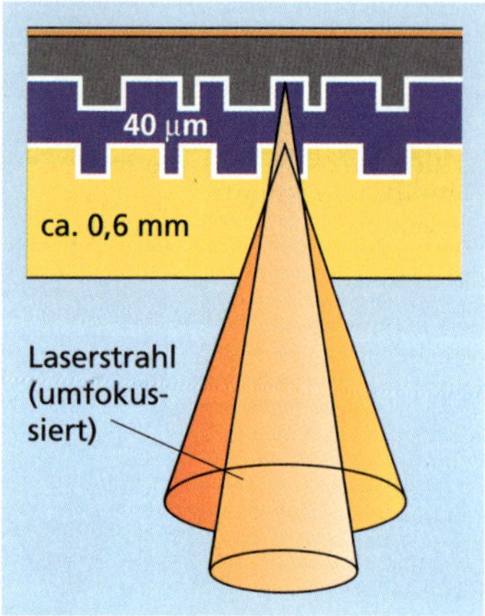

4.3.4 Daten- und Kommunikationsnetze

Drahtlose Signal- und Datenübertragung

Ein **Richtfunknetz** ist eine Anordnung von Mikrowellensendern und -empfängern, die mithilfe hoher Masten unter Nutzung geografischer Gegebenheiten miteinander in Sichtkontakt stehen.

Das analoge oder digitale Signal wird einer Trägerfrequenz von 23 GHz aufmoduliert und über die Funkverbindungstrecke von maximal 25 km zwischen zwei Stationen übertragen. Diese Verbindung besitzt eine hohe Störsicherheit.

Typische Anwendungen sind Telefondienste, Fernsehübertragung, Militär- und Mobilfunkdienste.

Satellitennetzwerke ermöglichen Funkverbindungen zu jedem Ort auf der Erde.

Das Iridium-Projekt war im Jahr 2000 bereits veraltet.

Beim Iridium-Projekt waren rund um die Erde 66 Satelliten notwendig. Diese waren untereinander in Sichtkontakt und bildeten ein erdumspannendes Netz. Durch die 750 km hohe Umlaufbahn der Satelliten konnte jeder einzelne Satellit ein sehr großes Funkgebiet abdecken.

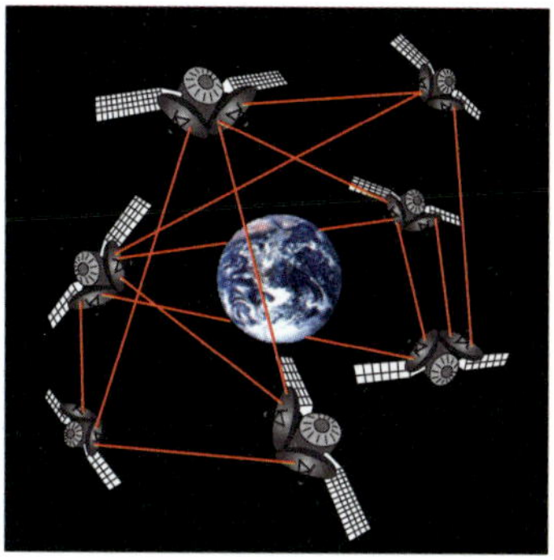

Ein Problem war die relativ niedrige Flughöhe der Satelliten und die damit verbundene geringe Lebensdauer von nur 7 Jahren. Diese Flughöhe war aber notwendig, um die Sendeenergie der Handfunkgeräte klein zu halten.

Zukünftige Kommunikationssysteme werden sich aus Festnetz, Mobilfunknetz und Satellitennetz sinnvoll ergänzen. Jede Person wird unter ihrer persönlichen Nummer auf der ganzen Welt erreichbar sein. Das Telefon bzw. Handy wird sich automatisch in das Netz mit der besten und günstigsten Verbindung einwählen.

Navigationssysteme

Navigationssysteme dienen der Ermittlung des geografischen Standortes.

Ein Vertreter der Navigationssysteme ist das **GPS**. Dazu ist es notwendig, mindestens 3 geostationäre Satelliten zu empfangen. Der GPS-Rechner ermittelt aus den Laufzeiten der Funksignale und den Standortkoordinaten der Satelliten den eigenen Standort auf der Erde in Längen- und Breitengraden.

GPS: **G**lobal **P**ositioning **S**ystem

Zu einem **Navigationssystem im Kraftfahrzeug** gehören GPS-Empfänger, Fahrzeugsensoren, elektronisch gespeichertes Kartenmaterial, (Radiodienst wie TMC), Bordrechner und Verkehrsleiteinrichtungen.

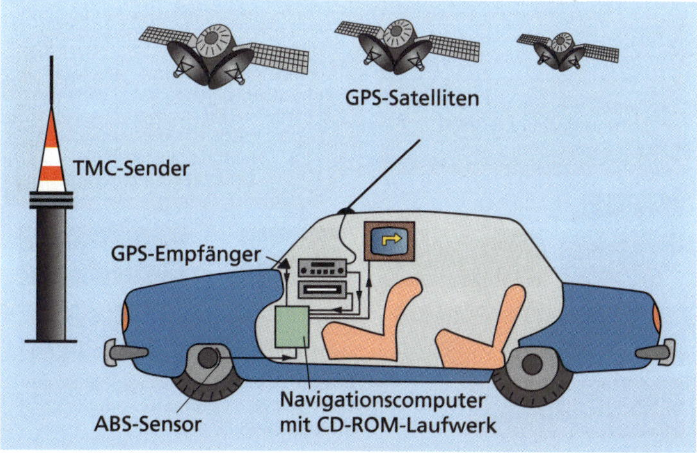

Umgekehrt können solche Systeme auch den eigenen Standort übermitteln und als Diebstahlsicherung dienen. Diese Technik ist inzwischen schon so miniaturisiert, dass neben Fahrzeugen auch Personen diese mitführen können, um sich mit virtuellen Stadtplänen zu orientieren.

Ein **Handy** ist als Funktelefon drahtlos an das Telefonnetz angekoppelt. Es verfügt im Vergleich zum Telefon zusätzlich mindestens über Sender und Empfänger.

Viele Kenn-Nummern sind Servicediensten oder Telefonanbietereinwahlen vorbehalten.
Polizei Notruf: 110;
Feuerwehr: 112;
Auskunft Inland: 11833 usw.

Der Standort wird ermittelt und auf einem Display sichtbar gemacht. Das Navigationsprogramm zeigt den Fahrweg zum eingegebenen Zielort. Der Standort wird ständig aktualisiert und der Weg neu berechnet. Dabei werden die Verkehrsbehinderungen wie Staus und Baustellen, die die Radiodienste melden, mit berücksichtigt. Im Falle einer gestörten Funkverbindung wird die Fahrstrecke mit dem ABS-Sensor bestimmt.

Telefonnetze

Telefonieren ist Übertragung von Sprache über große Entfernungen.

Die Ein- und Ausgabe der Sprache erfolgt mit **Telefonen:**

Teilsystem	Funktion
Handapparat	realisiert die Sprachsignalwandlung
Wähleinrichtung	stellt die Verbindung zu den Gesprächsteilnehmern her
Freisprecheinrichtung	ermöglicht Telefonieren mit aufgelegtem Hörer
Anrufbeantworter	speichert Ansagetexte
Telefonnummernspeicher	ermöglicht einen schnellen Verbindungsaufbau

Die **Herstellung von Verbindungen** ist die gezielte Auswahl von Telefonpartnern.

Jedem Telefonendgerät ist eine Telefonnummer zugeordnet. Nach Eingabe der Telefonnummer wird die Verbindung zu diesem Gerät hergestellt. Bestimmte Anfangsnummern, wie die 0, sind reserviert für die Länderkennung, Städtekennung und Stadtteilkennungen.

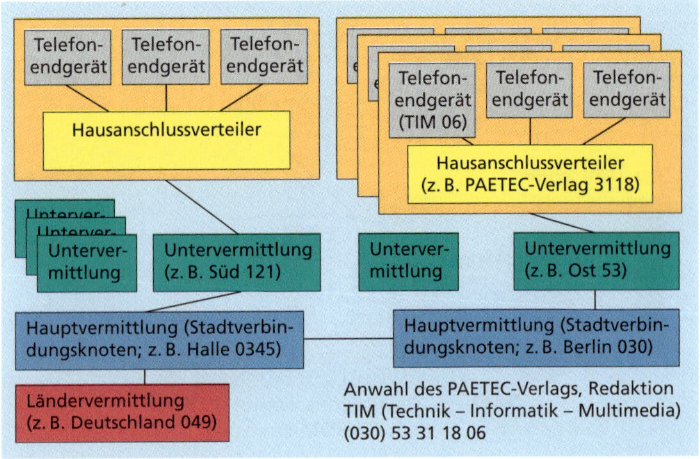

Die Geschwindigkeit des Verbindungsaufbaus hat sich von den Anfängen der Telefonie bis heute sehr gesteigert.

Verbindungsarten			
Handvermittlung	**automatische Vermittlung**		
Früher teilte der Anrufer seinen Vermittlungswunsch der Telefonzentrale mit. Dort wurden Verbindungsleitungen per Hand gesteckt.	Durch Eingabe einer Ziffernfolge wird die Verbindung automatisch geschaltet.		
	Pulswahlverfahren	**Tonwahlverfahren**	**digitales Wählen**
	Ein elektromechanischer Drehwähler mit aufgedruckten Ziffern beschreibt einen unterschiedlichen Drehwinkel. Davon leiten sich der Ziffer entsprechende Spannungsimpulse ab. Ein Schrittrelais in der Vermittlung wählt die entsprechende Leitung an.	Je nach Ziffer werden unterschiedliche Tonfrequenzen ausgesendet. In der elektronischen Vermittlungsstelle bauen frequenzselektive Filter und Logikschaltkreise die Verbindung auf. Der Verbindungsaufbau erfolgt schneller als beim Pulswahlverfahren.	Es wird eine serielle Bit-Folge gesendet. Die vollständig digital arbeitende Vermittlung stellt über Verknüpfungsschaltungen oder Computernetzwerke die Verbindung her. Diese Art der Vermittlung stellt die Verbindungen am schnellsten her.

Das **Pulswahlverfahren** ist bereits veraltet. Die Verbindungsgeschwindigkeit ist von den Zahlenwerten und der Länge der gewählten Telefonnummer abhängig.

Arten von Telefonnetzen	
Analognetz	Die Signale werden als Wechselspannungen übertragen. Durch die langen Leitungen oder viele elektromechanische Kontaktstellen nimmt die Amplitude der Spannungen ab. Es kommt auch zu Störeinstrahlungen. Die Gespräche werden unverständlich. Dieses Netz ist veraltet.
digitalisiertes Analognetz	Die analogen Signale werden in der Vermittlung digitalisiert und können fast verlustfrei übertragen werden. Bei dieser Datenübertragung kann eine Übertragungsgeschwindigkeit von 56 KBit/s erreicht werden.

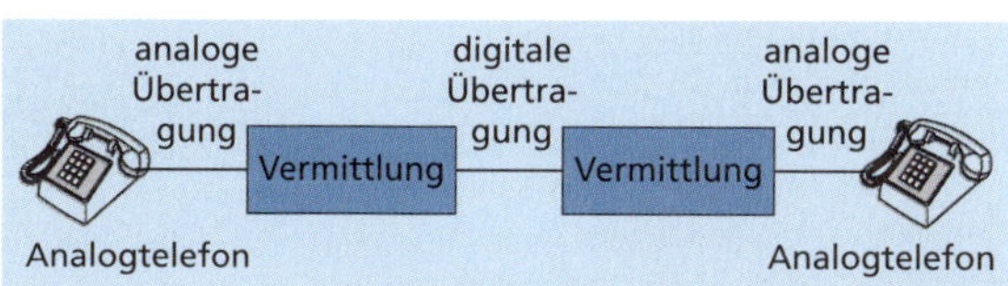

ISDN (**I**ntegrated **S**ervices **D**igital **N**etwork) bedeutet „Dienste integrierendes digitales Kommunikationsnetz“ (↗ S. 229).

<table>
<tr><td>digitale Netze</td><td>Mit digitalen Netzen erhöht sich die Übertragungsqualität der Sprache. Gleichzeitig können Faxe (Fernkopien) oder andere Datenübertragungen durchgeführt werden. Beispielsweise können mehrere Teilnehmer gleichzeitig kommunizieren (Dreierkonferenz). Bei Kopplung über ein Computerinterface ist der Datenaustausch zwischen Computern möglich.</td></tr>
<tr><td>ISDN</td><td>Die Signalübertragung ist vollkommen digitalisiert. Durch Multiplexbetrieb können über eine Leitung mehrere Gespräche gleichzeitig übertragen werden. Die Datenübertragungsgeschwindigkeit beträgt dadurch 128 $kBit \cdot s^{-1}$. Das ISDN wird in Deutschland seit 1989 verwendet. Es bietet bei Nutzung der alten analogen Telefonleitung zwei digitale Leitungen mit 3 Rufnummern, klare Verständigung und hohe Datenübertragungssicherheit.
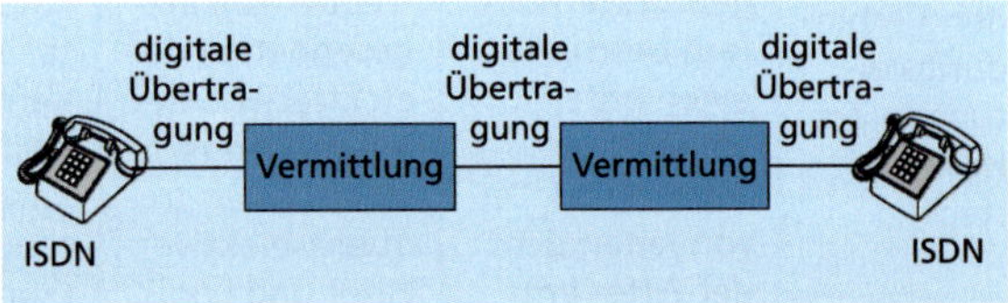

Multiplexbetrieb ist das zeitlich versetzte Senden von Datenblocks verschiedener Verbindungen. Jeder Datenblock hat eine vorangestellte Adresse, so dass die einzelnen Blocks nacheinander bei dem Empfänger eintreffen und zusammengefügt werden. Durch die hohe Übertragungsgeschwindigkeit sind die Unterbrechungen nicht zu merken.
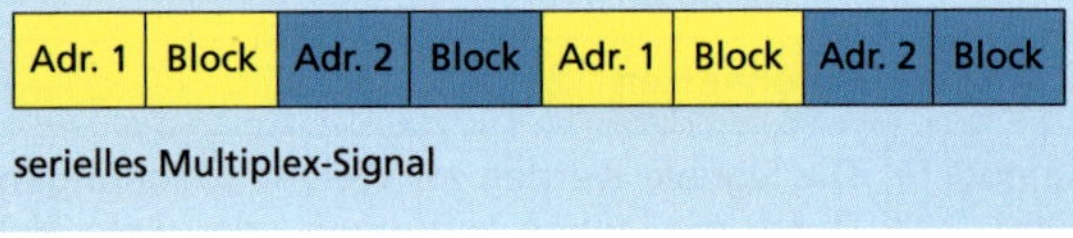

serielles Multiplex-Signal</td></tr>
</table>

ANHANG A

Sachregister

E

F

Schaltzeichen

− +	galvanische Spannungsquelle (Batterie)		Stecker Buchse		Fotowiderstand
	Spannungsquelle		Schalter als Schließer Öffner		Kondensator
	Gleichspannung Wechselspannung		Taster als Schließer Öffner	− +	Elektrolyt-kondensator
L_1 L_2 L_3 PEN	Drehstromnetz		Glühlampe		Drehkondensator
	Leitung		Glimmlampe		Diode
	Kreuzung von Leitungen ohne Verbindungen		Spule		LED
	Leitungsverzweigung: fest, lösbar		Spule mit Eisenkern		Fotoelement
	Verbindung mit Masse		Transformator		npn-Transistor
	Antenne		Dauermagnet		pnp-Transistor
	Verbindung mit Erde		Widerstand	V	Spannungs-messgerät
	Schutzerdung		stellbarer Widerstand	A	Stromstärke-messgerät
	Schutzisolierung		NTC-Widerstand (Heißleiter)		Mikrofon
	Sicherung		PTC-Widerstand (Kaltleiter)	M	Wechselstrom-motor-
	Hörer	G	Generator		Handantrieb
	Lautsprecher	G	Wechselstrom-generator		Nockenantrieb
	Klingel	M	Motor		Kraftantrieb